体操运动科学

·第②版·

[英] 莫内姆·杰姆尼（Monèm Jemni） 编著

何卫　顾耀东　李雪　译

人民邮电出版社

北京

图书在版编目（CIP）数据

体操运动科学 ：第2版 ／（英）莫内姆·杰姆尼编著；
何卫，顾耀东，李雪译. -- 北京 ：人民邮电出版社，
2023.6
ISBN 978-7-115-59607-9

Ⅰ. ①体… Ⅱ. ①莫… ②何… ③顾… ④李… Ⅲ.
①体操－运动训练－研究 Ⅳ. ①G830.2

中国版本图书馆CIP数据核字(2022)第116284号

免责声明

作者和出版商都已尽可能确保本书技术上的准确性以及合理性，并特别声明，不会承担由于使用本出版物
中的材料而遭受的任何损伤所直接或间接产生的与个人或团体相关的一切责任、损失或风险。

内 容 提 要

本书就体操运动生理学、体操运动应用执教科学、体操运动生物力学、体操运动心理学基础原理，以及体
操运动技能学习、体操运动损伤等内容进行了深入、细致的讲解。

本书共分为7部分。第1部分讲解了体操运动的生理学基础，第2部分讨论了体操运动应用执教科学，第
3部分阐述了体操运动的生物力学原理，第4部分对于体操运动的心理学原理和体操运动员心理技能训练给予
了详细讲解，第5部分重点就生理学、生物力学和心理学在提升体操运动表现方面的相互作用进行了分析，第
6部分的主要内容是体操运动技能学习，第7部分为体操运动损伤及预防损伤的对策。

本书内容理论与实践相结合，每一章都包含案例研究和复习题，适合体操运动员、体操教练、相关科研人
员及对体操运动感兴趣的人士阅读和学习。

♦ 编 著 ［英］莫内姆·杰姆尼(Monèm Jemni)
译 何 卫 顾耀东 李 雪
责任编辑 刘日红
责任印制 马振武
♦ 人民邮电出版社出版发行 北京市丰台区成寿寺路 11 号
邮编 100164 电子邮件 315@ptpress.com.cn
网址 https://www.ptpress.com.cn
北京市艺辉印刷有限公司印刷
♦ 开本：700×1000 1/16
印张：23.75 2023 年 6 月第 1 版
字数：580 千字 2023 年 6 月北京第 1 次印刷
著作权合同登记号 图字：01-2020-4171 号

定价：298.00 元
读者服务热线：(010)81055296 印装质量热线：(010)81055316
反盗版热线：(010)81055315
广告经营许可证：京东市监广登字 20170147 号

版权声明

体操运动科学

本书就提升体操表现提供了较为全面且容易理解的生理学、生物力学及心理学基础原理介绍。

第2版引入了3个新的部分：应用执教、运动技能学习及损伤预防与安全。同时，本书离不开国际知名体育科学家与体操教练及指导者的贡献——每一章都包含案例研究及复习题。本书就体操训练与表现的相关重要因素进行了探讨。

- 生理评估
- 饮食与营养
- 能量代谢
- 动力学与运动学
- 空间定位与运动控制
- 职业转变
- 心理技能训练与感知
- 与临床案例相结合的损伤评估及预防
- 体操运动里的旋转、跳马助跑及弹性技术的高级应用实例研究

本书提供了科学理论与实践之间的重要联系。因此，对于任何对体操运动感兴趣的学生、研究人员或教练，本书既是基本的读物，也是体育科学或指导学生的实用阅读材料（本书数据截至英文版成稿时）。

莫内姆·杰姆尼（Monèm Jemni）是一名研究健康和运动表现的运动生理学教授，拥有强大的执教科学背景。他曾在英国、法国、美国、卡塔尔等国的大学工作，其中以英国的大学居多，并获得这些大学颁发的杰出学术奖。他还曾在中国、德国、突尼斯等国的大学担任客座教授。作为一名前体操运动员和国际教练，他为培养奥运会奖牌获得者做出了贡献。如今，他是国际体操联合会教练学院的专家之一，并因其前沿的研究贡献而享誉全球。

致 谢

这本书是献给我的父亲的，他生活在一个更美好的世界里。他培养了一代又一代学生，并激励他的孩子们在幼年时期就具备创造力与自主性。我永远不会忘记，他既是父亲，也是一位老师。

莫内姆·杰姆尼（Monèm Jemni）

致彼得·施米茨（Peter Schmitz）先生

生活不在于你跑得有多快，也不在于你爬得有多高，而在于你跳得有多好。彼得（Peter）让我跳了太多次。对此，我永远感激。

威廉·A. 桑兹（William A. Sands）

献给我的女儿安吉丽娜（Angelina），她总是不知疲倦地向左转体；还有我的儿子保罗（Paolo），不管他的姐姐如何指导，他还是坚持向右转体。

弗拉维奥·贝西（Flavio Bessi）

感谢我的妻子玛丽亚·路易莎（Maria Luisa）与我的女儿莱蒂西亚（Leticia）和艾丽西亚（Alicia）；感谢一直在克服困难的巴西体操教练与体操运动员；最后，感谢与我一起在坎皮纳斯大学的体操运动研究小组做研究的同事们。

马尔科·安东尼奥·科埃略·波托莱托（Marco Antonio Coelho Bortoleto）

我希望将自己在这本书里的贡献献给那些在体操运动领域研究与服务的教练和体操运动员们。他们在这项令人惊叹的运动中的天赋与毅力是鼓舞人心的。还有我的儿子亚历山大（Alexander），我非常爱他。

伊丽莎白·J. 布拉德肖（Elizabeth J. Bradshaw）

我希望将自己在这本书里的贡献献给教练们及所有对体操运动充满激情的人，他们早已经思考过"我必须做什么"，如今，他们开始专注地思考"为什么我必须这么做"。另外，感谢我的女儿伊丽莎白（Elisabet），她给了我成为她的教练的机会。

米歇尔·马里纳（Michel Marina）

我希望将自己的贡献献给我的小儿子加森（Ghassen），希望他将来能成为一名伟大的体操运动员。

贝塞姆·姆考尔（Bessem Mkaouer）

　　我希望将自己在这本书里的贡献献给我的妈妈，是她的激励与支持让我成为一名体操教练。同时，我自己的执教经验为我在这个有趣领域里的研究奠定了基础。我也想将我在这本书中的贡献献给所有其他的教练、体操运动员和研究人员，他们一直致力于让这项运动成为世界上最好的运动。

亚历山德拉·皮泽拉（Alexandra Pizzera）

　　我希望将自己在这本书里的贡献献给我的家人。他们一直站在我的身边，支持我一次又一次地努力；还有我的体操"家人"，他们是我的队友和教练，是他们给了我体操的快乐与乐趣，是他们让我对这项运动充满了爱。

布鲁克·莱门（Brooke Lemmen）

资源与支持

配套服务

扫描右方二维码添加企业微信：

1. 即刻领取本书延伸资源。

2. 加入体育爱好者交流群。

3. 不定期获取更多图书、课程、讲座等知识服务产品信息，以及参与直播互动、在线答疑和与专业导师直接对话的机会。

目　录

第 3 部分
体操运动生物力学 　　　　　　　　　　　　　　　　　**73**

贡献者

弗拉维奥·贝西（Flavio Bessi），德国弗莱堡体育与体育科学研究所

贝西博士除了是一名学者，还是德国男子体操少年队的联邦教练，之后又成为女子体操少年队（U13）国家队教练。他还担任过国际体操联合会教练学院专家、德国奥委会专家及德国体操联合会科学委员会委员。

马尔科·安东尼奥·科埃略·波托莱托（Marco Antonio Coelho Bortoleto），巴西坎皮纳斯大学

波托莱托是巴西前国家队体操运动员、教练与裁判。自2012年起，他一直是国际体操联合会（FIG）全体操项目（GfA）委员会委员，同时也是巴西体操联合会科学委员会副主席。自2012年起，波托莱托一直担任FIG学院课程的讲师。他目前是一名助理教授，负责协调巴西坎皮纳斯大学的体操运动研究小组。该小组旨在从社会科学的角度研究体操及全体操项目。迄今为止，波托莱托已经撰写了4本关于体操运动的图书并公开发表了35篇学术文章。他的研究兴趣主要是分析"训练文化"（以高水平运动员为主）。

伊丽莎白·J. 布拉德肖（Elizabeth J.Bradshaw），澳大利亚墨尔本，澳大利亚天主教大学；新西兰运动表现研究所；新西兰奥克兰，奥克兰理工大学

布拉德肖博士在澳大利亚天主教大学教授生物力学和运动技术。她致力于研究运动、训练及舞蹈中的运动表现提升和损伤预防。她是澳大利亚体操协会的顾问，经常参加澳大利亚体育学院的国家队训练营，也是国际运动生物力学协会（ISBS）的资深会员（译者注：原英文fellow一词没有统一的对应中文翻译，是一个学会的最高荣誉，这里译作资深会员）。

帕特里斯·霍尔弗特（Patrice Holvoet），法国里尔第二大学

霍尔弗特是前体操运动员和教练，也是一名认证体育教师。他对体操生物力学的研究为这项运动在法国及世界各地的发展做出了贡献。他用法语、英语撰写并发表了30多篇学术文章。

布鲁克·莱门（Brooke Lemmen）

莱门是美国密歇根州的骨科运动医学医师，前体操运动员，曾为不同级别的女子体操项目工作，并担任过美国蹦床与技巧队队医。

米歇尔·马里纳（Michel Marina），巴塞罗那国际体育联合会（INEFC），西班牙巴塞罗那

马里纳教授之前是一名体操运动员和西班牙国家队成员。自1997年以来，他一直在巴塞罗那国际体育联合会从事运动表现和体操教育工作。他主要研究运动员测试和训练，特别是体操和摩托车运动项目在儿童时期的力量、爆发力训练及神经肌肉疲劳等。

贝塞姆·姆考尔（Bessem Mkaouer），突尼斯马努巴大学赛义德体育运动高等学院

姆考尔博士是突尼斯马努巴大学赛义德学院体操系主任。他之前是一名体操运动员与教练。他主要研究体操技术和训练过程的动力学与运动学分析。

亚力山德拉·皮泽拉（Alexandra Pizzera），德国科隆体育大学

皮泽拉博士是国际体操联合会教练教育培训专家，也是德国科隆体育大学进修部和训练科学与运动信息学研究所的学者。她主要研究体育官员的判断与决策，侧重于影响其表现的各种因素及体育官员的选拔、训练与绩效评估。同时，她也在拓展对视觉感知与体验认知的研究兴趣，研究并将其转移至体育官员、运动员及教练的感知与行为之间的双向联系。

约翰·H.萨尔梅拉（John H.Salmela），加拿大渥太华大学

2014年10月29日，萨尔梅拉在巴西米纳斯吉拉斯的贝洛奥里藏特与世长辞。他在拉瓦尔大学、蒙特勒阿尔大学和渥太华大学工作了34年。在那里，他用英语和法语教授运动技能发展与运动心理学课程，之后提前退休。他曾是一名体操运动员，也是一名国际教练与运动心理学家，撰写并出版了20多本专著，发表了250多篇学术文章。他还指导了许多硕士与博士研究生。他曾在加拿大国家男子体操队担任了19年的科研主管及运动心理指导专家。

威廉·A.桑兹（William A. Sands），美国滑雪与单板滑雪协会，美国科罗拉多州

桑兹之前是一名体操运动员及世界锦标赛教练。他曾在美国奥委会和多所大学担任专业职务，并担任美国体操研究与开发总监及美国女子体操精英教练协会主席。他撰写并出版了18本专著，发表了300多篇学术文章。

序　言

亲爱的读者：

体操是一项神奇的运动，它在运动中追求完美。

当你在奥运会或世锦赛上看到奖牌争夺者时，他们优美的动作会让你觉得直体后空翻两周的表演就像呼吸一样容易。他们让你忘记了他们在进行数千小时的训练后才掌握这项技能；他们让你忘记了地球上人类的运动其实受制于重力法则；他们让你忘记了产生这种动力学运动所需的巨大能量；他们也让你忘记了大脑里发生的一切，就在你紧张追踪体操空中旋转美妙轨迹的时候。

因此，对科学家及研究人员而言，体操被认为是一个奇妙的探索领域。

我们知道，所有运动表现都是生物力学、生理学及心理学因素之间复杂交互作用的结果。因此，只有科学才能使运动员及教练在尊重人体整体完整性的同时，更好地了解人的身体能力。体操大家庭诚挚感谢那些帮助这项运动朝着积极的方向发展并揭示其神秘面纱的人。

渡边守成（Morinari Watanabe）
国际体操联合会主席

第1部分
体操运动生理学

第1部分
体操运动生理学

学习成果 莫内姆・杰姆尼（Monèm Jemni）

该部分的体操应用生理学内容将会让你了解以下方面：

- 理解与体操能量消耗相关的特点，以及有氧代谢和无氧代谢在运动表现过程中的作用；

- 了解与体操运动员最大摄氧量、代谢阈值及功率输出相关的最新研究；

- 探究特定的生理标志物及其能量意义，如体操运动中的血乳酸变化；

- 阐述体操运动员心肺系统的特殊性及其对运动表现的适应性；

- 探究如何监测心血管应激以及如何在体操常规训练中对其进行解读；

- 了解体操运动员的饮食、营养习惯及补剂；

- 理解与大训练量及高强度相关的健康问题。

引言与目标 莫内姆・杰姆尼（Monèm Jemni）

生理学是一门用于解释身体系统如何工作以及这些系统如何通过交互作用来调节其功能的科学。对单个器官及其作用过程的研究也是人体生理学的一部分。

得益于研究人员将不同的科学应用到运动训练领域，运动与表现在过去的几十年里得到了长足发展。在这些科学研究中，运动生理学在对"人体系统如何在不同运动条件及机制下工作"的理解方面做出了重大贡献。最明显的见证运动项目之一就是体操。

男子或女子体操项目的特点之一在于，它是一项包含不同单项的运动，尽管男、女项目之间存在一些相似之处，但每个单项仍是不同的。

男子比赛是6个项目连续轮换，按照奥运会比赛顺序，从自由体操开始，然后是鞍马、吊环、跳马、双杠，最后以单杠结束。女子只参加4个项目：跳马、高低杠、平衡木及自由体操。这种模式与现在的铁人三项或现代五项一样，不同项目的持续时间、难度、运动强度、爆发力、绝对力量、柔韧性、伸缩速度、协调性、耐力，以及完成这些项目的能量需求各不相同。

该部分的总体目标旨在为读者概述与体操训练相关的几个生理学因素。

这一部分分为多个章节，包括关于男、女体操运动员最新的生理学理论。首先，我们将着重探讨体操运动中的代谢和能量消耗特点。其次，探讨与训练和表现相关的心血管及呼吸指标。我们将重点关注生理适应以及与有氧和无氧代谢相关的重要变量。此外，饮食、补剂及生长、性发育与激素调节等难题也将在接下来的章节中讨论。以上相关内容均有现有文献的证明支持。

第1章
体操运动的能量代谢

莫内姆·杰姆尼（Monèm Jemni）

1.1 学习成果

- 理解体操运动能量消耗的特点，以及有氧代谢与无氧代谢在体操运动表现过程中的作用；
- 了解与体操运动员最大摄氧量、代谢阈值和输出功率相关的最新研究；
- 探究特定的生物标志物及其能量意义，如体操运动中的血乳酸变化。

1.2 引言

尽管体操这一体育项目正变得越来越大众化，也吸引了全世界媒体对世锦赛和奥运会等有关体操比赛的报道，但与主流体育项目相比，它在科学领域并没有引起足够的关注。早在20世纪60年代，就有学者称，体操运动员具有最大有氧功率低但力量水平高的特点（Horak, 1969; Montpetit, 1976; Saltin & Astrand, 1967; Szogy & Cherebetiu, 1971）。这一点在较新的一篇探讨现代体操的文献综述中也得到了证实（Jemni et al., 2001）。仅有很少的研究分析了男、女体操运动员生理反应的差异以及不同项目的能量学特征。导致这一领域科学数据匮乏的潜在因素包括：运动的复杂性、缺乏合适的设备以及生理测试流程的特殊性。在20世纪70年代，有人认为无论参加何种项目的男子体操运动员，他们的能量消耗都与在跑步机上以13千米/时的速度跑步时相类似（Montpetit, 1976）。而最近的研究表明，跑步运动与体操运动在生理、生物力学和心理方面的要求存在很大的不同。

本章旨在对现代体操运动在生理及能量方面的需求进行概述。其间，我们将逐一分析每一个体操项目，梳理现代体操运动员的生理机能状况。

1.3 有氧代谢

有氧代谢又称有氧呼吸、细胞呼吸或氧化代谢，是指个体在有氧的情况下，通过不同基质的氧化来产生能量的一系列化学过程。这一过程的主要代谢基质包括：碳水化合物（糖）、脂类（脂肪），以及用于产生能量源的蛋白质与三磷酸腺苷（ATP）。这个过程的其他代谢产物包括水、二氧化碳和热量。有氧代谢主要为持续数小时的耐力运动提供能量。众所周知，参加长时间/长距离比赛的运动员的有氧代谢能力十分强大。

最大摄氧量

最大摄氧量（VO_2max）是有氧代谢能力的指标之一，即个体在剧烈运动或达到最高强度运动时所能利用的最大氧气量。这一指标通常被认为是反映运动员心血管耐力及有氧耐力的最佳指标。我们可以通过多种方法来对其进行测试，例如，在实验室环境中采用不同类型的运动方案，逐步增加运动负荷的同时采集呼出的气体。

虽然最大摄氧量受遗传因素影响（Bouchard et al., 1992），但我们还是可以通过适当的训练来提高最大摄氧量。众所周知，久坐不动的个体的最大摄氧量比运动较多的个体要低。此外，影响最大摄氧量的因素有很多，其中以年龄、性别及海拔为主（Jackson et al., 1995; Jackson et al., 1996; McArdle, Katch& Katch, 2005; Trappe et al., 1996）。

大多数耐力优秀运动员的最大摄氧量都超过了60毫升/（千克·分）。尽管如此高的数值或许能表明运动员具备出色的有氧耐力潜力，但代谢阈值、运动经济性及能量消耗等其他因素被认为是更好的有氧耐力预测指标，而且这些指标与耐力表现之间的相关性更强（Wilmore & Costill, 2005）。

体操运动员的最大摄氧量

在过去40年中，国际水平的体操运动员的最大摄氧量（表1.1）约为50毫升/（千克·分），不过美国优秀女子体操运动员拥有更高的最大摄氧量［约60毫升/（千克·分）］（Noble, 1975）。表1.1给出了关于体操运动员最大摄氧量的一些研究结果。

Barantsev（1985）研究称，体操运动员的最大摄氧量在青春期到成年期之间将有所降低——平均值从12岁时的（53.2±6.3）毫升/（千克·分）下降至25岁时的（47.2±6.7）毫升/（千克·分）。之所以出现这种下降，是因为较高的专项技术需要力量和爆发力的训练量及训练强度的增加。有研究报告称，如果通过特定的训练计划来增加无氧功，则会削弱有氧能力。然而在青春期之前，这种影响似乎并不明显。事实上，与成人相比，儿童群体肌纤维的特性以及肌纤维的选择性募集并不是很明显（Bar-Or, 1984; Inbar & Bar-Or, 1977）。众所周知，在青春期里，个体形态与激素方面的变化与最大无氧功的增加显著相关（Bedu et al., 1991; Falgairette et al., 1991）。教练普遍认为，青春期前后是提升技术、力量和爆发力最大潜能的关键时期。鉴于以上各种因素，有必要对训练过程进行明确且渐进的安排，以避免运动员出现过度训练的情况。

表1.1 20世纪70年代至2006年不同水平体操运动员最大摄氧量平均值及标准差

性别	数据来源	*n*	水平	年龄（岁）	最大摄氧量 [毫升/（千克·分）]
女子	Sprynarova & Parizkova（1969）	—	非精英级别	—	42.5（3.7）
	Noble（1975）	3	精英级别	16 ~ 22	61.8（8.0）
	Montgomery & Beaudin（1982）	29	非精英级别	11 ~ 13	50.0（0.9）
	Elbæk & Froberg（1992）	19	精英级别	20.1（1.7）	50.5（2.9）
男子	Bergh（1980）	—	精英级别	—	51.0
	Barantsev（1985）	—	非精英级别	12 ~ 13	53.2（6.3）
				14 ~ 15	50.9（6.2）
				17 ~ 25	47.2（6.7）
	Goswami & Gupta（1998）	5	非精英级别	24.2（3.1）	49.6（4.9）
	Lechevalier et al.（1999）	9	精英级别	17 ~ 21	53.1（3.2）
	Jemni et al.（2006）	12	精英级别	18.5（1）	49.5（5.5）
					33.4（4.8）*
		9	非精英级别	22.7（2）	48.6（4.6）
					34.4（4.6）*

*：上半身的峰值摄氧量（VO_2peak）通过手摇曲柄测功仪测量获得。

表1.1给出了国际男子体操运动员上、下半身最大摄氧量/峰值摄氧量的最新变化（Jemni et al.，2006）。这些变化建立在20世纪80年代以来现代体操的重要演变和改革基础之上。体操运动员上半身的峰值摄氧量约为跑台测试结果的三分之二［约35毫升/（千克·分）］。这个数值相当高，原因可能是6个男子体操项目中的4个（鞍马、吊环、双杠及单杠）主要涉及上半身。

每个奥运周期都会就比赛规则（评分规则）、规定动作及自选动作进行调整，突出强调以力量及爆发力为基础的技术动作。因此，为了适应新的要求/规则，训练与比赛准备的方式均发生了变化。与过去相比，现在的体操运动员花在训练上的时间越来越多。训练强度与训练量都有了很大提升，尤其是顶尖水平运动员，每周训练往往超过34小时（Richards，Ackland & Elliott 1999）。然而在过去的几十年里，精英及非精英体操运动员的平均最大摄氧量并没有明显变化——依旧保持在50毫升/（千克·分）左右（Jemni et al.，2006）（表1.1）。尽管不同水平运动员之间的训练量存在很大差异，但精英与非精英运动员最大摄氧量之间的比较还是没有发现任何统计学差异（Jemni et al.，2006）。

传统的观点认为，精英组因为有更大的训练量，因此他们应该具备更强的有氧能力。然而与跑步、游泳、自行车项目不同，体操运动员的最大摄氧量与运动表现之间并不存在直接关系。研究表明，体操运动员的最大摄氧量明显低于那些参加短时间大强度运动项目的运动员，如高水平男子短跑运动员（Barantsev，1985；Bergh，1980；Goswami & Gupta，1998；Marcinik et al.，1991）。一些研究也表明，体操运动员最大摄氧量与久坐人群的数值相当（Crielaard & Pirnay, 1981; Willmore & Costill, 1999）。

　　此外，教练对体操运动员的最大摄氧量有着不同的看法。许多教练仍然鼓励运动员通过设置慢跑和/或长时间活动（如功率自行车骑行）来提高他们的最大摄氧量。他们认为这种训练是合理的，因为"在高强度训练课中，拥有强大的有氧基础有助于恢复"。有些教练也认为长时间的"耐力训练"有助于控制体重，特别是女子体操运动员（Sands et al., 2000）。但是也有证据表明，有氧耐力训练可能会影响体操运动员的主要身体素质——爆发力。在过去的 50 年里，体操运动员的最大摄氧量没有明显的变化［保持在 50 毫升/（千克·分）左右］，而体操运动表现却发生了显著的变化。这些研究结果有力证明了提高体操运动员最大摄氧量并不是必需的。

体操运动员的代谢阈值

　　在递增负荷力竭测试评估中，经常使用的几种代谢阈值能够比最大摄氧量更好地预测运动员耐力表现（Willmore & Costill, 2005）。这些指标包括无氧阈值（AT）、乳酸阈（LT）、乳酸拐点（LTP）、血乳酸堆积拐点（OBLA）及通气阈值（VT）等。高水平耐力运动员的代谢阈值因氧化系统的改善而延迟是已知的。但对体操运动员的这些代谢阈值的研究比较少。表 1.2 给出了在跑步机上进行递增负荷力竭测试时，精英及非精英男子体操运动员的乳酸阈的估算值（Jemni et al., 2006）。这两类群体均在非常高的最大摄氧量百分比（均值约为 79%）和非常相似水平的心率（均值为 169 次/分）下达到了乳酸阈。

　　上述提到的与高代谢阈值相关的较低水平最大摄氧量并不是传统生理分析的常见特征。对这一特征相关的分析将在本章逐步展开。

　　体操训练量的增加将引起生理适应，即通过强化缓冲能力、增加邻近慢肌纤维的吸收量或通过乳酸循环来提升清除血乳酸的能力，进而实现生理适应。另一种可能是生理适应会减小，因为更大的训练量可能会增强依靠有限的无氧能量储备来维持更高强度的能力。体操运动员在最大运动强度测试结束时测得的血乳酸值较低和其在乳酸拐点下达到的高摄氧量（VO_2）百分比（分别约为 10 毫摩尔/升和 79%）都说明了这一点（Jemni et al.,

表1.2　男子体操运动员跑台递增负荷力竭测试评估的乳酸阈平均及标准差

水平	心率（次/分）	最大摄氧量［毫升/（千克·分）］	最大摄氧量百分比
精英级别（n=12，平均年龄18.5岁）	169.8（10.1）	44.5（5.4）	82.1（6.5）
非精英级别（n=9，平均年龄22.7岁）	169.3（4.0）	37.0（5.1）[s]	76.3（9.9）

[s]（$p<0.05$）：显著差异。

（源自 Jemni et al., 2006。）

2006）。有趣的是，体操运动员的乳酸拐点与优秀耐力运动员的乳酸拐点相当（Willmore & Costill, 1999, p.137）。长跑运动员与自行车运动员在相似的水平上达到了各自的乳酸拐点［例如，Denadai等人（2004）测试的一组耐力自行车运动员为77%的最大摄氧量］。一些学者已经注意到，运动员在进行力量训练后力量与无氧功的增加以及耐力的测量之间的关系（Hickson et al., 1988; Marcinik et al., 1991）。已有研究表明，抗阻训练可以显著延迟到达乳酸阈的时间（Marcinik et al., 1991）。Jemni等人（2006）已经证明，在体操训练中进行的体能训练不仅能增加体操运动员的力量及爆发力，而且能提高他们对疲劳的耐受能力。

1.4 体操运动的能量消耗

体操运动的能量消耗测试最早是在20世纪50年代早期的东欧国家进行的（Blochin, 1965; Krestovnikov, 1951）。虽然采集呼出气体的流程有所不同，但大部分使用道格拉斯气袋。Seliger等人（1970）认为这样的大型设备可能导致能量消耗被低估10%。随着实验室设备的革新，测量精度大大提升了。尽管不同的研究所采取的测试方法及技术有所不同，但研究人员一致认为，能量的消耗因赛事（男子和/或女子）而异（表1.3）。

Hoeger与Fisher（1981）测量了男子体操运动员完成6个规定成套动作时的能量消耗。体操运动员完成6个成套动作的过程中始终通过衔口与道格拉斯气袋相连。当每一个成套动作结束时，体操运动员须屏息几秒，直到研究人员再装上另一个气袋采集恢复过程中呼出的气体。研究人员使用呼吸描记器MTG及气量计"Parkinson Cowan CD 4"对这些气袋进行了分析（Hoeger&Fisher, 1981）。结果表明，自由体操项目能量消耗最多（37千卡），其次是鞍马、吊环、单杠、双杠，最后是跳马。在此之后，Rodríguez、Marina和Boucharin（1999）使用实时气体分析来估算实际耗氧量，测量了女子体操成套动作结束后30秒内的

表1.3 男、女体操项目能量消耗平均值及标准差

女子	跳马	高低杠	平衡木	自由体操		
Seliger et al.（1970）[毫升/（千克·分）]（氧气）	16.9（3.5）	16.5（3.6）	15.1（4.9）	—		
Rodríguez et al.（1999）[毫升/（千克·分）]（氧气）	34.3（7.7）	36.6（4.6）	31.3（6.1）	40.8（4.0）		

男子	自由体操	鞍马	吊环	跳马	双杠	单杠
Ogawa et al.（1956）千卡/分	—	7 ~ 11	11 ~ 16	5 ~ 10	8 ~ 10	12 ~ 15
Seliger et al.（1970）[毫升/（千克·分）]（氧气）	20.5（6.3）	16.4（2.5）	17.3（2.7）	—	17.1（3.6）	18.5（3.4）
Hoeger & Fisher（1981）[千卡/成套动作]	37.01	36.6	32.5	25.8	32.3	32.5
Sward（1985）[卡/（千克·分）]	0.13	0.16	0.08	0.13	0.09	0.14

注：1卡=4.186焦。

过量氧耗（EPOC）。其结果与男子成套动作相似：自由体操的耗氧量最高［40.8±4.0毫升/（千克·分）］，跳马的耗氧量则较低［34.3±7.7毫升/（千克·分）］。这两项研究的结果与其他研究中测量的男、女体操套动作的血乳酸值一致（Montgomery & Beaudin, 1982; Montpetit, 1976）（见1.5节中与"体操运动中的血乳酸测量"相关的内容）。

一些研究利用极限分级测试中测得的心率与耗氧量之间的回归关系和体操训练期间测得的心率值间接推算体操运动的能量消耗（Noble, 1975; Montpetit, 1976;Jemni et al., 2000）。结果表明，有氧代谢贡献率为20%，无氧代谢贡献率为80%。这进一步表明，体操运动员仅使用最大摄氧量测试中35%的有氧能力来完成体操动作。然而，这种关系只有在测量处于稳定状态（心率与摄氧量稳定）时才有效。在完成任何体操成套动作时，要达到这样的稳定状态几乎是不可能的，其原因不仅在于体操成套动作的持续时间很短且各不相同（表1.4），还包括强度、速度以及节奏的变化。第2章图2.1给出了男子体操成套动作中心率波动的例子。由于体操运动员在完成动作时会进行多种形式的肌肉收缩，所以他们很难达到稳定状态。此外，体操运动员经常在完成一些动作时保持几秒屏息。事实也证明，屏息一定会对心血管系统产生影响（Shaghlil, 1978）。

以固定的配速跑步或快速骑行时（大约3分钟）可以很快达到稳定状态，如上所述，这在体操运动中是不可能实现的。正因如此，一些研究者也曾指出，根据极限分级测试中测得的心率及耗氧量之间的回归关系，进而通过在体操中测得的心率值来推算体操运动的能量消耗是完全无效的。

图1.1展示了能量供给的连续性。无论是有氧运动还是无氧运动，负责生成三磷酸腺苷（ATP）的3个过程，即无氧三磷酸腺苷磷酸原系统（后简称磷酸原系统）、无氧糖酵解系统及有氧氧化系统都是以协同的方式工作而不是依次进行的。众所周知，在运动中的某个特定时间，这3个过程中的一个将成为三磷酸腺苷的主要来源，这主要取决于运动持续时间的长短及强度的高低。短时间、高强度的爆发式训练主要依赖于磷酸原系统，该系统提供

表1.4 国际比赛中，男、女体操成套动作时间的平均值及标准差

比赛项目	男子（秒）	女子（秒）
自由体操	60.9（3.5）	82.9（3.2）
鞍马	30.5（4.5）	—
吊环	40.7（5.1）	—
跳马	5.2（0.5）	4.8（0.9）
双杠	31.2（6.2）	—
单杠	36.5（6.6）	—
高低杠	—	46.5（3.5）
平衡木	—	81.8（4.5）

（源自Jemni et al., 2000。）

了一个即时但非常有限的三磷酸腺苷来源，用于完成诸如跳马这样需要爆发性收缩及爆发力提升的动作。在运动后的休息期间，磷酸原系统将迅速恢复，并且需要氧气供应和大幅降低运动强度。

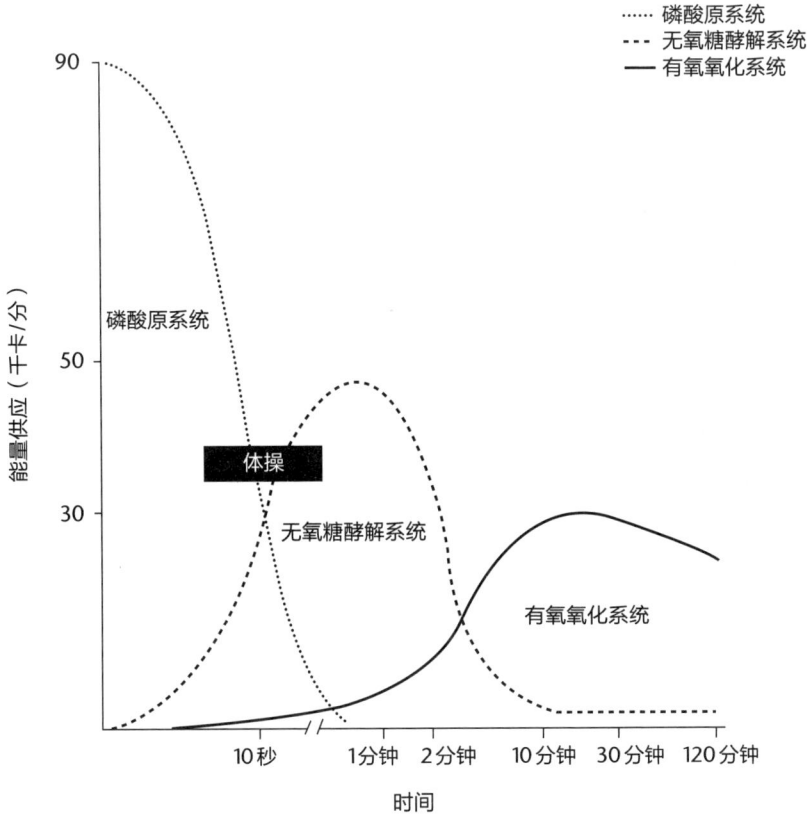

图例：
......磷酸原系统
- - - 无氧糖酵解系统
—— 有氧氧化系统

（纵轴：能量供应（千卡/分）　横轴：时间）

图1.1　能量供应连续统一体
（源自 McArdle, Katch & Katch，2005。）

　　如果一项运动在前几秒强有力的启动后还需要持续进行（例如400米短跑运动员），那么其运动强度一般会略有下降。同时，能量供给将越来越依赖无氧糖酵解系统，无氧糖酵解系统可完全运转约20秒。在这个阶段，肌肉环境因缺氧处于高酸性的状态，无氧糖酵解产生了大量的乳酸堆积，因此高强度运动只能维持很短的时间。这种缺氧环境阻碍了肌肉收缩，往往导致肌肉疲劳以及爆发力水平下降。能力强的运动员能够在运动效能几乎没有下降的前提下突破高酸性的局限，而无氧和抗阻训练可以提升这种特殊表现。无氧系统被认为是大部分体操比赛的主要能量来源，血乳酸的测量可以反映这种代谢的贡献，如1.5节中与"体操运动中的血乳酸测量"相关的内容。毫无疑问，体操比赛的强度非常大。这种强度即使对高水平体操运动员来说也达到了极限。我们现在经常可以看到，体操运动员在跳马、自由体操或者其他项目的下法完成前空翻或后空翻两周加转体动作。此外，比赛时间最长的是自由体操与平衡木（女子自由体操与平衡木最长为90秒，男子自由体操最长为70秒）。鞍马、吊环、双杠、高低杠及单杠等项目完成成套动作大约需35秒，而跳马平均时间只有6秒。

　　如图1.1所示，如果运动训练需要在无氧糖酵解供能之外继续进行，身体将主要依靠有氧氧化系统来提供能量，运动强度也会随之下降。有氧氧化系统主要为持续时间较长的耐力项目提供能量（1.3节）。然而在体操运动中，所有项目的时长都很短，运动员需要完成快速的爆发式动作。虽然有氧氧化系统可能在一些项目中起到轻微的作用，但是由于这些项目的持续时间较短，并不能充分地提供能量。实际上，有氧氧化系统需要几分钟才能完全发挥其作用，并在有氧运动中提供充分的能量。

　　遗憾的是，尽管活检试验本质上是评估能量生成/供给的最精确技术，但出于伦理原因，到目前为止还未有人尝试对体操运动员进行活检试验。表1.5给出了每个体操项目基于各自比赛时长及血乳酸测试推算出的能量供给结果。

1.5　无氧代谢

　　无氧代谢通常为持续几分钟的短时间高强度运动提供能量。这种能量是通过一系列被称为糖酵解的化学反应产生的。它发生在缺氧的情况下，通过分解碳水化合物（葡萄糖、糖原）作为能量来源。由于乳酸的产生速率超过了乳酸的清除速率，导致几分钟内阳离子（H^+）的累积及肌细胞内酸度的增加，从而限制了无氧代谢供能的时间。乳酸实际上是无氧糖酵解的自然副产物。酸性环境会阻碍肌细胞收缩，导致运动员疲劳程度不断增加，进而

表1.5　体操各项目能量供给估算表

项目	磷酸原系统	无氧糖酵解系统	有氧氧化系统	血乳酸（毫摩尔/升）
女子				
跳马（6秒）	100%	5% ~ 10%	1% ~ 2%	2.5*
高低杠（45秒）	100%	80% ~ 90%	3% ~ 5%	7.4*
平衡木（90秒）	90%	50% ~ 60%	20% ~ 30%	4.3*
自由体操（90秒）	100%	80% ~ 90%	20% ~ 30%	7.0*
男子				
自由体操（70秒）	100%	60% ~ 70%	20% ~ 30%	6.2**
鞍马（35秒）	100%	80% ~ 90%	3% ~ 8%	5.8**
吊环（35秒）	100%	80% ~ 90%	3% ~ 8%	5.8**
跳马（6秒）	100%	5% ~ 10%	1% ~ 2%	3.8**
双杠（35秒）	100%	70% ~ 80%	5% ~ 10%	4.0**
单杠（35秒）	100%	70% ~ 80%	3% ~ 8%	5.0**

*：源自Rodríguez et al., 1999。

**：源自Jemni et al., 2000。

削弱身体运动表现并导致力竭。肌肉收缩受阻可能会影响技术表现，这在诸如体操这样的艺术类运动中尤为明显。实际上，体操运动员的评分应该以"他们的表现有多好"为标准，而不是看他们能完成多少技术动作。任何瑕疵都会被判罚，即使技巧动作中最后落地的那一步也不例外。由于体操运动员完成成套动作时间短，训练强度非常大，所以提升他们在高水平"代谢应激"下进行训练的能力是非常重要的。

很多研究者发现，由于技术难度随着评分规则（F.I.G.，2009）的修订而不断增加，现代体操需要更强的力量和爆发力（Brooks, 2003; French et al., 2004）。国际体操联合会（FIG）是国际性的管理机构，该机构每4年审查并更新一次评分规则。因此，体操运动员的专项表现要求也在不断变化，以满足新的规则要求。在20世纪70年代，评分规则只有3个难度级别：A、B、C。到2009年，评分规则不仅增加了技术动作数量，还给出了7个难度级别：A ~ G。与仅使用B、C和D组动作编排的成套动作相比，包括E、F及G组动作的成套动作有更高的起评分。体操运动员从小就被鼓励学习更高难度的动作，以确保更高的起评分，进而获得更高的分数，并达到最高的比赛水平。这就要求现代体操运动员必须在很小的时候就发展无氧代谢能力，以达到最高的技术水平。现在在体操馆经常可以看到2岁的孩子在练习体操（启蒙课程），因为体操运动员通常需要10年左右的时间才能达到精英级别。

本节重点介绍体操运动员无氧代谢的几个内容。

体操运动员的功率输出

无氧代谢功率可以通过肌肉活检和一系列生化分析来评估。这项技术确实是评估构成身体表现的基础生理机制的最佳方法。遗憾的是，这项技术不仅令受试者痛苦，成本非常高，并且需要高素质的技术人员及医疗设施。间接的、非侵入式的技术也可以让我们了解无氧代谢功率。测功仪的测量结果与侵入式技术的结果高度相关，因此被广泛用于评估无氧代谢。

目前，还没有专门的测功仪可以用来评估体操运动员。体育科学家通常在实验室或体操馆进行标准化的功率测试。"力-速度测试"（Vandewalle et al., 1987）及"温盖特（Wingate）测试"（Bar-Or, 1987）被认为是评估机械功率输出的"黄金标准"，也是最常用的测试方案之一。我们可以在上肢和/或下肢进行这些测试。力-速度测试是在不同阻力条件下测量短时间最大冲刺（约6秒）的峰值骑行速度。温盖特测试不仅能够测量30秒全力骑行运动期间前10秒产生的峰值功率，还能测量30秒内产生的平均功率。遗憾的是，体操运动员不习惯骑行或手摇车，因此与其他运动员相比，他们的测试结果会受到一定影响。尽管如此，体操运动员可以通过这种公认的标准测试来与其他运动员进行比较。

表1.6和表1.7分别列出了精英及非精英体操运动员的力-速度测试及温盖特测试的结果。值得注意的是，同一水平运动员上、下半身的结果之间存在显著差异，尽管不同水平运动员之间没有显著差异。两个水平的体操运动员上半身所产生的相对体重最大功率输出占下半身相对体重最大功率输出的2/3。

如此高的峰值功率（男子在力-速度测试里的结果约15瓦/千克，温盖特测试里的结果约13.5瓦/千克，女子在温盖特测试里的结果约10.5瓦/千克），使体操运动员接近力量型运动员的最高水平。例如，男子体操运动员的上、下半身爆发力均高于精英级别摔跤运动员〔上、下半身分别为（7.8±1）瓦/千克和（10.9±1.2）瓦/千克〕（Horswill et al., 1992）。

与使用相同方案进行类似研究的其他运动项目的力-速度测试结果比较发现，男子体操运动员的上半身数值与游泳运动员相似（约10.5瓦/千克）（Vandewalle et al., 1989），下半身数值与排球运动员相似（Driss, Vandewalle & Monod, 1998），略低于短跑运动员的下半身数值（约17.0瓦/千克）（Garnier et al., 1995）。

很明显，"峰值功率"是体操运动员独特生理特征的关键组成部分。而过去40年里，力量及爆发力对体操运动表现的贡献确实在不断增加（Jemni et al., 2001）。体操运动员在3小时比赛中的总有效运动时间只有12～15分钟（包括热身）（Jemni et al., 2000）。在这十几分钟里，体操运动员必须在规定时间内（在每一个项目上）完成规定数量的技术动作。为了完成高水平的技术动作，速度和力量是关键因素，这在现代体操中尤为明显。体操训练的专项性确实对塑造参与者的能量需求产生了重要影响。研究表明，专项训练不仅影响体能、肌纤维类型等特征，还能间接影响有氧代谢和/或无氧代谢（Jansson, Sjodin & Tesch, 1978）。显然，不断重复体操技术训练以及通过器械进行自重训练可以改善上述各种身体素质。此外，表1.7显示了男、女体操运动员进行上、下半身温盖特测试后的高血乳酸值（约10.5毫摩尔/升）。这些较高数值的血乳酸也是无氧代谢能力不断发展的间接证明。更多与这种代谢相关的细节将在后面章节中通过对体操成套动作过程中的血乳酸研究来重点阐述。

表1.6 男子体操运动员上、下半身力-速度测试中峰值功率输出平均值及标准差

		峰值功率6秒（瓦）	峰值功率6秒（瓦/千克）
精英级别 （*n*=12, 18.5岁）	上半身	688.3（87.7）	10.6（0.9）
	下半身	1028.0（111.5）[s]	15.9（1.3）[s]
非精英级别 （*n*=9, 22.7岁）	上半身	652.4（79.9）	9.8（1.1）
	下半身	980.7（266.4）[s]	15.1（4.3）[s]

[s]（*p*<0.05）：上、下半身结果存在显著差异，但不同水平之间无显著差异。

（源自Jemni et al., 2001; Jemni et al., 2006。）

表1.7 男、女体操运动员上、下半身温盖特测试中功率输出平均值及标准差

女子		MPO （瓦/千克）	PPO （瓦/千克）	BL最大值 （毫摩尔/升）
		下半身		
Heller et al.（1998）	精英级别 （n=6，约15.5岁）	8.6（0.1）	10.4（0.4）	11.6（1.7）
Sands et al.（1987）	（n=25，约14岁）	7.1（1.3）	7.9（2.0）	—
		上半身		
Sands et al.（1987）	（n=25，约14岁）	3.1（0.7）	3.6（1.0）	—
男子		下半身		
Jemni et al.（2006）	精英级别 （n=12，18.5岁）	9.7（1.00）[s]	13.5（1.34）	11.7（2.03）
	非精英级别（n=9,22.7岁）	10.1（1.3）[s]	14.1（3.0）	11.0（3.1）
Savchin & Biskup（2003）	混合 （n=24，11.6岁）	—	9.6（1.9）	12.1（0.9）
Heller et al.（1998）	精英级别 （n=5，>18岁）	10.7	13.2（1.0）	11.2（1.5）
		上半身		
Jemni et al.（2006）	精英级别 （n=12，18.5岁）	7.1（0.5）[s]	9.6（0.6）	12.2（1.5）
	非精英级别（n=9,22.7岁）	6.6（0.6）	9.2（1.1）	10.4（0.7）

MPO：平均功率输出。PPO：峰值功率输出。BL：温盖特测试后的血乳酸。n：数量。
[s]（p<0.05）：上、下半身结果存在显著差异，但不同水平之间没有显著差异。
（源自Jemni et al., 2001; Jemni et al., 2006。）

体操运动中的血乳酸测量

　　血乳酸（BL）分析可间接评估无氧糖酵解供能的贡献。遗憾的是，很少有人尝试在体操成套动作中进行血乳酸测试，特别是对男子体操运动员。早在20世纪70年代，一些作者就认为，乳酸生成是可以忽略不计的（Montpetit, 1976），这表明无氧糖酵解不是主要供能方式——能量主要是由磷酸原系统提供的。Beaudin（1978）研究指出，完成4个女子项目成套动作后，血乳酸均值为2.8毫摩尔/升，自由体操和高低杠完成后的结果较高（约4.4毫摩尔/升）。这些结果之所以这么低，可能是因为运动员的水平较低，不能完成高难度的动作。在20世纪80年代和90年代的研究中，精英和非精英级别运动员的血乳酸数值较高，其中，Montgomery 和 Beaudin（1982）给出的平均值为4.0毫摩尔/升，Rodríguez 等人（1999）给出的平均值为5.3毫摩尔/升（表1.8）。此外，尽管研究方法不同，Goswami 和

Gupta（1998）及Lechevalier等人（1999）在男子体操运动员中发现了相似的血乳酸平均值［除跳马外，5个项目分别为（6.2±0.7）毫摩尔/升及（6.2±1.6）毫摩尔/升］。

表1.8　男子、女子体操运动员各项目的血乳酸（毫摩尔/升）

女子			
	Montgomery & Beaudin（1982）(*n*=29) 非精英	Bunc & Petrizilkova（1994）(*n*=7) 精英	Rodríguez et al.（1999）(*n*=8) 混合
跳马	3.1	2.4	2.5
高低杠	2.2	9.5	7.4
平衡木	3.0	10.2	4.3
自由体操	8.5	—	7.0

男子				
	Goswami & Gupta（1998）(*n*=5) 非精英	Jemni et al.（2000）(*n*=7) 非精英	Groussard & Delamarche（2000）(*n*=5) 混合	Jemni et al.（2003）(*n*=12) 混合
自由体操	7.11	6.2	11	6.3
鞍马	5.18	5.8	6.5	5.0
吊环	6.77	5.8	6.6	6.7
跳马	—	3.8	5.0	3.8
双杠	6.23	4.0	5.8	5.1
单杠	5.97	5.0	6.0	5.2

图1.2给出了男子体操比赛中血乳酸的最大值、最小值。比赛由6个项目组成，从自由体操开始，接着是鞍马、吊环、跳马、双杠和单杠。每个项目之间安排10分钟的恢复时间。运动员们可自主选定项目的执行顺序，但体操运动员的技术构成没有变化。

6个项目的血乳酸最大值平均为（4.8±1.1）毫摩尔/升。如果不计算跳马的数值，这个平均值会更高［（5.1±0.9）毫摩尔/升］。

如图1.2所示，血乳酸水平因项目类型而异。自由体操结果最高［（6～11）毫摩尔/升］，明显高于跳马、双杠和单杠。而在跳马项目测得的血乳酸结果［（3～4）毫摩尔/升］明显低于其他项目。这两项研究结果与女子体操运动员的研究结果一致（Rodríguez et al., 1999）。图1.2还表明，即使经过10分钟的恢复时间后血乳酸数值会下降，但仍然高于预期的静息值（小于2毫摩尔/升）。

该平均值是不能忽略的，因为它高于血乳酸堆积拐点（OBLA）4毫摩尔/升，说明此时乳酸生成速率比其清除速率更快。这也间接地给出了无氧代谢成为主要供能途径的转折点。

教练会根据特定的训练阶段来追求不同的训练目标。体操运动员与短跑运动员相似，二者均可在有氧和无氧条件下进行训练（Jemni et al., 2000; Sands, 1998）。在高强度训练课中，体操运动员会被要求在疲劳状态下完成动作。大多数情况下，他们需要在技术有效性、安全性及高强度训练之间找到最佳的折中方案。在一个赛季的竞赛期，体操运动员通常在

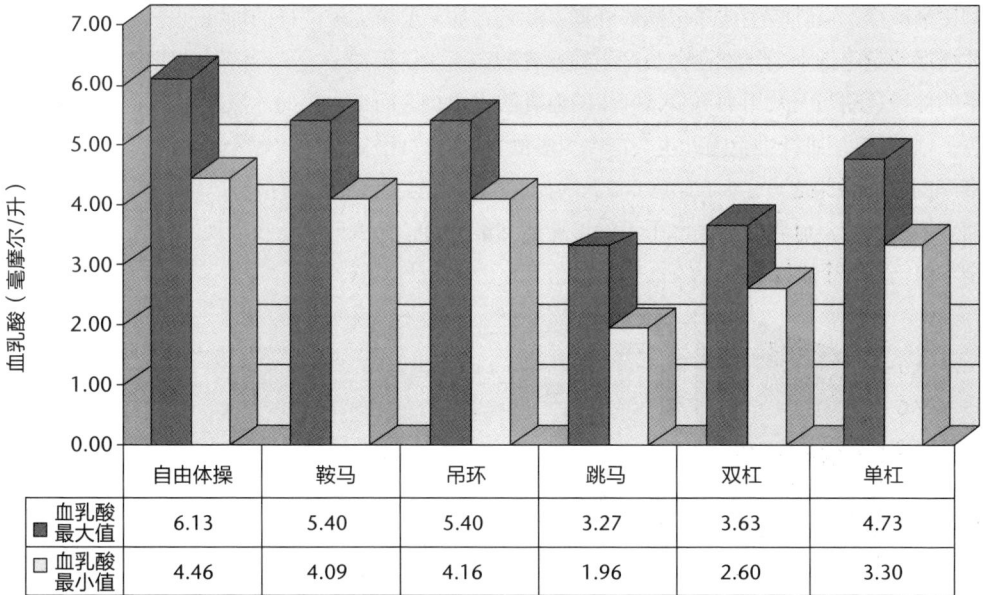

图1.2中的表格：

	自由体操	鞍马	吊环	跳马	双杠	单杠
■ 血乳酸最大值	6.13	5.40	5.40	3.27	3.63	4.73
□ 血乳酸最小值	4.46	4.09	4.16	1.96	2.60	3.30

图1.2　男子体操比赛时的血乳酸水平（毫摩尔/升）

（源自Jemni et al., 2000。）

每次训练课中多次重复完成他们6个项目的训练（Arkaev & Suchilin, 2004）。图1.3给出了不同训练课的典型示例，并在其中进行血乳酸测试，训练课包括："技术训练"，主要是3个项目的技术训练（自由体操、鞍马和吊环）；一场比赛，体操运动员完成6个项目的成套动作；连续两场比赛，体操运动员两次完成6个项目的成套动作（也称为背靠背）。该图表明，当体操运动员必须重复1次以上完成6个项目的成套动作时，无氧代谢供能占据主导地位。在参加两场比赛情况下，血乳酸平均值为（5.8±1.9）毫摩尔/升［除跳马外其他5个项目的平均值为（6.3±1.7）毫摩尔/升］。如果要求体操运动员重复两次以上全部成套动作，该值可能会显著提高。这些类型的练习与间歇训练类似，因为这期间包含间歇的大强度运动。因此，我们需要解决这样的一个问题，即体操运动员应该如何在这种类型的训练中恢复？（见5.7节）。图1.3还表明，"技术训练"中血乳酸值非常低［（2.0±0.7）毫摩尔/升］。此外，图1.3中的血乳酸平均值与图1.2类似［6个项目的血乳酸为（4.2±1.0）毫摩尔/升，5个项目的血乳酸为（4.5±0.8）毫摩尔/升］。

　　有趣的是，通过重复相同的技术动作/成套动作，体操运动员的动作变得越来越"经济"。他们将逐步找到最有效的动作，间接地找到合适的肌肉收缩，使自己能够在没有过度疲劳的情况下进行训练。体操训练确实是以"重复"为基础的，高水平体操运动员在每个小周期（7～8天）里通常会重复1700多个单动作，这还不包括体能训练（Arkaev & Suchilin, 2004）。他们必须分别掌握每一个单动作，然后才能将其纳入一个小的成套或动作组合中。实际上，单独学习这些动作不仅可以改进技术，还可以获得最佳血流动力学并将能量消耗最小化。人们期望看到体操运动员的能量消耗能够在一个学习阶段的开始及结束之间逐渐减少，血乳酸生成量也同时降低。此外，如果要求完成同样的训练任务，那么高水平体操运动员比低水平体操运动员产生的血乳酸会更少。得益于最"经济"的肌肉纤维，高水平的体操运动员无效用力更少，产生的血乳酸也更少。而低水平的体操运动员用力更多，并更多依赖IIB型肌纤维，因此也会产生更多的血乳酸。此外，"乳酸耐受性"的提升也是训练带来的实际效果之一。Sands（2003）认为，考虑到与实践相关的损伤风险、酸度增加、收缩衰竭及疲劳，血乳酸生成水平不太可能达到最大值，完成最佳竞技表现的血乳酸最大"安全"值仍是一个未知数。

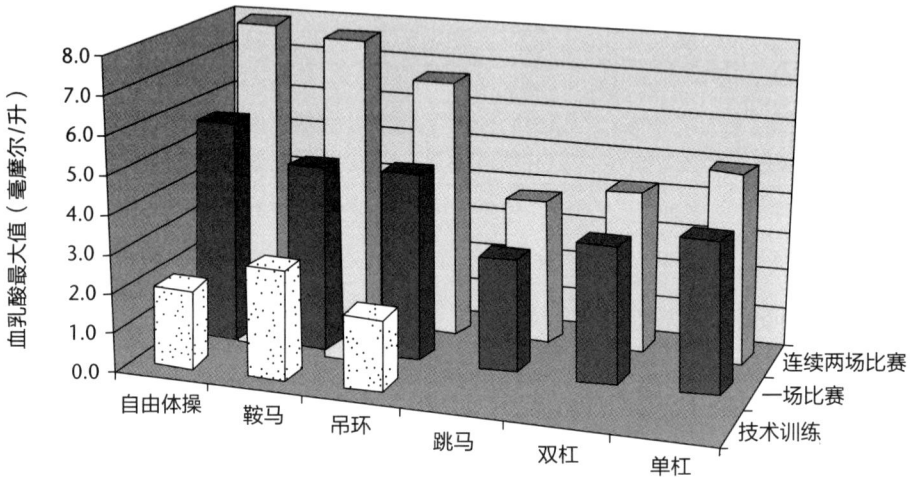

	自由体操	鞍马	吊环	跳马	双杠	单杠
技术训练	1.6	2.6	1.6			
一场比赛	5.4	4.8	4.9	2.9	3.5	3.9
连续两场比赛	7.9	7.7	6.7	3.7	4.1	4.9

图1.3　3种不同男子体操训练课（技术训练、一场比赛、连续两场比赛）中的血乳酸水平（毫摩尔/升）
（源自Lechevalier et al.，1999。）

比赛轮换中的血乳酸生成变化 贝塞姆·姆考尔（Bessem Mkaouer）

前文提到的研究及其他研究都表明（Dallas & Kirialanis, 2010; Grossfeld, 2014; Hernández, Balón & Galarraga, 2009; Irurtia et al., 2007; Jemni, 2010, 2011; Jemni et al., 1998; Jemni & Sands, 2000, 2003; Jemni et al., 2000, 2001; Jemni, Friemel & Sands, 2002; Jemni et al., 2003, 2006; Kirkendall, 1985; Lange, Halkin & Bury, 2005; Lechevalier et al., 1999; Marina & Rodríguez, 2014; Papadopoulos et al., 2014; Prados, 2005; Sands, Caine & Borms, 2003; Viana & Lebre, 2005），体操中心血管系统及代谢系统的反应会因单项的不同而有差异。换言之，一些体操单项或多或少比其他单项"费力"。在男子体操（MAG）的自由体操成套练习中，研究人员发现了与较高无氧代谢贡献相关的最高心肺应激，最大心率达到（186±11）次/分，血乳酸值处于

（6 ～ 11）毫摩尔/升（Jemni & Sands, 2003; Jemni et al., 2000, 2003）。研究人员还发现，在男子体操项目中，鞍马的心肺和代谢应激也比较高，其次为吊环、单杠和双杠；而在女子体操（WAG）中，高低杠的心肺和代谢应激比较高，其次是平衡木。只持续 4 ～ 6 秒的跳马是最不费力的。

前面提到的大多数研究者都是按照国际体操联合会（2013）制定的项目比赛顺序来评估血乳酸水平的，也就是说，在男子体操中，参赛者首先从自由体操开始，接着是鞍马、吊环、跳马、双杠及单杠［图 1.4（a）］；在女子体操中，相应的顺序为跳马、高低杠、平衡木及自由体操［图 1.4（b）］。然而，根据比赛抽签结果，不同体操运动员的比赛顺序也会不同，但第 2 类比赛（个人全能）除外。在第 2 类比赛中，前 6 名体操运动员必须先从男子体操里的自由体操项目或女子体操里的跳马项目开始*。

在这种特定情况下，如果体操运动员从自由体操项目开始比赛，他们便可以获得体能优势，而那些以自由体操项目结束比赛的运动员可能会面临最不利的情形。以自由体操开始的体操运动员的代谢应激是否与以自由体操结束的运动员的相似？以自由体操开始的体操运动员在体能及技术方面是否比其他运动员更有优势？

下文将重点探讨代谢差异，而心血管系统反应将在 2.4 节中介绍。

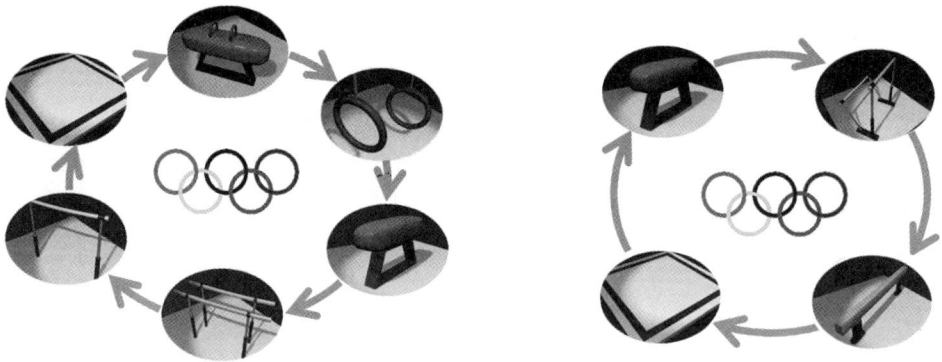

（a）奥运会男子体操比赛轮换　　　　　　（b）奥运会女子体操比赛轮换

图 1.4　奥运会男、女运动员的比赛轮换顺序

男子体操比赛轮换中的血乳酸生成变化

6 名高水平的男子体操运动员［年龄（20.20 ± 3.61）岁；体重（63.56 ± 8.51）千克；身高（1.64 ± 0.05）米］以随机顺序进行两次不同的体操模拟比赛（Zar, 1984）。其中的一项模拟比赛（R1）是按照国际体操联合会的标准轮换顺序进行的——从自由体操（FX）开始，接着依次是鞍马（PH）、吊环（SR）、跳马（VT）、双杠（PB），最后以单杠（HB）结

*：按照体操比赛规则，全能比赛共 24 名运动员参加。按照预赛排名，前 6 名为第一组，共分 4 组。全能决赛男子第一组从自由体操项目开始，女子第一组从跳马开始。——译者

束。另一项模拟比赛（R2）也是按照国际体操联合会的标准轮换顺序进行的，但是从鞍马开始，然后依次是吊环、跳马、双杠、单杠，最后以自由体操结束（Mkaouer et al., 2017）。

对不同轮换顺序之间的血乳酸浓度（BLa）的分析表明，在自由体操、吊环及跳马之间存在显著差异（Δ=15.38%、Δ=11.43%及Δ=14.87%）（Mkaouer et al., 2017）。然而，对于其他3个项目（即鞍马、双杠及单杠），其结果呈现了相似的血乳酸浓度（Mkaouer et al., 2017）（图1.5）。

自由体操与鞍马中的血乳酸浓度结果与Groussard和Delamarche（2000）报告的结果相似（分别为11毫摩尔/升与5毫摩尔/升），但高于Jemni等人（2000、2003）报告的量值（分别为6.2毫摩尔/升与3.8毫摩尔/升；6.3毫摩尔/升和3.8毫摩尔/升）。双杠的结果与Groussard和Delamarche（2000）以及Jemni和Sands（2003）报告的数值相似（5.8毫摩尔/升和5.1毫摩尔/升），低于Goswami和Gupta（1998）报告的数值（6.23毫摩尔/升），高于Jemni（2000）报告的数值（4毫摩尔/升）。虽然鞍马与吊环的血乳酸浓度值类似于Goswami和Gupta（1998）、Groussard和Delamarche（2000）、Jemni和Sands（2003），以及Jemni等人（2000）报告的结果，但与更早之前提到的研究者所报告的结果相反。单杠项目的结果高于其他研究。

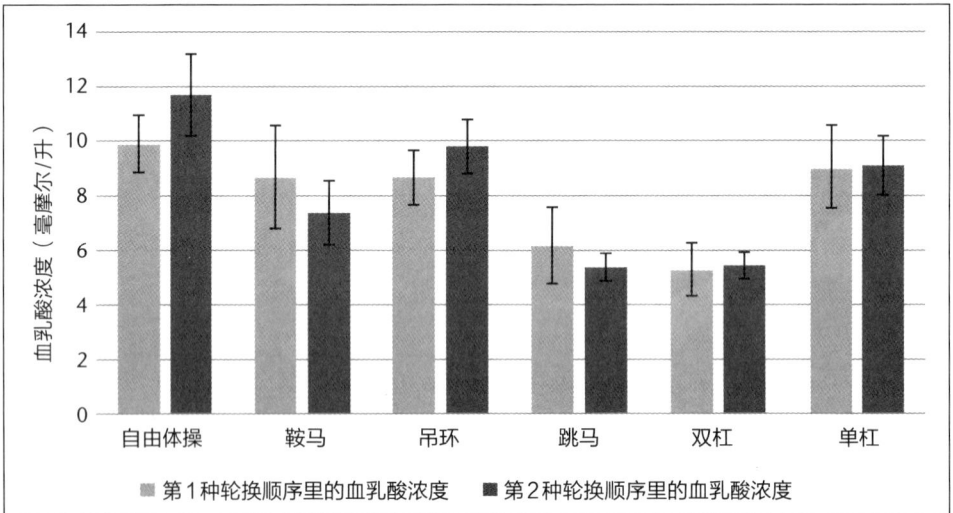

图1.5　男子体操两种比赛轮换顺序下的血乳酸浓度

女子体操比赛轮换中的血乳酸生成变化

现代女子体操力求运动员在自由体操和跳马动作中展现爆发力，在高低杠上展现优美的姿态和高水平技术，在平衡木上体现舞蹈编排。4个项目的每一项都要求动作的完美、编排及协调程度达到最高，在体能和能量消耗方面也有着不同的需求（Jemni, 2011）。

研究人员对8名精英级别的女子体操运动员［年龄（17.26±2.19）岁；体重（48.37±5.86）千克］；身高（1.56±0.09）米进行了与前文相似的研究。其中的一项模拟比赛

（RI）是按照国际体操联合会的标准轮换顺序进行的——最先完成的是跳马，然后是高低杠（UB）、平衡木（BB）和自由体操（FX）。另一项模拟比赛（R2）也是按照国际体操联合会的标准安排的，但最先完成的是自由体操，其次是跳马、高低杠和平衡木（Marina & Rodríguez, 2014; Viana & Lebre, 2005）。

结果表明，在两种轮换顺序之间，血乳酸浓度发生了显著的变化。在第2种轮换顺序里，跳马及平衡木的血乳酸浓度显著升高，但在完成自由体操时显著降低（Δ=47.62%、Δ=9.67%、Δ=16.78%）。然而，对于高低杠，结果给出了相似的血乳酸浓度值（Marina & Rodríguez, 2014）（图1.6）。上述血乳酸浓度结果和Viana & Lebre（2005）与Rodríguez等人（1999）报告的结果相似。

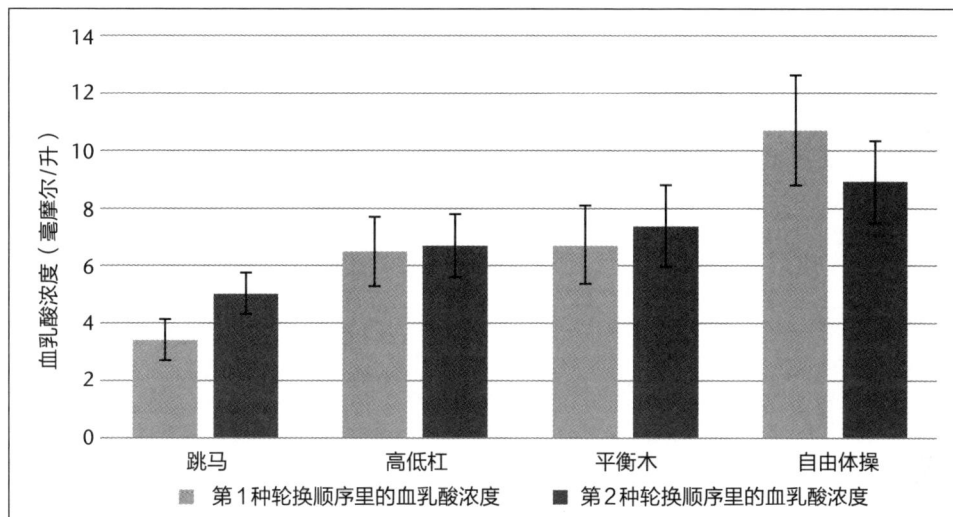

图1.6　女子体操两种比赛轮换顺序下的血乳酸浓度

1.6　总结

以下结论来自前两部分。

- 有证据表明，与其他项目运动员相比，体操运动员的有氧代谢处于最低水平，这方面与非运动员相似。
- 在过去的50年里，尽管训练量和强度随着"更严格"的规则而增加，但体操运动员的最大摄氧量还是没有增加［约50毫升/（千克·分）］。

- 有证据表明，体操训练不足以刺激和提升氧化系统。

- 体操运动员通过标准化测试，如力-速度测试和温盖特测试，展示了更高的最大功率输出（男子高达16瓦/千克，女子高达14瓦/千克）。这可以把他们归类到爆发力最强的运动员。

- 体操运动员将在极限递增负荷测试的后期达到代谢阈值（约为其最大摄氧量的80%）。这种延迟是体能训练带来的。

- 仅有少数文献探讨了男子、女子体操成套动作中的能量消耗。同时，有证据表明，无氧代谢的占比较高（血乳酸高达11毫摩尔/升）。

- 男子体操和女子体操不同项目中的血乳酸浓度各不相同——跳马最低，自由体操最高。

- 奥运会体操比赛轮换顺序的改变会导致不同的乳酸生成和疲劳水平，因此以自由体操开始或结束比赛时，将可能是一种优势或劣势。

第2章
体操运动员的呼吸与心血管系统

莫内姆·杰姆尼（Monèm Jemni）

2.1 学习成果

学习这一部分之后，你将能够：

- 阐述体操运动员心肺系统的特殊性；
- 了解体操运动中心血管系统的适应性；
- 探究如何监控和阐释男子及女子体操运动员的心血管应激。

2.2 呼吸系统

目前，关于男子、女子体操运动员呼吸系统相关的文献很少。之所以出现这种情况，主要是因为在进行体操运动时很难使用医疗器械。即使有了先进的技术，也很难采集运动员在空中抓杠和离杠时呼出的气体。例如在单杠和双杠中便存在这样的情况。研究人员曾试图使用便携式遥测气体分析仪，但因该设备有一定重量而迫使体操运动员对技术进行了一些调整。例如，空中动作变得更难完成了。体操运动员不仅害怕因错过落地/下法的时间而损坏器材，还不能借助背部和/或身体前侧完成某些动作。此外，在所有的动作中（如在空翻的情况下），面罩和涡轮传感器均会阻碍完成头部弯曲及屈体或直体姿态。

该领域的文献中仅有的两项研究是在20世纪70年代末进行的。研究人员主要介绍了静息状态下体操运动员呼吸系统相关的细节：Shaghlil（1978）表明，体操运动员安静时的呼吸频率低于同年龄组的久坐人群（每分钟呼吸分别为12 ~ 14次和16 ~ 18次）。在不同情况下，体操运动员的通气量有所不同。例如倒立时，由于内脏对横膈膜施加了更多的压力，呼吸变得比较困难。这种情况会增加胸腔内压力，减慢通气速度，并导致颈部及面部充血。不过，这并不是因为呼吸肌的特性或功能发生了改变。

Barlett、Mance及Buskirk（1984）评估了一组亚精英女子体操运动员的补呼气量（ERV），以肺活量（VC）的百分比来表示，并将这些数值与年龄相仿的跑步运动员进行了比较［分别为（29.7±7.1）%和（43.1±6.4%）］。在女子体操运动员中，这种非常低的补呼气量与明显较大的上半身体成分有关。该研究认为，女子体操运动员较大的上半身重量（胸部额外的肌肉）会减少胸部安静时呼气末容积，进而减少肺部的补呼气量。然而，肺功能效率的下降并非制约体操运动表现的因素，因为他们没有像耐力运动项目那样完全利用自己的肺功能。（注：与体操运动员最大摄氧量相关的信息见1.3节。）

2.3 心血管系统对体操运动的适应

像其他规律性的体育活动一样，体操练习会带来某些心血管方面的适应，其中包括心肌正常肥大、静息心率降低，以及收缩期射血容量增加。然而，仅有少量的研究探讨了心血管系统对体操运动的适应性，因此，现阶段还不能得出宽泛的结论。

根据Potiron-Josse和Bourdon（1989）的研究，与久坐不动的人相比，有规律的锻炼会使成年人的心室腔尺寸增加30%。但是，Roskamm（1980）以德国队不同项目运动员为样本比较了心脏容积与体重之间的关系，值得注意的是，这些运动员的年龄与活动较少的个体的年龄相仿。他的结论是，举重运动员的心脏容积最小，其次是活动较少的人群与体操运动员（分别为10.8毫升/千克和11.7毫升/千克）。Obert等人（1997）后来进行的一项研究也有类似的发现。他们在未进入青春期的体操运动员及年龄与之相仿的普通儿童之间做了比较，结果表明，以下变量之间并没有任何显著差异：心肌质量、收缩期血管内径、收缩期及舒张期射血分数、心输出量、心率和收缩容积。

Shaghlil（1978）的研究发现，体操运动员的血压与同龄久坐不动的人没有差别。然而，当比赛临近时，他们的血压可能会出现轻微的增加。正是在这一关键时期里，体操运动员的身体、生理和心理素质将处于"竞技状态"，日益增加的竞争性焦虑可能是血压略微升高的原因之一。研究还发现，在完成单杠项目的倒立、技巧动作及大回环的过程中，由于离心力和/或向心力的影响，局部血流会发生一些变化。然而，血管系统依旧保持了血容量的均衡分配。此外，局部血流在运动后将迅速恢复正常。

2.4 体操运动中的心脏反应

在最近的心脏反应研究中，Montpetit和Matte（1969）发现，在完成30秒的手倒立过程中，心率将大幅下降。心率将从120次/分开始下降，5秒后稳定在95次/分左右。动作结束之后，它又将略微增加，10秒后最终会回落到原来的水平。心率之所以会以这种形式下降，是因为静脉回流突然增加后，每搏输出量也将增加，而当回到站立位置时情况则与之相反。

Seliger等人（1970）与Faria及Pillips（1970）也是最早研究心脏对各种体操动作的反应的专业人士。得益于心电图，Seliger等人（1970）能够评估男子及女子体操运动员的心脏应激。结果表明，心率在平衡木项目里达到了148次/分、在高低杠项目里达到135次/分，在跳马项目里达到了133次/分。同时，男子体操运动员的心率稍高，变化范围从双杠里的139次/分到自由体操中的151次/分。这些数值似乎很低，可能是因为20世纪70年代体操训练"简单"的特质（表2.1）。在同一时期，Noble（1975）使用每5秒发射一次信号的心电图仪测量女子体操运动员的心脏反应。在自由体操、平衡木及高低杠中发现的数值高于Seliger等人所发现的数值，它们介于（162～189）次/分。平均值分别为（169±6）次/分、（159±6）次/分及（167±2）次/分。

　　1976年，Montpetit在进行简单练习的男子体操运动员中发现了相当明显的心脏反应。他用遥测心电图机记录了当时的心率，结果介于（130～170）次/分。这些数值高于Seliger等人于1970年发现的139次/分及151次/分。其中，单杠项目里的数值最高[（170±2）次/分]，然后依次为双杠[（158±4）次/分]、吊环[（149±5）次/分]、鞍马[（145±7）次/分]和跳马[（130±4）次/分]。直到1982年，Montgomery和Beaudin才用遥测记录方法对4个女子项目的心率进行了评估。结果表明，峰值心率远高于先前的调查（178±11）次/分，平均心率为（166±10）次/分。20世纪90年代后期，Goswami和Gupta（1998）利用心率监测仪（Sport TesterPE-3000）研究了不同训练课男子6个项目的心脏反应。5个项目（自由体操、鞍马、跳马、双杠及单杠）的心率峰值为（180±5）次/分，平均心率为（161±9）次/分。

表2.1 体操训练期间的心率（次/分）

女子	Seliger et al. (1970)	Noble (1975)	Montgomery & Beaudin (1982)	Viana & Lebre (2005)
跳马	133 ± 13	—	162	—
高低杠	133 ± 10	167 ± 2	187	195 ± 10
平衡木	130 ± 13	159 ± 6	177	179 ± 8
自由体操	—	169 ± 6	185	193 ± 2
最大值	148	189	187	205
平均值	132	165	178	189

男子	Goswami & Gupta (1998)	Lechevalier et al. (1999)	Groussard & Delamarche (2000)	Jemni et al. (2000, 2002, 2003)	Viana & Lebre (2005)
自由体操	183 ± 11	196 ± 5	160 ~ 179	186 ± 11	186 ± 2
鞍马	173 ± 9	188 ± 7	158 ~ 170	185 ± 11	174 ± 8
吊环	175 ± 10	188 ± 6	156 ~ 165	—	171 ± 15
跳马	—	160 ± 9	160 ~ 179	162 ± 14	—
双杠	175 ± 15	183 ± 7	154 ~ 162	181 ± 11	176 ± 5
单杠	182 ± 12	187 ± 7	164 ~ 180	185 ± 9	183
最大值	195	186	180	180	190
平均值	178	181	160	167	177

尽管二者记录的对象均是同样水平（非精英）的体操运动员，但这些数值还是远高于20世纪70年代发现的数值。这就证明体操动作的难度确实在不断增加。

Lechevalier等人（1999）使用脉搏心率监测仪（BHL Bauman 6000）记录了3种不同强度训练课期间的心脏反应：①"一堂简单训练课"，以自由体操、鞍马和吊环为主的技术训练；②一场比赛，体操运动员完成6个项目的成套动作；③连续两场比赛，体操运动员需将6个项目完成两遍（也称为背靠背）。在比赛及背靠背训练课期间，体操运动员的最大心率（HR_{max}）接近于极限递增负荷测试中测得的最大心率［平均心率分别为（122±7）次/分及（124±8）次/分］。然而，在简单技术训练课中，他们的心率约为最大心率的60%，因此远低于其他两种训练课［平均心率（114±100）次/分］的心率。

图2.1呈现了高水平男子体操比赛中不同的心脏反应记录。其间，研究人员使用心率监测仪（BHL Bauman 6000）持续地记录心率。记录给出了运动员在每个项目中所达到的最大值、平均值及心率范围。自由体操期间记录的心率最高，跳马时的心率最低；这些数值明显低于其他所有研究的记录值，但与在同一项目中发现的较低血乳酸值一致（见1.5节中与"体操运动中的血乳酸测量"相关的内容）。有趣的是，自由体操、鞍马、双杠及单杠等项目的峰值心率通常出现在成套动作的末尾。这是因为体操运动员在结束他们的成套动作

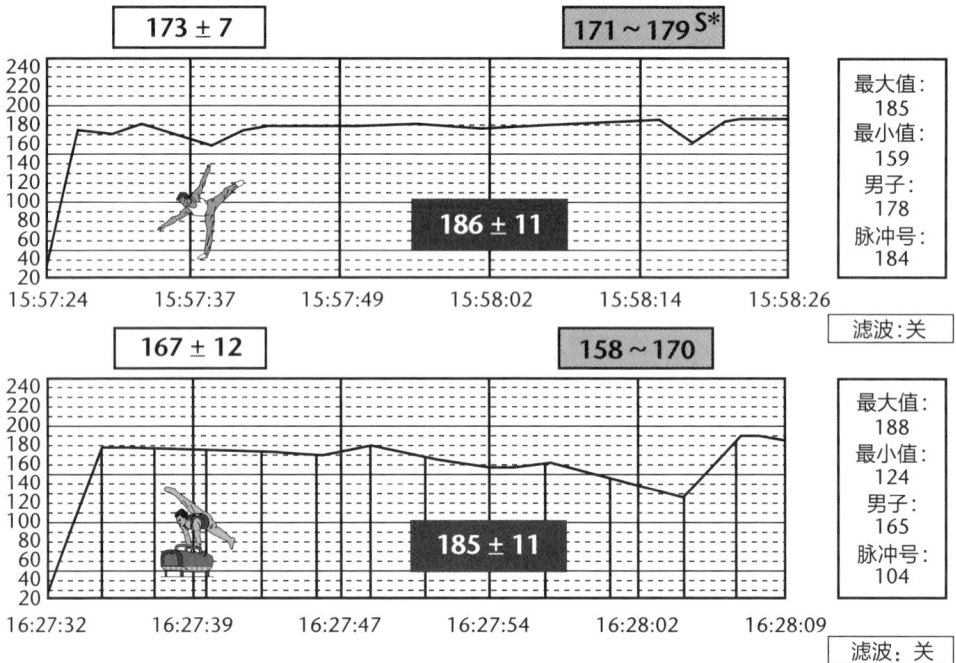

图2.1　高水平男子体操比赛期间的心脏反应

*：S代表显著差异。

（源自Jemni，2001。）

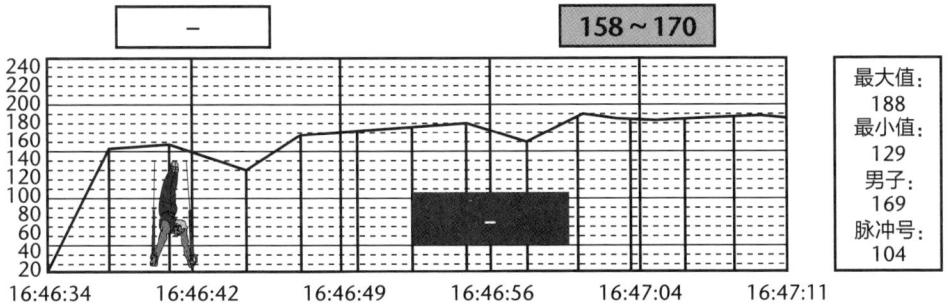

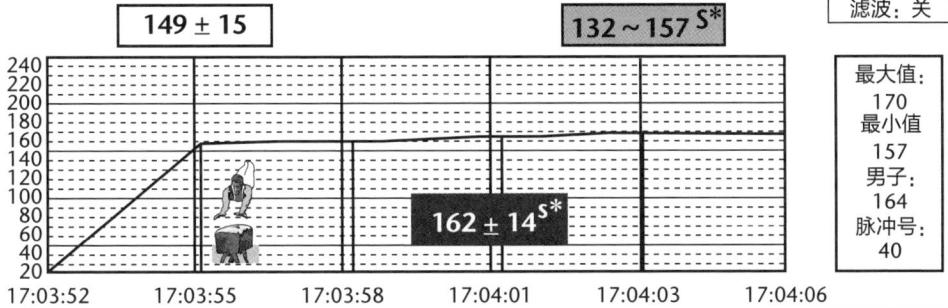

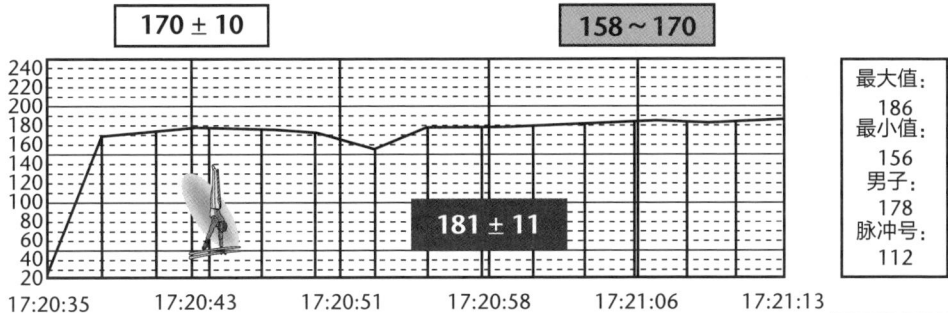

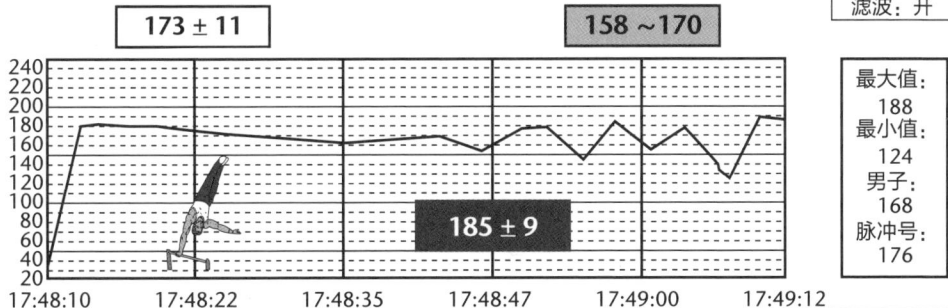

图2.1　高水平男子体操比赛期间的心脏反应（续）

时会运用技术要求更高的动作（下法）。Jemni（2001）证明了体操运动员只有在很短的时间内才能更接近各自的最大心率。事实上，仅有（16±9%）的记录发现心率范围在180～190次/分之间。体操运动员的心率范围大多（28%）介于158～170次/分。图2.1还表明，体操运动员在完成成套动作时不会达到任何稳定的状态，因此论证了这样一个事实：我们无法根据心率记录来估算能量消耗。同样需要注意的是，体操运动员在心率（170±10）次/分时已经达到了他们的乳酸阈。因此，我们可以得出以下结论：高水平体操运动员在完成全部比赛项目时，其心脏反应接近其代谢阈值，同时在最大心率时达到峰值。有了这些发现，便能更好地阐明完成全部项目时代谢应激的本质。然而，对心率分析进行解读时应该保持谨慎，因为在跑步机上的跑步运动不同于体操。此外，心率还可能受到某些变量的影响，如儿茶酚胺水平，因此很难实现任何稳定的状态。

2.5 体操比赛轮换中的心血管反应变化 贝塞姆·姆考尔（Bessem Mkaouer）

1.5节（与"比赛轮换中的血乳酸生成变化"相关的内容）给出了以下结论：在体操中，不同项目之间的代谢反应是不同的，并且，只有少数项目会比较"费力"。男子及女子体操运动员在完成自由体操动作时，其代谢应激最为明显，而在跳马项目里最不明显（Jemni & Sands, 2003; Jemni et al., 2003; Mkaouer et al., 2017）。

大部分研究人员还评估了男子体操中运动员按照自由体操开始，然后依次是鞍马、吊环、跳马、双杠及单杠这样的顺序（第1章，图1.4a）比赛时的心血管反应，以及女子体操中按照跳马、高低杠、平衡木及自由体操这样的顺序（第1章，图1.4b）比赛时的心血管反应（Dallas & Kirialanis, 2010; Grossfeld, 2014; Hernández, Balón & Galarraga, 2009; Irurtia et al., 2007; Jemni, 2010, 2011; Jemni et al., 1998; Jemni & Sands, 2000, 2003; Jemni et al., 2000, 2001; Jemni, Friemel & Sands, 2002; Jemni et al., 2003, 2006; Kirkendall, 1985; Lange, Halkin & Bury, 2005; Lechevalier et al., 1999; Marina & Rodríguez, 2014; Papadopoulos et al., 2014; Prados, 2005; Sands, Caine & Borms, 2003; Viana & Lebre, 2005）。

然而，就像1.5节（与"比赛轮换中的血乳酸生成变化"相关的内容）所述，这些结果因比赛抽签结果而异，除了第2类比赛（个人全能）中前6名体操运动员必须从男子体操里的自由体操及女子体操里的跳马项目开始。

与体操运动员从自由体操为第一项开始比赛可获得能量代谢的优势类似，他们也能够从心血管应激中获得同样的优势。从另一个角度来说，那些以自由体操为比赛结束项目的运动员或许受到了最不利的影响。下文主要阐述在男子体操及女子体操中改变轮换顺序时的心血管反应差异。

男子体操中的心血管反应变化

1.5节中（与"男子体操比赛轮换中的血乳酸生成变化"相关的内容）描述的同一个实验方案被用于评估轮换顺序不同的两种比赛中的心血管应激反应（Mkaouer et al., 2017）。

结果表明，两种轮换顺序之间的心血管反应存在显著差异（表2.2）。

比赛的两种轮换顺序中，第2种轮换顺序（R2）的自由体操最大心率明显较高（$\Delta = 2.83\%$）。在跳马和双杠中也观察到了类似的结果——第2种轮换顺序里的数值高于第1种轮换顺序（R1）的数值（$\Delta = 2.72\%$和$\Delta = 1.72\%$）。鞍马、吊环及单杠项目的心率记录并不存在统计学方面的差异。值得注意的是，本研究报告的最大心率值与Hernández等人（2009）、Jemni（2011）、Prados（2005）、Viana及Lebre（2005）发现的数值结果相近。

从表2.2中可以看出，恢复期间的心率会发生变化；相较于第1种轮换顺序，第2种轮换顺序里的自由体操结束后的第一分钟心率（HR）增加了4.69%。同样，第2种轮换顺序中双杠及单杠比第1种轮换顺序分别高出5.12%及1.72%。恢复心率（HR_{R1m}）的数值与Jemni（2010）、Jemni和Sands（2003）、Jemni等人（2003）发现的数值结果相近。

表2.2 男子体操两种不同轮换顺序下比赛中的心血管反应

项目		最大心率（次/分）	恢复心率（HR_{R1m}）（次/分）
		$M \pm SD$	$M \pm SD$
自由体操	R1	185.20 ± 11.67	142.40 ± 6.91
	R2	190.60 ± 9.15 ↗	149.40 ± 4.61 ↗
鞍马	R1	157.80 ± 6.90	132.40 ± 6.80
	R2	148.80 ± 5.24	130.60 ± 2.40
吊环	R1	181.60 ± 12.74	147.40 ± 8.87
	R2	184.40 ± 8.64	147.6 ± 5.03
跳马	R1	171.40 ± 10.06	124.00 ± 11.46
	R2	176.20 ± 7.95 ↗	119.80 ± 2.49
双杠	R1	171.40 ± 6.18	129.80 ± 7.69
	R2	174.40 ± 7.02 ↗	136.80 ± 8.78 ↗
单杠	R1	183.60 ± 9.65	160.40 ± 6.50
	R2	185.40 ± 8.20	163.20 ± 4.08 ↗

R1：第1种轮换顺序（自由体操、鞍马、吊环、跳马、双杠、单杠）。R2：第2种轮换顺序（鞍马、吊环、跳马、双杠、单杠、自由体操）。恢复心律：1分钟后的心率。↗：$p < 0.05$时显著升高。

女子体操中的心血管反应变化

1.5节中（与"女子体操比赛轮换中的血乳酸生成变化"相关的内容）描述的同一个实验方案被用于评估轮换顺序不同的两种比赛中的心血管应激反应（Mkaouer et al., 2017）。

结果表明，两种轮换顺序之间的心血管反应存在显著差异（表2.3）。

与男子体操结果相似，第2种轮换顺序引起的心血管应激在统计学层面显著高于第1种轮换顺序（跳马、高低杠及自由体操项目分别为 Δ =10.18%、2.37%、2.22%）。

表2.3还表明，恢复期间的心率会发生变化；相较于第1种轮换顺序，第2种轮换顺序里的跳马、高低杠及平衡木项目结束后的第一分钟，心率分别高出12.98%、6.37%和3.53%。然而，从自由体操恢复后，第2种轮换顺序引起的应激似乎比第1种轮换顺序少2.72%。上述结果与Viana及Lebre（2005）、Rodríguez等人（1999）报告的数值相近。

总之，在两种不同的体操比赛轮换顺序中，心血管反应因项目的顺序发生了明显的变化。最大心率在男子体操的自由体操、跳马、双杠和单杠项目和女子体操的跳马、高低杠、平衡木及自由体操项目发生了显著变化。在第2种轮换顺序中，这些项目的最大心率均出现了大幅度增加。因此，当体操运动员从自由体操项目开始比赛时，恢复心率在第1种轮换顺序里一直保持较低水平。

表2.3　女子体操两种不同轮换顺序下比赛中的心血管反应

项目		最大心率（次/分）	恢复心率（次/分）
		$M \pm SD$	$M \pm SD$
跳马	R1	185.50 ± 7.35	132.88 ± 6.20
	R2	198.88 ± 9.15 ↗	150.13 ± 4.36 ↗
高低杠	R1	179.00 ± 5.21	131.38 ± 11.21
	R2	183.25 ± 4.23 ↗	139.75 ± 5.70 ↗
平衡木	R1	188.00 ± 16.39	127.50 ± 8.59
	R2	186.00 ± 16.40	132.00 ± 7.11 ↗
自由体操	R1	196.75 ± 9.90	142.50 ± 4.57
	R2	201.13 ± 10.53 ↗	138.63 ± 4.31 ↘

R1：第1种轮换顺序（跳马、高低杠、平衡木、自由体操）。R2：第2种轮换顺序（自由体操、跳马、高低杠、平衡木）。恢复心率：1分钟后的心率。↗：$p<0.05$时显著升高。↘：$p<0.05$时显著降低。

2.6　总结

- 为了全面了解心肺系统对体操运动的反应，还需要研究更多的细节。

- 某些体操动作，特别是那些涉及倒立姿势的动作，会减慢通气速度。

- 有人认为，与同年龄组跑步运动员相比，体操运动员更大的上半身重量可能会削减其静息呼气末容积，进而减少肺部的补呼气量。

- 有证据表明，体操训练并不是一个足以显著强化某些心脏变量（心肌质量、心排血量、心率、收缩期容量及血压）的刺激因素。

- 在完成某些动作时，由于离心力和/或向心力的影响，局部血流会发生一些变化。然而，运动结束之后将很快恢复至正常状态。

- 从20世纪60年代到现在，测量工具的发展使得测量结果准确性更高。并且，随着体操动作技术要求的提高，心血管应激也在逐渐增加。

- 高水平体操运动员的心率在完成全部比赛项目时接近其代谢阈值。心率仅在短时间的峰值阶段内达到最大值。

- 体操运动员的心率记录没有显示出任何稳定的状态。这样就很难用它们来解释能量消耗。

- 在奥运会比赛中，心血管反应因比赛项目顺序的不同而不同。

- 以自由体操结束比赛的时候，除男子体操里的自由体操、跳马、双杠及单杠项目外，最大心率还在女子体操里的跳马、高低杠、平衡木及自由体操项目中达到了更高的数值。

- 当体操运动员从自由体操项目开始比赛时，恢复心率将一直保持在较低的水平。

第3章
体操运动员的饮食、营养、补剂及相关健康问题

莫内姆·杰姆尼（Monèm Jemni）

3.1 学习成果

- 了解体操运动员的饮食、营养及补剂方面的知识；
- 理解与大训练量及高训练强度相关的健康问题。

3.2 男、女体操运动员的饮食

与所有的艺术类运动项目一样，体操也特别注重外在形象。女子体操运动员，尤其是艺术体操运动员，承受着多种压力：最直接的压力来自教练，教练很多时候会间接关注体操运动员的体重；另外一种压力来自负责艺术美感/外在形象的裁判员；还有来自体重增加可能影响其技术完成能力方面的压力。这些压力可能会促使体操运动员及教练养成不良的饮食习惯，进而引发能量负平衡（Rosen & Hough,1988）。研究表明，对于参加需要强调瘦体型项目的运动员，他们将面临更大的饮食失调（如神经性厌食症及贪食症）风险（Brotherhood, 1984; Jankauskienė & Kardelis, 2005）。几乎所有综述研究都认为体操运动员面临饮食失调的问题。有证据表明，这种饮食失调会给运动表现带来不利影响，并增加损伤的风险。这种情况下，可能会引发一些严重的健康问题。例如Benardot（1999）将艺术体操中应力性骨折的发生率归因于能量负平衡，并表明86%的高水平体操运动员每年至少有一次严重损伤。

无论男女，相对于较高的能量消耗，能量及营养摄入的总量仍然不足——即使是男子体操运动员也面临着这种情况（Filaire & Lac, 2002; Fogelholm et al., 1995; Lindholm, Hagenfeldt & Hagman, 1995）。在某些阶段，如在集训营期间，这些运动员每天都要进行超过6小时的训练（Sands, 1990b; Stroescu et al., 2001）。对前艺术体操运动员相关的访谈表明，日常训练时间超过10小时是非常常见的。据报道，中国亚精英及精英女子体操运动员的能

量摄入分别为1637千卡/日及2298千卡/日（Chen et al., 1989）。该研究还表明，这两组运动员脂肪摄入量均明显高于蛋白质（分别约为43%和13%）。然而，出现这种情况的原因可能是缺乏关于饮食及健康进食的知识。例如，Filaire和Lac（2002）发现，法国女子体操运动员的饮食成分比例存在差异（14%的蛋白质、48%的碳水化合物及37%的脂肪）。这两项研究及Lindholm等人（1995）的研究表明，与同龄女性相比，女子体操运动员尤其缺乏以下几种营养质：钙、维生素B_1、维生素B_2、铁、纤维素、维生素E及维生素B_6。

虽然存在着饮食失衡及以上诸多不足，但有研究表明，青春期前期及青春期早期的女子体操运动员的蛋白质摄入量与对照组相当［约7克/（千克·日）］（Boisseau et al., 2005），这两组受试者在蛋白质的合成及分解方面也极为相似［分别约为6克/（千克·日）和5克/（千克·日）］。

男子体操运动员的饮食摄取更均衡。一些研究者曾建议摄取大量的蛋白质，以促进肌肉组织的合成（Brotherhood, 1984）。营养学家建议，对于每周训练超过8小时的体操运动员，应经常食用富含维生素和全麦谷类、水果、蔬菜及瘦肉等营养丰富的食物，以确保摄入充足的B族维生素。此外，也应确保总能量摄入足以维持体重。Arkaev和Suchilin（2004）建议，高水平男子体操运动员在高强度训练期间每天应摄入4500～5000千卡的能量。表3.1给出了推荐度最高的B族复合维生素的食物来源。

表3.1 南非体操联合会提供的B族复合维生素的食物来源

维生素	最佳食物来源
硫胺素（维生素B_1）	干啤酒酵母、酵母提取物、糙米
核黄素（维生素B_2）	酵母提取物、干啤酒酵母、肝脏、小麦胚芽、奶酪及鸡蛋
吡哆醇（维生素B_6）	富化谷物、带皮土豆、香蕉、豆类、鸡肉、猪肉、牛肉、鱼、葵花籽、菠菜
叶酸	干啤酒酵母、大豆粉、小麦胚芽、麦麸、坚果、肝脏及绿叶蔬菜
维生素B_{12}	肝、肾、鱼、红肉、猪肉、鸡蛋及奶酪

（源自Humphy，2010。）

最后一点，与男子体操运动员饮食相关的文献资料非常匮乏。不过女子体操运动员的饮食问题更大，而且已经有相当多有关这一问题的研究。大部分研究都得出了一致的结论：正如3.4节的"激素调节、生长及性发育"中阐述的那样，与高能量消耗相关的饮食失衡可以在一定程度上解释她们所面临的体重指数（BMI）低下、体脂比例低下、青春期发育迟缓及月经失调等问题。

3.3 体操运动中的补剂

教练总是问：体操运动员，尤其是高水平运动员，是否需要使用补剂，以达到所需的高水平力量及爆发力？

几项研究证实，相当大比例的高水平体操运动员熟悉营养补剂的使用。最为常用的是维生素、蛋白质及钙的补剂。一项针对希腊高水平体操运动员的问卷调查表明，58%的运动员按照医生的建议服用了营养补剂（Zaggelidis et al., 2005）。与其他运动项目一样，有相当一部分的体操运动员不清楚违禁药品清单，也不了解过量补充可能带来的不利影响。

罗马尼亚奥运女队的几名队员经过4个月的高强度训练并补充了大豆蛋白之后，瘦体重、血清泌乳素与甲状腺素（T_4）的水平有所增加，血清碱性磷酸酶水平有所降低（Stroescu et al., 2001）。然而，一项为期12个月的随机对照实验比较了同年龄体操运动员与普通儿童之间每日补充500毫克钙后的效果，结果表明，桡骨、胫骨、脊柱及全身的骨密度（BMD）之间没有任何显著差异。该作者总结说，体操运动员按照建议（8 ~ 11岁的儿童，每天摄入555 ~ 800毫克）补钙没有任何有益的作用（Warda et al., 2007）。该作者还认为，骨密度没有明显差异的原因可能是体操运动员的骨骼已经适应了重复的负荷刺激，因此没能从额外补充的钙中获益。

综上所述，大多数研究证实了一些营养素不足的情况；然而，与补剂相关的研究还没有结论。事实上，大多数补剂研究均没有调查是否存在基础值不足的情况，如此一来，很难给出比较准确的解释。虽然均衡的营养可能对一些体操运动员来说已经足够了，但从常识来看，还是建议那些营养素不足的运动员服用补剂。但是服用这些补剂之前，应该由运动营养师开具处方，以避免服用任何潜在违禁药品的风险。眼下还有一个需要考虑/监测的重要问题：如果他们的进食量已经足够，那么他们应该吃什么？

3.4 大运动量、高训练强度对身体成分、激素调节、生长及性发育的影响

在过去的15年里，一些与体操（体操和艺术体操）相关的健康问题一直是争论的焦点。这些问题包括身体成分及其与大训练量、饮食不足、激素调节、生长及性发育之间的关系。通过体操、生长、能量摄入、闭经和骨密度等关键词，使用在线搜索引擎获得了229篇文章。这一部分重点介绍体操运动员在最高水平比赛中遇到的一些主要健康问题。

身体成分

有研究证实，与同年龄同性别的群体相比，体操运动员的体脂百分比和体重指数非常低，特别是女子运动员（体操及艺术体操）（Cassell, Benedict & Specker, 1996; Claessens et al., 1992; Courteix et al., 1999; Malina, 1994; Soric, Misigoj-Durakovic & Pedisic, 2008）。98%的同行评审文章横向研究证实身体成分参数（特别是体重和身高）出现下降，同时43%的文章通过纵向研究也证实了这种现象。表3.2给出了男子及女子体操运动员的体重指数及体脂。研究还表明，这些身体成分变量的下降已经持续多年。Benardot和Czerwinski（1991）指出，7 ~ 10岁优秀青少年体操运动员的体重指数横向研究为12.9 ~ 20.8千克/米^2，11 ~ 14岁为14.6 ~ 20千克/米^2。他们的体脂如下：7 ~ 10岁儿童为5.1% ~ 16.7%，11 ~ 14岁时没有变化，仍保持在6% ~ 15.1%。

表3.2 男子及女子体操运动员的体重指数及体脂

女子	Courteix et al. (2007) 13.4岁 *n*=36 RG	Douda et al. (2006) 13岁 *n*=39 RG	Jemni et al. (2006) 20.6岁 *n*=21 AG	Georgopoulos et al. (2004) 16岁 *n*=169 AG	Markou et al. (2004) 16岁 *n*=120 AG	Muñoz et al. (2004) 16.2岁 *n*=9 RG	Bale & Goodway (1990) 13.3岁 *n*=20 AG
体重指数（千克/米²）	16.5	15.9		19.0	18.6	18.6	18.2
体脂（%）	14.4	13.9		19.5	18.4	—	10.9
男子				17岁 *n*=93 AG	18岁 *n*=68 AG		
体重指数（千克/米²）			23.2	21.5	21.1	—	—
体脂（%）			9.7	10.6	10.3	—	—

AG：体操。RG：艺术体操。

骨骼发育及骨矿物质密度

研究表明，与高能量消耗相关的低能量摄入可能是影响骨骼发育及后期骨质疏松的两个潜在复杂因素（Benardot, Schwarz & Weitzenfeld, 1989; Drinkwater et al., 1984）。大约80%的研究证实了体操运动员骨骼发育延迟，而艺术体操达到了98%。Theodorpoulou等人（2005）对来自32个国家的400名艺术体操运动员和400名女子体操运动员进行了一次更大规模的调查，她们都是年龄在11～23岁的世界级女子运动员。结果表明，艺术体操运动员的骨骼发育延迟为1.3年，体操运动员为2.2年。Muñoz等人（2004）也给出了类似的结论：与对照组相比，艺术体操运动员延迟了大约2年。然而，男子体操运动员在这个方面的影响似乎较小。Markou等人（2004）证明169名女子精英体操运动员的骨龄延迟了2年，而93名年龄在13～23岁的男子精英体操运动员只延迟了1年。同样，Jemni等人（2000）也表明，青春期之后的法国高水平男子体操运动员（18.5岁）的骨骼发育延迟了6个月。

由于包括许多上法、下法等在内的高难度技术动作，体操运动员的上肢、下肢及躯干需要承受更大的力学负荷。研究证实，体操运动与骨矿物质含量-骨密度（BMC-BMD）的增加有关，在使用频率最高的关节（腕关节和踝关节）及腰椎中尤其明显（Courteix et al., 2007）。有人认为，较高水平的骨钙素可能是骨密度增高的主要原因。此外，有研究提出，运动员保持骨骼健康或许可以抵消激素紊乱带来的影响。此外，体操运动似乎能够为骨骼带来长期的益处。研究表明，现役和/或非现役体操运动员退役后，总体或部分骨密度出现了增加的迹象（Dowthwaite & Scerpella, 2009）。Ducher等人（2009）提供了退役体操运动员（18～36岁）的桡骨及尺骨矿物质含量增加的证据。这些发现证实了先前的研究结果：Markou等人（2004）论证了骨密度与长期高强度运动呈负相关，却与实足年龄呈正相关。 Dowthwaite 及 Scerpella（2009）在综述中建议进行进一步的研究，以阐明骨骼负荷剂量 - 反应曲线以及骨骼适应对性别和发育的依赖性，其中，后者会随着解剖部位及组织成分而变化。

综上，可以得出这样一个结论，即骨密度过大与运动训练有关。

激素调节、生长及性发育

Markou 等人（2004）报告称，在加拿大和希腊，分别有32%及12%的女子艺术体操运动员出现了闭经（16岁时就没有了月经）现象。同时，在这两个国家中，月经过少的艺术体操运动员（月经周期持续时间大于36天）的比例更高（约为65%）。此外，研究人员也在西班牙艺术体操运动员身上得到了类似的发现——45%的女子运动员出现了月经过少的现象（Muñoz et al., 2004）。体操及艺术体操的运动员都面临着青春期迟缓现象——在体操中，训练强度及比赛次数的增加所带来的应激更大，相应的影响也更为明显。Muñoz 等人（2004）发现，与对照组［（12.5±1）岁］相比，艺术体操运动员会在（15±0.9）岁经历初潮。类似地，Courteix 等人（2007）发现，法国艺术体操运动员的初潮时间延迟了两年。而 Theodoropoulou 等人（2005）在400名艺术体操运动员及400名体操运动员中发现，与她们的母亲月经初潮及未经训练的姐妹相比，这些运动员不仅青春期出现了延迟，而且两个项目分别有17%和20%的人没有经历初潮。同样，Sands、Hofman 及 Nattiv（2002）通过问卷调查证实了高水平美国体操运动员与其母亲在初潮年龄及月经紊乱方面的差异。事实上，这些发现表明，生长发育问题与任何遗传学因素无关，而是训练应激带来的结果。

一些研究人员致力于研究体操运动员体内的瘦素。瘦素实际上是脂肪细胞分泌的 ob 基因蛋白，在调节体重与刺激性腺轴方面发挥作用（通过脂肪）。有证据表明，神经性厌食症患者性腺轴失调的机制与体脂低、饮食少的优秀女子体操运动员导致青春期延迟的机制相似。这可能引发 "女性运动员三联征"，即同时出现饮食失调、闭经、骨质疏松症的问题。

研究表明，65%的艺术体操和体操运动员的瘦素水平都有所下降（Courteix et al., 2007; Jemni, Keiller & Sands, 2008; Markou et al., 2004; Muñoz et al., 2004; Weimann, 2002; Weimann et al., 1999）。值得注意的是，也有研究表明脂肪含量特别低的体操运动员的瘦素水平低于神经性厌食症患者的瘦素水平［分别为（1.2±0.8）微克/升及（2.9±2.7）微克/升］（Matejek et al., 1999）。之所以出现这种低瘦素血症，是因为能量摄入不足。Weimann 等人（2000）认为低瘦素血症反过来会导致青春期及生长迟缓。事实上，有几位研究者证实，青春期体操运动员的雌二醇及雌性激素水平不但没有大幅上升，反而有所下降，这种情况在正常的性成熟过程中也会发生。不过，IGF-1、IGFBP-3、TSH、T_3 及 T_4 呈现出了正常年龄的血清水平（Courteix et al., 2007; Weimann, 2002; Weimann et al., 1999）。

脂肪组织产生的瘦素及雌性激素在月经初潮中发挥着至关重要的作用，体现了人体对高能量需求的自然适应（Moschos, Chen & Mantzoros, 2002）。女性脂肪组织是雌性激素（将雄性激素转化为雌性激素）的重要来源。由于运动员脂肪组织减少，雄性激素转化为雌性激素的过程受影响，如此一来，可能导致乳房发育及月经初潮的延迟（Perel & Killinger, 1979; Schindler, Ebert & Friedrich, 1972）。然而，最近的实验表明，月经紊乱也是身体代谢反应应对能量不足关系的一部分：高能量输出应激＋不相称的低能量摄入＋能量消耗＋能量可利用率（Loucks & Redman, 2004）。

3.5 总结

- 体操运动员（尤其是女子艺术体操及体操运动员）在保持身材纤细方面面临相当大的压力。
- 有证据表明，饮食失调会给健康带来严重影响。
- 无论男女，尽管能量消耗很大，能量摄取及营养摄入的总量却不足；虽然男子体操运动员的饮食相对均衡，但也存在这种问题。
- 有证据表明，女子体操运动员缺乏多种营养物质，其中又以钙、维生素B_1及维生素B_2、铁、纤维素、维生素E及维生素B_6为主。
- 体操运动员经常使用营养补剂。其中，维生素、蛋白质与钙的补剂最为常用。
- 仅有少数研究调查了补剂的作用，因此现有的研究结果仍有待商榷。然而，蛋白质补剂对身体成分有一定影响，而钙补剂并不会给骨骼健康带来任何益处。
- 体操运动员需要保持极低的体脂百分比和体重指数，特别是女子艺术体操和体操运动员。
- 与艺术体操相比，体操运动员承受着更多的训练及比赛刺激，她们骨骼成熟延迟的时间更久。
- 体操运动能够增加骨矿物质含量及骨密度，在使用频率最高的关节（腕关节和踝关节）及腰椎中更是如此。越来越多的证据表明，现役和/或非现役的体操运动员进入成年期与退役后，即使停止训练，这方面的益处还是会一直存在。
- 体操及艺术体操都会导致青春期延迟现象，其中，体操的影响更为明显。
- 文献表明，很多女子体操运动员都出现了闭经的问题，此外，月经过少的现象也不容忽视。
- 现在还不能确定闭经的体操运动员是否会过早出现骨质疏松症。

- 在脂肪含量特别低的艺术体操运动员及体操运动员中，已经证实其瘦素水平会下降，有些研究结果显示甚至低于在神经性厌食症患者身上测得的数值。
- 有人认为，低瘦素血症会导致青春期及生长延迟，因为雌二醇及雌性激素的减少会间接地受到脂肪储存的影响。
- 有证据表明，生长及发育问题与遗传无关，而是运动训练诱发的结果。

第1部分复习题

问题1. 描述体操运动员的最大摄氧量，并评论其对于体操表现的重要性/相关性。

问题2. 分析近几十年来体操运动员因项目演变而导致最大摄氧量的演变。

问题3. 你认为有必要提高体操运动员的最大摄氧量吗？为什么？

问题4. 解释影响体操运动员乳酸阈延迟的生理及训练概念。

问题5. 描述一些用于估算和/或测量男子/女子体操训练/成套动作能量消耗的方法与技术。

问题6. 运用相关数据及图表，探讨体操运动的能量消耗（论文式问题）。

问题7. 通过标准化测试，分析体操运动员的峰值功率输出。

问题8. 分析体操成套动作/训练中的身体代谢反应。

问题9. 如果比赛轮换顺序发生改变，你认为体操成套动作的代谢反应会有所不同吗？请论证你的答案。

问题10.比较体操运动员的有氧代谢及无氧代谢（长论文式问题）。

问题11.分析体操运动员的呼吸系统。

问题12.分析心血管系统对体操运动的适应性。

问题13.分析体操运动中的心率反应。

问题14.如果比赛轮换顺序发生改变，你认为心血管系统对体操成套动作的反应会有所不同吗？请论证你的答案。

问题15.探讨男子及女子体操运动员的营养摄入与能量消耗之间的关系（论文式问题）。

问题16.探讨体操运动中的能量补充。

问题17.探讨大运动量、高强度训练对体操运动员的身体成分、激素调节、生长发育及性发育的影响（长论文式问题，如果独立完成，中等篇幅即可）。

第2部分
体操运动应用执教科学

第2部分
体操运动应用执教科学

学习成果 莫内姆·杰姆尼（Monèm Jemni）

学习这一部分之后，你将能够了解以下内容。

- 理解力量、速度、爆发力、柔韧性、耐力及技能作为相互关联的综合体构成体能模型的重要性；

- 明确可以应用于体操运动的训练原则；

- 探究实验室及场地中用于评估上述体能组成部分的技术、工具及流程；

- 理解从早期训练一直到高水平训练中跳跃技能的重要性，以及评估与发展跳跃技能的方式。

引言与目标 莫内姆·杰姆尼（Monèm Jemni）

第1版中本部分的前3章是体操运动生理学的一部分。这一版我们决定用一个与跳跃技能相关的重要内容对其进行补充，并整合成一个独立的、全新的部分（"体操运动应用执教科学"）。当然，这也为学生、年轻的和有经验的教练提供了一些重要的信息，让他们了解真实的训练情况以及执教训练过程中的科学依据。作为一名教师，我经常会看到，我的学生是如何将他们在我的课堂中了解到的知识运用至他们练习和/或指导的各种运动中。我们希望通过这一部分的内容，为读者提供一些基本的、先进的知识及训练内容，以提高读者的实操经验和开阔读者的研究思路。

本部分旨在通过科学的训练及执教原则，为读者提供体操运动员体能训练和提高体能的综合知识。首先，重新定义了在高水平体能下进行这项运动所需的身体素质及其相互作用；其次，介绍了可以用来提高这些能力的训练原则。前两章将提供充分的基础资料，以便从体操运动员的角度出发，了解与这些能力有关的身体及生理知识。最后一章着重探讨体操运动里最为重要的基本技能——跳跃。在第7章里我们将会对跳跃进行详细探讨，以说明其背后的神经生理学及生物力学原理，并介绍相应的评估及提升方法。

第4章
高水平体操运动员的体能模型

威廉·A. 桑兹（William A. Sands）

4.1 学习成果

理解力量、速度、爆发力、柔韧性、耐力及技能作为相互关联的综合体构成体能模型的重要性。

4.2 体能模型

体操运动体能指的是某些特定的生物/生理/身体调节过程，这些过程至少在某种程度上是体操运动员所特有的。事实上，在所有的体育活动中，有一些特定的生理功能在重要性、时效性及主导性方面都是独一无二的。一般来说，我们会将体操运动员的生理状态描述成他/她的"体能"。这一术语意味着，身体必须做好准备、强化且能够维持某种状态，才能完成体操运动。简而言之，体能是指与某种活动相关的"准备度"。

然而，没有运动员能同时100%满足所有生理特征（Sands, 1994a; Sands, McNeal & Jemni, 2001b）。身体会自然调节适应训练与表现的需求。事实上，这种经济性适应有首字母缩略词和特定准则——SAID——对训练需求的特定适应。SAID指的是身体会以最经济有效的方式适应并满足训练需求。SAID原则的一个推论是：训练必须向运动员的身体提供一个"明确的信息"，即你希望身体变成什么样子。

运动员的能力是有限度的，这是由他的发展阶段所决定的。在赛季里（比赛期间），运动员的负荷承受能力与适应能力将受到密集比赛及赛事级别所需最大运动量的影响，这将促使他们达到自己极限。这也导致了运动表现的快速提高；可以将先前发展的基础能力迁移至运动表现上，使其与运动表现有关的因素相联系，并最终形成明确的运动表现结构。

实践经验表明，这一过程并不能以线性方式稳定地持续下去。因此，我们必须做出假定，即在长时间处于身体阈值极限状态的活动中，负荷耐受性到达极限，适应过程会高度紧张，如此一来，某些生理系统的活动将受到限制，尚未完全稳定的适应也将暂时丧失。

Harre，1982，p.78

这意味着我们必须以特定的方式进行训练，同时，体操训练将不同于其他运动项目的训练（Jemni et al., 2000; Jemni et al., 2006; Sands, 1991b; Sands, McNeal & Urbanek, 2003）。

不同的训练任务不能同时进行。应注意对近期、中期及长期目标进行具体且系统的安排。因此，需要观察当前主要任务的复杂性及其对运动员所有决定性表现的能力、技能及素质的持续影响。此外，必须在有限的时间内强调某些方面的表现需要达到的标准，然而，对于其他方面，则只需稳定或维持原先水平。

Harre，1982，p.79

例如，体操的训练与运动表现对力量素质的要求颇高。整个过程从力量-耐力开始，然后是最大力量，接着将最大力量聚焦到体操专项力量，并在比赛之后经过一段维持期后结束，这样可以更有效和更高效地发展力量素质。上述运动专项力量的渐进性发展代表了一种训练"模型"。

模型旨在简化复杂事物，并将人们所考虑的世间万物及思想简化为一个更易于管理的数字模型，以便我们能够更迅速、更容易地进行理解（Banister, 1991; Sands, 1993a, 1995）。然而，重要的是要记住，模型并非"真实的东西"，模型的质量取决于构建模型相关的假设及制约条件。有了这些限定性条件，让我们来看看体操运动的体能模型。

有时候，我们也将体能模型称为"框架"。为了确定体操运动员的体能模型或框架，研究人员进行了很多针对性的研究（Sands, 1994a; Sands, McNeal & Jemni, 2001a; Sands, McNeal & Jemni, 2001）。这些模型试图确定各种体能分量对体操运动表现的相对贡献。Siff模型特别适合作为所有运动健身模型的起点（Siff, 2000）。体操体能的修正模型由以下几类体能组成成分构成（图4.1）。

- 力量。
- 速度。
- 柔韧性。
- 技能。
- 耐力（往往被用来代指"肌肉耐力"）。

身体成分也可以认为是上述模型里5个组成部分相互作用的结果，因为体操运动员必须在克服重力的情况下"举起"他们的身体。与体操运动员的身体成分相关的要求包括对纤瘦身材的重视，但是目前或许还不能将这一想法定为第6种体能类别。如果体操运动员力量强、身体又轻，他们完成动作会变得相对容易（Malina, 1996; Sands, 2003; Sands, Hofman & Nattiv, 2002; Sands, Irvin & Major, 1995）。此外，体操是一项"观赏类运动"，这意味着运动员身材的吸引力与他/她的表现是相关的。体操运动员的人体测量学特征已被证明与得分有关，特别是女子体操运动员（Claessens et al., 1999; Pool, Binkhorst & Vos, 1969）。

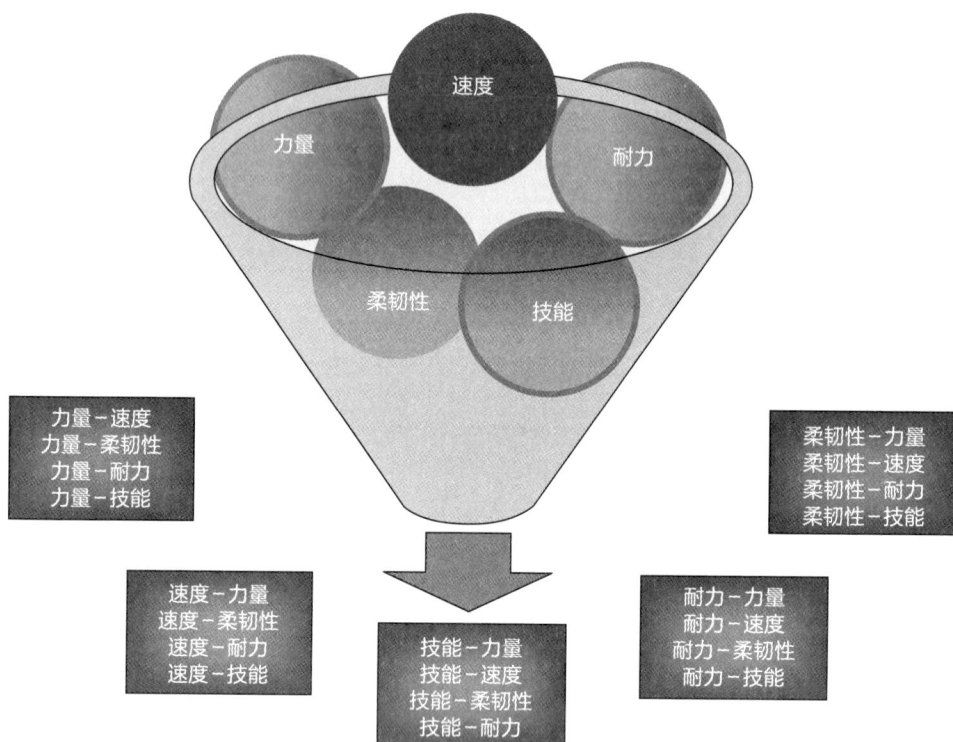

图4.1 体操运动的体能类别

（源自Sands，2003。）

注：力量、速度、技能、耐力及柔韧性之间有着同等的重要性。耐力通常指的是"肌肉耐力"。

这些体能类别是相互关联的。在英文里，没有专门的词汇来描述体能混合种类，而我们通常会根据运动专项体能的素质来书写这些类别。例如，一个由力量及速度组成的体能特征是指快速地发挥最大力量。速度-力量与之类似，但此处强调的是速度。因此所有可能互相结合后，应该有20种混合的体能类别。

体能特征组合显示了体能模型可能会变得非常复杂，但我们不会深入探讨3种体能特征之间的组合，例如速度-力量-柔韧性等。正因为存在繁杂的组合类别，运动员的训练才会如此复杂。此外，在这个模型中涵盖了运动员的所有遗传特征，如他/她的基因组成、心理特征等。换言之，虽然模型有利于缩小考虑事物范围，但我们必须承认，真正让这个模型在现实世界中与真实的人一起工作可能要困难得多（Sands, 1994a, 2000c; Sands et al., 2001b）。

4.3　力量、速度、爆发力、柔韧性、耐力及技能

在明确前面描述的体能类别相互作用的同时，应该深入理解最简单的5种体能类别模型组成成分。力量是指在某些预先设定条件的情况下，允许施加的力的大小（Knuttgen & Komi, 1992; Sale & Norman, 1982; Wilk, 1990）。它有着不同的表达方式：最大/绝对，常用于单次全力以赴；静态或等长；动态（慢、快、向心及离心）。速度是指运动的速率（Joch, 1990; Mero, 1998; Verkhoshansky, 1996）。柔韧性通常指的是单个关节或相邻多个关节（如脊柱）的活动度（Alter, 2004; Cureton, 1941; Holt, Holt & Pelham, 1995）。耐力是指在预定的环境下，按照设定的时间保持某些动作的能力。其中，耐力源于多个方面，因此也是运动员体能里更为复杂的方面之一。在体操运动中，耐力主要指肌肉耐力。例如，体操运动员可以通过训练加强特定的能量系统酶、底物、介质及通路来提高代谢效率及效能，进而增强他/她的坚持能力（Sale & Norman, 1982; Sands, 1985; Sands, McNeal & Jemni, 2001a）。体操运动员还可以通过增加最大力量来提高短期耐力（2分钟以内的专项需求）进而强化他/她的耐力（Jemni, 2001; Jemni et al., 2006; Sands et al., 1987; Sands, McNeal & Jemni, 2001a; Sands et al., 2004a; Stone et al., 1984）。技能是指通过力量、姿势及动作的协调性应用来完成预先设定的任务（Abernethy, Wann & Parks, 1998; Schmidt & Young, 1991）。除了前面重点提到的模型外，还要了解身体成分的概念。体操运动员必须瘦且精干，因为他/她必须在完成复杂和高难度姿态的情况下克服重力"举起"自己的身体，同时还要保持精细的动作控制。

4.4　总结

- 力量、速度、柔韧性、技能及耐力（或肌肉耐力）是体操运动员的主要身体素质。身体成分及协调性被认为是高水平运动表现的先决条件。
- 现代体操强调了"力量"与"速度"的重要性，即爆发力。
- 这些身体能力相互组合可呈现出20种体能种类组合，这对构建体操运动员体能模型至关重要。

第5章
体操运动的训练原则

莫内姆・杰姆尼（Monèm Jemni）及威廉・A. 桑兹（William A. Sands）

5.1 学习成果

理解可以应用于体操运动的训练原则。

不同的体能特征组合起来可以为体操运动提供最佳体能方案。然而，最佳体能方案还需要其他几个概念。这些概念便是训练原则。

5.2 专项性

尽管前文对专项性做了简要描述，但重要的是需要了解体操运动员的培养及监测过程中，专项训练与测试是如何进行的。年轻运动员的早期训练或长准备期的早期阶段可能会涉及更多的"一般性"，也称为"多边发展"（Bompa & Haff, 2009）。但是，专项性仍然是运动员训练中最重要的原则之一。体操运动员在器械上进行训练而不是游泳或跑步。虽然体操运动员可能从游泳和跑步中获得一些训练收益，但专项性训练会获得最大的训练回报。

训练及测试需要考虑身体姿态（Behm, 1995; Oda & Moritani, 1994; Sale & MacDougall, 1981; Sale, 1986）、动作速度（Moffroid & Whipple, 1970; Sale & MacDougall, 1981）、动作活动度（Sale & MacDougall, 1981; Sale, 1992; Siff, 2000）、运动项目（Müller, Raschner & Schwameder, 1999; Yoshida et al., 1990）、肌肉收缩类型（Jurimae & Abernethy, 1997; Oda & Moritani, 1994）、性别（Drabik, 1996; Mayhew & Salm, 1990）、上下肢或左右侧（Hellebrandt, Parrish & Houtz, 1947; Sale, 1986）等特征。因此，指导体操运动员训练时，应始终考虑训练的专项性，从而最大限度提高日常训练转化为体操专项运动表现的可能性。

5.3　准备度

准备度原则是这样一种观点，即在体操比赛中获得优异表现的过程是漫长且困难的。除了不能保证训练动作及负荷的可预测性，我们对如何将训练方法转化为实际运动表现了解甚少（Bondarchuk, 2007; Christina & Davis, 1990; Sands, 2003）。然而从实践的角度出发，对运动表现准备度提出了基本思路，这当中包括教练在教授某项技能或允许体操运动员独立完成一项技能之前应该提出及回答的问题（Sands, 1990a, 1990b）。很明显，如果忽视了由易到难的训练方法以及体操运动员的生理、心理素质，轻则影响适应能力，重则引起伤病。体操运动员的准备度会随着年龄及成熟过程而发展。6 岁的体操运动员在无氧训练中获益甚微。他/她的身体还没有准备好接受高强度的体能训练。然而，年龄稍大的体操运动员对体能/无氧训练的"接受度"更高，并且可以更快地适应这些训练。

5.4　个性化

这一训练原则通常被视为最重要的原则之一，因为每名运动员都有自己的长处及短处，所以需要或应该有个性化的训练计划（Bompa & Haff, 2009; Sands, 1984; Stone, Stone & Sands, 2007）。很明显，体操运动员对同样的训练有着不同的理解与反应。这可能是遗传、成熟度、营养、休息、睡眠、健康水平、疾病/损伤、动机及环境影响等不同基础因素所带来的结果。一位优秀的教练应该能够察觉个体的反应，并为每名运动员制订正确的应对策略。

然而，也有所有运动员都可以而且应该做同样事情的情况。实际上在很多情况下，指导一个团队使得每节训练课都具备个性化特征是不可能做到的。此外，以团队为基础的方法可以给某些方面带来益处（Gould et al., 1998; Hanin & Hanina, 2009; Loehr, 1983; Martin, 2002; Ravizza, 2002）。当运动员能力不断发展之后，他们对个性化训练的需求也越来越大。在最初几年的训练中，年轻的运动员都需要学习大量且完整的基本技能（Sands, 1981a）。当运动员达到更高的水平时，他/她会经常使用不同的技能，并且能够清楚体会到他/她在训练及表现方面的优缺点。幸运的是，随着人员淘汰或退出，运动员组别或团队的规模在运动员职业生涯的后期通常较小（Sands, 1995; Stone, Stone & Sands, 2007）。

5.5　多变性

多变性在很大程度上适用于准备期的调节方面，但也指在一定时期内保持不变的简单单调的训练任务和负荷不能有效带来训练适应（Arce et al., 1990; Stone Stone & Sands, 2007）。训练理论着重强调训练多变性，研究发现单维训练法似乎不能带来持续的训练适应（Verkhoshansky, 1981, 1985, 1998, 2006）。训练适应的一般经验法则是：每 2 ~ 4 周应对与训练相关的因素，如任务、负荷、持续时间、频率等进行一次改变（Bompa & Haff, 2009; Verkhoshansky, 1981, 1998）。此外，多变性适用于不同层次的训练。运动员应该接受不同的训练要求、不同的技术水平、不同的比赛需求、不同的年度计划，以及不同级别的对手。然而，最新的研究对频繁改变训练负荷的方法提出了质疑，并主张一种训练负荷大约持续6周后再去改变。事实上，教练经常会提出以下问题：为什么要等到6周后才开始新的训练？当我们注意到适应出现后，为什么不在两周内改变训练计划？ Olbrecht（2000，p.7）回答了这个问题："原因是我们必须在第3～6周稳定第1周和第2周内出现的适应。"

5.6 效益递减

经过观察，研究人员提出了一个与训练多变性相关的概念，即训练计划及训练刺激会出现"损耗"的情况（Harre, 1982）。如果在不同的时间实施同一个训练计划，将产生不同的效果。此外，早期对训练任务的适应通常是神经性的，并且发生得很快，而后来的变化（几周或几个月后）则涉及结构方面的改变（Moritani & DeVries, 1979; Sands & Stone, 2006; Stone, Stone & Sands, 2007）。从进化的角度来看，这种生物适应方法是明智的——它会先运用神经适应（学习），这样便不需要像结构变化那样对可用能量提出很高的要求。对于刚入门的体操运动员，他们希望学习新的技能，同时，与那些已经训练多年的人相比，他们能够以更快的速度提升体能。然而，运动员发展过程中所寻求的变化往往需要数月或数年才能实现，因此，他们的身体需进行大量的能量/结构投入。沃尔夫定律［尤利乌斯·沃尔夫（Julius Wolff）（1836—1902），一位德国解剖学家和外科医生］指出"结构由功能决定"，并且，在这一点上，没有比运动训练更好的例子了（Alter, 2004）。训练的要求会改变功能对身体的要求，进而引起身体结构的改变。一位研究人员观察到，要想站在奥运领奖台上，运动员必须经历20个准备和比赛周期，以便逐渐地提高自身水平（Bondarchuk, 2007）。15个周期的提升后，运动员的运动表现水平通常会达到国家队级别和国际级别之间。经过10个周期的提升后，运动员的运动表现水平可达到国家队级别。5个周期的提升运动员的运动表现水平通常只会达到地区级别。如果一名运动员在至少10个准备和比赛周期内都不能持续地进步，那么他/她很可能没有天赋或者选择了一个不适合自己的运动项目（Bondarchuk, 2007）。研究人员就效益递减进行了相关观察，他们发现，可以用减速曲线来表示水平提高情况。开始的时候，很快就能进步，然而，当运动员达到自身的基因上限时，进步的速度便急剧放缓或停滞（Sale, 1992）。

5.7 体操运动再生及恢复新概念

训练应被视为训练负荷及恢复与适应的统一体，二者均需要适应。恢复并不是在训练后开始的，而是在训练过程中通过施加正确的"持续时间及方法"开始的。然而，体操教练很少怀疑他们的恢复"流程"的有效性。虽然其他运动项目已经从"主动式恢复"中获益，但体操运动员很少采用这种恢复方式（Dodd et al., 1984; Stamford et al., 1981）。现如今，人们有了这样的理解："如果有效地进行恢复再生训练，便可以避免过度训练。"

训练及恢复奠定了运动训练有效性的基础。训练会引起疲劳，并于短期内降低运动表现。努力训练之后有两个过程，这两个过程在训练期间已经存在，并且可能暂时并行存在，这两个过程如下。

- 重新构建全面功能性的恢复过程。
- 在应激下改善表现以及功能系统的形态重组的调整过程。

Harre，1982，pp.65-66

恢复之后，身体将进入一个超量恢复阶段，在这个阶段里，身体已经完全适应了最初的阈值。当训练后恢复最佳状态时，运动员便可以进行其他日常活动，如学习、工作或社交活动。Harre（1982）认识到，除非运动员已经恢复，否则超负荷训练是不可能实现的。运动员恢复得越快，他们就能更快地接受新的训练刺激。此外，如果恢复一直不足，疲劳就会加剧，运动表现会受影响，伤病风险也将有所增加。

在体操比赛中，运动员需在多个项目完成一系列动作，期间穿插着休息。事实上，这与循环训练相似，因为它涉及间歇活动。因此，设计最佳的恢复方法是很重要的，这样体操运动员能够在没有过度疲劳的情况下开始每个项目。疲劳确实不仅仅是一个简单的生理问题，它可能会在体操运动中引起跌落及受伤的情况（Sands, 2000a; Sands, 2000b; Tesch, 1980）。

在高强度训练课中，体操运动员需在疲劳状态下进行成套训练（Jemni et al., 2000）。他们通常需要反复进行不同的练习，这会导致大量乳酸产生和堆积（Lechevalier et al., 1999）。因此，他们需要在技术有效性、安全性和高强度训练之间找到最佳的平衡方案。Jemni等人（2003）制定了新的恢复指导方法，该方法有助于体操运动员在比赛项目之间降低血乳酸，从而提高恢复再生能力。这些研究人员已经证明，如果在两个项目之间整合休息及主动恢复的时间（心率维持在无氧阈值以下），不仅可以提高乳酸清除速率，还有利于后续的运动表现。与"传统的被动恢复"相比，被动/主动联合恢复确实能够大幅提高血乳酸清除速率（分别为40.51%和28.76%）。

综上所述，训练埋下了表现的种子，种子经过精心培育之后，便能发芽（周期化），而恢复适应则促使植物生长与结果。应在体操训练里安排恢复阶段，以便让运动员在面对新的训练挑战时做好充分准备，并且不会感到疲劳。

5.8 超负荷与渐进性

体操运动员必须在初始阶段尝试超出他/她能力范围的任务，以促使机体疲劳后得到恢复及适应。超负荷是一个术语，用于描述体操运动员完成超过他/她当前运动表现极限的任务。体操运动的渐进性发展是一项关键原则，它指的是在一个系统的过程中学习技能的观念。只有学习了最基本的技能组合，才能继续学习更复杂的技能。这样不仅可以逐步建立体操运动员的"技术储备"，还可以避免后期难以纠正的系统性错误。例如，一名体操运动员勉强完成一个正确的"蹑子"；在大多数情况下会发现这名体操运动员"跳过"了"侧手翻"学习阶段。此外，运动员在没有伤病、精神崩溃和过度疲劳的情况下所能承受的超负荷也是有限的。理想的训练计划能够为运动员提供接近极限的最佳挑战，然后运动员就可以休息（减少训练需求）以促进恢复适应。太高和/或太具挑战性的负荷不仅影响运动员的动力，或许还会导致其丧失信心。同时，太低的负荷不能带来任何效益。运动员在恢复适应过程中会得到收获——先前的超负荷为其带来了新的技能及能力。因此，训练是一系列起伏的挑战——当我们有计划地持续增加负荷（超负荷）时，不仅考虑了初始水平（渐进性），还允许运动员向更高的水平转移，让他们超量恢复，并最终达到训练目标（Sands, 1984, 1987, 1991a, 1994b; Stone, Stone & Sands, 2007）。超负荷是多维度的，包括心理及体能的方方面面。我们需要通过一种专门的方法论（"周期化"）来实现稳定及系统化的计划。

5.9　周期化

周期化概念包含或体现了先前所有的训练原则。"周期化是指将一个训练年划分为可管理的几个阶段，其目的是让运动表现在预定的时间里得到最大程度的提高"（Smith, 2003, p.1114）。周期化同时涉及两个概念：训练负荷的周期变化以及不同阶段的训练需求（例如周期）分解（Bompa & Haff, 2009; Harre, 1982; Matveyev, 1977; Verkhoshansky, 1985）。周期化目前是一个非常混杂的术语——研究人员、教练及管理人员都在权衡什么是周期化，什么概念最重要，以及如何实现这些想法。

周期化始于年度计划的制订，该计划由一个或多个大周期组成，其中包括准备期、比赛期及过渡期。大周期又被分解为中周期，这些中周期通常持续4 ~ 6周，旨在划分训练需求的总数，以便这些需求都分别在每个中周期里得以体现。每一个中周期都有自己的目标，并且每一个都建立在之前的中周期之上。在每一个中周期内都制订了小周期。小周期大约持续1周，其中涉及更为聚焦的训练任务及目标，这些任务及目标旨在积累训练刺激，从而促使运动员同时经历超负荷和恢复适应的过程。然而，持续的负荷需求大约需要1周时间才能产生足够的训练刺激，该训练刺激可以使运动员的身体表现出超负荷效应（如疲劳），并与超负荷后的恢复及适应相统一。

如果以系统的方式将小周期与中周期联系在一起，便可以提高教练及运动员的训练效果、提升运动表现能力。这种发展方式的完整"地图"被称为周期化。研究人员制订了许多周期化模型，如运动量的控制（运动员做了多少，可以用时间或数字来表示）及强度（挑战的难度有多大，可以用单位时间训练量来表示），以获得平衡的训练体验，从而在不受伤或过度训练的前提下取得进步。当然，周期化原则能确保运动员能够最大限度地发挥他/她的能力，这样运动员就不会被那些仅仅有努力训练但没有周期化训练的对手打败。

规划高水平体操运动员的训练周期时，应考虑赛季的两个高峰：第1个是洲际锦标赛（如欧洲锦标赛），通常在4 ~ 6月举行；第2个是10 ~ 11月的世界锦标赛或世界杯。因此，需制订2个大周期，每个周期持续约6个月，由准备期、比赛期及过渡期3个阶段组成。其中，每个大周期由具备特定目标的中周期组成，这些中周期又被划分为每周的小周期。国家队的成员需经常集中在正规的训练基地里，并且每周都要围绕某一主题进行1～2次训练，以实现既定目标。

Arkaev及Suchilin（2004）指出，在制订奥运周期的规划结构时，必须考虑4个年度的训练周期。整个周期由8个为6个月的大周期组成。每一个大周期都制定了一个具体的目标。同时，这些周期将以专项体能训练水平的提高作为开始，于奥运会前几个月最终选定奥运代表队后结束。教练及技术人员必须提前计划并考虑以下所有准备工作：身体/功能准备、训练监控、战术准备、心理准备、跳跃准备、技术准备、舞蹈准备、基地准备、友谊赛及医疗准备等。

5.10 总结

- 与其他的运动项目一样，体操运动执教需基于主要的一般训练原则，即专项性、准备度、个性化、多变性、效益递减、超负荷和渐进性、周期化及恢复再生。当我们将科学应用于体操运动时便可以通过新的训练与执教理念，如体操中的恢复新概念，来促进这项运动的发展。
- 长期规划可以通过涵盖上述所有原则的结构化周期来促进目标的实现。

第6章
体操运动员的专项身体素质及生理评估

莫内姆·杰姆尼（Monèm Jemni）

6.1 学习成果

探究实验室及场地中用于评估体能组成部分的技术、工具及流程。

体操项目的复杂性（男子6项，女子4项）不仅需要制订不同的训练方法，还需要进行大范围的身体及生理测试，以监测每名运动员的进步。然而，由于测试参数复杂众多，例如各种各样的技术技能、肌肉收缩及拉长速度等，而且标准化的专项测试数量有限，因此进行相关测试会面临很多困难。

6.2节将着重介绍在评估体能时最常用的一些测试。

6.2 上、下半身的力量及爆发力测试

标准化实验室测试

体操运动中应用的标准化实验室测试包括：上、下半身最大摄氧量测试、力-速度测试及温盖特测试。这些都是体育科学中公认的有效且可靠的测试，通常被认为是评估有氧代谢及无氧代谢的"黄金标准"。1.3节（与"有氧代谢"相关的内容）给出了不同水平的男子及女子体操运动员在这些测试里的结果。

专项跳跃及快速伸缩复合测试

许多研究提供了各种可用于不同项目/环境的跳跃测试（Fry et al., 2006; Gabbett, 2006; Lidor et al., 2007; Melrose et al., 2007）。这些测试均评估了跳跃的高度（和/或重心的位移），并以身体质量为主要依据，用不同的计算公式间接评估输出的爆发力。一些作者使用纵跳垫预估了爆发力输出，因此突出了其他指标，如腾空及触地时间（Bosco, Luhtanen & Komi,

1983; Loko et al., 2000; Markovic et al., 2004; Sipila et al., 2004）。然而，测力台可以更好地测量跳跃过程中产生的爆发力输出（Carlock et al., 2004）。我们还可以通过动力学及影像分析来确定最精确的跳跃特征，如果测力台能够与视频捕捉/分析同步，效果会更佳。所有研究人员都认为跳跃高度与爆发力输出之间存在密切关系（Van Praagh & Dore, 2002）。在研究跳跃能力时，其他参数，如腾空时身体的垂直速度、跳跃峰值速度与冲量（力乘时间）也非常重要（Bobbert & Van Ingen Schenau, 1988; Haguenauer, Legreneur & Monteil, 2005; Winter, 2005）。然而，为了最大限度地利用所有这些因素，需采取互相协调以及应用适当的技术，进而获得最佳表现（Bobbert, 1990; Carlock et al., 2004）。事实上，人们普遍认为，在分析比较受试者的跳跃表现时，应着重综合考虑多个因素（Marina, Jemni & Rodríguez, 2012）。

一般来说，计算得来的爆发力输出都不能反映支撑运动员表现的生理机制。事实上，数值不同于代谢反应。跳跃测试已广为接受并应用于体操运动（表6.1）。对体操运动员来说，这确实是一种有效的评估手段，而且可以模拟训练并用于训练监控（Sands et al., 2004a）。弹跳及跳跃确实是自由体操、平衡木及跳马动作的重要组成部分。作为日常训练

表6.1 男子及女子体操运动员的跳跃测试结果

	跳跃测试			
	女子		男子	
	结果（厘米）	高水平标准*（厘米）	结果（厘米）	高水平标准*（厘米）
摆臂垂直纵跳	47.8（Sands, 1993b） 45.2（Marina, Jemni & Rodríguez, 2012） 49.2（Heller et al., 1998） 42.5（Bale & Goodway, 1987）	50 ~ 60	— 52.82（Marina, Jemni & Rodríguez, 2012） 53.9 ± 10.9（Jankarik & Salmela, 1987）	60 ~ 70
无摆臂垂直纵跳	38.22（Marina, Jemni & Rodríguez, 2012）	40 ~ 45	41.52（Marina, Jemni & Rodríguez, 2012） 41.3 ± 2.3（León-Prados, 2006）	50 ~ 55
立定跳远		210 ~ 230		225 ~ 245
跳深	45.6（60厘米起） Marina, Jemni & Rodríguez, 2012		50.9（60厘米起） （Marina, Jemni & Rodríguez, 2012） 26.1（Faria & Faria, 1989）	
跳深后跳起		60 ~ 65		70 ~ 80
蹲跳			36.6 ± 2.3（León-Prados, 2006）	

*：源自 Arkaev and Suchilin, 2004。

的一部分，体操运动员在早期专业化的阶段里便学会了这项技能。有了这项技能，运动员便可以完成起跳及空中技术动作。表6.1给出了一些跳跃测试的结果，以及适用于高水平男子及女子运动员的标准。

上、下半身的快速伸缩复合训练在各个体操项目里有广泛的应用。体操运动员经常需要通过落地快速将不同的空中动作结合起来。此外，在抓握及松开任何器械时，都要求保持直体的同时进行大幅度的肌肉收缩。体操运动员在很小的时候便要学习和发展这种素质，以便维持基本的倒立动作。Marina等人（2012）通过对照比较了相同性别和年龄段高水平男、女体操运动员的快速伸缩复合训练表现（图6.1）。精英体操运动员在20～100厘米的跳深高度测试里明显有更好的表现。除了最好的男、女精英运动员在80厘米处获得最佳表现外，大多数男子、女子运动员在40～60厘米的高度表现最好。

肌肉耐力测试

肌肉耐力是评价体操运动员水平的一个重要指标（Sands, 2003）。它是一种在没有过度疲劳的情况下，完成长时间运动，如完成成套动作的能力。体操运动员的这种素质将随着年龄与训练发展逐渐提升。为了评估这种素质，我们通常会在器械上同时对上肢和/或下肢或多个肌群/关节的动作进行专项测试。表6.2给出了男子及女子体操运动员肌肉耐力测试的情况。例如，悬垂举腿测试要求体操运动员悬挂于肋木或杠上时，将他/她直着的腿完全抬起，或者抬至90度（水平）的位置。这项测试也可在其他方面使用，如运动员选材。在下半身肌肉耐力测试里，也经常用到重复跳跃测试。其中，最常用的是60秒Bosco测试，该测试要求被试者反复调用下肢进行拉伸-缩短周期运动。Sands（2000b）与Sands、McNeal及Jemni（2001a，2001b）在悉尼奥运会之前7个月的选拔赛中，用这项测试来挑选奥运会女子体操队员。这些试验的平均功率输出如下。

- 美国国家女子成年运动员（$n=34$，17.2岁）：（23.7±5）瓦/千克。
- 美国国家女子成年运动队（$n=6$，17.3岁）：（23.0±4.8）瓦/千克。
- 美国国家女子青年运动队（$n=15$，13.9岁）：（21.6±2.8）瓦/千克。

灵敏、速度、力量及爆发力测试

为了增强灵敏、速度、力量及爆发力，体操运动员根据技术和项目的专项性进行不同的训练。有些项目需要强大的力量实现相对缓慢的移动或保持某种姿态（肌肉等长状态），如吊环正十字支撑和水平十字支撑这类动作，而有些项目要求利用爆发力在很短的时间内完成动作，例如空翻技巧串。体操运动员还需要具备非凡的灵敏与卓越的空间感知意识，才能完成非常复杂的动作，包括在空翻与转体后抓握或松开器械。在鞍马项目里，同样需要展现出动作的灵敏、速度以及双手与身体其他部位之间的协调性。

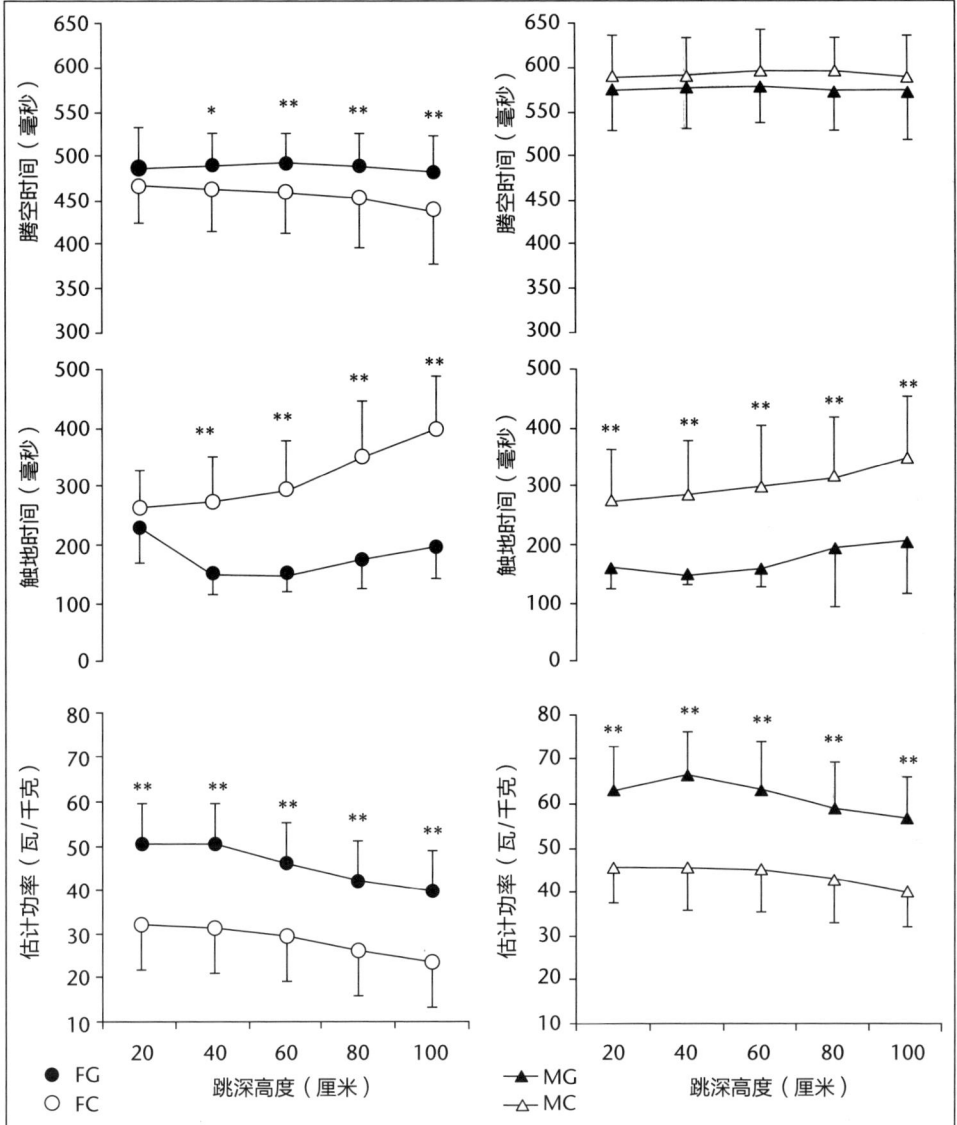

图6.1 20、40、60、80厘米及100厘米快速伸缩复合跳跃的腾空时间（FT，毫秒）、触地时间（CT，毫秒）及估计功率（瓦/千克）

（源自 Marina et al. 2012。）

FG：女子体操运动员。FC：女子对照组。MG：男子体操运动员。MC：男子对照组。*：$p \leqslant 0.01$。**：$p \leqslant 0.001$。

虽然可以通过不同距离的冲刺来评估速度，但体操测试中很少用到超过20米的距离，这与跳马助跑允许的最大距离相当。另外，我们通常通过器械采用悬吊或者支撑姿势进行专项测试，以评估灵敏、力量及爆发力。爬绳是世界公认的经典测试之一。男子及女子的攀爬距离不同。在大多数情况下，运动员不能够使用双足进行攀爬，因此，需通过屈膝或90度屈髋支撑来完成测试。表6.3给出了力量、灵敏、速度及爆发力测试的一些数据。

表6.2 体操运动员的肌肉耐力测试

肌肉耐力测试		女子	男子
60秒Bosco测试	Sands et al.（2001b）	23.7瓦/千克	—
最大悬垂举腿次数	Lindner et al.（1991）	13.2 ± 3.8	—
最大引体向上次数	Seck et al.（1995）	—	16.6±4次
60秒俯卧撑	Grabiner & McKelvain（1987）	—	（292.5±45.8）瓦/千克
60秒仰卧起坐	Grabiner & McKelvain（1987）	—	（201.1±28.5）瓦/千克
60秒双杠臂屈伸	Grabiner & McKelvain（1987）	—	（163.4±41.1）瓦/千克
60秒引体向上	Grabiner & McKelvain（1987）	—	（97.6±31.4）瓦/千克
半水平支撑	Arkaev & Suchilin（2004）	28 ~ 30秒	—

表6.3 体操运动中力量、灵敏、速度及爆发力专项测试

肌肉耐力测试		女子	男子
不借助腿部的爬绳	Arkaev & Suchilin（2004）	（4米）5.5 ~ 6秒	（3米）5 ~ 5.5秒
	León-Prados（2006）		（5米）5.7±1.3秒
10秒肋木举腿	Sands（1993b）	6.2次	—
10秒俯卧撑	Sands（1993b）	14.1次	—
10秒引体向上	Sands（1993b）	7.2次	—
20米冲刺跑	Sands（1993b）	3.1秒	
	Jankarik & Salmela（1987）		（3.6±0.5）秒
30秒跳跃	León-Prados（2006）	—	（30.4±10.9）瓦/千克

6.3　柔韧性测试

体操是一项对所有关节活动度都有较高要求的运动。柔韧性对成功完成成套动作至关重要。许多情况下，体操运动员的得分直接受到"身体运动"可能性的影响。体操运动员的评分确实是以"他们的表现有多完美"为标准，而非"他们具备多少技能"，因此要不断对整体动作幅度提高要求。例如，脚踝的轻微屈曲会被扣分；因此，体操运动员要变得"过度柔韧"，以便能够自然达到所要求的活动度。例如，体操运动员在拉伸或者做动作时，做"过度分腿劈叉"是很常见的一个动作。此时体操运动员的分腿角度实际上超过了水平姿态，即大于180度。此外，如果一个或几个关节柔韧性不足，可能会减缓学习过程和/或增加学习的难度。上肢、下肢以及颈部与脊柱，应能展示各种姿态：前向、后向、侧向，

或者有时在纵向平面上，如单杆及吊环中的转肩动作。事实证明，体操运动员确实是柔韧性最好的运动员（Kirby et al., 1981）。然而，也有研究表明，艺术体操运动员比体操运动员柔韧性更好（Douda & Toktnakidis, 1997）。

体操运动中柔韧性评估是运动员在专业化初期发展基本身体技能的日常惯例。一旦达到最佳的活动度，便需要通过日常的拉伸来使之得以维持。柔韧性测试分为被动式及主动式。通常情况下，被试者需在不同的平面上执行前向、后向及侧向的动作。表6.4介绍了一些体操运动的柔韧性测试。保持两侧对称的活动度是很重要的，这样才能在最大幅度上完成技术动作。研究表明，与艺术体操运动员相比，女子体操运动员具备更好的对称性（Douda & Toktnakidis, 1997）。事实上，其原因或许在于体操中需要表现出更主动的柔韧性，而这种柔韧性又间接地受到了主动肌力量水平的影响。对高水平艺术体操运动员、教练进行的个人访谈表明，艺术体操运动员倾向于采用能调动主动腿的拉伸技巧，因为她们在完成动作的同时还需要很好地控制器械。

最后，越来越多人注意到，新的弹震式牵拉可以提高关节活动度。几项研究表明，这项技术可能是一种比静态拉伸更有前景的增加柔韧性的方法。Sands等人（2006b）表明，与对照组相比，该技术不仅提高了高水平男子体操运动员的前叉幅度（两者活动度已经很高），而且还大大节省了时间。

表6.4　体操运动的柔韧性测试

柔韧性测试			女子	男子
被动柔韧性	Sands（1993b）	右前叉	35.5厘米	—
	Sands（1993b）	左前叉	31.4厘米	—
	Jankarik & Salmela（1987）	屈髋	—	（149.0±76.9）度
		背部伸展	—	（97.3±1.82）度
		肩部伸展	—	（47.2±1.35）度
主动柔韧性	Sands（1993b）	肩部屈曲	48厘米	—
		左前侧抬腿	7.3分*	—
		右前侧抬腿	8.6分*	—
		左侧抬腿	7.9分*	—
		右侧抬腿	8.9分*	—
	Jankarik & Salmela（1987）	屈髋	—	（111.7±52.4）度
		背部伸展	—	（71.1±46.9）度
		肩部伸展	—	（27.4±12.7）度

*：脚踝高于下巴=10分，高于肩部=9分，高于胸部=8分，高于髋部=6分，低于髋部=3分。

6.4 技术测试

早在体操运动的发展初期，技术测试便在该项目里得以应用。它们不仅可以检验体操运动员的技术储备情况，还可以用来选拔运动员。成为国家队队员的资格主要取决于在比赛中的表现及排名，然而，有几个国家基于身体素质和技术能力为年轻人才提供了两个并行的选拔途径，例如美国的"天才选拔计划"（T.O.P.）（Sands,1993b）。此外，基本技术技能监控是高水平运动表现中的常规工作。然而，在亚精英级别里，教练似乎经常通过比赛来检查他们的运动员的准备情况。表6.5给出了体操中一些常见的技术测试。

表6.5 体操运动的技术测试

专项测试		女子	男子
10秒推倒立	Sands（1993b）	7.5次	—
手倒立	Arkaev & Suchilin（2004）	9秒	—
60秒推倒立	Grabiner & McKelvain（1987）	—	（38.8±11.8）次
吊环正十字	Arkaev & Suchilin（2004）	—	5 ~ 6s
	León–Prados（2006）	—	（6.7±4.3）秒
吊环水平十字	León–Prados（2006）	—	（3.3±1.8）秒
正水平支撑	Arkaev & Suchilin（2004）	20 ~ 23秒	5 ~ 6秒
背水平支撑		28 ~ 32秒	—
水平支撑（水平）	Arkaev & Suchilin（2004）	—	5 ~ 6秒
倒十字	Arkaev & Suchilin（2004）	—	5 ~ 6秒
直臂躯体从半水平支撑开始	Arkaev & Suchilin（2004）	8 ~ 10次	—
起倒立	León–Prados（2006）	—	（10.9±2.9）次
低杠上重复摆动起倒立	Arkaev & Suchilin（2004）	10 ~ 12次	—
	Sands（2000b）	10 ~ 15次	—

6.5 总结

很多身体素质及生理测试被应用于监控体操运动员的发展过程。然而，这些测试大多都是非侵入性的、可以在训练场实施的，只能间接反映能量代谢水平。由于缺乏针对这些运动员的专项实验室测试，作者对能量需求、力量及爆发力进行了"推测"。研究人员仍需开发出体操的"黄金标准测试"。同时，目前得以应用的测试，如跳跃测试及柔韧性测试也有着一定的认可度。专项技术测试的准确性、可靠性和有效性都比较低，这既有"学习效应"的影响，也有不同教练及科学家采用了不同测试方式的原因。

第7章
跳跃技能：重要性、评估与训练

米歇尔·马里纳（Michel Marina）

7.1　学习成果

- 学习用纵跳垫评估跳跃表现的常用技术与流程；
- 理解跳跃测试里最相关的变量；
- 了解最能描述体操专项跳跃特征的变量之间的关系；
- 使用简单标准选择快速伸缩复合训练中的跳深高度以及青少年体操运动员训练中最佳超负荷。

7.2　引言与目标

　　体操运动中的跳跃动作通常有短距离助跑后接动力性起跳的特征，该过程涉及以下几个因素：① 最大力量（Peterson, Alvar & Rhea, 2006; Schmidtbleicher, 1992）；② 肌肉爆发力（Kawamori & Haff, 2004）；③ 肌肉的拉长-缩短周期（SSC）（Bosco, Komi & Ito, 1981）；④ 身体多部位协调的正确技术（Bobbert & Van Ingen Schenau, 1988）。日常训练中，弹跳（也称为快速伸缩复合跳跃）训练确实被广泛应用。体操运动员从很小的时候就掌握了这种技能，这也是他们日常训练的一部分（Marina & Torrado,2013）。与年龄不匹配的训练计划和/或选择错误的跳深高度可能会给体操运动员的健康与安全带来严重影响。

　　本章旨在为读者提供与体操运动里的跳跃和快速伸缩复合测试及训练相关的科学依据。

7.3　如何评估跳跃能力

　　研究表明，对于体操运动员，纵跳垫是一种有效的评估工具，可用于实际训练条件下的监控（Sands et al., 2004）。

器材

自从测力台问世以来，纵跳垫的使用已然减少，但后者仍然是进行最简单的场地测试工具。这两种器材均得到了广泛应用。尽管在实验室环境里，测力台因为精确度高成了使用最多的工具。但是，测力台高昂的成本降低了这种器材的易用性。先前的研究已经明确给出这两个测试系统之间显著的相关性（$r > 0.99$）（Carlock et al., 2004; Christou et al., 2006）。本章将重点介绍纵跳垫的使用方法。

跳跃测试

Bosco及其同事/团队被认为是跳跃评估领域里的权威专家（Bosco, 1985; Bosco & Komi, 1979; Bosco, Komi & Ito, 1981; Bosco, Luhtanen & Komi, 1983; Bosco et al., 1982）。他们给出了有/没有拉长-缩短周期的垂直跳跃评估。图7.1给出了一些跳跃测试示例。

1. 双手叉腰蹲跳（SJ）负荷按照自体重的0、25%、50%、75%及100%依次递增（SJ0-25-50-75-100）。在这项测试里，被试者需保持半蹲姿势，膝关节屈曲约90度，双手叉腰。

2. 双手叉腰下蹲跳（CMJ）。跳跃前保持笔直的身体姿态，快速屈伸膝关节；双手叉腰。

3. 摆臂式下蹲跳（CMJA），也称为阿巴拉科夫（Abalakov）跳（Bosco, 1985; Lidor et al., 2007; Loko et al., 2000）。与CMJ相同，但手臂自由摆动。

4. 跳深（DJ）。从20-40-60-80厘米及100厘米不同的台阶高度落下并快速反弹跳起。可以通过双手叉腰或自由摆臂来完成这项测试。

5. 5秒（R_5）、10秒（R_{10}）及60秒（R_{60}）的重复跳跃测试（Marina & Rodríguez, 2013）。从地板上重复跳起，双手既可以叉腰，也可以不叉腰。

最需要强调的是，跳深及重复跳跃（R）测试的完成应遵循"腾空时间最大化、触地时间最小化"的原则，以便获得先前研究所述的"快速跳跃"（Bobbert, Huijing & van Ingen Schenau, 1987; Eloranta, 1997; Young, Prior & Wilson, 1995; Young, Wilson & Byrne, 1999b）

7.4 可测量和/或可计算的变量

触地时间及腾空时间是仅有的两个可在纵跳垫上直接采集的变量。时间变量足以评估运动表现（Winter & Fowler, 2009）。此外，Jecie（1992）建议，也可以根据身体质量来标准化腾空时间（FT_{bm}）（Benefice & Malina, 1996; Markovic & Jaric, 2005）。对体操运动员来说，受试者体重小与跳跃高的能力非常相关。

在这种情况下，腾空-触地时间比（FC）阐明了腾空时间与触地时间之间的直接关系。当我们用较长的腾空时间除以相对较短的触地时间（FT/CT）时会得到较大的比值，这也是优秀运动表现能力的体现。

根据Bosco、Luhtanen和Komi（1983）提出的公式，可以使用腾空时间与触地时间来计算机械功率。尽管存在某些已知偏差（Hatze, 1998），如果在满足约束条件下使用，Bosco表达式"BE"（方程式1）仍然可以被视为有用且有效的变量（Arampatzis et al., 2004）。

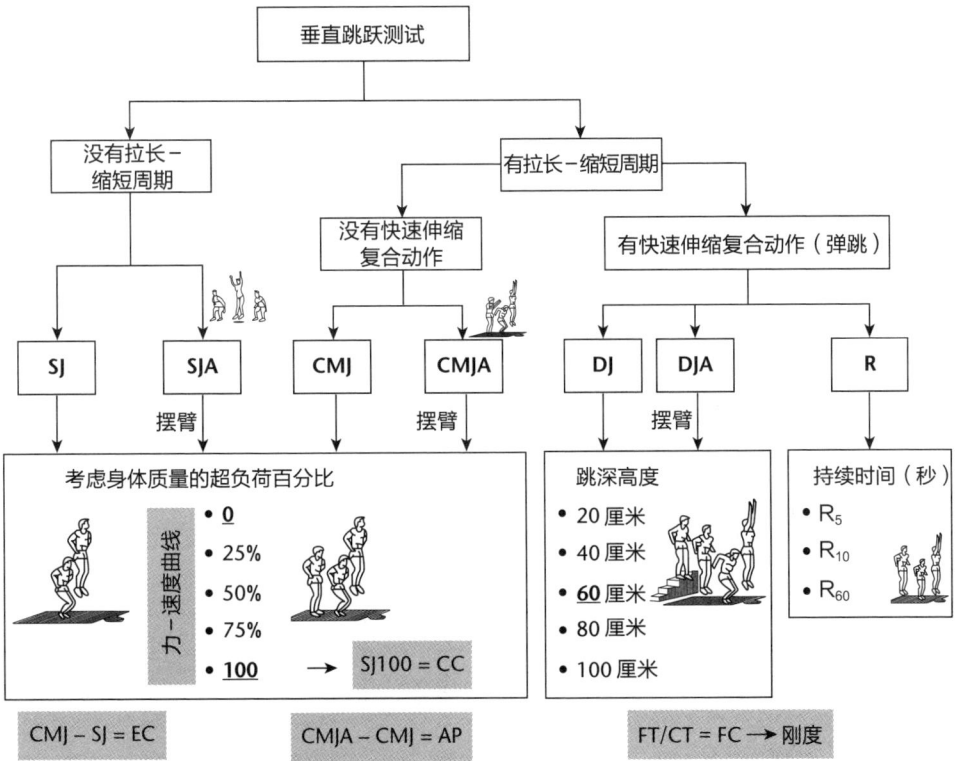

图7.1　用于描述体操运动员跳跃多因素特征的跳跃模式图

SJ：双手叉腰蹲跳。SJA：摆臂式蹲跳。CMJ：双手叉腰下蹲跳。CMJA：摆臂式下蹲跳。DJ：跳深。DJA：摆臂式跳深。R：重复跳跃。CC：收缩分量估计值。EC：弹性分量估计值。AP：双臂参与度估计值。

$$BE = \frac{g^2 \times FT \times Tt}{4 \times CT}$$

方程式1：Bosco（1983）等人提出的一次跳深平均机械功率估计值。[FT：腾空时间。CT；触地时间。Tt：跳跃总时间（Tt=FT+CT）。g：重力。BE：Bosco 表达式]。

可使用下方等式计算其他变量。

弹性分量估计值（EC）=CMJ–SJ。

与不包含预拉伸阶段（下降期）的蹲跳相比，下蹲跳时肌肉预拉伸阶段导致了腾空时间的增加。这种差异（弹性分量估计值）可归因于弹性势能的释放（Asmussen & Bonde-Petersen, 1974; Bosco & Komi, 1979; Komi & Bosco, 1978）。跳跃中离心阶段和向心阶段之间的短暂转变确实与弹性势能的高度再利用性有关（Bosco, 1985; Wilson & Flanagan, 2008）。

收缩分量估计值（CC）=SJ100

收缩分量估计是通过增加与他/她的体重相等的负荷重量进行下蹲跳测试获得的，我们称之为SJ100。

力－速度曲线

该曲线是在考虑相对体重负荷情况下测量双手叉腰蹲跳（SJ0-SJ25-SJ50-SJ75-SJ100）时所得到的连续腾空时间（FTs）来绘制的（Marina, Jemni & Rodriguez, 2013;Viitasalo, 1985a, 1985b）（图7.2）。

双臂参与度估计值（AP）=CMJA–CMJ

手臂的摆动为很多体操技巧提供了大量克服重力的能量。如果发力顺序和协调都做得很好（Luhtanen & Komi, 1978），可以假定摆臂式下蹲跳里获得的腾空时间比在下蹲跳里获得的腾空时间长（Marina, Jemni & Rodriguez, 2013）。

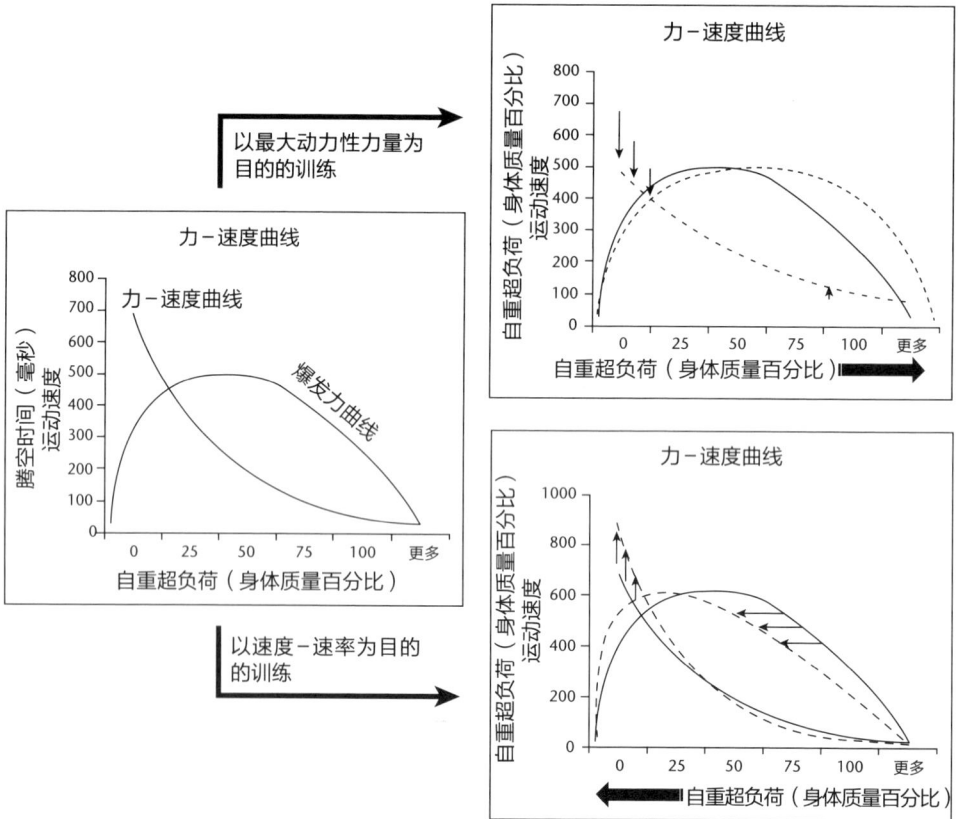

图7.2　考虑0 ~ 100%身体质量的超负荷蹲跳中力－速度曲线和功率曲线估计，并解释如何修正这两条曲线的训练方向

7.5　如何解读变量

我们的研究（Marina, Jemni & Rodriguez, 2013）发现，体操运动中的腾空时间短于许多其他运动项目（Bosco, 1992; Carlock et al., 2004; Cometti, 1988; Chamari et al., 2004）。然而，与绝对的腾空时间相比，考虑身体质量的标准化腾空时间是一项更好的预测体操运动员运动表现的指标（Marina, Jemni & Rodriguez, 2013）。

使用递增负荷蹲跳重新绘制力-速度曲线的时候，体操运动员与对照组之间，以及最优秀的体操运动员与普通体操运动员之间有着明显的差异，且恰恰位于超负荷（SJ100）曲线的一侧（Marina, Jemni & Rodriguez, 2013）。这种关系进一步明确了发展最大力量对获得最佳跳跃表现的重要性（Bosco et al., 2000; Peterson, Alvar & Rhea, 2006; Schmidtbleicher, 1992）。

如果在快速伸缩复合跳跃中，触地时间从某个落高开始急剧增加，其原因是体操运动员由快速跳深（QDJ）切换到了反向跳深（CDJ）。在这些情况下，跳跃表现不再取决于自身拉长-缩短周期的再激活分量（Young, Wilson & Byrne, 1999a, 1999b），而是取决于自身的最大力量，特别是当触地时间超过250毫秒时（Schmidtbleicher, 1992）。体操中弹跳表现的时间迫使运动员需在很短的时间内发挥非常大的力量（Arampatzis et al., 2004）。

之所以水平最高的体操运动员可获得非常短的触地时间，是因为他们的身体处在刚度较大的状态（Marina & Jemni, 2014; Marina et al., 2012），这是神经肌肉预激活带来的结果（Arampatzis, Bruggemann & Klapsing, 2001; Eloranta, 1997; Wilson & Flanagan, 2008）。

7.6　体操里的跳跃评估

在评估体操跳跃表现时，必须将以身体质量为依据的标准化腾空时间、腾空-触地时间比及功率估计值视为一组不可分割的变量。在跳深中，如果受试者增加触地时间，他/她便可以获得很高的高度（较长的腾空时间）。因此，他/她将获得最佳的爆发力估计值及较小的腾空-触地时间比。然而，值得一提的是，在区分体操运动员的跳深表现时，与对照组及其他运动项目相比，腾空时间是最不具备差异性的因素（Marina et al., 2012）。

精英体操运动员较低的蹲跳及较高的下蹲跳表现可以说明其弹性分量估计值相当高，尤其是和他们的竞争对手在自由体操及跳马项目里区分谁是最佳运动员时（Viitasalo, 1988）。

体操运动员的双臂参与度非常好，这可能是因为他们具备更好的局部协调性与手臂力量。

7.7　如何提高跳跃能力

由于空翻起跳的时间小于150毫秒，时间太短导致体操运动员无法表现出最大力量/力。因此体操运动员日常训练中，需要比其他项目运动员在更短的时间内达到高水平的发力率

（Marina & Jemni, 2014）。为了增加最大力量，除了使用体能训练设备外，我们建议以50%的身体质量为初始负荷进行跳跃及快速伸缩复合训练（Marina, Jemni & Rodriguez, 2014）。当然，必须在一年中的适当时间进行这些训练，从而确保力量得到了实质性的增强。在使用设备器材进行体能训练过程中，我们建议选择可以最大速度连续重复8～12次的最大负荷，直到在运动的向心阶段肌肉力竭为止（Marina, Jemni & Rodriguez, 2014; Sale, 1989）。

另一个重要的问题就是教练必须为日常的快速伸缩复合训练选择适当的跳深高度。就能够带来最长腾空时间的最佳跳深高度而言，受试者之间存在相当大的差异（Radcliffe & Osterning, 1995）。虽然只需要在有反向跳深动作里考虑最长腾空时间，但更高的腾空－触地时间比能够更好地确定快速跳深里的最佳跳深高度（Young, Wilson & Byrne, 1999b）。

我们建议将最大功率估计值作为训练中选择跳深高度的最佳标准，因为它不仅取决于腾空时间与触地时间之间的关系，并且对腾空时间更敏感（相较于腾空－触地时间比）（图7.3）。一般来说，根据体能水平不同，跳深高度应在40～80厘米。

以下为一般性建议。

- 每周安排两次训练，每次持续30分钟，两次训练之间应相隔72小时。如果有可能，在每周的中段穿插快速伸缩复合训练，并在周末安排最大力量训练课。

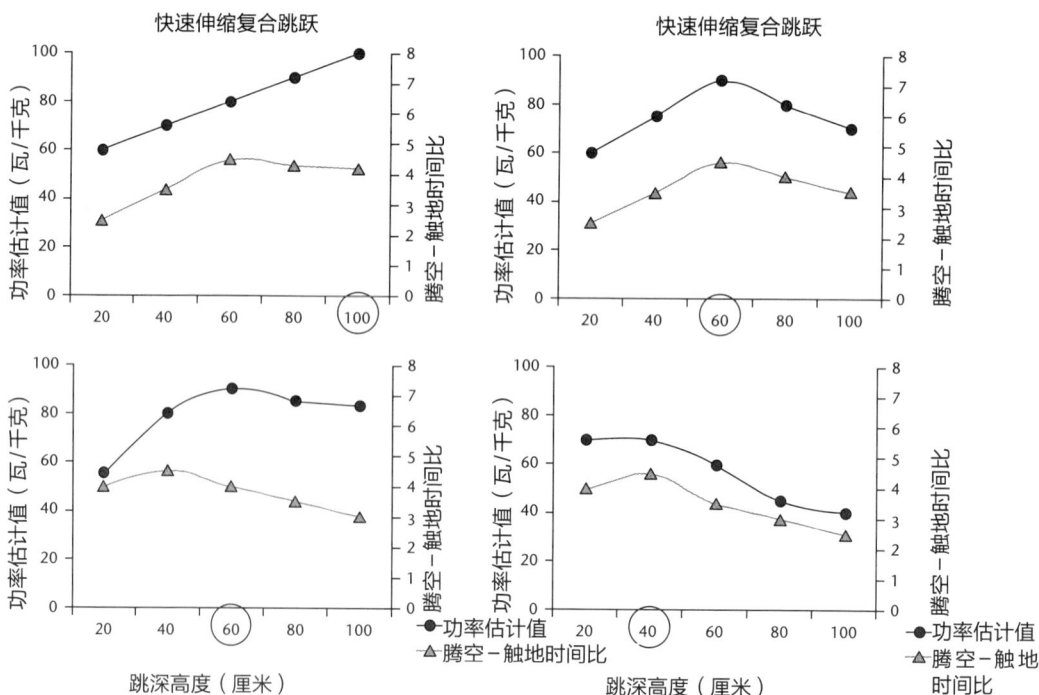

图7.3 20-40-60-80-100厘米跳深过程中的腾空时间、触地时间、腾空－触地时间比及功率估计值（瓦/千克）

- 为每次的训练选定5 ~ 8种练习，每种练习2 ~ 4次。150 ~ 250次重复或跳跃的总训练量应该足够。最佳的训练强度是能够确保运动员在每次动作重复中都能获得爆发力的提高，同时不会因此而受伤（表7.1）。

- 一旦结束训练，需进行10分钟的冰敷或冷敷（冷疗），以保护关节组织。切勿等到出现疼痛或不适才进行冰敷/冷敷。

- 耐心也是另一个关键因素：需要数年而非数月才能达到期望的强度。

表7.1 快速伸缩复合训练建议。特别是在跳深和重复跳跃中，我们建议采用自由摆臂代替两手叉腰的方式，这在协调性方面更"符合体操项目"

跳跃类型	组数 × 重复次数	说明
SJ/SJA（90度屈膝）	3×（6 ~ 8）	• 反应稳定并保持1 ~ 2秒
SJ/SJA（全角度屈膝）	3×（6 ~ 8）	• 地上摆放高度不同的泡沫障碍物
CMJ/CMJA	3×（6 ~ 8）	• 轻微向前移位
DJ（40-60-80）	（2 ~ 4）×（6 ~ 8）	• 根据功率估计值及腾空 - 触地时间比选择不同的跳深高度组合
根据不同水平选择跳深高度		• 同一节课至少有3种不同的跳深高度 • 避免触地时间超过200毫秒
R	R_5：2组 R_{15}：3组 R_{30}：3组 R_{60}：3组	• 5 ~ 60秒的持续时间 • 最大可能缩短弹性刚度变化范围 • 用单/双腿完成 • 做侧向或Z字形移位时可以选择瑞典凳，泡沫凳等

SJ：双手叉腰蹲跳。SJA：摆臂式蹲跳。CMJ：双手叉腰下蹲跳。CMJA：摆臂式下蹲跳。DJ：跳深。R：重复跳跃。

7.8 跳跃特征训练模型

当最重要的变量（FT_{bm}、FC和BE）可能在最大跳深高度（60厘米以上）增加时，跳跃特征将得到改善。为了实现这一目标，了解力 - 速度曲线与功率之间的关系是非常重要的。包含快速动作的训练刺激，如无负荷或最大25%体重负荷的双手叉腰蹲跳（SJ0–SJ25），将显著提升力 - 速度曲线的"速度端"。另外，包含慢速动作的高抗阻刺激，如自由重量和100%体重的器械（SJ100）将主要影响该曲线的"力端"（Komi, 1986; Hakkinen, Mero & Kauhanen, 1989）（图7.2）。

我们的研究表明，与"速度端"相比，力 - 速度曲线的"力端"更容易得到提高（Marina, Jemni & Rodriguez, 2014）。收缩分量估计值与最大动力性力量之间的关系（Bosco, 1985）及短程弹性刚度（Schmidtbleicher,1992）是快速跳深技术的特征，这也解释了当体操运动员的跳深高度较大时，他们的功率估计值及腾空 - 触地时间比得到更大提高的原因（Marina & Jemni, 2014）。

最后，我们需要注意弹性分量估计值很难提升，这可能是由于其对基因有着高度的依赖性（Marina, Jemni & Rodriguez, 2014）。

7.9　总结

从评估的角度来看

- 教练不应将腾空时间视作评估其体操运动员跳跃表现的"黄金"指标，以考虑体重的标准化腾空时间似乎能更好地进行评估。

- 弹性分量估计值有助于将水平最高的体操运动员与他们的队友/竞争对手区分开来。

- 我们鼓励体操运动员通过双手叉腰蹲跳（SJ100-CC）来针对性地发展他们的最大力量及收缩分量估计值。

- 为保证快速伸缩复合训练技术，应避免过大的跳深高度，因为这可能会增加触地时间，这样跳跃动作也将不再具备"快速跳深"的特点。

- 我们建议将功率估计值"BE"作为主要标准，并用它来确定快速伸缩复合训练中最合适的跳深高度（图7.3）。

训练建议

- 我们建议每周进行2～3次针对提升体操运动员跳跃技能的高强度体能训练课。

- 如果未能提升弹性分量估计值，我们建议将重点放在比较容易实现的超负荷蹲跳上。我们也建议将训练重点放在与最大力量有关的垂直跳跃分量上。

- 与反复练习单一的体操动作相比，高强度抗阻训练与高冲击性快速伸缩复合跳跃的结合更有效。因为反复练习单一体操动作并不能提升精英体操运动员所需的力量或爆发力水平。

第2部分复习题

问题1. 分析体操运动员的力量、速度、爆发力、柔韧性及肌肉耐力。

问题2. 分析以下与体操有关的训练原则（长论文式问题，如果每一个原则单独完成，答案篇幅定于平均长度即可）。

- 专项性
- 准备度
- 个性化
- 多变性
- 效益递减
- 恢复再生
- 超负荷与渐进性
- 周期化

问题3. 举例说明体操中用于评估跳跃能力的专项测试。

问题4. 举例说明体操中用于评估肌肉耐力的专项测试。

问题5. 举例说明体操中用于评估灵敏、速度、力量及爆发力的专项测试。

问题6. 举例说明体操中用于评估柔韧性的专项测试。

问题7. 举例说明体操中的专项技术测试。

问题8. 原地后空翻是：

   a. 柔韧性相关技能
   b. 灵敏相关技能
   c. 力量 - 速度相关技能
   d. 力量相关技能

问题9. 最大力量训练诱导：

    a.　CSA（横截面）肌肥大

    b.　肌肉内协调性

    c.　增加IIB型肌纤维募集

    d.　以上都是

问题10. 体操运动员必须学会：

    a.　尽可能快速施加小于最大力量的力

    b.　尽可能快速施加最大的力

    c.　尽可能长时间地施加小于最大力量的力

    d.　尽可能快速施加最小的力

问题11. 快速伸缩复合跳跃发展：

    a.　肌肉横截面积

    b.　速度

    c.　力量

    d.　发力率

问题12. 体操中的弹跳应该是：

    a.　快速跳深（QDJ）

    b.　弹跳式跳深（BDJ）

    c.　特定于高度－时间的跳深（DJ–H/t）

    d.　以上都是

问题13. 动能可以是：

    a.　势能

    b.　弹性势能

    c.　3种能量代谢系统

    d.　通过整个身体或身体部位发展

第3部分
体操运动生物力学

第3部分
体操运动生物力学

学习成果 莫内姆·杰姆尼（Monèm Jemni）

了解这一部分之后，你将能够：

- 理解生物力学在体操运动里的作用；
- 区别体操运动中位移、速度和加速度等线性运动学变量之间的不同；
- 理解腾空飞行与轨迹的运动学内容及角运动与线性运动之间的关系；
- 区别线性动力学的各种定律，尤其是与体操运动的冲量及功率发展相关的牛顿运动定律；
- 确定受力的作用、扭矩及力矩影响的角动力学；
- 重视重心、转动惯量在体操训练中的重要性；
- 认识体操运动的角动量守恒定律，尤其是牛顿定律的角类比；
- 应用人体逆向动力学概念理解自由体操与跳马项目里的作用力。

引言 威廉·A. 桑兹（William A. Sands）

什么是生物力学

生物力学是物理学的一部分，旨在研究应用于生物运动的力学或物理原理。生物力学通过将物理学与力学的原理和技术应用于体操运动员动作及器械来为体操项目服务。

为什么要了解生物力学

除体操外，生物力学还是其他所有运动的重要组成部分。生物力学依赖于物理学，而物理学又依赖于物理定律（Feynman, 1965）。物理定律非常重要，并且在很大程度上依赖于数学来进行明确的表达。物理定律背后最重要的概念之一是，一旦确定了一个定律，那么就可以从原来的定律中推导出更多的定律。例如，如果我们有一个秒表与一把卷尺，且知道一名体操运动员在2秒内跑完10米的距离，那么可以推算出这段距离的平均速度是5米/秒（10米/2秒=5米/秒）。如果我们知道体操运动员以5米/秒的速度跑了2秒，那么我们就可以确定体操运动员跑了10米（5米/秒×2秒=10米）。

这个示例可能过于简单了，但是物理定律中数学的美妙之处在于我们可以反复使用这些概念，通过调整进而学习新的东西。

生物力学单位

与其他科学领域相比，运动与训练生物力学中的独立概念相对较少，因此更容易掌握。表Ⅲ.1给出了体操生物力学中常用的力学单位。

注意，生物力学里只有4个基本单位，所有的衍生单位都是这些基本单位的简单组合得来的。这种简单性既体现了物理定律的优雅，也涵盖了物理定律在体操等运动中的应用。

表Ⅲ.1　常用的生物力学单位

基本单位	衍生单位	有特殊名称的单位
时间（秒）	速度（米/秒）	力（牛，牛=千克·米/秒²）
位移（米）	加速度（米/秒²）	压力与应力（帕，帕=牛/米²）
质量（千克）	动量［千克·（米/秒）］	能量与功（焦，焦=牛·米）
温度（摄氏度）（开–273.15）	扭矩（牛·米）	功率（瓦，瓦=焦/秒）
	力矩（牛·米） 密度（千克/米³） 面积（米²）	角度（弧度或度）

与运动生理学和心理学不同，除了相对较少的独立概念，体操的运动生物力学还可以根据所涉及的运动类型以及我们感兴趣的仅仅是描述这个运动还是要了解这个运动的起因来进一步细分。

生物力学在体操中的作用是什么

生物力学可以用于对体操技术进行研究。技术通常随着时间的推移而得到研究与发展。在解决体操项目技术问题时，教练常常不得不依靠试错教学来纠正所发现的技术错误。但实际上错误往往在技术问题肉眼可见之前就已经发生了。例如，当一名体操运动员完成空翻动作时出现了技术上的一个错误，但这种错误往往在起跳或起跳前就已经出现了。相对于简单看出明显的技术错误，生物力学是一门能够发现技术问题根源的学科。

目标 莫内姆·杰姆尼（Monèm Jemni）

生物力学总是让学生们感到害怕，因为他们认为这是一门复杂的学科，应用了许多数学及物理概念。总的来说，第3部分旨在让"体操运动生物力学"成为一门有趣且易于理解的基础学科。该部分将依次解释由基础到高级的概念，以便让读者了解生物力学是如何帮助教练实现他们的训练目标的。

总结

通过将思路划分为4个领域：线性运动学、角运动学、线性动力学及角动力学，我们进一步减少了生物力学中概念的数量。运动学通过位置、位移、速度及加速度等相关概念来描述运动。运动学仅仅用这些概念就能提供一个近乎完整的运动描述，大多数教练和老师都是运动学专家，因为这是运动表现里最显而易见的部分。

运动学可以被运动员、老师或教练"看到"，从而形成用于定性评估运动的大部分信息。动力学里增加了动作起因的概念，包括引起或导致运动发生的力。力是不可见的，我们只能通过"看见"运动的发生或其他形式的量来对力进行推断。

第8章
线性运动学

威廉·A. 桑兹（William A. Sands）及帕特里斯·霍尔弗特（Patrice Holvoet）

我们将采取"分而治之"的方法，依次解释由简单到复杂的概念。首先，我们将探讨线性运动学。线性运动学（linear kinematics）是指对直线或近似直线（称为曲线）的运动的描述。

重力作用下的自由落体是直线运动的一个简单例子。体操里的直线或近直线运动在跳马助跑环节中表现得最为明显。我们也可以在不同技术阶段观察到线性运动。

图8.1所示为跳马运动员上板起跳时的图像。图8.1中的"棍图"呈现了通过高速摄像机拍摄，然后由计算机与专用软件绘制的每一帧动作。请注意，当头顶中心向右上方移动时，这些点几乎呈线性排列，尽管间距相近，但随着动作的进行，这些点会越来越靠近。

体操运动生物力学采用的便是这种类型的运动学分析方法。运动过程中较小的动作变化具备线性或近乎线性的特征，因此大多数技术动作可以分割为相对较短的时间段进行绘制呈现。

8.1 距离与速率

与其他学科分支一样，不同的生物力学术语有着不同的定义，读者应该了解这些术语以及它们的应用。

当一个物体从一个位置移动至另一个位置时，这个物体所遵循的路径便是移动的距离。根据定义，距离没有方向。因此，距离只是物体或物体某部分移动的路径。

如果想表达距离与经过该距离所需时间的关系，那么有一个新的量——"速率"，在这种情况下特指"平均"速率。之所以加上"平均"一词，是因为我们不知道速率是否在运动路径上某一点发生变化，所以我们取一个简单的平均值。速率的数学描述详见公式8.1。平均速率也被定义为位置的变化率。

$$\text{平均速率（米/秒）} = \frac{\text{距离（米）}}{\text{时间（秒）}}$$

（8.1）

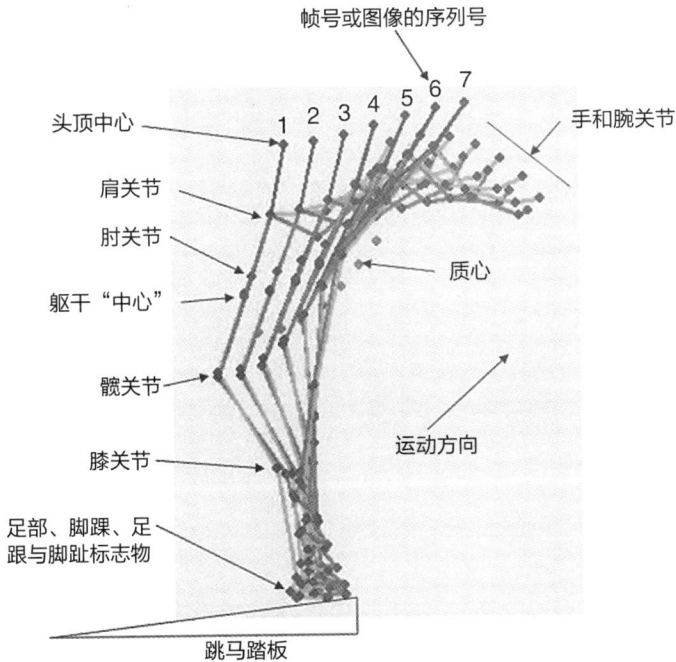

图中标注:
- 帧号或图像的序列号
- 头顶中心
- 肩关节
- 肘关节
- 躯干"中心"
- 髋关节
- 膝关节
- 足部、脚踝、足跟与脚趾标志物
- 手和腕关节
- 质心
- 运动方向
- 跳马踏板

图8.1　一名跳马运动员从踏板向跳马马头方向起跳过程的计算机绘制图

注：运动的方向是从左到右。请注意不同关节与已识别的身体部位的路径呈直线或轻微弯曲的线。

　　在观察跳马项目时，我们可以看到一个简单的速率示例。如果一个跳马助跑距离为15米（即在距离跳马踏板15米处开始助跑），并且体操运动员需要2.5秒才能从起点跑到跳马踏板的位置，则平均速率为：

$$平均速率 = \frac{距离}{时间}$$

$$平均速率 = \frac{15米}{2.5秒}$$

平均速率 = 6米/秒

　　虽然从平均速率上，我们可以了解整个助跑过程，但我们知道，跳马运动员是从静止开始的，然后跑得越来越快，直到他/她到达跳马踏板的位置。跳马运动员通常会在助跑开始阶段加速，在接触到跳马踏板前以减速的方式改变助跑速率（Sands, 2000d; Sands & Cheetham, 1986; Sands & McNeal, 1995a; Sands & McNeal, 1999a,b,c）。

　　图8.2给出了9 ~ 12岁女子体操运动员在选材中进行冲刺跑测试的平均速率（Sands & McNeal, 1999a,b,c）。可以发现，不同距离的平均速率会发生变化。尽管本次测试的总平均速率为5.5米/秒，但是只有很少（如果有）的记录速率等于平均值。此外，平均值并不能

很好地说明这组运动员实际助跑表现如何。

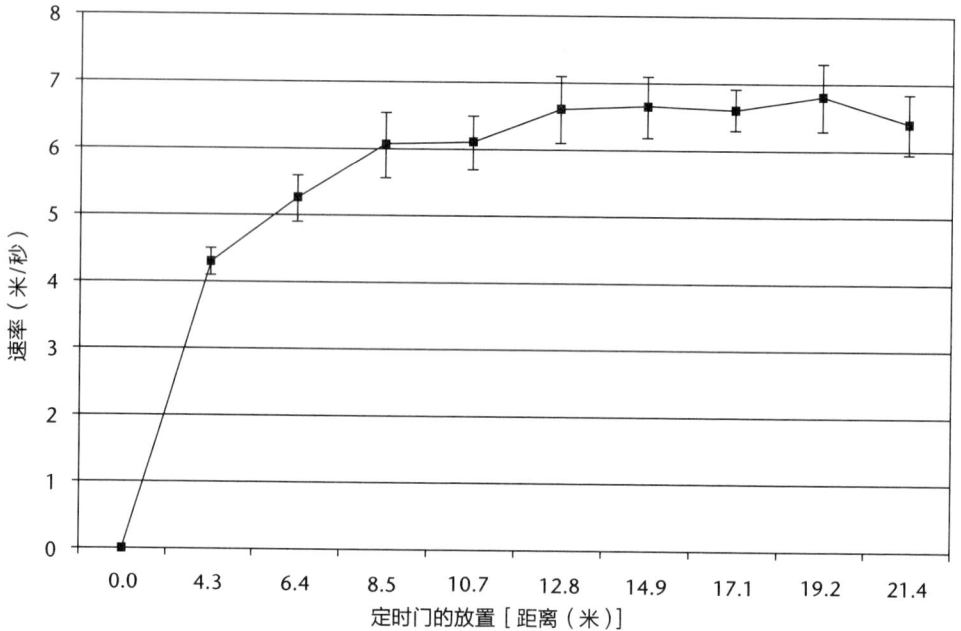

图8.2 体操冲刺跑中速率与距离的关系

　　图8.2所示的信息引导我们思考：为了更好地了解体操运动员技能表现的细节特征，我们应该如何对运动员的动作进行采样。有些动作非常缓慢，可以用相对较低的采样频率来对其进行分析，而对于如空翻技巧或跳马起跳这类非常快速的动作，则可能需要采用以千分之一秒或更快的采样频率进行采样分析。

8.2　位移与速度

　　大多数非专业人士认为速率与速度概念之间没有区别。然而，在生物力学及物理学中，这两者之间的区别是很重要的。速率是一种"标量"，这意味着该值只有大小，不考虑方向。而速度是一个包含方向与大小的矢量。你可以将动作的速率视作速度的大小，但同时必须考虑或确定方向。为了对速度进行探讨，你必须同时考虑两个方面，位移（类似于距离）与速度（类似于速率）。

　　我们可以通过400米跑步运动来了解这两个概念之间的区别。就速率而言，如果跑步运动的开始与结束都在起跑线上（同一地点），那么跑步者已经跑了400米的距离。如果我们知道跑完400米所花的时间，就可以计算出平均速率。但是，如果400米跑步运动的起点和终点在同一个地方，同时我们只看他/她的整体运动，那么我们就会得出他/她的位移是0米，因为运动员的起点与终点在同一个地方，因此他/她的位移为零或者说没有位移。如图8.3所示，我们可以通过自由体操成套动作和运动员在自由体操场地的动作路径来进一步说明距离与位移、速率与速度之间的不同。

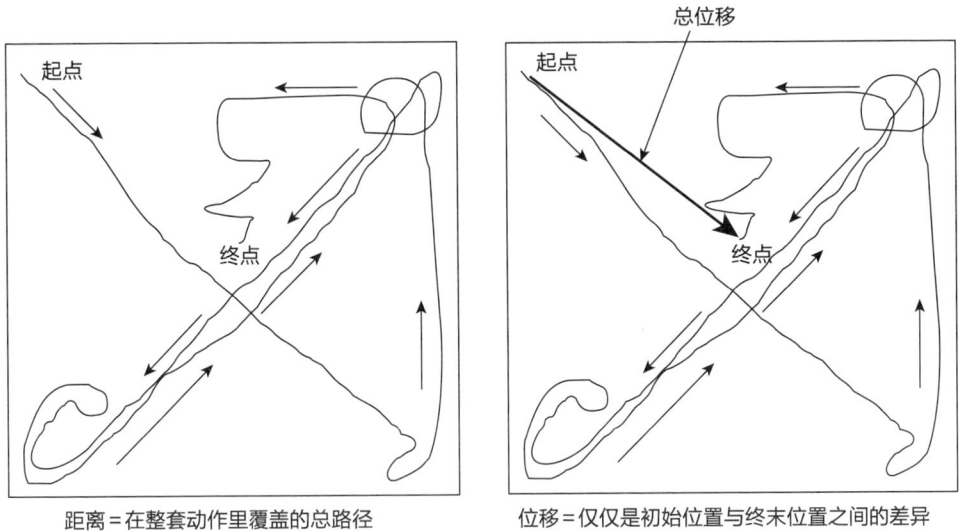

距离＝在整套动作里覆盖的总路径　　　　　　　位移＝仅仅是初始位置与终末位置之间的差异

图8.3 距离和位移示例 每个图都给出了体操运动员在整套自由体操里经过的路径。左图给出了沿着运动员经过的整个路径测量的距离，右图给出了总位移——从起点到终点的直线距离与方向

平均速度是位移变化与时间变化的商。见公式8.2和公式8.3。

$$平均速度（米/秒）= \frac{位移（米）}{时间（秒）} \tag{8.2}$$

$$平均速度（米/秒）= \frac{终末位置（米）-初始位置（米）}{终末时间（秒）-初始时间（秒）} \tag{8.3}$$

虽然看起来判定什么算作初始位置与终末位置可能是任意的，但生物力学家在确定初始、终末位置以及初始、终末时间时非常谨慎，这样才能确保他们研究的是自己感兴趣的运动部分。此外，我们再次面临这样一个问题：无论探究何种运动，平均速率或速度可能都不如较小单元的速率或速度更有洞察力。当我们仔细观察速率与速度时，我们倾向于把运动根据尽可能小的时间段分成尽可能多的部分，以确定"瞬时"速率或速度。"瞬时"一词指的是时间的小片段，它有利于我们将运动分解成更小的节段，从而揭示出更多的细节。图8.1就是这个过程的一个示例。

8.3 加速度

体操运动员的爆发力往往取决于加速能力。虽然快速完成动作是必需的，但体操运动员受双脚与地板或器械接触时间的限制，摆动过程中的脱手或其他动作的精准时机限制，以及其他因素的限制等。

速度的变化率被称为加速度。公式8.4用数学的方式表达了平均加速度。

$$\text{平均加速度（米/秒}^2\text{）} = \frac{\text{终末速度（米/秒）}-\text{初始速度（米/秒）}}{\text{终末时间（秒）}-\text{初始时间（秒）}} \qquad (8.4)$$

显然，公式8.4表明，如果速度为常数（终末速度=初始速度），那么它们相减的数值将等于零，因此速度与加速度也就没有变化。

有趣的是，一个静止的物体和一个匀速直线（即速度不变）运动的物体有着相同的加速度——零。

与速率及速度一样，加速度也可以被确定为"瞬时"值。如果你仔细看公式8.4就会发现，基于分子中的数值，既有正加速度、负加速度，也有零加速度。

当运动发生在直线上时，正负值并不会带来影响，同时人们通常把正加速度简称为"加速"，而把负加速度简称为"减速"。然而在生物力学中，很少使用减速一词，正、负是首选的叫法。当运动不是匀速直线时，例如物体先是朝一个方向运动，接着又向相反的方向运动，我们就需要考虑方向与速度变化的相互作用所带来的问题。例如，一个物体可能正向（如向右）移动，但速度减慢意味着加速度为负；而速度加快意味着加速度为正。我们可能很难追踪方向与加速度的正负特性。

8.4　线性运动学测量单位

线性运动学所使用的大多数单位都是人们相对熟悉的。距离与位移以英尺（1英尺≈30.48厘米）、英寸（1英寸=2.54厘米）、米、厘米、千米、英里（1英里≈1.61千米）等为单位。时间则以秒、分、时、日等为单位。从逻辑上讲，如果已知一个位移，例如以米为单位，我们用该距离除以经过它所需的时间，这样我们就得到了以米/秒为单位的速度。其他常见的速率与速度测量单位如下：英尺/秒、英里/时及千米/时。但当我们谈及加速度时，这些单位的直观性质经常会被打破。

观察公式8.4时，你应该注意这个数值是终末速度与初始速度之间的差。分母以秒为单位。因此，平均加速度是以米/秒^2、英尺/秒^{2}来衡量的，所有的这些都是平均加速度的单位。

用通俗的话来讲，加速度是速度变化率的一种量度。例如，你车上的速度表正显示你当前的速度，如果你突然踩油门，开始加速前进，你会看到速度表指针或数字显示正快速转动或发生变化。车速表的运动速度是加速度的一种量度。如果你在前进时突然踩刹车，你会注意到速度表所显示的速度在下降。速度表的变化越快，负加速度就越大，意味着你正在减速。

图8.4给出了所有的这些线性运动学单位，最上面的图呈现了体操运动员进行罗奇跳马（前手翻接团身前空翻两周）的动作分解图，多幅图一起可以提供大量与运动员运动表现相关的信息。图8.4的中间部分呈现了由计算机绘制的体操运动员身体棍图，这简化了动作并提供了另一种技术视角，还呈现了运动中质心轨迹这一更线性的部分。最后，图8.4最下

面部分给出了体操运动员在完成这个动作时质心的水平速度、垂直速度及合速度（Cormie, Sands & Smith, 2004）。

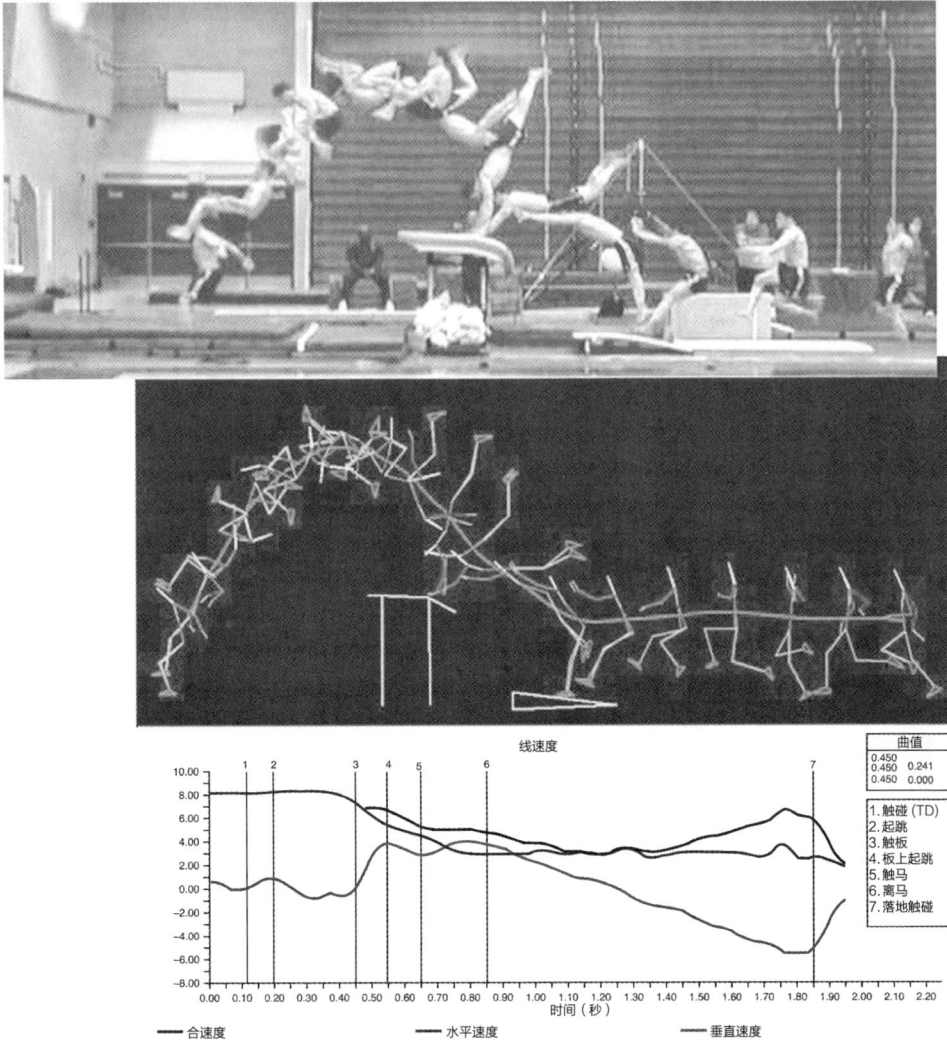

图8.4 一名精英男子体操运动员完成罗奇跳马 注意：最上面的图呈现了典型视频下的运动表现；中间的图是一个附带质心轨迹的计算机绘制图（棍图）；最下面的图呈现了质心在水平、垂直及合方向上的速度，以及技术动作分解的阶段及时间

8.5 参考系

确定人体及其各部位运动的参考系是运动分析过程中非常重要的一部分。事实上，参考系作为运动"映射"的基础是非常必要的。因此，为了在进一步分析中保证精度，必须精确地确定参考系。

参考系是根据描述运动的参考点和轴来定义的。例如，可以将体操运动员的位置变化描述为相对于器械这种静止环境 R_O（O、xO、zO）的变化，或者相对于另一个任意定义的参照系 R_G（G、xG、zG）或 R_S（S、xS、zS）的变化，这使得特定点运动可以参考一个固定的外部"框架"，从而确定该点的位置、位移、速度及加速度。例如，运动员的质心只有在某个参考系内或相关参考系内发生运动时，才具备物理意义（图8.5）。

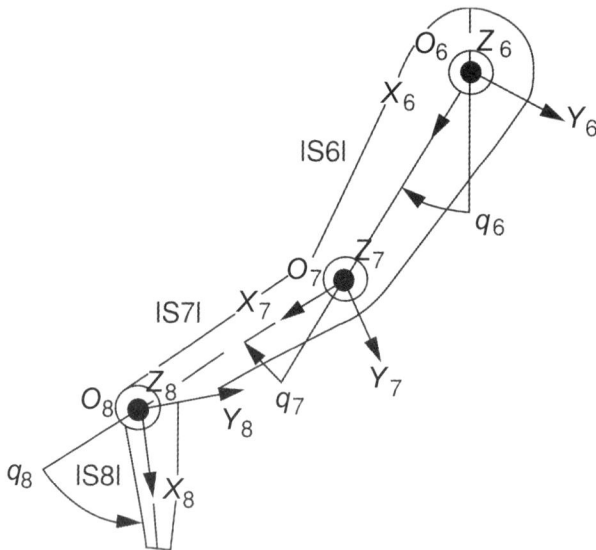

图8.5 相对于关节中心分析各环节运动的二维局部参考系 下肢运动通过 q_8、q_7 及 q_6 分别对应的局部参考系来描述：R_8（O_8、X_8、Y_8）；R_7（O_7、X_7、Y_7）；R_6（O_6、X_6、Y_6）。

3个空间轴——相对于地面的矢状轴（xO）、垂直轴（zO）和冠状轴（yO）以及冠状面、矢状面与水平面通常被指定为静止坐标轴和参考平面，用于描述身体在三维空间中运动的方向。身体各部分的方向在空间中移动时，空间坐标轴不会发生改变，并且相对于地面或相对于观察者都是固定的。这种静止参考系适合于分析在不同器械上完成体操技术动作时身体及其各部位的运动轨迹。在完成空中动作时，可以根据腾空阶段相对于重心 G 的身体各部位的变化来分析动作。当生物力学相对于重心来描述身体各环节运动为目的时，可以采用与重心相对的参考系，定义为 R_G（G、xG、zG）。

此外，当我们需要描述一个身体环节与另一个环节的相对运动时，可以根据通过关节中心的3个主轴（冠状轴、垂直轴和矢状轴）来定义运动参考系（图8.5）。

8.6 矢量与标量

目前为止，我们已经探讨了速度与方向，并提及了"矢量"与"标量"，但还没有充分定义这些术语。正如前文所探讨的，标量指的是与方向无关的量。矢量则相对复杂，包括大小与方向，最重要的是，在矢量里需同时考虑大小与方向。

在生物力学中，速度、加速度及很多其他数值都是矢量。当所研究的运动开始时，我们通常用坐落于身体某一点的箭头来表示矢量方向。箭头的长短代表矢量的大小，箭头所指的方向表示移动的方向。图8.6给出了一些矢量示例。

图8.6、图8.7以图形的形式给出了矢量分解的平行四边形法。矢量有许多有趣的特性，这些特性将引导我们了解身体在自由空间里的飞行轨迹，如空翻技巧串、下法等的腾空阶段。

图8.4呈现了一个跳马动作序列的轨迹。注意，在体操运动员髋部高度附近的线描绘了支撑及腾空阶段质心的路径。这条线的路径就是一条轨迹。矢量可以用来确定腾空轨迹的内在特征。此外，了解了速度矢量的水平和垂直分量之后，便可以知道关于后续腾空轨迹最重要的信息。

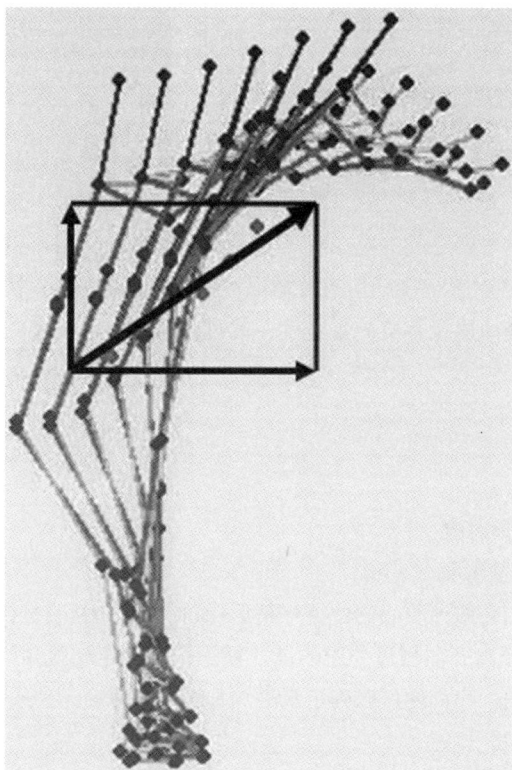

图8.6 跳马起跳时的水平速度、垂直速度及合速度矢量的估计值 由于运动员在接触踏板之前进行了快速助跑，因此水平速度远远大于垂直速度。垂直箭头代表了垂直速度分量。在这个例子中，水平速度与垂直速度均开始于体操运动员的质心。带角度的矢量是速度水平分量及垂直分量的合速度

某一角度下的速度

垂直分量

平行四边形法

A

R

合量

θ

B

水平分量

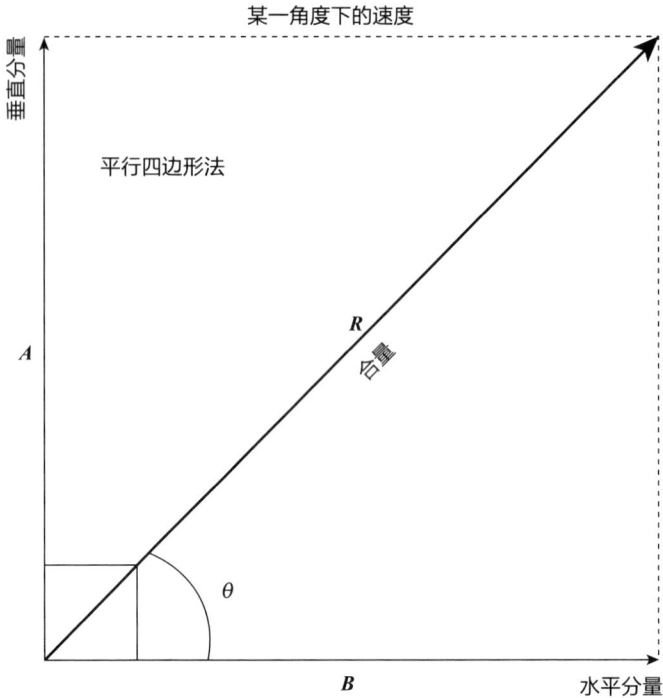

图8.7　某一角度下的速度以及速度矢量的正交分解

图8.7以矢量*A*表示垂直分量速度，以矢量*B*表示水平分量速度，以矢量*R*表示合量（物体的实际合速度）。

习惯上，合量与水平面之间的夹角称为发射角或抛射角，用希腊字母*θ*表示。*A*与*B*的夹角为直角，因此只要知道一些三角函数知识，就可以确定图8.7中矢量图的特征。例如，如果我们知道水平分量速度及垂直分量速度，就可以通过引用公式8.5中的勾股定理来确定合速度。

$$R = \sqrt{A^2 + B^2} \tag{8.5}$$

式中：*R* = 合速度

　　　　A = 垂直分量速度

　　　　B = 水平分量速度

更常见的是，我们会估计质心的位置（稍后探讨），我们从直接测量中得出合速度，并且可以通过观察起跳或离开器械过程中的前几帧影像来确定起跳角度。以上述知识及一些基本的三角函数为依据，我们便可以确定水平与垂直分量速度（公式8.6和公式8.7）。

$$\text{垂直分量速度（线} A \text{）} = R\sin\theta \tag{8.6}$$

式中：*R* = 合速度

$\sin\theta$ = 角θ的三角正弦

    A是图8.7所示的垂直分量速度

水平分量速度（线**B**）= $R\cos\theta$ （8.7）

式中：**R** = 合速度

$\cos\theta$ = 角θ的三角余弦

    B是图8.7所示的水平分量速度

为了计算θ，你需要知道水平与垂直分量速度，以及另一个被称为反正切的三角函数。数字x的反正切就是正切值为x的角度。公式8.8给出了当两个分量速度已知时确定发射角的方法。

$$\theta = \arctan\frac{A}{B} \qquad\qquad (8.8)$$

式中：θ = 水平分量速度与合速度之间的夹角

$\arctan$ = **A**与**B**长度之比的三角反正切

    A = 垂直分量速度

    B = 水平分量速度

当然，并不是所有的合矢量都可以简化为两个直角矢量以及中间的合速度（图8.8）。在分量之间不是直角的情况下，需要采用一种不同的方法及一种称为余弦定理的三角恒等式来解析这些分量速度以及确定合速度。公式8.9给出了利用不是直角的β（贝塔）（即矢量**A**与矢量**B**之间的角）计算合量的方法。

$$合量（R）= \sqrt{A^2 + B^2 - 2AB\cos\beta} \qquad\qquad (8.9)$$

可用公式8.10来确定合量的作用方向。

$$\theta = \arctan\frac{A\sin\beta}{B + A\cos\beta} \qquad\qquad (8.10)$$

图8.7和图8.8均描述了合速度矢量及其分量。列出的公式可以从已知的合量与抛射角计算出分量。或者，我们可以通过已知的两个分量及抛射角来计算合量。图中还给出了完整的平行四边形，其中包括平行于**A**、**B**矢量的直线。这些完整平行四边形的平行线可以用来图形化地求解任意分量与合量。图8.9给出了用于求解合量或分量的"图解法"示例。水平分量为7米/秒，垂直分量为3米/秒，仅凭图形法估计，合速度约为7.5米/秒，但根据公式，合速度的实际计算结果为7.6米/秒。

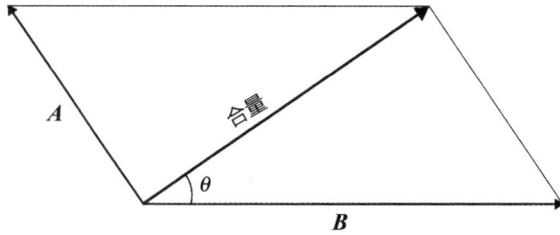

图8.8 非正交的速度分量与合速度

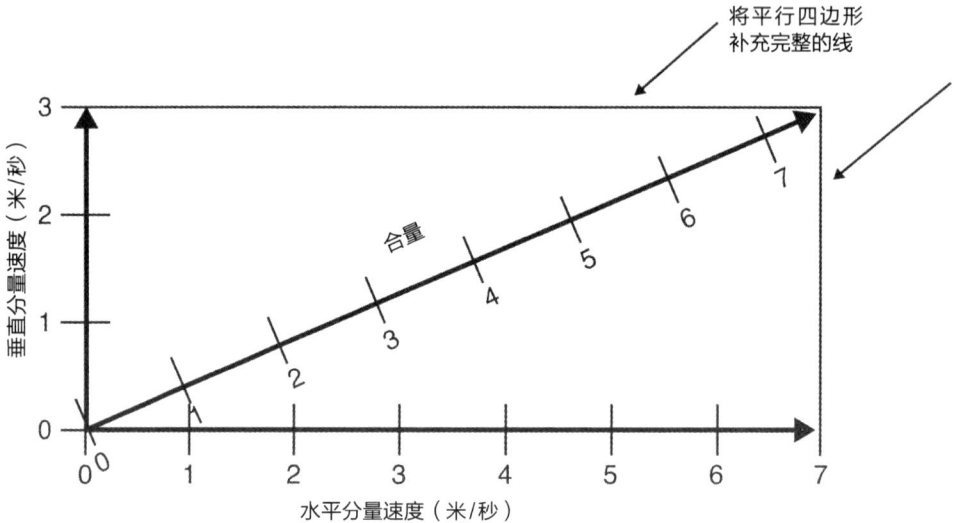

图8.9 矢量分解图形法与合量

8.7 飞行-落体与飞行轨迹运动学

体操运动员经常会从高处或空中落地。对于正在落地的运动员，我们要做的是接住他们并减少损伤（保护）。有趣的是，我们可以计算出体操运动员落地期间任意一点的速度，从已知高度的某处落到地面或两者之间的任何一点所需的时间，以及我们几乎可以根据给定的发射角与速度（如起跳）确定体操运动员在腾空期间的所有信息。对诸如保护之类的事情来讲，这些计算非常重要。例如，如果一名体操运动员意外地从已知高度落地，那么在撞到地面和/或器械且可能受伤之前，保护员是否可以干预并接住他/她？

Sands（1996, 2000a, 2000c）通过地球引力下自由落体的物理原理，并结合人类通过刺激识别、反应选择和反应计划3个反应阶段对刺激的有限反应能力，阐述了接住落地体操运动员时的问题。这3个反应阶段受到大脑与感知系统的控制——因此你必须考虑运动时间，以便在某个有效的位置接住体操运动员。事实证明，在许多情况下，体操运动员落地的时候，教练几乎不可能抓住他/她。之所以会这样，不仅是因为重力带来了落地加速度，还因为人类并不能及时地处理所获得的信息并采取相应措施。

我们怎么能如此肯定上一段的信息呢？因为早在几个世纪以前，人们就知道自由落体与飞行轨迹的原理。首先，让我们探讨当一个物体从某个高度直线下落时出现的情况。

由于我们赖以生存的地球存在一个几乎均匀的引力场（相对于地球表面上的每个人以及处于地球周围空间中的每个人），并且该引力场能够施加一种可预知的力，我们可以对体操运动员的落地进行充分的描述。

在探究自由落体特性时，需用到3个公式。

下落期间，任何时刻的速度＝初始速度＋加速度 × 时间

$$v = u + at \qquad (8.11)$$

下落距离＝初始速度 × 时间+1/2 加速度 × 时间^2 $\qquad (8.12)$

$$d = ut + \frac{1}{2}at^2$$

速度^2＝初始速度^2+2 × 加速度 × 下落距离 $\qquad (8.13)$

$$v^2 = u^2 + 2ad$$

解析下落时间：

$$d = ut + \frac{1}{2}at^2 \qquad (8.14)$$

假设初始速度为零，由此可得：

$$d = \frac{1}{2}at^2 \qquad (8.15)$$

$$t = \sqrt{d/(a/2)} \qquad (8.16)$$

就体操里大多数运动员的下落与运动轨迹而言，空气阻力的影响很小，可以忽略不计。我们以一名从平衡木（高度=1.25米）上下落的体操运动员为例，更好地解释上述公式。为了简单起见，让我们假设体操运动员只是迈步从平衡木上落地。尽管在大多数生物力学环境中，都以质心（稍后探讨）为重点，但这里我们将关注点放在双脚上。

$$\begin{aligned} 下落时间\, t &= \sqrt{d/(a/2)} \\ &= \sqrt{1.25/(9.806/2)} \\ &= \sqrt{1.25/4.903} \\ &\approx 0.50\,秒 \end{aligned}$$

计算表明，运动员离开平衡木后，大约需要0.50秒双脚才能碰到地面。一般反应测试中，从看到闪光点并按下按钮通常需要0.25秒（Henry & Rogers, 1960; Hodgkins, 1963; Stein, 1998）。遗憾的是，找出一个有效方法来营救意外落地的体操运动员所需的时间远远

超过0.5秒（Woodson, Tillman & Tillman, 1992）。

再举一个例子，假设我们有单杠下法的录像，我们可以清楚地看到运动员何时到达他/她的下法飞行轨迹的最高点。如果我们计算从该点落回地面所需的帧数，我们就可以确定下落过程的时间。美国（NTSC标准）摄像里的标准视频每帧持续1/30秒（0.03333秒），而欧洲（PAL标准）摄像机的标准视频的每帧时长为1/50秒。让我们假设体操运动员需要24帧（每帧1/30秒）才能落到地面，意味着运动员需要0.8秒才能从他/她下法飞行轨迹的最高点落回地面。

为了确定他/她下落的距离，或者下法的高度，我们利用以下信息进行近似计算（处于轨迹的最高点，垂直分量速度为零）：

$$d = ut + \frac{1}{2}at^2$$

$$= 0 \times t + \frac{1}{2} \times 9.806 \times 0.8^2$$

$$= 4.903 \times 0.64$$

$$\approx 3.14 \text{米}$$

现在，让我们来确定体操运动员落地时的速度（只考虑向下方向）。如果下落的时间为0.8秒，那么为了确定撞击速度的近似值，我们只需要乘以加速度作用于下落物体的时间。在这一点上，我们应该理解常数9.806的来源。重力加速度为9.806米/秒^2。这意味着下落物体的速度以9.806米/秒的速度逐渐增加。因此，下落时间越长，终末速度就越大（忽略空气阻力）。但是，请注意加速度的值是恒定的，这个很重要。

$$v = u + at$$

$$= 0 + 9.806 \times 0.80$$

$$\approx 7.8 \text{米/秒}$$

因此，运动员落地冲击速度约为7.8米/秒。

匀加速运动公式给出一个重要的提示——这些公式只适用于速度变化恒定的情况。跑步、跳跃（非飞行阶段）、摆动等运动都会改变速度，但其中的变化或加速度并不是恒定的。因此，如果在除"匀"加速运动之外的情况下使用这些公式，是严重错误的。幸运的是，重力让我们能够轻易地通过自由落体进行匀加速运动。

体操运动员很少直线落地。他们往往先在起跳腾空或从器械脱手时向上运动，然后落回地面或是落下时重新抓杠。体操运动员可以通过跳跃或者垂直向上起跳，然后直接落回地面。然而，腾空过程中通常会出现一些水平移动的情况。有趣的是，为了便于理解，我们不必深究体操运动员是否水平移动，因为这种腾空方式的原理都是相同的——我们称这种腾空类型为"抛物线"。

　　图8.10和图8.11呈现了一个空翻技巧串的轨迹。在完成这个特定空翻的过程中，运动员还尝试了4周转体。这一动作序列从左到右依次呈现了踺子后半段、完整的后手翻（flic flac）以及空翻动作。我们重点关注的轨迹是质心经过的路径。图8.10用单独的点来表示质心，而在图8.11中，质心被描绘成一系列点。

　　图8.10与图8.11给出了水平和垂直两个维度分量的速度以及合速度。请注意随着动作和腾空轨迹变化，分量速度变化与合速度之间的对应关系。

　　图8.11中的质心路径出现了一些"噪声"或不平滑，这主要是由于数字化误差造成的——这是对3台摄像机原始视频画面进行手动数字过程中产生的伪影。然而，体操运动员腾空轨迹曲线一般呈抛物线，同时，下面内容我们将以这两幅图为参考。你也可以在图8.4中看到体操运动员离马后进入第二腾空阶段的飞行轨迹。一旦运动员离开地面开始腾空，他/她就变成了一种抛射物——就像棒球、足球或子弹一样。

　　描述轨迹特征时，有两方面是最重要的：飞行时间（高度）及水平距离。我们可以通过合速度与抛射角来获得到达腾空轨迹最高点所需的时间。

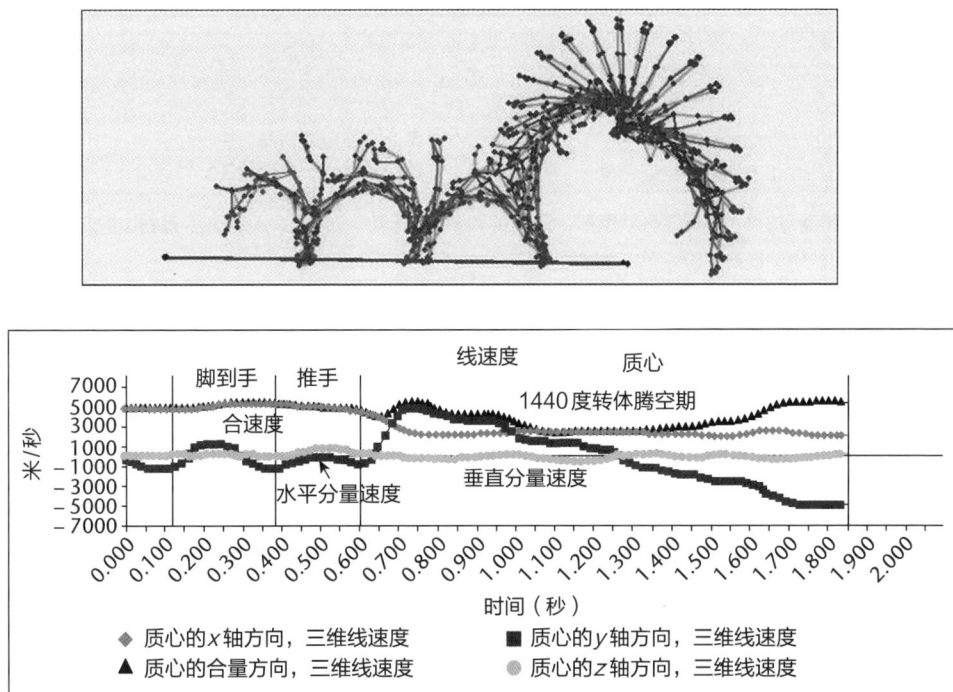

图8.10　一个空翻技巧串动作棍图序列：踺子、后手翻以及直体后空翻转体1440度　请注意，由小三角形标记的质心没有在棍图中呈现。图的下半部分显示了质心的水平前后、左右速度，垂直速度和合速度

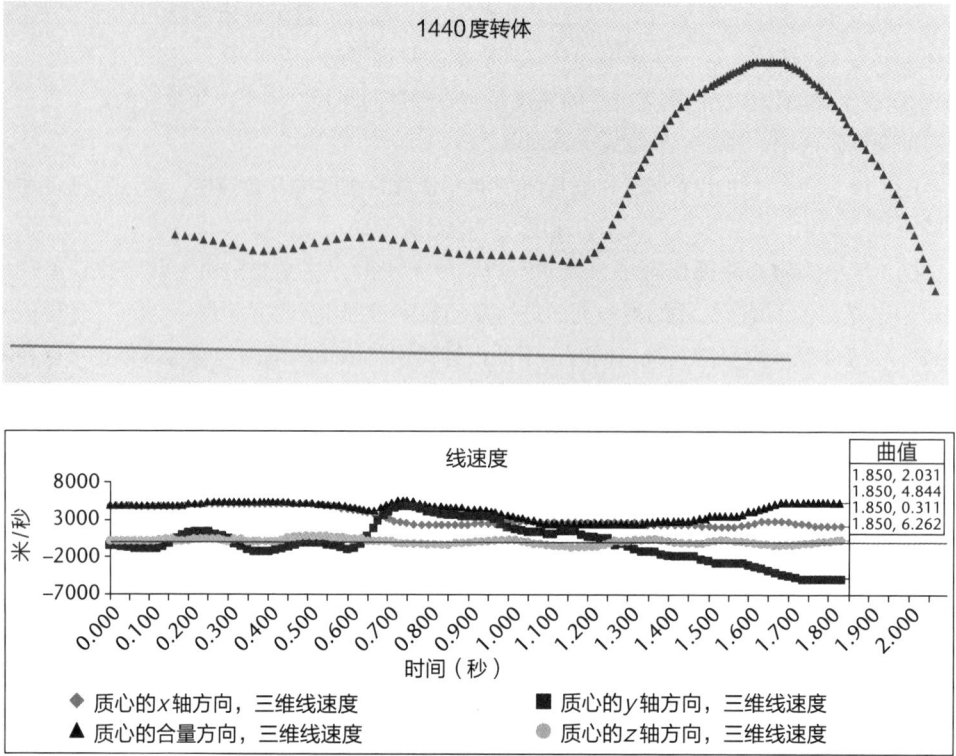

图8.11 质心路径 这张图删除了棍状图形，只呈现了质心的运动，如小三角形所示。最右边的质心运动表明，体操运动员的轨迹在腾空阶段里发生了较大起伏

上升时间＝起跳时的合速度 × sinθ/g（重力加速度）

$$t_{up} = \frac{R\sin\theta}{g} \tag{8.17}$$

为了了解总飞行时间，我们还必须知道从轨迹最高点［腾空高度（d）］到落地所需的时间：

下落时间＝$\sqrt{\text{腾空高度} \times 2/g}$

$$t_{down} = \sqrt{\frac{2d}{g}} \tag{8.18}$$

为了求得总腾空时间，我们只需加上这两项即可。或者，通过组合公式，我们可以得到以下结果：

$$T = t_{up} + t_{down}$$

$$T = \frac{R\sin\theta}{g} + \sqrt{\frac{2d}{g}} \tag{8.19}$$

上述情况提供了一个重要的信息，如果在同一水平面升空和落地，则腾空高度可根据起跳的垂直速度求得：

$$d = \frac{(\boldsymbol{R}\sin\theta)^2}{2\boldsymbol{g}}$$

所以：

$$t_{\text{down}} = \sqrt{\frac{2 \times \frac{(\boldsymbol{R}\sin\theta)^2}{2\boldsymbol{g}}}{\boldsymbol{g}}}$$

$$= \frac{\boldsymbol{R}\sin\theta}{\boldsymbol{g}}$$

即：

$$t_{\text{down}} = t_{\text{up}}$$

可由以下公式求得总时间：

$$T = \frac{2\boldsymbol{R}\sin\theta}{\boldsymbol{g}} \tag{8.20}$$

在同一水平面升空和落地时，这些关系表明了以下几点。

1. 从起跳到轨迹最高点的时间与从轨迹最高点到落地的时间完全相同（假设质心上升及下降的距离相同）。

2. 腾空时间或腾空高度完全取决于起跳的垂直速度。因此，你会注意到公式8.17～公式8.20中没有包含水平分量速度的腾空时间项。

3. 为了使腾空时间或高度最大，体操运动员必须最大限度地提高起跳速度，这涉及起跳前相当多的技术与力量/爆发力方面的考虑。

4. 运动员一旦腾空，便完全改变不了他/她的质心所跟随的抛物线飞行路径。

5. 从物理的角度来讲，腾空的时间及高度与抛射范围之间是完全独立的。然而我们知道，跳高比跳远难得多。重力引起的负加速度可以说是"抢"了腾空期的9.806米/秒的垂直分量速度。因此，如果你以9.806米/秒的垂直速度离开地面，你将在1秒内到达你的轨迹最高点。

在前文中，我们假设起跳与落地都发生在同一水平面上。通常来讲，这种假设可以提供相当接近的腾空时间及高度的近似值。然而，在某些情况下，体操运动员会从一个比落地位置高的位置升空（如跳马第二腾空、从器械上做下法等）。此外，也有起跳点低于落地位置的情况，如平衡木、高低杠、双杠等项目中的上法。在这些情况下，总腾空时间的计算会更难一点，相应的公式也更为复杂：

$$T = \frac{\boldsymbol{R}\sin\theta + \sqrt{(\boldsymbol{R}\sin\theta)^2 + 2\boldsymbol{g}h}}{\boldsymbol{g}} \tag{8.21}$$

在这种情况下，R 代表合速度，θ 为发射角，g 为重力加速度。h 是唯一的附加项，即升空时物体离着陆点的高度。我们应该记住，这里提到的高度通常为质心的高度，而不是升空物体的高度。在腾空过程中，身体的位置会发生各种变化，因此，用肉眼评估起跳与落地的位置时，往往会产生误差。

迄今为止，我们的探讨都是以时间为主题。位移呢？位移发生于两个维度（前后及左右）。然而，我们通常只关心从升空到落地的水平位移以及轨迹的垂直高度。腾空高度是最容易辨别的特征，假设所有垂直位移都从升空点开始，相关的计算如公式8.22所示。

$$\text{腾空高度} = \frac{(R\sin\theta)^2}{2g} \tag{8.22}$$

你也可以认为腾空高度是

$$H = \frac{v_{up}^2}{2g} \tag{8.23}$$

同样，很明显，抛射物的腾空高度仅取决于重力引起的负加速度以及升空时的垂直速度。虽然运动员可以在空中完成各种动作（如摆臂、屈腿、背弓、屈体等），但要达到较高的腾空轨迹，运动员唯一能控制的就是他/她在起跳或升空时的垂直速度。

水平位移既简单又复杂。由于水平分量速度与垂直分量速度之间完全独立，我们只需知道物体或人体的水平分量速度及其腾空时间。因此，物体或人体只有在空中才能沿水平方向运动；重力对水平速度没有影响。即：

水平位移 = 平均速度 × 飞行时间 (8.24)

或：

$$s = vt \tag{8.25}$$

式中：s = 水平位移

v = 水平分量速度

t = 总腾空时间

水平位移的计算比较困难，因为我们必须确定腾空时间（由起跳时的垂直分量速度决定）以及水平分量速度，这两个值都可以从合速度中分解出来。但是到目前为止，我们还没有给出根据已知的合速度及抛射角（θ）来推算水平分量速度。

我们可以将公式8.20代入公式8.24的腾空时间。这时，我们必须确定平均水平分量速度：

水平分量速度 = $R\cos\theta$ (8.26)

因此：

$$s = R\cos\theta \times \frac{2R\sin\theta}{g}$$

可以用三角恒等式来简化公式8.26：

$$\sin2\theta = 2\sin\theta\cos\theta$$

由此可得：

$$s = \frac{R^2\sin2\theta}{g} \tag{8.27}$$

公式8.27表明，物体或身体的水平位移由升空时的合速度及抛射角决定。在公式8.27中，g为重力作用下的恒定加速度，因此不在体操运动员的控制范围内。

当然，公式8.27假定升空的高度与落地的高度相同。如果不是这样，该公式会变得更复杂，然而，我们应该很容易就能确定这些项。这个公式仅代表了一种更巧妙的方法，可用于计算平均水平分量速度以及求解空中的总时间。

$$s = R\cos\theta \times \frac{R\sin\theta + \sqrt{(R\sin\theta)^2 + 2gh}}{g} \tag{8.28}$$

等式8.28可简化为：

$$s = \frac{R^2\sin\theta\,\cos\theta + R\cos\theta\sqrt{(R\sin\theta)^2 + 2gh}}{g}$$

在这两种情况下——相同的升空与落地位置以及不同的升空与落地位置——升空或起跳的速度都很重要。在同一水平面升空与落地时，升空或起跳的最佳角度为从由质心位置测得的45度。在不同水平面升空与落地时，便涉及了优化问题。当试图达到最大腾空范围或距离时，可采用以下准则：

1. 升空高度或升空速度的变化并不会让最佳角度或水平位移发生同等变化；
2. 最佳的发射角度始终小于45度；
3. 对于任何特定的升空高度，合速度越大，最佳发射角度就越接近45度；
4. 对于任何特定的升空合速度，升空高度越大，最佳发射角度就越小（Hay, 1973）。

如果升空及落地的位置发生了由低到高的变化，如从跳马踏板起跳至跳马，那么，最佳离板角度将根据登陆于更高器械表面的意图而变化。例如，您是要登陆并停止（平衡木上法）还是希望尽可能保持足够大的水平分量速度（跳马）？

8.8 总结

线性运动学为我们对后面内容的理解奠定了基础。在后文中，你将了解到位置、位移、速度以及加速度。此外，在第9章中，你将了解如何对线性运动学思路进行微调，以及如何通过一个额外的思路来实现从线性运动到角运动的转变。从某种意义上说，你必须同时记住两点：线性思路以及关于其旋转的其他信息。

第9章
角运动学

威廉·A. 桑兹（William A. Sands）

体操运动员可以通过平移（线性运动）、绕轴旋转一定角度（角运动）或两种方式的结合来从一个位置移动到另一个位置。角运动是"旋转"的"科学说法"。空翻、前手翻、大回环、腹回环、鞍马全旋等都是涉及角运动的技能。幸运的是，一些线性运动的角类比定律使得对角运动的理解可以简化为线性运动概念的延伸。

当人们在不同的体育项目里描述角运动时，会采用符合该项目背景且有着悠久传统的术语。跳水运动与体操运动涵盖某些前空翻（面朝前）或后空翻（后脑勺朝前）动作。然而，在体操运动中，向后的大回环是面朝前的动作，而向前的大回环则为背朝前的动作。这些案例中的术语似乎相互矛盾。跳水运动中使用向前、向后、向内和反身翻腾来表示起跳时运动员相对于跳板或跳台的方向。

如果我们在旋转术语中加入转体，便可以用右或左来划分方向。向右旋转会让右肩向后或头部向右转动。向左旋转则相反。通常来讲，我们会以1周、2周、3周及相应度数来描述转体或空翻的幅度。生物力学采用了不同的方法来确定旋转的方向及大小。

9.1 角运动

虽然我们完全可以用度数来探讨角运动，但在生物力学中更常见的方式是用弧度来表示角运动。其原因在于，当旋转的完整周数大于1时，就会引发一个严肃的与度数相关的数学问题。例如，如果一名跳水运动员完成了2周半翻腾，那么他/她已经完成了900度的旋转。如果我们观察跳水运动员旋转时的状态并将垂直位置标准化为0度，那么当跳水运动员完成一次旋转时，他/她的位置会突然从359度变为0度。这便带来了一个数学难题——位置的连续变化与该位置在360度圆上的映射不连续变化。

虽然角度对导航来说非常有用，但在数学、几何与三角函数的世界里，它们会带来很多问题。因此，可通过简单的方法利用圆的特性来确定物体的旋转。例如，我们所熟知的圆周长公式：

周长 $= 2\pi r$ （9.1）

式中：$\pi \approx 3.1416$，即圆的直径与其周长之比

        $r =$ 圆的半径，半径的两倍等于直径

因此，无论圆的大小如何，我们都可以只通过已知的半径来描述其周长。如果跳水运动员做了一个翻腾（360度），那么他便旋转了 2π 倍半径（约为6.28倍半径）的距离。

沿着圆周的长度有一个特别的名字——弧度。从某种意义上说，弧度代表度数里的"角度概念"，并将其转换为沿着圆周的圆弧距离，该距离始终与圆的半径相对应。如果要将度转换为弧度，则1弧度约等于57.3度、0.16周旋转或大约为60度。从体操的角度来看，我们可以说一名体操运动员完成了1.5个转体和2个空翻。以度为单位，这将是一个附带540度转体的720度空翻动作，或 3π 转体 4π 空翻。

9.2 角速率与角速度

角速率与角速度类似，都是与各自线性对应值（速率和速度）相似的术语。如果不考虑方向，那么一个物体在一段时间内经过的角度称为角速率；如果考虑方向，则称为角速度。

$$角速度 = \frac{角距离}{时间}$$ （9.2）

如果你同时考虑了角距离的大小与方向，那么你应该采用角速度这一术语（通常用希腊字母 ω 来表示）。

$$\omega = \frac{\theta}{t}$$ （9.3）

例如：如果一名体操运动员在大回环中逆时针旋转60度（已经将顺时针定义为正），将得到以下结果：

$$\omega = \frac{-60度}{0.45秒}$$

$$\approx -133度/秒$$

9.3 角加速度

角加速度的原理与线加速度相同。角加速度指的是角速度随时间变化的比率。或者，角加速度等于单位时间内终末角速度减去起始角速度（或二者之差除以时间）。正如各自的线性对应值一样，角位移、角速度与角加速度可以是平均值，也可以是瞬时值。

$$\alpha = \frac{\omega_f - \omega_i}{t_f - t_i} \tag{9.4}$$

一名体操运动员在大回环中以100度/秒的速度沿顺时针方向运动,然后在0.6秒后以140度/秒的速度运动,那么体操运动员的平均加速度为:

$$A = \frac{140度/秒 - 100度/秒}{0.6秒}$$

$$\approx 66.7度/秒^2$$

如图8.6、图8.7所示,我们通常以图形方式将运动描述为包含大小及方向的矢量。

角运动并没有什么不同之处,只是很难在纸上用二维图形来描述旋转运动。因此,人们推导出了一个呈现角运动矢量的常规方法——"右手螺旋定则"。为了描述一个角运动矢量,你需要将右手的手指弯曲成拳头,拇指向外伸出,形成"大拇指向上"的手势。手指的方向表示物体的旋转方向,而拇指则表示矢量的方向。

由于角速度、加速度及其他量均为矢量,可以在这些变量中应用右手螺旋定则。图9.1呈现了后空翻转体1440度的起跳过程。在仅考虑转体的情况下,体操运动员向左转,即体操运动员的脸转向读者。如果我们用右手螺旋定则来描述转体速度,它将如图9.2所示。

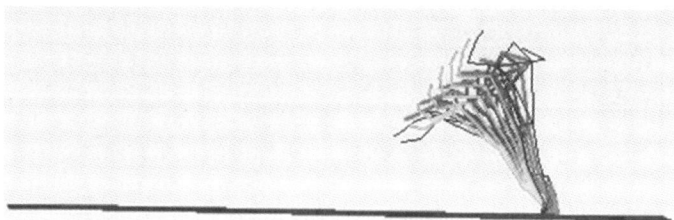

图9.1 后空翻转体1440度的起跳阶段 注意,体操运动员在进行转体之前面向左侧,然后在转体的初始阶段面向读者

图9.2 右手螺旋定则 手指在拳头中的方向表示转体的方向,而拇指则表示转体速度矢量的方向

　　我们还需要对角运动的另一个方面进行解释。到目前为止，我们通过描述及计算身体的位置、速度或加速度中角度的变化来关注角运动，但还未就角运动的另一个特征，即物体在角运动中的任意给定点上的线速率或速度进行探讨。例如，在高尔夫挥杆动作中，杆头在做角运动时也存在一个线性运动分量，当杆头击向球座上的球时，这一线性运动分量可能会作用在杆头上。

　　平均角速率是指物体在一段时间内旋转所经过的角距离。例如，如果一个物体沿着弧 AB 绕轴摆动，那么

$$v_{切线} = \frac{距离}{时间} = \frac{弧\,AB}{t} \tag{9.5}$$

　　式中：$v_{切线}$（v_T）指的是物体上任意一点的线速度

　　由于角距离是以弧度来测量的，可用弧 AB 除以半径（在这个例子中半径为 r），以求得弧度。

$$\omega = \frac{v_T}{r} \tag{9.6}$$

　　重新排列：

$$v_T = \omega r$$

　　最后，可将角运动拆分成两部分，而这两部分在前文中都有被提到过。其中一种为径向分量，它能够让物体绕轴旋转。如果你在头顶上方用绳子摆动一个球并绕圈，绳子便代表了径向分量。绳子制约着球的运动——让球不断地改变方向，并加快它的运动速度。

　　如果你在任何给定的时刻松开绳子，那么球将在旋转球与绳子的平面上沿着切线［与旋转运动半径（如绳子）成直角］飞走。切线分量指的是一个圆的切线，它是一条与半径成直角的线，只在一个点上与圆的周长接触。角运动的切线分量很重要，因为一旦移除径向分量，它能很好地预测物体将朝哪个方向移动。径向加速度可由以下公式求得。

$$a = \frac{v_T^2}{r} \tag{9.7}$$

　　v_T 是指当球在绳子的作用下绕着你的头摆动时，它与圆形路径相切的速度。当球被释放时，v_T 指的就是球的速度。

　　此外，我们可以确定的是，球的飞行路径与它旋转的圆相切。同样的原理也适用于分析单杠或高低杠大回环运动员松手后飞行的方向。球体沿着其曲线路径移动时，速度变化的速率称为切线加速度，计算公式如下。

$$a = \frac{v_{Tf} - v_{Ti}}{t} \tag{9.8}$$

这一原理对某些运动或项目（如田径中的链球或铁饼投掷）来说非常重要。

在体操运动中，悬垂前摆后空翻下动作能够很好地将以上内容呈现出来。图9.3给出了一个危险的高低杠悬垂前摆后空翻下动作，运动员脱手时由于质心沿切线运动，导致她向杠体移动并差点撞到。图9.4呈现一个高质量的悬垂前摆后空翻，其中，脱手时的切线飞行路径让体操运动员能够远离杠体（Sands et al., 2004b）。

危险的悬垂前摆后空翻下质心路径

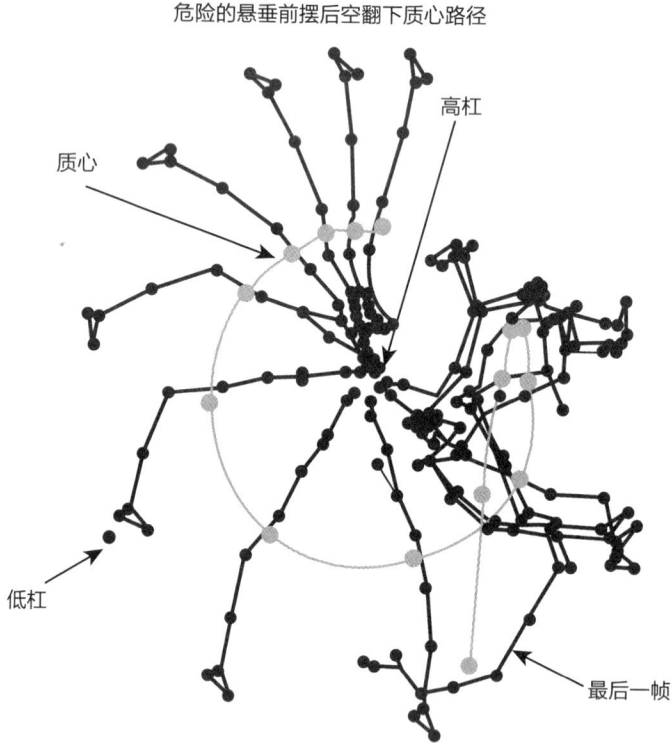

图9.3　危险的悬垂前摆后空翻下动作　灰色的线描绘了体操运动员质心的路径，这表明她脱手太晚，运动轨迹将她带向了高杠的位置

9.4　应用：理解角运动与线性运动之间的关系

以一名年轻体操运动员在单杠上完成前摆动作为例进行分析。角速度与线速度是怎么样的呢？图9.5表明，在向下阶段的初期（t_0=0秒），髋关节位于距离杠体1.35米的回转半径处（r_{t_0}），角速度与线速度均为零。当运动员在杠下摆动时（t_1=0.56秒），髋关节转动的角度（θ_1）是140度（2.44弧度），旋转半径（r_{t_1}）为1.65米。当运动员到达杠体的前水平面（t_2=1秒）时，髋关节的回转半径（r_{t_2}）为1.45米，转动角度为248.5度（4.33弧度）。

高质量的悬垂前摆后空翻下质心路径

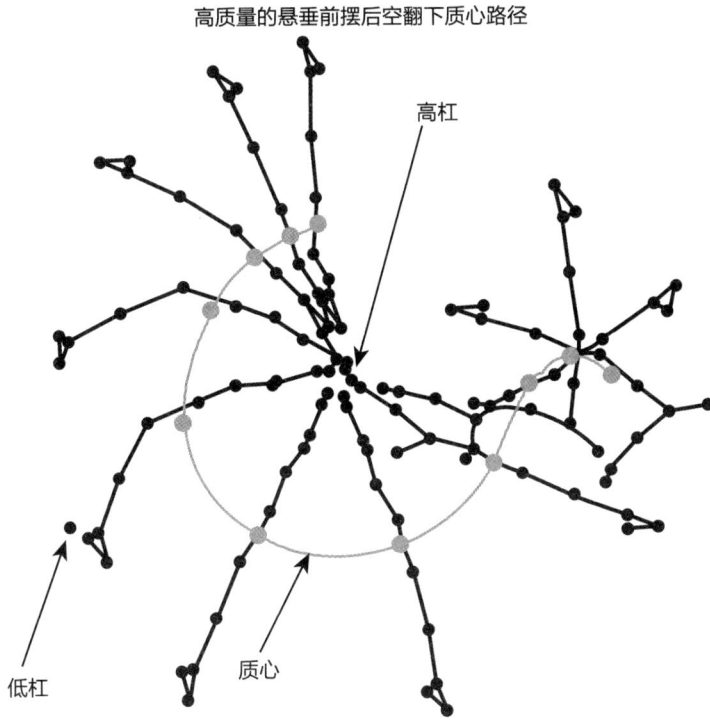

高杠

低杠

质心

图 9.4 高质量的悬垂前摆后空翻下动作 在这个例子中,灰色线显示脱手点让体操运动员能够在一个更有效且更安全的飞行轨迹中向上移动并远离高杠

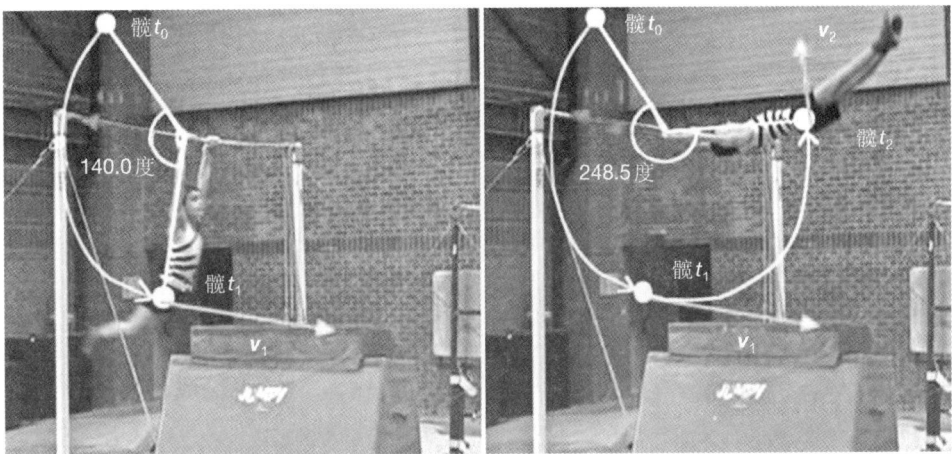

髋 t_0

140.0 度

髋 t_1

v_1

髋 t_0

v_2

248.5 度

髋 t_1

髋 t_2

v_1

图 9.5 绕单杠向前摆动时髋关节的角速度及线速度

t_1 及 t_2 时刻的角速度矢量 ω_1 与 ω_2 的轴分别垂直于旋转平面，并沿杠体方向。右手拇指法则给出了角速度矢量沿着杠体方向。以下公式分别给出了 t_1 及 t_2 时刻的角速度 ω_1 与 ω_2。

$$\omega_1 = \frac{\theta_1 - \theta_0}{t_1 - t_0} = \frac{140 \text{ 度}}{0.56 \text{ 秒}} = 250 \text{ 度/秒（或 } 4.36 \text{ 弧度/秒）}$$

$$\omega_2 = \frac{\theta_2 - \theta_1}{t_2 - t_1} = \frac{248.5 \text{ 度} - 140 \text{ 度}}{1 \text{ 秒} - 0.56 \text{ 秒}} \approx 246.59 \text{ 度/秒（或 } 4.30 \text{ 弧度/秒）}$$

已知 t_1、t_2 时刻的 ω_1 与 ω_2 以及髋关节距杠体的回转半径，可计算线速度 v_1 与 v_2。

$$v_1 = r_{t_1} \cdot \omega_1 = 1.65 \times 4.36 \approx 7.19 \text{ 米/秒}$$

$$v_2 = r_{t_2} \cdot \omega_2 = 1.45 \times 4.30 \approx 6.24 \text{ 米/秒}$$

线速度矢量（v_1、v_2）的方向是 t_1、t_2 时刻通过曲线路径的切线方向。

体操运动员在 t_1 及 t_2 之间进行的摆髋动作有助于避免在向上阶段损失过多的角速度与线速度。

现在，让我们来确定在摆动过程中的角加速度及线加速度。

图9.6表明，在向上阶段的开始时刻（$t_1 = t_{\text{起始}}$），体操运动员的角速度等于 ω_1。在 t_2（$t_2 = t_{\text{终末}}$）时，体操运动员以 ω_2 的角速度到达杠体的前水平面。向上阶段的平均角加速度（α）的计算公式如下。

$$\alpha = \frac{\Delta \omega}{\Delta t} = \frac{\omega_2 - \omega_1}{t_2 - t_1} = \frac{4.30 \text{ 弧度} - 4.36 \text{ 弧度}}{1 \text{ 秒} - 0.56 \text{ 秒}} \approx -0.14 \text{ 弧度/秒}^2 \text{（或 } -8.02 \text{ 度/秒}^2\text{）}$$

负的角加速度是导致体操运动员在向上转动阶段减速的原因。

类似地，在图9.6中，在向上阶段的初期（$t_1 = t_{\text{起始}}$），体操运动员的线速度等于 v_1。在 t_2（$t_2 = t_{\text{终末}}$）时，体操运动员以 v_2 的线速度到达杠体的前水平面。向上阶段的平均线加速度（a）由矢量 $v_2 - v_1$［见图9.6（a）］构成，计算公式如下。

$$a = \frac{\Delta v}{\Delta t} = \frac{v_2 - v_1}{t_2 - t_1} \tag{9.9}$$

线加速度的矢量图可被视为切线分量矢量（a_T）与径向分量矢量（a_R）相加之后得到的矢量［见图9.6（b）］。

矢量 a_T 确定了切线加速度，并作用于曲线路径上每一个点的切线方向。矢量 a_R 确定了径向或向心加速度，并作用于曲线路径上的每一个点与旋转中心连接的径线方向。

记住，以给定角加速度（α）旋转的点的线加速度（a）也取决于自身的旋转半径（r）。旋转半径越大，旋转点的线加速度越大。旋转点的线加速度与角加速度之间的关系如下所示。

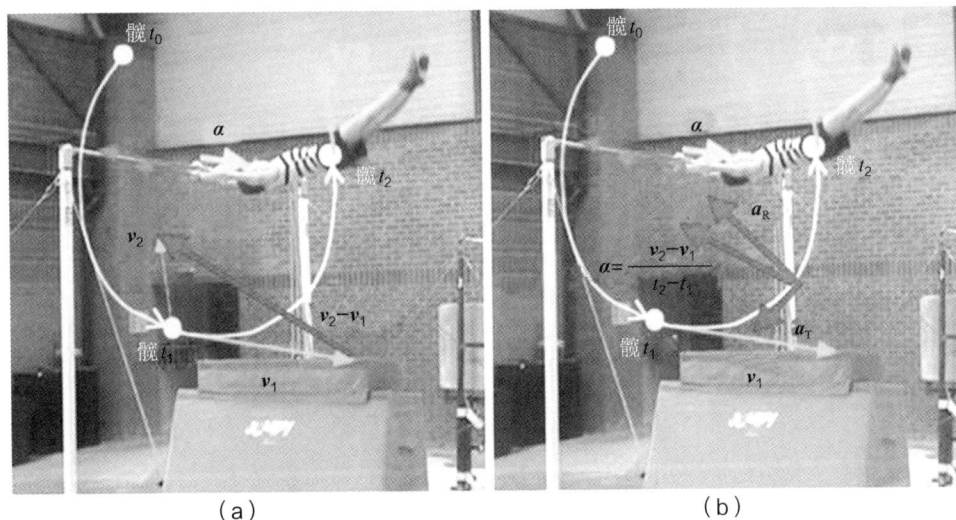

图9.6 绕单杠向前摆动时髋关节的角加速度与线加速度

$a = r\alpha$

其中：a 以米/秒^2 为单位

r 以米为单位

α 以弧度/秒^2 为单位

如果我们假设在摆动的向下阶段（图9.6），髋关节的旋转半径是恒定的并且等于 r_{t_1}，那么，可以通过以下等式来计算体操运动员在 t_1 和 t_0 之间的平均线加速度。

$a = r\alpha$，$r = 1.65$ 米

$$\alpha = \frac{\omega_1 - \omega_0}{t_1 - t_0} = \frac{4.36 \text{弧度/秒}}{0.56 \text{秒}} \approx 7.79 \text{弧度/秒}^2$$

$a = 1.65 \times 7.79 \approx 12.85$ 米/秒^2

向下摆动期间，体操运动员的线加速度约等于重力加速度的1.3倍。

9.5 总结

角运动遵循许多与线性运动相同的规则。

然而，角运动通常同时涉及物理定律的几个方面。例如，摆动期间，既有切线分量，也有径向分量。当我们深入探讨线性动力学与角动力学之后，这些差异的重要性将变得更加明显。

第10章
线性动力学

威廉·A. 桑兹（William A. Sands）

运动学旨在通过位置、位移、速度及加速度这几个要素来描述运动。运动学中并没有提及运动的内在原因。

动力学是研究运动来源的生物力学领域。力是物体运动的原因。

与位置、位移、速度及加速度的可见性不同，力是不可见的。只有当我们看到或测量到物体的加速度时，才能推断出力的存在。在继续下一步之前，应先定义一些术语。其中一个观点非常重要：只有出现了加速度或加速的趋势，才有力的存在。

10.1 惯性

惯性是物体所具有的保持运动速度和方向不变或在特殊情况下保持静止状态的性质，除非受到外力的作用。这似乎有悖常理，但静止的物体（不运动）和做匀速直线运动的物体实际上是同一性质的例子——惯性。

在描述惯性时，往往会用到"不情愿"一词。重要的是要认识到，生物力学家并没有将意识的属性归因于一个物体，它的不情愿来自不"想"移动，但在英语中，很少有词汇能充分描述这种现象而不陷入混淆的循环。惯性与质量成正比，因此质量较大的物体，无论是静止的还是做匀速直线运动，都比质量较小的物体更"不愿"运动。

10.2 质量

质量是指物体中物质的数量。人们经常混淆重量与质量。重量是对力的度量，通常指的是重力对质量的作用。例如，你可以用秤来量体重。然而，当你在绕地球轨道飞行时，你是失重的（或者处于微重力状态），但是你的质量仍然与你在地球表面时的质量相同。重量与质量的区别，是我们在描述身体或物体的性质时喜欢采用"质心"一词而不是"重心"的原因，然而在地球上，这些概念是可以互换的。"slug"是英制质量测量体系的单位。"迟缓"一词由这个术语发展而来，暗指"惯性"所描述的对运动的"不情愿"或阻力。在公制测量体系中，质量的单位为克或千克。

10.3　力

力能够改变身体的运动状态，要么使之在静止状态下移动（加速），并改变其方向（如角运动学中探讨的径向加速度），要么在已经移动的情况下改变速度（加速度）。

一般将力定义为推、拉或扭曲倾向。我们可以从产生的加速度中看出推力与拉力。"扭曲倾向"的概念出现在这样的情况下：有一个力作用于某物，但该力不足以使物体加速。当体操运动员试着倒立（图 10.1）但没有成功也会出现这种情况。或者，坐在椅子上的时候，人正在向椅子施加力，如果你在椅子腿下放一个秤，你会发现一个可测量的力。然而，尽管施加了力，椅子还是不动。在英制测量体系中，1 磅（1 磅≈0.45 千克）的力将使 1 磅的物体产生 1 英尺/秒^{2}的加速度。在公制测量体系中，力的单位为牛（N）。1 牛是使 1 千克的物体加速 1 米/秒^{2}所需的力。

图 10.1 显示了在进行后软翻倒立时，采集脚、手支撑阶段施加在平衡木上的力的测量仪器。力传感器或测力台能够将力的大小转换为电信号。现在，这些仪器能够与计算机相连，而计算机可以收集、处理、绘制以及分析所记录的力。

10.4　内力与外力

体操运动员还需要考虑到，他们可以通过肌肉收缩产生力（内力）。当四肢与身体处于加速状态时，我们可以看到这些力。体操运动员的身体不仅能承受以重力为主的外力，也能感受到器械的弹力，如自由体操地板下的弹簧以及杠体的弯曲及反弹（Hay, 1973）。例如，图 10.2 呈现了体操运动员完成跳马起跳时踏板的弯曲情况。变形的踏板反弹时会产生一个外部弹力，使体操运动员越过跳马。踏板的反弹能力取决于自身的弹性系数，而弹性系数主要取决于制造器械的材料性质。踏板反弹力越大，其弹性系数就越大。

10.5　牛顿运动定律

Isaac Newton 将运动编纂成定律。牛顿定律适用于我们所看到的世界。然而，当你在考虑外太空的超远距离、亚原子之间非常小的距离，以及以光速运动的物体时，牛顿定律就不适用了。幸运的是，体操运动很好地适用牛顿运动定律，而且早在几百年前，人们就已经能够很好地理解这些定律。然而，还有一些谜团尚未得到解答。例如，牛顿第一定律从来没有被直接证明过，因为不存在物体受力为零的情况。行星自转、轨道公转和重力总是会产生作用力（Hay, 1973）。

（a）

（b）

（c）

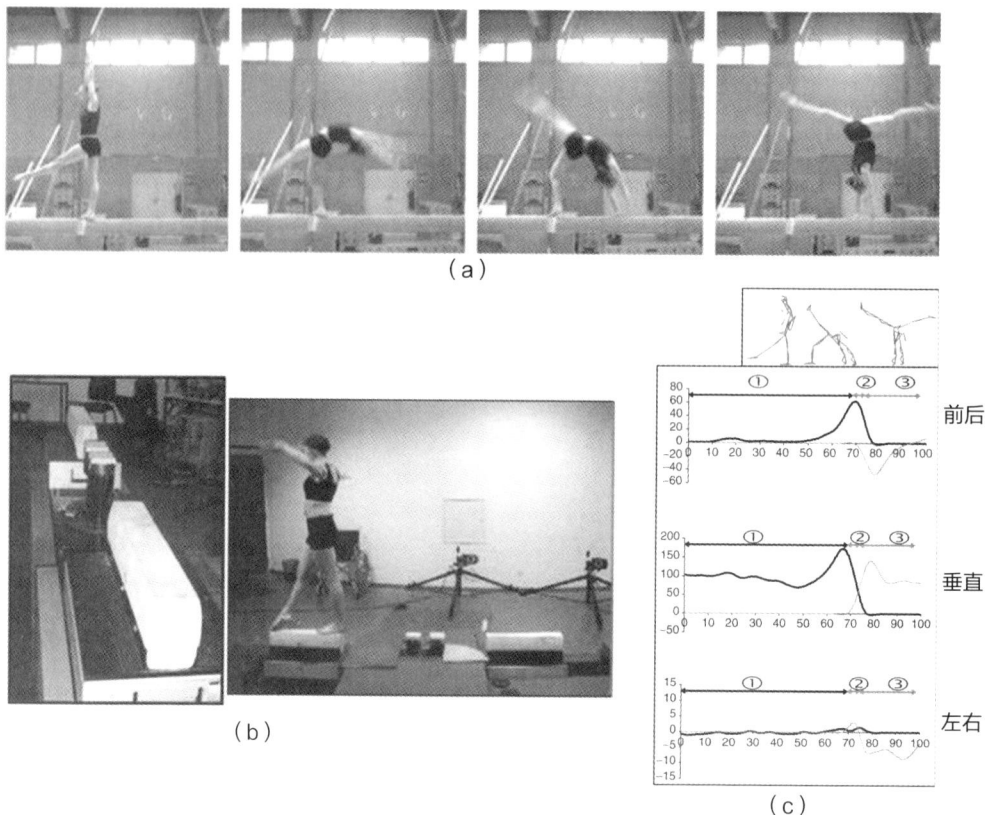

图10.1　在进行后软翻倒立时，采集脚、手支撑阶段施加在平衡木上的力的测量仪器（a）测力梁，用于采集施加在平衡木上的数据——例如完成后软翻倒立。（b）4段平衡木固定在4个Logabex测力台上，以便它们与脚、手支撑的目标区域相对应。支撑测力仪的钢轨可以升高至不同的高度。（c）收集作用于脚、手支撑阶段的反作用力的不同分量，用于分析动态平衡控制

第一定律

一个物体除非受到外力的作用，否则它将保持静止或匀速直线运动的状态。

Hay,1973

牛顿第一定律也被称为"惯性定律"，有时也被称为"惰性定律"。静止的物体往往静止不动，运动中的物体往往保持运动。

无论哪种情况，都是物体"不愿意"改变运动的例子。物体的惯性与其质量成正比，质量也与其重量成正比。质量较大的物体比质量较小的物体更难加速。

图10.2 跳马踏板的弹性 起跳过程中，踏板的弯曲由标记物轨迹来表示。器械的弹簧特性是许多体操技能所用弹力的重要来源

一旦一个物体在运动，它就有"动量"。动量是描述物体运动的量。动量是物体质量与其速度的乘积。增加物体的质量和/或速度会增加物体的动量，而无论减少哪一项都会减小动量。

第二定律

物体动量的变化率与作用在该物体上的力成正比，并且与作用力的方向相同。

Hay, 1973

单位时间动量的变化如下所示。

（10.1）

$$\text{力与 } \frac{m\boldsymbol{v}_\mathrm{f} - m\boldsymbol{v}_\mathrm{i}}{t} \text{ 成正比}$$

式中：m = 质量

$\boldsymbol{v}$ = 速度

t = 时间

当物体的质量不变时，上面的描述就变为：

$$\text{力与 } m\frac{\boldsymbol{v}_\mathrm{f} - \boldsymbol{v}_\mathrm{i}}{t} \text{ 成正比}$$

当然，正如你在线性运动学部分了解到的那样，第 2 项（除法）为加速度。将等式的一侧乘以常数（k），我们得到：

$F = kma$ （10.2）

可以通过以下方式移除该常数：

1 牛 = k × 1 千克 × 1

接着：

1 = k × 1 × 1

因此，力的公式变成人们熟悉的那样：

$F = ma$ （10.3）

从应用的角度来看，当教练做保护时，通常可以看到力对体操运动员的影响。例如，一名体操运动员可能正在进行空翻结束的技巧串动作。教练在保护过程中，通过轻轻地"抬起"他/她来帮助体操运动员，进而使体操运动员在作用力的方向上加速。每一个保护者也直观地知道，对年龄较大或更重（更大质量）的运动员施加保护比较困难，因为体重较大运动员的动量很难被改变。

第三定律

该定律有几种表述方式。第一个物体对第二个物体施加的每一个力，第二个物体都会同时对第一个物体施加一个大小相等、方向相反的力。

Hay, 1973

根据牛顿第三定律，力始终是成对出现的。一个简单的垂直跳跃就可以说明这一点。当体操运动员跳起时，他/她会给予地表一个力（如果他/她离开地表向上运动），同时地球将以相等的、相反的、同步的力推动体操运动员。当然，与地球的质量相比，体操运动员的质量是如此之小，以至于体操运动员在运动时，我们根本察觉不到地球的运动。

有必要提及牛顿第三定律定义中的"同时"一词。经验表明，人们经常因为混淆了弹性表面的跳跃而误解这个定律的概念。体操运动员站在蹦床上垂直跳跃时，从肉眼看来，他/她将向下推压蹦床，然后"等待"1 秒左右，让蹦床反推回来。概念上的区别在于，当第二个力作用在第一个物体上时，永远不需要等待。蹦床让我们产生了一种错觉，即一些弹性能量储存在蹦床的弹簧中，这些能量后续将作用于/回到跳跃体操运动员的身上。这是两个独立的力，并不是最初体操运动员向下推压蹦床时产生的力。该示例表明，我们可以这样表述牛顿第三定律：对于每一个作用力，都有一个与之大小相等、方向相反且同时存在的反作用力。

然而，即使在上面的表述里，"作用"与"反作用"也没有特殊的力学含义，因此，这种说法并不准确（Hay, 1973）。

遗憾的是，其他研究领域只是借用这一基本运动定律的措辞来证明一个概念点，但忽略了其中的数学关系。例如，某种程度上讲，认为社会环境中的每一个行为都有反应的观点可能部分正确，但用牛顿定律来辩证分析大众心理学是不恰当的。

10.6　冲量

冲量是作用力与作用时间的乘积。为了增加冲量，可以增加力量、时间或两者同时增加。在英制测量体系中，冲量的单位为磅·秒，在公制测量体系中，单位为牛顿·秒。

冲量是体操运动中的一个重要概念，因为力学原理与生物学原理的本质是一样的。虽然从力学的角度讲，可通过增加施力时间来增加冲量，但在体操运动中，大多数时候，为了能有效地完成任务，施力的时间往往受到了限制。例如，完成有效起跳的时候，施加向下及水平力的时间受到力学方面的限制。如果时间过长，体操运动员将会绕着他/她的双脚旋转至一个位置，空翻轨迹"又长又低"使得起跳变得十分危险，以至于运动员常识性地认为不能再增加与地板接触的时间。生物学对冲量也存在其他制约因素，例如，肌肉在有限时间内产生峰值力的因素包括：力向骨骼的传递、能量供应、神经募集、力量、肌肉纤维的羽状角、关节相对于理想拉力线的角度、肌肉张力不可恢复且不可利用地转换为热等。

冲量−动量关系

冲量是动量的变化。如果我们先对力进行分析：

$$F = ma \qquad (10.4)$$

接着将加速度公式代入方程，得到：

$$F = \frac{m(v_f - v_i)}{t}$$

接着分配质量：

$$F = \frac{mv_f - mv_i}{t}$$

重新排列：

$$Ft = mv_f - mv_i$$

这一原理在体操运动中的第一个应用范例，可在体操运动员的直立后空翻中看到。一个典型的失误动作通常是由于害怕无法有效地向后旋转而引起的，这会导致体操运动员"过早地"将脚"拉"离地面，从而缩短施力时间。根据公式 10.4，腿部不充分的推力会使动量的变化较小，这通常会降低空翻的腾空轨迹。第 2 个例子是不同的摆臂技术如何产生适当的起跳冲量，进而让运动员在地面上完成前空翻（图 10.3 和图 10.4）。

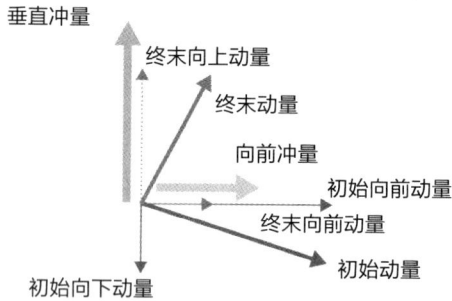

图10.3 前空翻时触地阶段产生的线性冲量与动量

图10.3表明，体操运动员的助跑速度在起跳初期产生一个初始动量，这是巨大的向前、向下速度分量带来的结果。运动员必须改变这种现有的动量，以便在起跳结束时产生一个正确的特定方向动量，进而在空翻的空中阶段呈现适当的腾空轨迹。因此，必须考虑新动量的方向。最后一点，运动员需在很短的时间内减少向前的动量，并增加向上的动量——冲量。

图10.4（b）、图10.4（c）、图10.4（d）表明，如果在起跳前的支撑阶段开始采用不同的摆臂技术，都可以产生加速度，进而产生足够的地面反作用力，并最终在地板上完成前空翻。图10.4（a）阐明了在起跳过程中施加的外力对体操运动员速度变化的影响。前空翻要求运动员在很短的起跳时间（0.10秒）内产生较大的垂直峰值力（18倍自重）。在这短短的时间内，由于地面反作用力使体操运动员产生了冲量，身体的动量方向发生了变化。"手臂过顶抛掷"技术为完成起跳产生了较弱的地面峰值反作用力，因此，这种技术或许能够防止体操运动员出现踝关节制带扭伤的情况。

10.7 功

假设一个力加快了身体的运动速度，那么，关于身体的实际运动，我们需要知道什么？功被定义为力的大小与物体移动距离的乘积。身体受到的力的方向与位移成一条直线，或者说是共线的。

$$W = Fd \tag{10.5}$$

式中：W = 力所做的功

F = 力的大小

d = 相应位移

当力的方向与物体的运动方向相同时，功被认为是正的。当力的方向与物体运动的方向相反时，功被认为是负的。

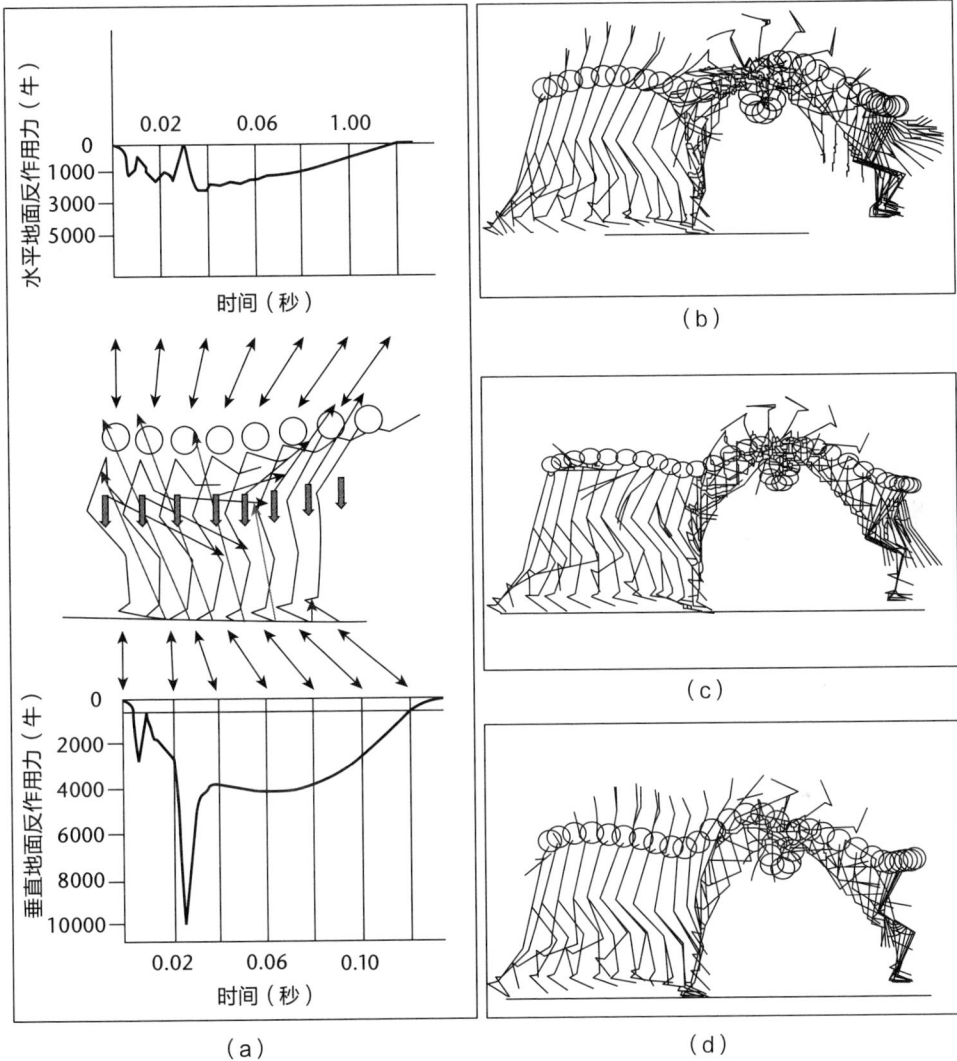

图10.4 前空翻起跳时施加的外力与身体速度的变化 （a）以棍图的形式绘制了地面反作用力的水平分量及垂直分量（灰色矢量）及运动员体重（双箭头矢量）。这两个外力使运动员的重心速度（黑色矢量）在起跳阶段发生所需的变化。运动员通常采用3种形式的摆臂来产生适当的起跳冲量：（b）向后/向上摆臂或反弓技术；（c）经典的向前/向上摆臂；（d）手臂过顶抛掷技术

当一名体操运动员跳起并握住单杠或吊环时，向上跳跃所做的功被认为是正的，而重力（运动员的重量）的影响被认为是负功。例如，如果体操运动员的体重为50千克，并由此提供了490.3牛的重力，同时，他/她通过向杠下的垫子施加850牛的力使他/她跳出50厘米的高度（使其升高0.5米）以抓住杠体，那么：

重力做的功 = -（490.3牛 × 0.5米）= -245.15牛·米

体操运动员做的功 = 850牛 × 0.5米 = 425牛·米

总功 = 425牛·米 - 245.15牛·米 = 179.85牛·米

10.8 功率

功是一个相对简单的概念，没有提到做功需要多少时间。简单地计算一段时间内所做的功（Fd）后，我们有了一个新的概念——功率。功率指的是做功的速率。

$$功率（瓦）= \frac{功}{时间} = \frac{Fd}{t} \tag{10.6}$$

$$P = \frac{W}{t}$$

10.9 总结

线性动力学涉及多种概念，这些概念指的是不可见的力及其对静止与运动中的物体的可见影响。我们可以用运动学与线性动力学来解释很多运动。线性动力学从前面的章节中借鉴了一个观点，即力是矢量，也就是说，力不仅可以分解为各个分量，多个力还可以组合成合量。

力是一切运动的基础。教练经常会运用一个简单的经验法则，即如果你看到一个加速度（身体的速度发生改变），那么你就可以确定这当中涉及力。此外，你可以确定加速度的方向，因为它是施加力之后的结果，或者是多个力在你观察到的方向上产生的合力。

第11章
角动力学

威廉·A. 桑兹（William A. Sands）

角动力学是最能描述体操运动的特征的理论之一。

与跑步、骑行、投掷、击打等需要靠力战胜对手或在标准化的竞技场上取得领先优势的体育项目不同，体操运动是与快速旋转相关的运动。体操运动员需利用腾空时间及器械来进行空翻与转体、转动与旋绕等动作技能。角动力学涉及力及扭矩、力矩及惯性、守恒定律、牛顿线性动力学角类比以及其他力学问题。

11.1 偏心力的作用

产生转动需要力，但不是任意的力。这个力必须以偏心的方式施加才能使物体产生转动。我们所说的偏心是指在远离转动轴或质心的位置对物体施加力。

图11.1给出了偏心力的工作原理。假设这3个物体可以自由移动，例如坐在溜冰场上或者在空中自由漂浮（没有摩擦力），那么最左边的物体将只能平移而不能转动。之所以平移，是因为缺少偏心力。所示的力穿过质心，因此仅会导致物体发生平移运动。图11.1里中间的物体受力相互平行，方向相反（或非共线），且不穿过质心。中间物体以及施加在上面的力是特殊的偏心力组合，称为"力偶"。力偶只会使物体产生转动但不会平移。最右边呈现的是同一种物体，只有一种偏心力。最右边的物体也会发生转动，但可能不会完全围绕质心转动。之所以出现第3种情况，是因为所施加的力以及物体上部的惯性，而最右侧的物体则因为力和惯性的相互作用导致了转动与平移。

图11.1展示了偏心力的工作原理。但是，请注意，所有的力都是以一种方式施加的，即力的作用线垂直于转动轴——质心。如果斜向施加一个力，会发生什么呢？

图11.2给出了与图11.1类似的情况。

11.2 扭矩、力矩、力偶

为了理解图11.2，我们必须引入扭矩的概念。扭矩与力不同。扭矩是衡量力的作用效果的度量，由力的大小和作用线到转动轴的垂直距离组成。与一个较小的力相比，一个较大的力更有可能让物体转动。然而，在角动力学的领域里，力的位置或作用线也很重要。图11.2（中间图）表明，大小相等的力在转动物体方面存在不同程度的作用效果，因为其中的一个力比另一个力更靠近转动轴。

转动轴与作用线之间的垂直距离称为"矩"（也称为力臂）。"垂直距离"这个词语很重要。力的作用线不是作用力与旋转体的接触位置，而是力的作用线和转动轴之间的垂直距离。

图11.2中最右边呈现了斜向作用在被转动物体上的偏心力。此外，该图还给出了力的作用线与转动轴之间的垂直距离。

当我们在图11.2右侧所示的情况下确定扭矩时，必须确定力臂。扭矩公式可以写成：

扭矩=力 × 力臂

然而，这个令人困惑的方程看起来很像我们在第10章线性动力学中看到的计算"功"的方程（公式10.5）。有趣的是，你可以认为这些方程在概念上非常相似。功通过确定作用力与物体移动距离的乘积来衡量力在移动物体时的有效性。在角动力学领域里，思路也是一样的。扭矩衡量的是力在转动一个物体时的有效性。让人困惑的部分来自距离的测量。在线性动力学领域中，移动的距离与作用力共线。在角动力学领域中，距离是以垂直的方式测得的。

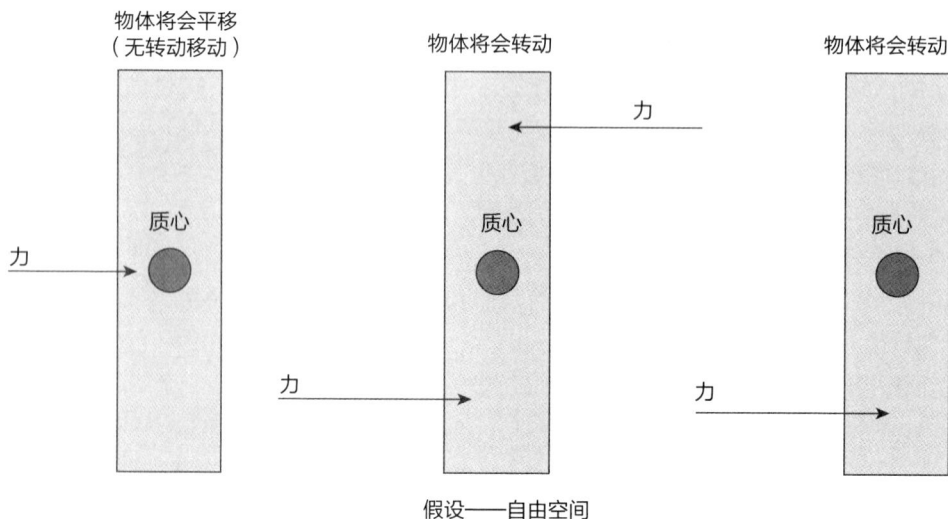

图11.1 平移与偏心力

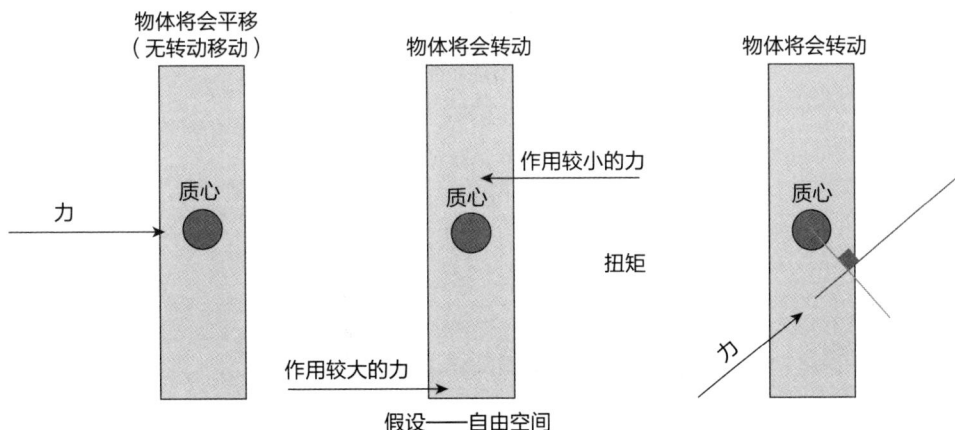

图11.2 力矩

因此，为了避免混淆，有时也可以将扭矩的公式写成：

$$T = F \times d \tag{11.1}$$

我们可以从门这个简单例子观察力或阻力的力矩所带来的影响。请注意，门的合页（或枢轴点）位于门与墙面连接的位置。用于打开门的力将作用在门把手上。门把手的位置远离合页，从而确保了较大的力矩。如果你在开门时施加一定的力，则可以用所施加的力乘以力的作用线（通常垂直于门）与合页轴之间的垂直距离来计算开门时的扭矩。现在，让我们假设门的位置以及力的大小保持不变，但是门把手移动到门的中心。你会很快发现，使门旋转、摆动或打开的难度变大了。现在，让我们想象，将门把手放在离合页只有几厘米的地方。在这种情况下，由于门的惯性与合页之间的摩擦，我们可能很难或不可能用先前施加的力来使门摆动。

在体操运动中，当我们想完成一个空翻时，也会出现类似的问题。如果给定一个力，较长的身体比较短的身体更难旋转。我们可以从以下教学过程中看到这一点：先进行团身空翻（膝关节与髋关节弯曲）练习，接着进行屈体空翻（髋关节弯曲），最后进行直体空翻（直身）。稍后当我们考虑力矩与转动惯量时，再进一步探讨这个问题。上述这些内容其实全都隶属于同一件事物——力与力的作用线到转动轴的距离。

一种常见的体操动作（通常被称为"绊倒效应"）很好地体现了这两种思路。绊倒效应如图11.3所示。请注意，当体操运动员向前跑并将双脚并拢在一起准备起跳时，向前的力（粗略定义）会使地面产生一个向后的（大小相等的、方向相反的和同时的）反作用力，这将有效地停住体操运动员的双脚，而他/她身体的其他部分由于惯性将继续向前。这些组合动作与力将产生一个力偶，使得体操运动员完成前空翻动作。在这种情况下，运动员以直体姿势向前旋转，着陆于身体前面的地面、海绵坑或蹦床上。

随着跑速、脚步停止的急缓度以及下落距离不断加大，空翻的圈数也会增加。

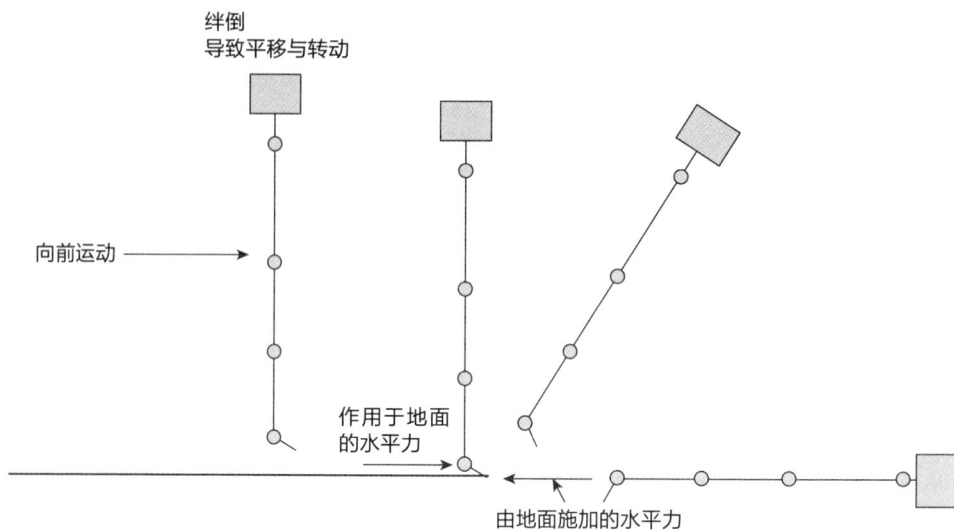

图11.3　绊倒效应

11.3　杠杆作用

杠杆是用来放大力或位移的经典简易器械之一。杠杆由力、阻力（有时随意命名）、这些力与转动轴的距离、转动轴或支点构成。以支点相对于作用力及阻力的位置为依据，杠杆分为3种类型（见图11.4）。

第1种杠杆被称为Ⅰ型或第1类杠杆。儿童公园里的跷跷板便是很好的例子。手推车往往能够体现Ⅱ型或第2类杠杆的特征。手推车在车轮上有枢轴点，阻力为提把手的人与车轮或枢轴点之间的负荷，作用力由提把手的人提供。

人体大多数关节（如人体肘关节）都是Ⅲ型或第3类杠杆的典型例子，例如，当手部承受一定的负荷时肘关节主动屈曲。

图11.4呈现了3种类型的杠杆，其中，假设所有杠杆都处于平衡状态，或者力臂与力的大小的乘积等于阻力臂与阻力的大小的乘积。请注意，对于Ⅰ型杠杆，通过将支点向阻力端靠近可以更有利于施力，例如，当有人试图用锤子撬钉子或把一根杆放在靠近要移动的石头的另一块较小的石头上时，可以更轻易地达到目的。根据定义，Ⅱ型杠杆始终对施力有利，因为力矩始终比阻力矩长。因此，Ⅱ型杠杆可以用小于阻力的力来提起较大的阻力。

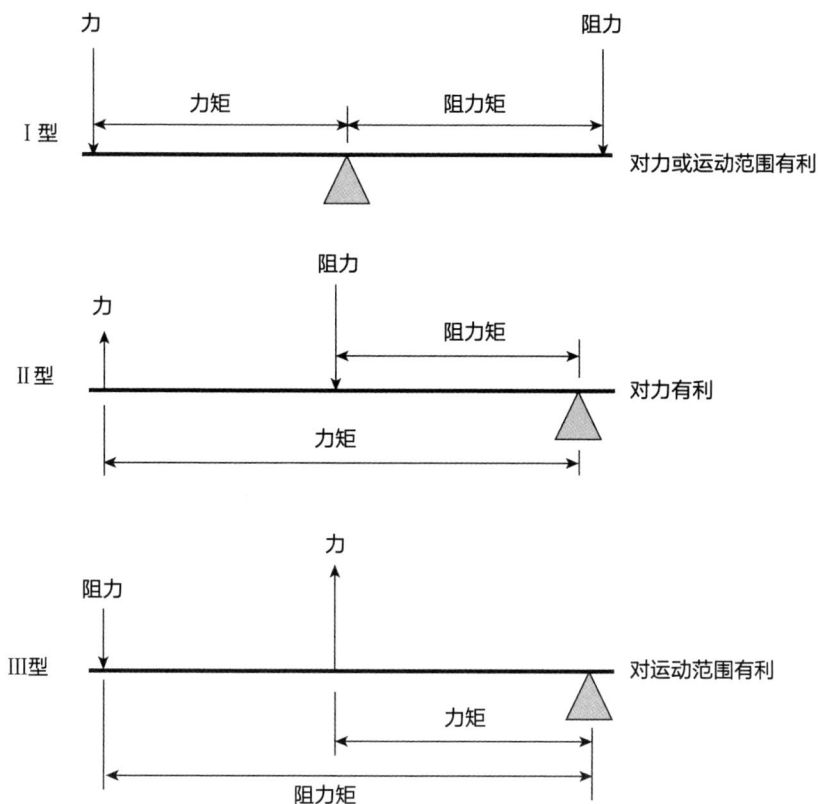

图11.4　杠杆类型与力矩

由于力与阻力所作用的位置，Ⅲ型杠杆始终对运动范围有利。我们所说的对运动范围有利是指，对于给定的力的作用点的位移，阻力作用点的位移更大。运动范围的对比如图11.5所示。

与身体关节的功能性运动相比，体操器械里的杠杆作用并不是那么明显。此外，将关节划分为特定的杠杆类型可能会造成误导，因为负荷与轴的位置可能会根据特定的关节与负荷形式而变化，例如图11.6中的踝关节示意图。注意：杠杆类型的变化取决于完成的动作。图11.6中左上方的插图呈现了踝关节与拉动跟骨的小腿肌肉的示意图。身体的重量通过胫骨和踝关节作用于双脚。图11.6中右上角的插图阐明了负荷如何通过胫骨与踝关节作用在双脚上。小腿肌肉的收缩使脚跟踮起，脚尖为该运动提供了支点。小腿肌肉依次拉动跟骨并提起负荷（体重）。所描述的运动与手推车相似——小腿肌肉中间的负荷类似于向上拉着手推车的把手，脚趾类似于手推车的轮子。

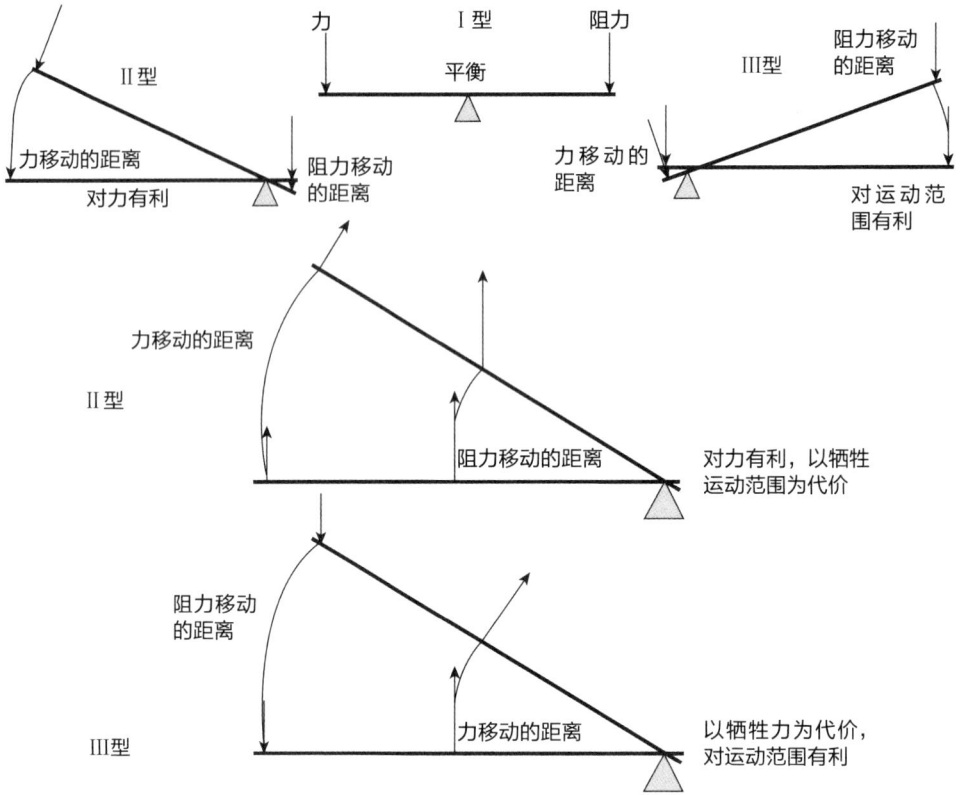

图11.5 每种杠杆运动范围

图11.6中的下图呈现了当运动员坐在腿部推蹬机前，踮起脚尖推着脚底踏板时，踝关节所处的状态。在图11.6中的下图所示的方式中，双脚产生推力，腿部推蹬机产生负荷，支点位于踝关节，小腿肌肉的收缩提供了力。因此，踝关节成了支点或轴，并由此变成了Ⅰ型杠杆。

11.4 重心

"重心"与"质心"这两个词在前面的探讨中一直使用，但没有详细阐明其不同。当一个物体受到重力的作用时，我们可以用思维实验来考虑物体的每一个粒子分别被吸引到地球上。如果我们将每个粒子的所有质量与重力的乘积相加［重量=∑（质量 × 重力）］，我们就得到了物体的总重量。所有粒子的重力将形成无数条平行线，并从每个粒子垂直向下。

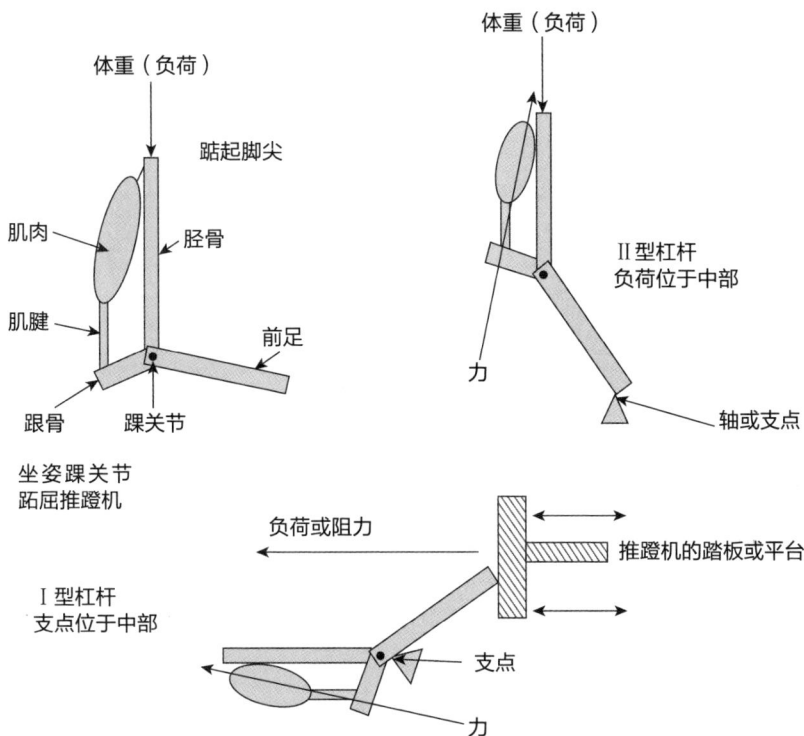

图11.6　踝关节杠杆特性　注意踮起脚尖是Ⅱ型杠杆的例子，而用脚趾顶着腿部推蹬机来锻炼小腿肌肉时则为Ⅰ型杠杆的例子

但是，并非所有的粒子都堆叠在一起。每一条重力线都离每一个粒子的质量与其引力之积的合力有一定的距离。为了确定所有粒子的合力及其合质量，还需要知道每个粒子与合力未知重力线的垂直距离。这些垂直距离是粒子相对于未知重力线的力矩。将这些力矩汇总起来之后，我们应该能够在一条特定的重力线周围实现所有力矩的"完美平衡"。这条新的重力线就起源于身体的重心。

举个例子，让我们考虑一个比人体更简单的物体。如果该物体是一个空的苏打水瓶子，我们将瓶子放在一边，试图用伸出的手指平衡瓶子。我们会发现，当手指放于瓶子上的某一个位置时，瓶子能够保持平衡。在平衡位置上，手指两侧粒子的力矩之和相等。一个从手指处向上穿过瓶子的重力面贯穿了瓶子的重心。

如果我们将瓶子的底部放在手指上保持平衡，尽管比较困难，但从手指线向上投射的重力面将贯穿重心。然后，为了实现重心的定位，我们需要沿着长轴将瓶子旋转90度，然后重复这个过程。当3个平面相交时，得到的交点就是重心。

可以将同样的方法用在人体上，然而现在确定人体重心的方法是计算每个身体环节（如大腿、小腿、上臂、躯干等）的力矩，利用已知或模型化的每个环节质量以及每个环节的重心来确定身体的重心位置。在前文的图里，很多插图都给出了质心/重心。

知道体操运动员身体重心的精确位置可能是不必要的。然而，练习者应该知道，站立时身体的重心处于略低于肚脐、身体厚度中间的位置。此外，身体各环节的分布和体位形状的变化也会导致重心位置的变化。

例如，体操运动员将手臂举过头顶，因为头部上方质量的重新分配，他/她的重心便会向上移动。如果体操运动员以站姿开始向前弯曲并触碰脚趾，那么重心将相对于身体位置向前、向下移动。如果体操运动员始终用他/她的双脚保持平衡，那么在蹲下的过程中，重心始终在脚的上方（支撑的基础）。站立的时候，如果体操运动员将一只手臂举到水平的侧面位置，那么重心就会朝着举起的手臂向上移动。当我们了解身体重心的位置之后，就能确定身体在角运动环境下的运动方式。

11.5　转动惯量

角动力学中，与线性惯性等效的是转动惯量。惯性是物体对抗运动变化的量度。在转动的情况下，转动惯量指的是物体对旋转运动的惯性。转动惯量是物体质量与其到转动轴垂直距离旋转半径平方的乘积。

转动惯量 = 质量 × 旋转半径^2

由于旋转的人体是由许多围绕某个转动轴的三维粒子或者环节组成的，所以转动惯量的确定需要将所有质量体与他们各自围绕转动轴的半径平方的乘积相加。

$$I = \sum mr^2 \tag{11.2}$$

式中 I = 转动惯量

　　m = 每个粒子或环节的质量

　　r = 粒子或环节围绕转动轴的旋转半径

有很多方法可以测定物体的转动惯量。如果物体的形状为已知的几何形状，那么我们就可以很容易地确定它的转动惯量。对由多个形状各异且可以自由移动的环节构成的人体来说，情况并非如此。因此，质量通常不会改变，但环节的位置会发生改变。

11.6　角动量

角动量类似于线性动量，只是质量用转动惯量代替，速度用角速度代替。

角动量 = 转动惯量 × 角速度　　　　　　　　　　　　　　　　　　　　（11.3）

角动量 = $I\omega$

11.7 牛顿定律的角类比

牛顿定律除了3个线性定律以外，还有3个角类比定律。

角动量守恒原理

第一角类比定律可以总结为，除非受到外力的作用，否则旋转体将以恒定的角动量绕轴旋转。第一角类比定律也被称为角动量守恒原理。这个守恒定律对体操运动员来说特别重要。

如果你认为在空翻技巧串起跳时角动量一定，并且体操运动员在空中可以自由地改变身体姿势，那么体操运动员可以通过改变转动惯量来改变他/她的角速度（空翻或转体速度）。

如果转动惯量减小（例如，从直体到屈体，或者从手臂伸展变为两臂靠近身体），那么空翻、转体或两者的角速度将有所增加。反过来，当体操运动员想要减缓他/她的空翻或转体的速度时，他/她只需要增加他/她绕转动轴（质心）的转动惯量。转动惯量的增加将相应地降低角速度。然而，由于角动量必须保持恒定或"守恒"，净角动量不会有变化。

牛顿第二定律的角类比

第二角类比定律是说，物体角动量的变化率与所施加的扭矩成正比，并作用在扭矩的方向上。由此得出扭矩方程如下。

扭矩＝转动惯量 × 角加速度 　　　　　　　　　　　　　　　　　　　（11.4）

$T = I\alpha$

体操运动员在单杠上摆动时就很好地体现了第二角类比定律。图11.7给出了扭矩与力矩如何通过相互作用来引起旋转的示例。图11.7表明，运动员在位置A的扭矩大于在位置B的扭矩。尽管体操运动员在每个位置的重量不变，但力臂表明，当体操运动员处于水平位置时，他的/她的扭矩更大，因此，体操运动员在该位置的旋转将更有效。根据第二角类比定律，由于力臂的不同，位置A在下摆时会比位置B产生更大的角速度。

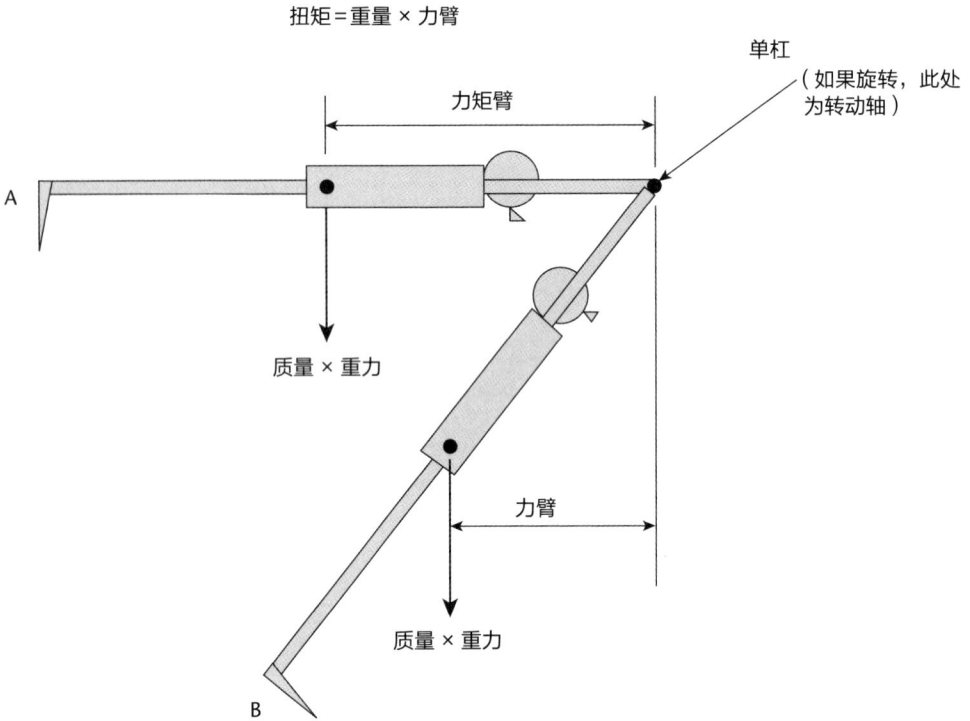

图11.7   不同摆动位置的扭矩对比

牛顿第三定律的角类比

牛顿第三定律的角类比表明，一个物体在另一个物体上施加的每一个扭矩，第二个物体也会同时在第一个物体上施加大小相等、方向相反的扭矩。体操运动员在空中变换姿势时经常会遇到这种"作用-反作用"扭矩问题。例如，当一名体操运动员在空中做直体动作，接着屈体，那么上、下半身将相向移动。

可惜的是，体操运动员经常在旋转，因此身体的一半比另一半运动得更多的错觉被夸大了。图11.8呈现了这种情况。

体操运动员在腾空中经常通过角运动的作用-反作用来调整身体的姿态。动作的定性分析应该涵盖角运动的作用-反作用知识，因为那些在空中必须大幅度地改变身体姿态的体操运动员通常存在严重的技术问题。有趣的是，运动员在身体姿态发生较大变化之前，往往就已经出现了失误。但是牛顿角类比的知识可以提醒练习者注意这些问题以及从何处开始寻找改善运动表现（技术）的方案。

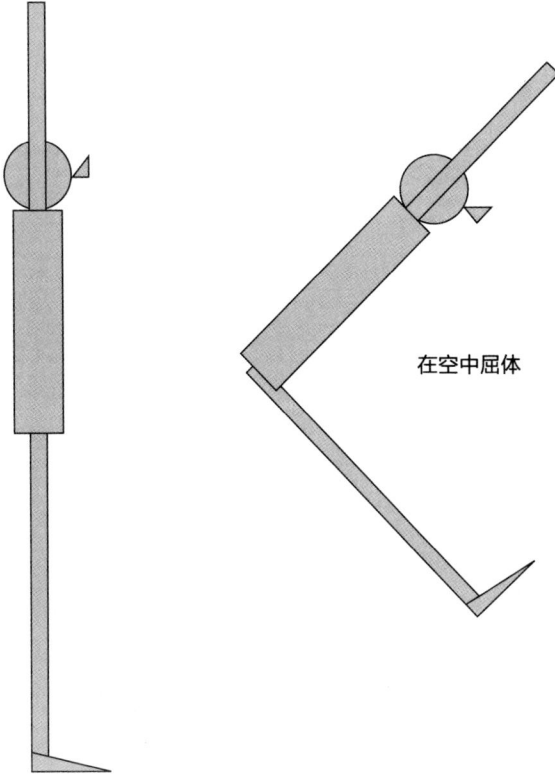

体操运动员腾空
在蹦床上跳跃

在空中屈体

图11.8　角运动下的作用－反作用

11.8　总结

　　体操生物力学指的是力学原理在体操运动中的应用。不管体操表现的风格与艺术性如何，所有的体操运动员及其项目都必须遵循物理定律。熟悉这些定律及其应用之后，可以发现那些具有代表性的错误动作，进而为体操的教学与指导提供更大的帮助。

第12章
逆向动力学评估体操跳马及自由体操空翻时的反作用力

贝塞姆·姆考尔（Bessem Mkaouer）

12.1　引言与目标

要理解技巧动作的训练规则，首先要了解创造和/或改变动作的力。了解力、速度与起跳角度可以优化运动表现。在使用计算机与通信技术，特别是影像分析的情况下，速度、位移及关节角度的计算变得非常方便（智能手机、安装了免费生物力学和运动分析应用程序的平板电脑）。但是，考虑到流程的复杂性及所需的专业能力，无论是直接（通过测力台）或间接（运用逆向人体动力学分析）计算反作用力，对教练来说都相当困难。

本章旨在为读者提供上述理论与概念在实践领域里的实际应用。研究案例选自自由体操与跳马项目。

据我们所知，只有很少的研究运用逆向人体动力学来估计运动员在完成技巧串和/或跳马时的起跳反作用力。Mkaouer等人（2013）采用动力学和运动学同步分析来评估自由体操技巧串中的反作用力。Sano等人（2007）利用5个Kistler®测力台分析了前手翻跳马过程中踏板的反作用力。Seeley和Bressel（2005）运用动力学和运动学同步分析来比较尤尔琴科（Yurchenko）跳马与自由体操中的上肢反作用力。Sands等人（2005）与Coventry、Sands及Smith（2006）利用磁性红外传感器进行了运动学分析，计算了前手翻类跳马起跳阶段跳板的压缩形变。Smith（1983）以运动学分析为前提，运用逆向人体动力学对后空翻进行了分析。

在此背景下，我们以Smith（1983）的计算方法为基础，提出了一种计算自由体操和/或平衡木及跳马中起跳反作用力的简便方法。

12.2　在自由体操（和/或平衡木）项目中的应用

Smith法是在简单的生物力学定律［公式12.1（a）与公式12.1（b）］基础上提出的。这两个公式可用于分析从站姿开始的技巧动作［图12.1（a）与图12.1（b）］或自由体操和/或平衡木的技巧串中的连接动作［图12.2（a）与图12.2（b）］。

$$（a）F_x = m \cdot \left(\frac{v_2 - v_1}{t_1 + t_2} \right) \qquad （b）F_y = m \cdot \frac{v_3}{t_2} \qquad\qquad （12.1）$$

式中：F_x=水平力

F_y=垂直力

m=运动员的质量

t_1=制动时间

t_2=蹬地时间

v_1=初始水平速度（制动阶段的开始）

v_2=终末水平速度（蹬地阶段结束）

v_3=终末垂直速度（蹬地阶段结束）

6名精英男子体操运动员自愿参与该研究［年龄（23.70±1.94）岁；体重（58.67±8.24）千克；身高（1.66±0.06）米］。他们在这个双重方法研究（即运动学与动力学）中完成了2次后空翻；第1次由站姿［后空翻（SBS）］开始，第2次由一个技巧串开始［踺子后手翻接后空翻（RFBS）］。研究人员用Kistler® QuattroJump测力台（QJ）直接测量后空翻起跳时的动力学数据，并以逆向人体动力学为依据，使用SkillSpector®运动分析软件（采样频率50赫）分析运动学数据。

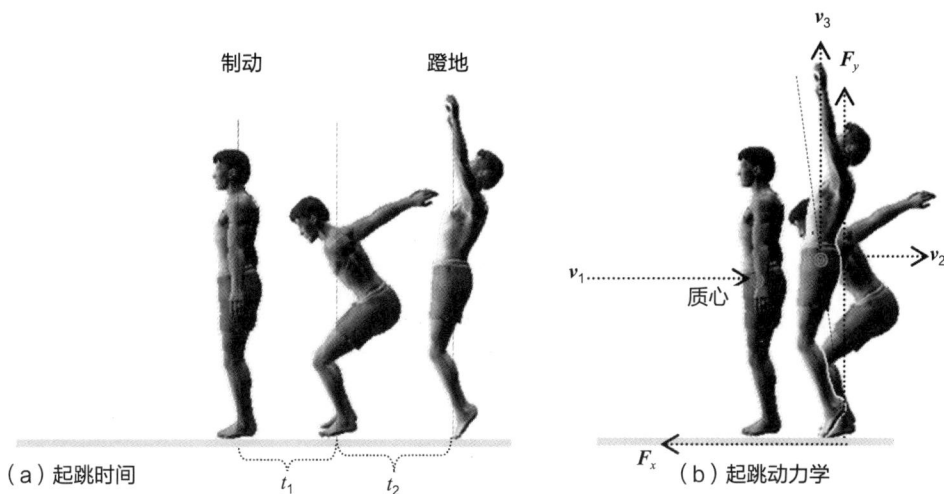

图12.1　站姿开始技巧动作的Smith（1983）计算方法
注：F_x为水平力，F_y为垂直力，t_1为制动时间，t_2为蹬地时间，v_1为初始水平速度（站立时为v_0），v_2为终末水平速度（蹬地阶段结束），v_3为终末垂直速度（蹬地阶段结束）。

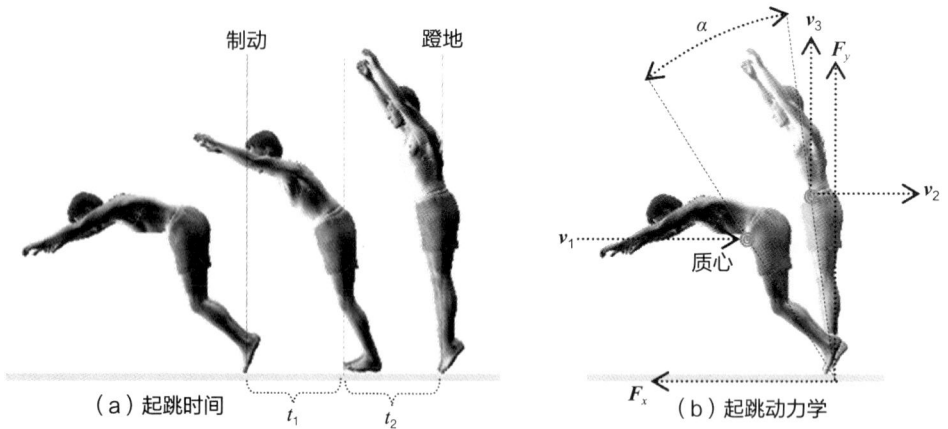

（a）起跳时间　t_1　t_2

（b）起跳动力学　F_x　F_y　v_1　v_2　v_3　α　质心

图12.2　技巧串中的Smith（1983）计算方法

注：F_x为水平力，F_y为垂直力，t_1为制动时间，t_2为蹬地时间，v_1为初始水平速度（站立时为v_0），v_2为终末水平速度（蹬地阶段结束），v_3为终末垂直速度（蹬地阶段结束），α为质心的角运动距离。

　　便携式测力台QJ作为基线设备，记录了RFBS和SBS两个不同的技巧动作在起跳时垂直于地面的反作用力［分别为（6874.40±1204.70）牛与（1794.66±141.97）牛］。SkillSpector® 运动分析软件采用Smith法描述的刚体逆向动力学流程，通过其计算的垂直反作用力与测力台基线结果相近［RFBS和SBS分别为（7361.71±1427.93）牛与（1816.58±145.75）牛］。两种结果之间没有统计学显著差异（$p>0.05$），且效应量可接受（表12.1）。

　　对比研究表明，无论是静态开始和/或动态开始的动作（SBS与RFBS），这两种方法都没有显著差异。

　　本研究结果表明，与基线方法（使用QuattroJump便携式测力台）相比，通过基于刚体逆向动力学Smith法的SkillSpector®运动学分析软件进行运动学分析，计算得出了相似的垂直反作用力值。Lescura与Bagesteiro（2011）利用二维SkillSpector®软件与三维Vicon系统对人体行走空间-时间分析。他们发现，在评估髋关节及膝关节的位移曲线方面，这两种方法结果很相近。值得注意的是，SkillSpector®的优势在于它是免费（开源）的，与其他昂贵的软件（如Vicon）相比，它也能进行类似的运动分析。

表12.1　人体逆向动力学反作用力测量与标准便携式测力台装置的比较

R1 vs R2	Wilcoxon 检验（P）	相关系数	决定系数	变异系数（%）	组内相关系数	效应量（dz）
RFBS	0.062	0.99	0.99	2.08	0.99	2.18
SBS	0.062	0.99	0.99	3.46	0.99	2.76

RFBS $F_{max}=681.45+0.84\times F_{SkillSpector®}$（ESE=0.02）。

SBS $F_{max}=-38.15+1.01\times F_{SkillSpector®}$（ESE=0.02）。

12.3　在跳马项目中的应用

我们推荐使用Hooke法（1678）与Smith法（1983）两种方法来计算运动员跳马起跳时弹簧踏板对运动员的反作用力。

将Hooke法与运动学分析结合起来，通过记录踏板弹簧的压缩来计算反作用力。通过递进增加载荷（如10～300千克）直至踏板完全压缩可以用来确定弹性系数k（见图12.3）。根据公式12.2（a）及公式12.2（b）计算最大反作用力（F_{max}）与k。Smith法详见12.2节。

（a）$F = k \cdot \Delta l$　　　（b）$k = F / \Delta l$　　　　　　　　　　　　　　　（12.2）

式中：F = 反作用力

k = 弹性常数

Δl = 跳板位移

研究中使用的踏板（如AAI, Stratum® 跳板，1.20米 × 0.60米 × 0.22米）的k为47.5牛·米$^{-1}$。

10名精英女子体操运动员［年龄（20.5 ± 2.1）岁；体重（56.5 ± 2.4）千克；身高（1.62 ± 0.04）米］参与了本研究。研究人员使用SkillSpector®视频分析软件对尤尔琴科和前手翻跳马进行了2D运动学分析（50赫）。

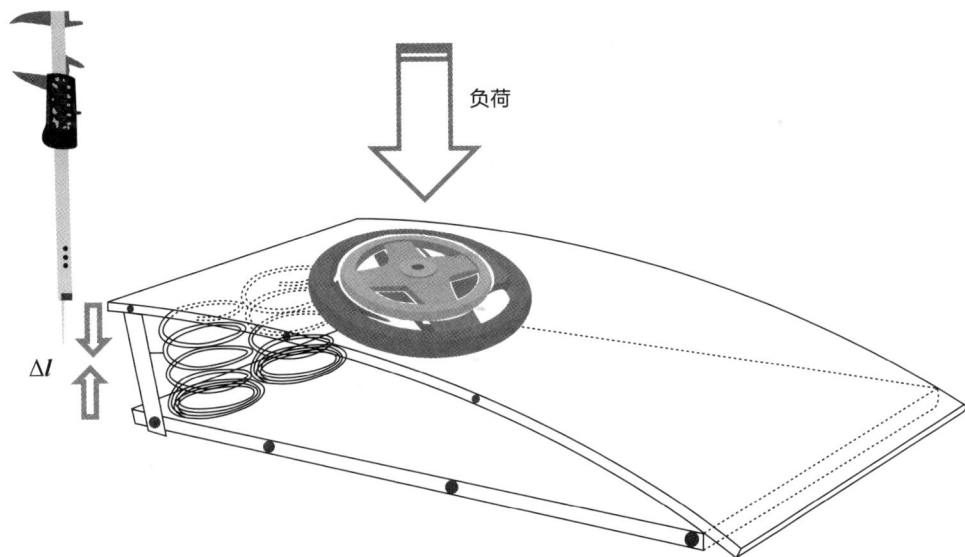

图12.3　用Hooke法计算踏板弹性系数

表12.2 Hooke法（1678）与Smith法（1983）的比较

变量	t检验	相关系数	决定系数	变异系数（%）	组内相关系数	效应量（dz）
前手翻	0.01	0.99	0.99	6.35	0.99	2.61
尤尔琴科	0.01	0.99	0.99	6.32	0.99	4.48

结果表明，两种计算方法（Hooke & Smith）存在显著差异，$p<0.01$，$D\%=6.35\%$，Hooke法（1678）在两种类型跳马动作里都测得了更大的值 [前手翻：（3054.23±615.76）牛与（2852.79±553.45）牛。尤尔琴科：（4969.72±628.53）牛与（4655.17±638.71）牛]（见表12.2）。

用Smith法（1983）估算的前手翻反作用力与Sano等人（2007）直接在测力台上获得的数值相当 [分别为（2852.79±553.45）牛与（2693±485）牛]。同样，运动学分析中记录的跳板变形程度与Coventry、Sands和Smith（2006）及Sands等人（2005）对女子体操运动员的研究结果相当 [分别为（0.074±0.014）米、（0.08±0.016）米及（0.068±0.018）米]。

12.4 总结

通过逆向动力学间接估计运动员受到的反作用力，无论是在技巧串还是在踏板上，都可以帮助教练和科研人员优化运动员的运动表现，并预防损伤的发生。Smith法（1983）似乎在自由体操中非常有效，而Hooke法（1678）似乎更适用于跳马项目以优化跳跃表现。

第3部分复习题

问题1. 物体在第1次测量时以每秒320度的速度旋转，第2次以每秒360度的速度旋转。两次测量之间的时间间隔为0.1秒。这个物体的平均角加速度是多少？请以度/秒为单位作答。

问题2. 如果一个物体以30米/秒的速度，以与水平面成30度的方向移动，那么，水平分量及垂直分量的速度为多少？（以米/秒为单位作答并精确至小数点后2位。）

问题3. 如果一个物体以10米/秒的水平分量速度升空并降落在同一水平面上，腾空时间为4秒，那么该物体能走多远（不考虑空气阻力）？（以米为单位作答。）

问题4. 当一名花样滑冰运动员在旋转过程中让双臂靠近身体的垂直轴时，她的旋转速度更快。请解释原因。

问题5. 肌肉的肌力为160磅，肌肉以15度的角度牵引骨骼。求该力的垂直与水平分量（精确至小数点后3位，以磅为单位作答）。

问题6. 画两张下肢（大腿、小腿与双足）的棍图，并在图1中呈现一个跑步步态周期摆动阶段腿部较大的转动惯量。然后绘制图2，以呈现比图1更小的腿部转动惯量。在两张图中标出髋关节、膝关节与踝关节。跑步时转动惯量变小意味着什么？

问题7. 持续2.5秒的下落距离为多少（忽略空气阻力）？该下落的终末撞击速度是多少？（以米及米/秒为单位作答。）

问题8. 如果一个物体以12米/秒的速度从水平面以35度的角度升空并落地在同一水平面，那么，相应轨迹的峰值高度为多少，水平距离为多少？

问题9. 如果一名体操运动员的垂直起跳高度为0.25米，那么他的垂直起跳速度为多少？

问题10. 当一名体操运动员进行大回环时，他的双手到双脚的距离大约为2.1米。如果他在最低的摆位以每秒270度的速度摆动，从线性运动学的角度来看，他的双脚位置的速度有多快？

问题11. 体操运动员（体重=57千克）在地板上进行团身前空翻。起跳过程中重心的初始与终末状态如下。

落地时的水平速度：	4.15米/秒
落地时的垂直速度：	−1.85米/秒
起跳时的水平速度：	2.22米/秒
起跳时的垂直速度：	3.01米/秒
起跳高度：	1.12米

用正确的数据/公式计算下列各量。

- 重心合速度的大小（v_R）
- v_R角度（θ）
- 水平冲量（p_H）
- 垂直冲量（p_V）
- 腾空峰值高度（H）

问题12. 解释为什么物体的转动惯量：

- 屈体前空翻时比直体前空翻时小？
- 在进行直体前空翻时比在进行纵跳转体时更大？

问题13.（对/错）即使可以改变身体在空中的姿态（完全没有支撑），体操运动员也不能改变他/她的腾空时间。

问题14.（对/错）如果在体操运动员腾空时推他/她的身体（保护），并且推的方向与他/她的质心运动方向一致，那么体操运动员的旋转速度会更快。

问题15.（对/错）体操运动员的质心是固定的，即使当运动员身体姿态变化时，该点也不会变。

问题16.（对/错）扭矩与力相同。

问题17.（对/错）如果体操运动员做向前空翻，则矢量方向从体操运动员的质心指向运动员的左侧。

问题18.（对/错）通过增加体操运动员的水平速度，当运动员突然在地板上双脚急停，绊倒效应将更加明显，同时，体操运动员的角动量将减小。

问题19.（对/错）距离与位移是一样的。

问题20.（对/错）如果体操运动员的质心距离平衡木顶部1.1米，她在该高度上跑步跳离平衡木，与走着直接落下离开平衡木，这两种情况下的下落时间是相同的。

问题21.（对/错）跳马的成功与否主要取决于助跑时水平分量的速度。

问题22.（对/错）比较单杠或高低杠下法的高度与距离时，相比于实现较高的下法轨迹飞行高度，较大的水平距离或范围更难获得。

问题23.使用运动学数据、力学定律及Smith法（1983）求解以下场景：

　　　　对一名体操运动员（体重70千克）在地面上完成的前空翻（图Ⅲ.1）进行视频分析（50赫），结果表明，后摆动作［位置（a）到位置（b）；视频图像间隔为i1 ~ i51］距离为4米，起跳角度为75度，位置（b）到位置（c）为制动时间（i51 ~ i53），位置（c）到位置（d）为蹬地时间（i53 ~ i55），位置（d）到位置（e）为空翻时的上升时间（i55 ~ i75），位置（e）到位置（f）为下落时间（i75 ~ i95），位置（f）到位置（g）为落地时间（i95 ~ i145）。

- 计算后摆时间。
- 计算初始速度。
- 计算垂直速度。
- 计算水平速度。
- 计算制动时间。
- 计算蹬地时间。
- 计算腾空时间。
- 计算垂直位移。
- 计算水平位移。
- 计算起跳（d）时地面反作用力的水平分量。
- 计算起跳（d）时地面反作用力的垂直分量。

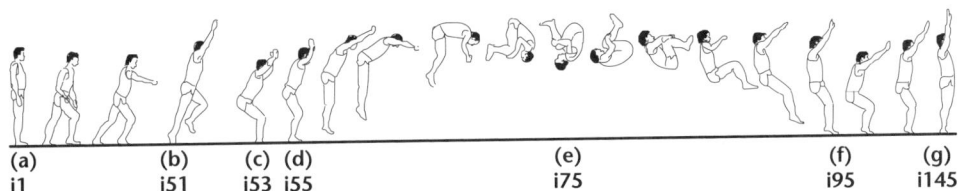

图Ⅲ.1

第4部分
体操运动心理学

第4部分
体操运动心理学

学习成果 莫内姆·杰姆尼（Monèm Jemni）

学习这一部分之后，你将能够做到：

- 分析体操男子、女子不同项目专项需求之间的差异；
- 探讨体操运动员职业生涯里不同的专业能力发展模型；
- 区分在体操运动员发展过程中教练与父母扮演的角色；
- 区分基础技能、心身技能、认知技能及情绪状态；
- 探究人体感官如何干预动作相关任务；
- 阐述在体操运动员及教练的学习过程里视觉感知是一个怎样的重要概念。

引言与目标 莫内姆·杰姆尼（Monèm Jemni）

运动心理学、心理技能训练与感知的目标是阐述与体操运动相关的可学习、可教授的心理与感知技能的研究，更重要的是考虑如何将每一个已经经过研究并发表的概念应用于体操的实际训练和比赛指导当中。每一个主题都涵盖一个"影响"部分，在这一部分里，与实践中每个概念相关的观察、访谈、研究和干预中获得的个人相关经验被提炼出来，然后付诸实践。因此，这一部分的美妙之处在于，它将运动心理学、心理技能训练和感知方面的理论与实践结合起来，这在体操运动中是前所未有的。同时，它将面向受过教育的本科生或研究生、体操运动员或教练——他们都将找到合适的概念来支持他们的学习。

此外，这一部分还将考虑体操项目中的具体专项需求，从不同学者的角度、年龄和性别来看待体操运动员的整个职业生涯里不同的学习阶段，并探讨在这些不同的学习及表现过程中父母、教练与心理技能训练师所扮演的角色。本部分会根据最新的研究更新以科学为基础的复杂动作的运动感知概念，并提供实用的建议。

第13章
体操运动的专项需求及职业转变：从新手到专家及职业生涯中的学习阶段

约翰·H. 萨尔梅拉（John H. Salmela）

13.1 体操运动表现专项需求

如果你需要为铅球运动员制订一个身心技能训练计划，那么这项任务将相对简单直接。他们必须在快速移动穿过一个直径7英尺的圆圈场地后，将一个16磅重的铁球推至尽可能远的地方。从生物力学角度讲，你会建议他们先让身体处于一个半蹲的姿态，将球放在脖子与预期投掷方向相反的位置。他们以半蹲姿势将自己向后猛推，然后爆发性地将能量从他们的腿部转移至转体中的躯干，然后到手臂和手指，最终将铅球投出。从生理学角度讲，你需要训练腿部的力量与速度，发展脱手前的扭矩速度与手臂的爆发力。从心理学角度讲，你需要训练运动员如何让情绪调动起来，并在心里默念诸如"加油"与"拼了"这样的话语，这是很直截了当的，对吧？

然而，体操包含6个男子项目与4个女子项目，每个项目都对力量、爆发力、平衡及专项技能等维度有着特定的需求，同时许多项目都要求运动员进行空翻、转体以及保持倒立姿势。单杠、双杠及高低杠等项目复杂的下法本身还会使运动员感到危险与惧怕。此外，有些项目，如鞍马，涉及很多快速完成的动作，需要运动员快速换手并保持平衡；而吊环的完成节奏则相对缓慢，但需要很大的力量与爆发力。

Salmela（1976）与他的学生们对1972年慕尼黑奥运会男子体操决赛进行了时间 - 运动分析，并对不同的技术动作进行了分类。其结果明显比铅球运动员的动作需求分析更复杂（图13.1和图13.2）。

这些数据中最引人注目的方面在于动作数量的多样性以及每个动作对每个项目的相对

重要性。例如，在自由体操中，女子运动员完成了46种动作，尽管有些只是小幅度的芭蕾舞蹈动作，但男子运动员只完成了31.2种。在鞍马项目里，体操运动员总共完成了29种动作，而在吊环项目里只完成了13.4种。同样的，在鞍马项目里，运动员总共有47种脱手再握动作，然而吊环项目只有下法时做一次脱手。考虑到体操运动自慕尼黑奥运会以来已经发展了37年，这些动作的频次及数量都将大大增加。在最近回顾慕尼黑奥运会的录像时发现，与当今非常要求动力性的表现相比，这些男子运动员完成动作时的速度较慢，单杠项目尤其明显。

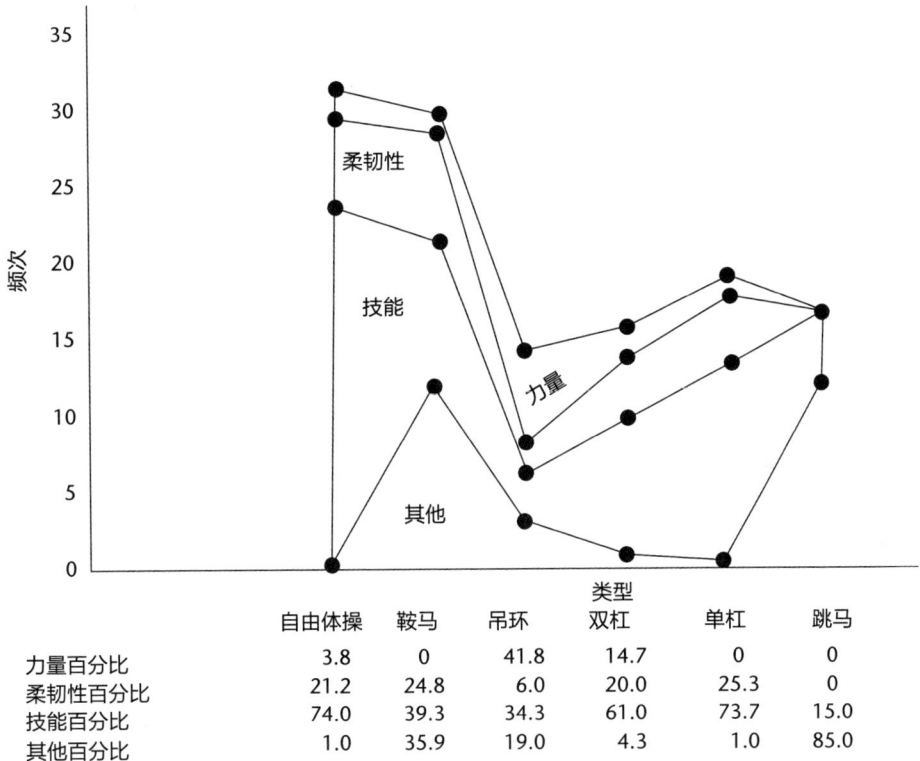

类型	自由体操	鞍马	吊环	双杠	单杠	跳马
力量百分比	3.8	0	41.8	14.7	0	0
柔韧性百分比	21.2	24.8	6.0	20.0	25.3	0
技能百分比	74.0	39.3	34.3	61.0	73.7	15.0
其他百分比	1.0	35.9	19.0	4.3	1.0	85.0

图13.1　慕尼黑奥运会男子体操决赛选手的动作构成的频次和类型

（源自Salmela，1976。）

对艺术体操进行同样的分析可发现，项目模式似乎与女子自由体操相似，但更强调视觉定位与柔韧性的变化。艺术体操对专项技术有着极高的要求，可以说比体操复杂得多，因为艺术体操运动员还必须完成一项抛接物体的开放性技能任务。她们在完成滚翻和转体动作时，必须与环、球、棒、带同步。此外，艺术体操运动员不需要完成空翻技巧串动作，但是表现出了极强的柔韧性。

从心理技能训练的角度来看，很明显，运动心理学家或心理技能教练的任务会因项目而异。从情绪上讲，体操运动员在鞍马或平衡木项目做动作时需要保持一种警觉但又放松的心理状态。但是在自由体操及跳马项目上，无论是男子还是女子体操运动员都必须竭尽全力，因为跳马和空翻技巧动作都需要发挥最大速度才能完成空翻和转体。

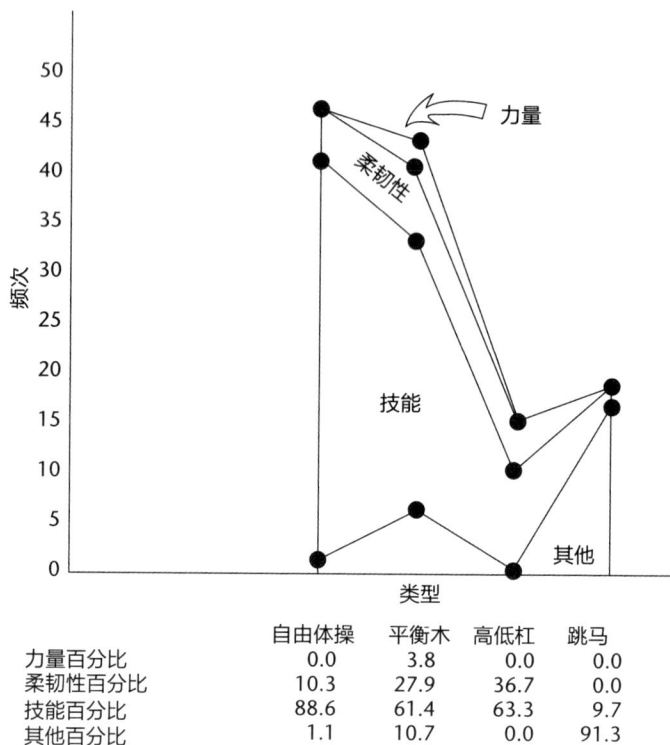

图13.2 慕尼黑奥运会女子体操决赛选手的动作构成的频次和类型
（源自 Salmela，1976。）

	自由体操	平衡木	高低杠	跳马
力量百分比	0.0	3.8	0.0	0.0
柔韧性百分比	10.3	27.9	36.7	0.0
技能百分比	88.6	61.4	63.3	9.7
其他百分比	1.1	10.7	0.0	91.3

13.2 体操运动专项需求对体操学习与运动表现的影响

在开始执教体操或艺术体操之前，有必要首先了解运动项目的本质需求。在男子体操中，自由体操与跳马项目之间存在一些共性，如强有力的助跑和空翻技巧串动作；鞍马与吊环之间没有任何共同之处；单杠与双杠之间存在一些相似的摆动动作。

在女子体操中，自由体操、跳马、平衡木等项目里也有一些相同的动作，但只有10厘米宽的平衡木容错率相对更低。对女子运动员来说，以上3个项目的许多动作都需要学习正确的踺子后手翻。女子高低杠项目与男子单杠项目类似，因此，许多男性教练经常会教授高低杠，也包括自由体操和跳马，而且他们比较强壮，能够对运动员进行更好的保护。

在艺术体操中，有许多与抛接棒、带、球、圈等器械相关的旋转与滚翻动作。我想其中首要专项需求之一是能够以可预测的方式将器械抛至空中。

体操技术一直在不断变化，正如我在给国际体操联合会开设心理技能训练课程时所看到的那样。从技术角度来看，现如今的体操与我50多年前所学的完全不一样。事实上，伟大的英国体操冠军Nik Stuart在20世纪60年代出版了一本书，在那本书的最后，他勾勒出了一系列梦寐以求且极富未来感的男子体操成套动作。而现如今，他梦想中的每一个体操动作几乎都能被一个12岁的男孩"完美实现"！

13.3　体操运动员职业生涯的学习阶段

固有能力观点

至少有两种方式可以评估正在发展中的体操运动员的职业结构。Ogilvie和Tutko（1966）或许是最先使用纸笔测试研究"问题运动员"的运动心理学家。然而，要了解一个运动员群体，首先要用各种有效的体育科学测量方法，并对每个年龄组的所有体操运动员进行横向评估。我在1976～1985年间担任加拿大体操联合会科研主席时就是这么做的。另一种方法是在青少年体操运动员成年之前，用"更温和"的方法，持续地对他们进行个人干预，例如我在1985～1995年间做过的心理技能训练（Salmela, 1989）。这两种方法各有优缺点，但在很多方面都是互补的。

20世纪70年代，在我作为科研主席的指导下，加拿大体操联合会为男子体操创建了国家人才选拔测试项目。我咨询了从事体操研究的体育科学家和加拿大的高水平教练，并提出了一系列与体操选材相关的多学科测试。这个男子体操国家人才选拔测试内容见表13.1。此外，我们还开发了一套简化测试方案，并在加拿大每个省对10～25岁参加比赛的男子体操运动员进行了测试评估，对数据收集整理后将测试结果与他们的省级锦标赛成绩进行相关性分析（Régnier & Salmela, 1987）。

这236名被测体操运动员的结果令人震惊，因为身体形态、体能、感知及心理方面（包括所有变量）在每个年龄段里的相对贡献在6个年龄组别之间发生了巨大变化，其中，感知与身体形态变量往往占主导地位（图13.3）。很明显，体重、柔韧性、爆发力以及所

表13.1　男子体操国家人才选拔测试中影响体操运动表现的潜在因素

身体形态	体能	感知	心理
皮褶（4）	柔韧性（19）	协调	焦虑（2）
宽度（2）	力量	动觉（2）	疼痛耐受性（2）
围长（6）	肩部爆发力（6）	旋转知觉	神经质-稳定性
长度	腿部爆发力（3）	足部平衡（2）	外向-内向
身高	速度	手部平衡	
体重		时间估计	
形态分析（3）			

有的感知变量都是可以训练的，而肢体长度、身高以及大多数选定的人格心理特质则是不可训练的。令人感兴趣的是，固有心理变量对运动表现的解释方差几乎总是最小。几年后，我清楚地认识到，除了疼痛耐受性变量外，其他的心理评估都是以纸笔手段来评估的，这些手段测量的是固定型人格能力，而没有考虑到体操运动员在整个职业生涯中的学习情况。

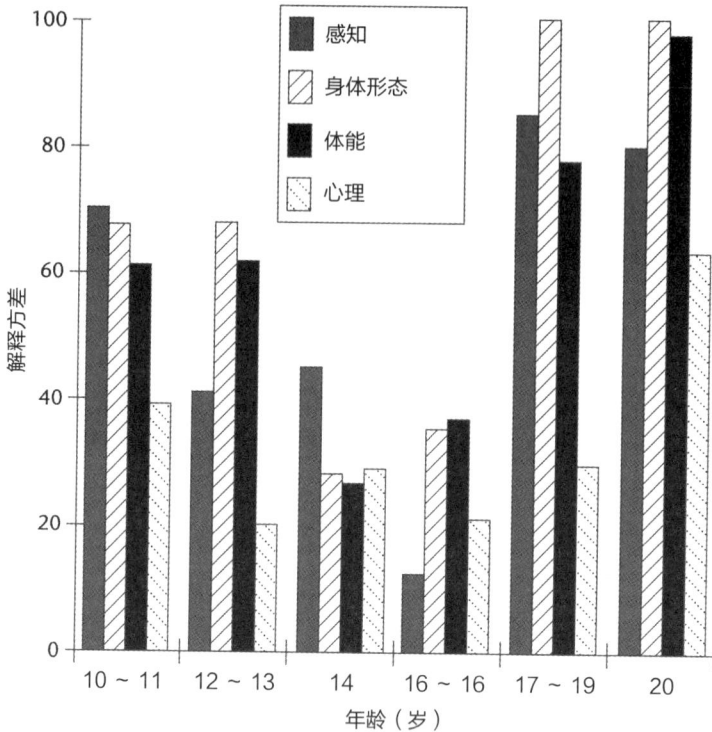

图13.3 用每类决定因素族中所有可能的变量对运动表现的解释方差
（源自 Régnier & Salmela，1987。）

然而，当测试类别减少至两个最佳预测值时，对平衡及空间定位都有要求的感知变量占据了主导地位。但只有在14～16岁年龄组中，心理测试不是最小的解释方差。此外，身高、力量、爆发力及速度等与体能变量始终是较好的预测因子，但在每个年龄段都有不同程度的变化。从这些数据里可以看出，心理学测试，至少是通过人格测试来进行的，在学习、运动表现及获胜方面并不重要，这与许多体操运动员及教练关于心理学的报告相反（Cogan & Vidmar, 2000）。这也证实了 Singer（1988）提出的关于纸笔心理测试局限性的观点。

固有能力对体操项目的学习与运动表现影响是非常大的。例如，身材高大不适合体操训练，大多数体操运动员身材都比较矮小！根据 Ericsson、Krampe 和 Tesch-Römer（1993）的研究，即使在专家教练和养育父母的支持下进行大量练习，高大的身材也是少数几个不可训练的身体特征之一。正是因为这个原因，感知变量仍然是非常重要的贡献因素，对最后两个年龄组（图13.3）来说更是如此。因为平衡与空间定位是可塑的，并会一直影响空翻、转体及平衡等越来越复杂的技术动作。另一个更好的方法就是可以从学习的角度来解释体操成绩的进步。体操不同项目任务需求是非常不同的，与鞍马所需的高度复杂的动作、快速的手部变化及动态平衡等专项需求相比，吊环项目需要更稳定、更强大的力量保持某种姿势的任务需求（图13.1）。

学习与干预观点

在过去的25～30年里，许多研究人员在运动员、科学家及音乐家的职业生涯中追踪了专业能力发展的重要阶段、原因及特征。在使用了各种方法论，并制定不同目标后，得到了令人鼓舞的结果，即研究结果之间存在良好的一致性，并且相关的研究模型不断被完善。Bloom（1985）、Ericsson、Krampe与Tesch-Römer（1993）、Côté、Baker与Abernethy（2003），以及Durand-Bush、Salmela（2002）进行的4项研究中，每一项都为Bloom最早开始的关于专业能力发展的研究添加了少量但重要的内容。

Bloom的观点

关于运动员是天生的还是后天培养的问题，目前倾向于基于Bloom（1985）生态学研究和Ericsson（2007）认知研究中环境观点一边。Bloom写了一本很有影响力的书——《如何培养天才》（1985），书中他们采访了120位世界科学、艺术与体育领域的专家，以及他们的父母、老师/教练。研究揭示了运动员与父母及教练在职业生涯的3个阶段里是如何微妙地相互影响的。随着他们在早期、中期及后期的发展，他们的态度、活动模式与目标均以某种可预测的方式不断形成。

此外，Bloom及其同事指出，在运动员职业生涯的不同阶段里，所接受的执教类型往往会发生变化。对于网球与游泳运动，有关人员在早期阶段就采用了以学生为中心的关爱性干预措施，以提高他们对训练的内在兴趣，然后培养他们对该运动项目的热爱，直到他们"上钩"并决定进入下一个阶段为止。中间的阶段更注重运动表现，要求运动员多训练少玩耍，并由更具纪律性、以项目任务为中心的教练指导。后期阶段追求运动表现的尽善尽美，但与早期阶段相比，运动员与教练之间的合作方式更为融洽。Bloom还探讨了父母在前两个阶段里扮演的角色，在这两个阶段（特别是早期阶段）里，他们往往需要同时兼顾运动员的餐食及通勤。

Ericsson、Krampe和Tesch-Römers的观点

与其他行业专家表演者的发展一样，运动员也是付出了很多的努力才有了优异的表现。在这种发展框架内，Ericsson的研究已经证明，专业音乐家、运动员及其他成功的表演者为了针对性地提高当前的表现水平，都已进行了非常多的刻意练习，或是付出了更多的努力。事实上，出色的表演者在实验室环境下的任务中表现并不出色，而实验室任务通常被认为是衡量先天能力的，这导致了如下结论：优异的表现是由环境因素而不是生物或遗传因素驱动的。体操国家人才选拔测试项目就是如此。制约刻意练习的主要因素是努力、动机、

人力及物质资源的可用性。此外，刻意练习最低小时数的衡量标准为10000小时，或每周20小时，且通常至少需要10年时间。Young 和 Salmela（2002）用加拿大的中长跑运动员的日常跑步日志对他们进行了评估，最终的结果与 Ericsson 等人的发现相反——大强度训练活动也能让人愉快。Ericsson（2007）及其同事通过定量方法对 Bloom 的定性框架进行了改进，该框架详细阐述了专家表演者的练习模式、重复次数和练习时间，并开发出一种适用于各个领域的度量标准。另外，他们对需要付出的努力与享受程度，以及物质和人力资源（如练习器材、老师或教练）的参与也进行了量化，以便让表演者更好地忍受必要但艰苦的练习，并从中获益。

Côté、Baker 和 Abernethys 的观点

Côté、Baker 和 Abernethy（2003）再次扩展了 Bloom（1985）和 Ericsson、Krampe 和 Tesch-Romer（1993）关于获得竞技体育专业能力的早期发展步骤的研究。这特别适合体操项目，尤其是女孩。相较于男孩，女孩往往在更小的时候就开始训练，因为当她们体重较小时，更容易为她们提供保护。通过对不同运动员、家长及教练进行访谈，研究人员能够确定并标记出3个发展阶段。其中，赛艇与网球运动的最初阶段被指定为多样化时期（6～12岁），但也可以从5岁开始算起。专项化时期（13～15岁）可能包含每周20～30小时的训练，而在全面投入时期（16岁及以上）里，训练时间可能增加至每周40小时（Cogan, 2006）。Côté、Baker 及 Abernethy（2003）只进行与体育运动相关的研究，进一步发展了 Bloom 及 Ericsson 之前的研究成果，并为之前概述的各个阶段制定了具体年龄的指导原则。

多样化时期

Côté、Baker 和 Abernethy（2003）发现，成功的加拿大及澳大利亚运动员都经历了一个称为多样化时期的初始阶段。在这一阶段里，他们尝试了许多运动，其中一些可能与体操运动有关，如跳水或蹦床。与 Côté 等人的研究不同的是，这些运动员中的许多人并没有像 Bloom（1985）在网球与游泳以及 Ericsson（2007）在音乐等方面发现的那样，很早就专门从事一项运动，反而他们尝试了各种体育运动和身体活动。因此，他们在一项运动中的总时数并没有达到10000小时的神奇标准。他们过着正常的社会生活，大多数人都完成了他们的大学生涯。

专项化时期

在按年龄分组的加拿大国家队工作时期观察到一个有趣的现象，在男子体操运动员发展成为世界级水平选手或奥运选手之前，他们需经历由男孩变为男人的阶段，我将这一阶段称为心理技能换挡阶段。当他们在13岁到15岁时，会将教练或作为运动心理学家的我所说的任何话都视作真理！如果他们的运动表现保持在中等水平，那么他们对教练的信任也会保持不变。然而，当他们开始为期6～8年的刻意练习时，他们将学会并掌握在国际水平体操比赛所需的技能。然而，在一名技术高超体操运动员的青春期成长过程中，这种心理技能换挡阶段将在一个至今无法确定的时刻里出现，这是真的！父母、教练与运动心理学家不再掌握体操世界的所有钥匙，也不再掌握他们生活的钥匙——他们可能会反抗和无

视建议。很多家长与教练都反感这个时期，但我个人很喜欢！因为他们现在是自主的，或者至少是半自主的体操运动员。

全面投入时期

一旦体操运动员致力于要在最高水平比赛上取得成功，那么严肃、认真的练习阶段就开始了——他们的目标是每天都取得进步，并将某些已经掌握的技能提升至更高水平。由于体操运动员当前正处于青春期中后期，他们已经意识到，如果决定全身心投入这项运动，那么就需要在与朋友相处的时间，甚至是学习教育时间上做取舍。父母不再是驱动力（也不再是出租车司机），而教练此时在组织日常活动的训练方面发挥着关键作用。正如Ericsson（2007）指出的，这不一定是令人愉快的过程，因为运动员需要不断地重复一些危险的体操动作。

Durand-Bush 和 Salmela 的观点

Durand-Bush 和 Salmela（2002）用类似于 Bloom（1985）与 Côté、Baker、Abernethy（2003）的定性方法，为上述 3 个阶段观点增加了另一个维度。其中主要的区别在于，该研究中所有运动员都是独特群体中的一部分，因为他们要么是世界冠军，要么是奥运冠军，并且在不同的年份参加了这些重大锦标赛并屡获金牌。

保持时期

以之前引用的竞技体育专家职业生涯阶段的研究为基础，本研究将先前的 3 个职业阶段扩展至第 4 阶段（图 13.4）。我们采访了在至少两届奥运会或世界锦标赛中获得金牌的 4 名男子及 6 名女子运动员，并提出了保持时期这个词。样本中没有体操运动员，因为大多数体操运动员在参加完他们第一届奥运会后退役，然后继续接受教育或工作。在这个时期，运动员们训练的虽然少，但更聪明，他们分配了更多的时间来恢复。

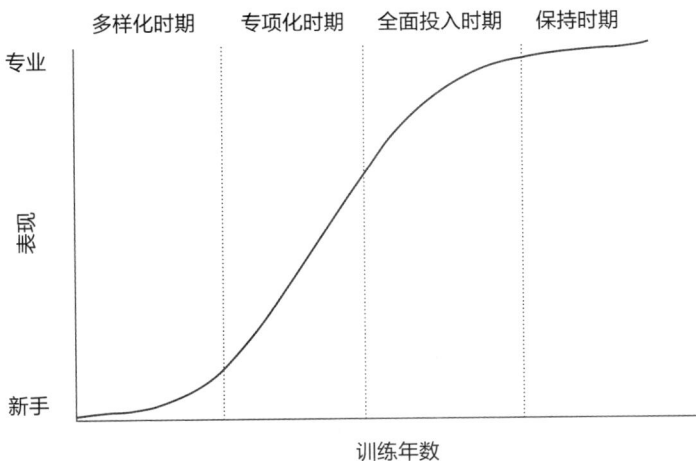

图13.4　体操运动员整个职业生涯中的学习阶段与运动表现变化

儿童发展对体操学习与运动表现的影响

前面一部分内容中，一脉相承但不断发展的研究结果描述了专家表演者的整个职业生涯，其对体操运动的发展有着深远的影响。Bloom（1985）的开创性研究指引了这一道路，并为高水平运动员的发展提供了深刻的启示。

但是，另一个经常被遗忘的维度是在早期多样化时期中自由但有意识的体操练习（Côté, Baker & Abernethy, 2003）。在体操运动员职业生涯的最初几年里，父母中的一方或双方必须每天花一些时间来充当出租车司机，这些运动员有时每天还会进行两次训练。Durand-Bush 和 Salmela（2002）的研究表明，多位奥运冠军或世界冠军的父母很少有精力将同样的时间花在其他兄弟姐妹身上，他们不得不在生活中寻找其他适合表演的活动，例如艺术或音乐。

体操运动员经历了专项化时期或全面投入时期后，他们仍然爱你或尊重你（希望是二者兼具），但此时规则已经改变了！作为一个教练、老师或家长的你并没有完全的控制权。他们现在可以做出一些决定，或者至少可以作为教练的同事一起参与训练及比赛计划。刻意练习的最终阶段，从外部看似乎是重复且乏味的，但事实并不总是如此。

我邀请了世界著名的塞尔维亚乐团小提琴家 Dragan Rodosavljevic 参加巴西的一个研究生研讨会。这位小提琴家说，当别人看着他在几个小时内反复练习同一首曲子时会觉得很乏味。而他解释说，他对自己在技巧上的细微变化很好奇，不过这些微小的变化对不是小提琴手的人来说并不明显。25年过去了，他一直在尝试一些细微不同的方法。有趣的是，在关于坚持刻意练习的运动心理学文献中，并没有发现好奇心这个词。

Durand-Bush 和 Salmela（2002）阐述了多位奥运冠军及世界锦标赛冠军如何通过一丝不苟的计划与承诺来继续保持训练。虽然不一定要达到首次获得金牌时所需的训练数量，但他们提高了获得第2枚金牌所需的训练质量。那个时候这10名运动员正在上高中或者大学，他们有了更多的自由时间，并且能够在体育生涯结束时为未来的就业机会做计划。他们说，意象、放松与自我对话是他们在保持时期经常使用的重要技能，同时也强调了身心的恢复对延长职业生涯的重要性。有许多因素可能导致人们低估个体成为体操冠军的原因，运动员除了将成功归因于刻意练习的小时数外，有时也会将其归因于由基因驱动的天赋观念。

美国体操运动员 Abie Grossfield 是我童年时崇拜的一位体操英雄，他曾参加过1956年、1960年及1964年的奥运会，同时也长期担任美国男子体操队教练。我有幸在1995年的萨博世界杯上与他交谈，由于他18岁就加入了他的第1支奥运代表队，我便问他为什么这么年轻就能成为一名优秀的体操运动员。他说他在15 ~ 18岁就掌握了所有的体操能力！

想到 Ericsson 10000 小时的刻意练习，我便问他在这3年之前都做了些什么。他说："只是练习了5年的爬绳、蹦床转体与空翻，其他什么都没有。"现在，俄罗斯人正在做的就是：在年轻时进行大量的体能训练，在蹦床上学习空间感知技能。图13.3给出了体能（肌肉力量与柔韧性）及感知技能（平衡和空间定向）在体操发展的最后阶段里的巨大贡献。看来Grossfield的自我评价是错误的，学习发展理论更为恰当！

Durand-Bush和Salmela（2002）报道了运动员在奥运会或世界锦标赛等不同比赛中多次获得冠军的非凡成就。然而，一些俄罗斯体操运动员，如Boris Shaklin与Yuri Titov，于20世纪50～60年代代表苏联参加了多次奥运会与世界锦标赛。更令人印象深刻的是，Tanaka（1987）的研究指出，在他称为"日本体操黄金时代"的28年时间里，共有32名日本体操运动员多次参加奥运会或世界级比赛！ Ono与Kenmotsu分别在1952—1964年及1968—1979年间连续参加了7届国际大赛，这是一项在如此高要求的运动项目中长期参与的惊人纪录。

关于从多样化时期到全面投入时期的问题，我想到了另外2个田径及1个体操方面的例子，但就体操而言，这些问题主要集中在全面投入时期。第1位是Wilma Rudolph，他是1960年罗马奥运会田径短跑（100米、200米及4×100米接力）3项奥运冠军；第2位是Mexico Games，1968年墨西哥奥运会400米及4×400米接力的世界纪录保持者。1991年，我有幸在意大利佩鲁贾的一次会议上见到了他们。当我想到Bloom（1985）的发展阶段理论时，我问他们："你们何时开始认为自己擅长体育运动？""你什么时候觉得自己非常伟大？"

Wilma是第一个做出回应的人，她说她从来没有想过自己会在体育方面做得很好，因为她小时候患上了脊髓灰质炎、猩红热及肺炎，并且有几年一条腿的功能还丧失了，因此她没有经历过早期多样化时期。但她说，高中时期她在田纳西州立大学与著名的"Tiger Bells"一起训练，并在训练中多次打败了他们。在此期间，这些成功让她从优秀变得伟大——她参加了罗马奥运会，并在那里取得了非凡的成就！

Lee Evans的情况完全不一样，因为他始终保持着良好的状态。当他作为大一新生在圣何塞州立大学开始训练时，在400米重复跑训练中，他注意到比他训练年限更长的队友们还躺在跑道上喘气时，他已经可以为下一组训练做准备。他对自己说："也许我在这项运动中很有前途，也许我能成为伟大的人。"他将43秒86的世界纪录保持了近20年。

但在全面投入时期及保持时期里，来自苏联的Dmitri Bilozerchev经历了或许是体操运动中最令人诧异的事情。1985年他16岁时赢得了欧洲锦标赛，这是前所未闻的。但不久之后，他发生了车祸，其中一条腿有40处骨折。但是医务人员用钉子与绷带治疗重建了他的腿，在用2年时间完成了一个不可思议的康复计划后，他在1987年赢得了世界体操全能冠军！这已经超出了保持时期进入了重生时期！那一年在鹿特丹世界杯上，他在康复过程中树立了坚强意志品质，优异的竞技表现水平也使他成为队长，因为他看起来总是能够掌管一切。

13.4 总结

男子体操包含6个项目，女子体操包含4个项目。每个项目都有不同的专项需求，有时甚至是截然不同的需求。有些项目需要平衡，有些项目需要力量与爆发力，有些则需要复杂度高且难度大的动作。因此，体育科学必须是多学科的且需要考虑不同项目的具体特征。

了解每个项目的专项需求是什么。平衡木要求女子体操运动员在10厘米宽的横木上完成相应动作，这些动作通常也会在12米×12米的自由体操场地完成。在完成跳马项目时，无论男女都需要朝着跳马器械的方向快速冲刺，用手以适当的角度与马面接触，在空中完成空翻和/或转体，"找到"落地点，最后在落地点"钉住"不动。其他项目要求体操运动员完成一些对常人来说非自然的动作，包括倒立、空中转体、单臂支撑（高低杠与单杠），以及需要极佳柔韧（自由体操和平衡木）、动态平衡（鞍马）或力量（吊环）的动作。这些动作可以通过一些体育科学方法来评估，但更多时候依靠的是经验丰富教练的双眼。

掌握1985年以来体操领域各种观点及方法学的演变。1985年，Bloom采访了美国最优秀的科学家、音乐家与运动员。他发现他们的职业道路非常相似。在参与相关活动的最初阶段，他们接受了父母与老师细心的干预，并由此上了"瘾"。此后他们便进入了中间阶段，在该阶段里，教练需安排更严格的训练，家长也需要提供更多支持。在最后阶段，经过多年的练习，他们已经能够与教练以一种团队性的方式合作，在这期间，他们会共同做出关于训练和运动表现的决定。

1993年，Ericsson及其合作者用定量的方法来研究音乐家是如何从新手变为专家的。通过日记与问卷调查，他们发现专家表演者至少完成了10000小时所谓的"刻意练习"，或者与目标相关但不一定令人愉快的练习，因此，他们对Bloom的研究进行了量化。

Côté、Baker和Abernethy（2003）重复了Bloom的研究，并将早期阶段标记为"多样化时期"，即运动员尝试各种体育活动的时间段；接着，运动员需在"专项化时期"选择8～10年内专门从事的体育项目；紧接着又进入了"全面投入时期"，在这期间，运动员们会将所有的时间都投入自己选定领域的训练和比赛中。

Durand-Bush和Salmela（2002）通过采访多位世界冠军和奥运冠军，为Bloom的模型增加了另一个维度，特别关注了他们第1、2次获金牌之间的时间段（"保持时期"）。在此期间，除了安排不再那么剧烈且更有针对性的训练外，更加关注休息、心理技能训练及恢复。

总之，Bloom最先提出的模型及指导方针为专业能力发展提供了一个定性的框架，将运动员、教练及家长的职业阶段交织在一起（Bloom, 1985）。随后，Côté和Hay

（2002）对年轻成功的运动员在进入专项训练阶段之前所从事的各种活动子部分进行了标记。最后，Durand-Bush和Salmela（2002）从连续发展阶段的另一端考虑了发展专业能力的问题，即运动员已经获得了奥运会或世界锦标赛的金牌，并在下一个周期（保持时期）内继续取得其他金牌。

第14章
教练与父母

约翰·H.萨尔梅拉（John H. Salmela）

14.1 教练

Salmela（1996）的研究已经将自主的概念纳入视野，即运动员自主推动自己至世界级水平。专家教练描述了他们通过明智地制定和监测成绩目标，帮助塑造年轻运动员的学习环境，并通过最大限度减少限制他们训练、比赛及技能发展的制约因素，进而帮助他们在训练与比赛中获得并维持优异成绩。

目前为止，我们还没有谈及教练在体操运动及其他体育项目中所起的核心作用。体操运动里的成就不会孤立地出现，成功也不会孤立地出现在其他的学术活动中。我与国外伟大的苏联教练，如Leonid Archiaev与Edouard Iarov，以及许多居住在加拿大的外国和本土体操教练一起共事了很长时间。当然，当我拿自己与世界上最优秀的运动员比较时，我深刻地发现，自己并不能很好地理解迅速发展的体操执教技术，而且我现在还是一位非常老派的教练。

Rabelo（2001）发现，年轻的巴西足球运动员通常来自较低的社会经济阶层，在他们达到青少年职业水平之前只接受了很少的专项指导。但是他们花了大量时间（如每一次的课间休息、放学前后，以及几乎所有的闲暇时间）进行训练与比赛。相比之下，所有巴西体操运动员在职业生涯的初期就开始接受专项化训练，但在他们的业余时间里，除了体操，他们还进行其他活动（Moraes et al., 2004）。这与Durand-Bush、Salmela及Green-Demers（2001）的观点一致，他们发现很多加拿大奥运冠军及世界冠军都在青少年时期探索不同的领域，只有少数的人会完全投入他们选定的运动项目。

Côté和Hay（2002）探讨了两种不同类型活动的重要性，在这些活动中，教练能够推动从有意识游戏、多样化时期到全面投入时期、刻意练习这些发展的进程。有意识的游戏活动受到内在动机的驱动，需要孩子的积极参与，孩子在游戏中自在、快乐，能得到即时的满足。相反，刻意练习并不那么令人愉快，需为之努力付出，并且需要在一段时间后才能从中得到回报与满足（Ericsson, Krampe & Tesch-Römer, 1993）。

教练需决定提供学习活动的种类，以及考虑孩子是否能从中受益，这是取得好成绩的重要方面。在研究这个问题的同时，需要记住，无论处于何种发展水平，教练都要以促进技能的早期成果为己任，并让运动员保持学习与提高的动力。Csikszentmihalyi、Rathunde和Whalen（1993）对艺术、体育及科学领域的有天赋的少年进行了一项为期4年的研究，研究从他们进入专项化时期开始，其中最有天赋的对象组针对他们的老师或教练发表了一些批评性的评论："先前的研究表明，青少年对大多数成年人的生活毫无兴趣"。这对年轻有抱负的教练来说无疑是一个有冲击力的信息。

然而，最成功的导师都从他们所讲授的内容中得到启发，并强化了学生个体的进步和兴趣。要成为一名成功的体操教练并不难。在积极的学习环境中，成功的体操运动员既能享受训练与比赛的艰辛，也能感受到挑战所在。然而，这是要做出牺牲的，因为要通过大量的练习才能脱颖而出，他们必须比他们的普通朋友更好地管理自己的时间。他们也常常比他们的同伴更孤独，这并不总是令人愉快的。但是，当参与他们喜欢的活动时，他们会更加专注和快乐。然而，当这些任务完成后，他们会比同龄人更多地转向无目的的任务，如看电视或上网（Csikszentmihalyi, Rathunde & Whalen, 1993）。在采访了22名加拿大国家队专业教练后（Salmela, 1996），我意识到，与我浅薄的体操执教技能相比，在培养及指导研究生取得国际学术成就方面，我的投入更大、更专注，也更有计划性。

到目前为止，成年男子、成年女子或青少年女子体操运动员之间的心理差异尚未得到讨论。Jerome等人（1987）对50名参加加拿大精英体操项目的年轻女孩进行了评估，这是关于这一主题的最早研究之一。这项研究旨在确定坚持完成项目的运动员与中途退出的运动员之间的区别因素。每年评估两次，评估需要使用心理学工具以及运动行为、生理学及人体测量学等方面的研究工具。

在我看来，心理学方面的结果是最令人担忧的。坚持下来的女孩更听话，更顺从、更内向，社交理解能力及智力较为低下，特质焦虑的程度也更高。从某些方面来讲，这些特征与Csikszentmihalyi、Rathunde和Whalen（1993）提出的特征相似，后者表明天才青少年往往只报告少数的日常积极事件与心理状态，因为他们不得不在青春期里牺牲他们的社交生活，以便让自己脱颖而出。事实上，这一特征大大提高了这些体操运动员对训练的接受度，但并不是每位家长都愿意看到自己正常的孩子出现这种心理技能特征。

14.2 教练对体操学习与运动表现的影响

年轻有才华的女孩13岁时不允许参加国际体操比赛，现在该年龄上限提高到了16岁。我与我的一个好朋友Dave Arnold一起共事了20年。他作为体操运动员与国家队教练，在指导男、女青少年方面有着一些有趣的见解。他说，年轻的加拿大女孩在8～10岁的时候就开始认真训练，而且经常跳过多样化时期。他还说，教练及其助手会安排强化训练，让她们反复练习相同的动作，以至于几乎没有玩耍机会。结果是，经过多年单调的训练，在职业生涯结束时，她们往往完全放弃这项运动，反感自己的教练，而且很少成为裁判或体操教练。

由于男孩需要等到青春期后才能有足够的力量与爆发力，教练仍然会为他们安排体能方面的训练。然而，在此期间，他们可以在蹦床上玩耍，参加即兴体操比赛，并与队友及教练开玩笑。教练的任务是让他们热爱体操，并持续地练习至20多岁。后来，这些体操运动员中的许多人都成了级别不同的裁判和/或教练。我一直与20世纪70年代执教过的大学体操运动员保持联系，那是一段愉快的日子，我相信，我们相处得很愉快，我们喜欢一起旅行，时刻记挂彼此。在许多国际比赛中，当加拿大男、女运动员在一起时，女运动员经常评论这样一个事实，即男运动员（我的工作对象）看起来非常轻松快乐，而她们对体操训练、比赛与生活的看法非常严肃，甚至近乎冷酷。

14.3 父母

Bloom（1985）首次阐述了父母在专家运动员发展中所担负的角色，主要是为运动员在活动中取得成就提供支持，允许他们在专业训练与继续玩耍之间做出选择。在中期，家长与运动员都投入了更多的奉献精神——双方一致决定继续进行刻意练习；而在后期，父母很少提供身体与情感方面的支持，相比之下，他们给予了运动员更多的经济支持。

Côté（1999）研究了加拿大优秀少年运动员职业生涯中的家庭环境。父母从多样化时期的主导角色转变为全面投入时期的跟随者/支持者角色。在孩子参加体育运动的这些年里，家长们尽量不在他们的体育活动中给他们施加压力。在全面投入时期的几年里，父母会做出让步——必要时提供经济支持，但尽量不制造额外的要求或压力。

Soberlak 和 Côté（2003）采访了职业冰球运动员，了解他们从多样化时期到全面投入时期的过程。为了有意识引导，家长们确实采取了一些措施，例如，在后院建了一个冰球场，但不会提供技术指导。在全面投入时期，他们观察了孩子的表现，并向他们提供了积极但非技术性的反馈。Bloom（1985）、Soberlak 及 Côté（2003）与 Côté（1999）的研究有一个共同的特点，那就是父母角色从多样化时期到全面投入时期的转变。在多样化时期，父母往往通过边教边玩的方式直接参与孩子的体育活动中。然而，这种直接参与将随着年轻运动员从专项化时期转到全面投入时期而减少，当运动员成长为年轻、半自主的成年人且进入保持时期后，这种直接参与将会更少。

Cogan（2006）明确指出，大多数体操运动员的父母都希望孩子得到最好的东西。但在女子体操项目上，父母可能会对年轻运动员产生不必要的过高期望，这可能会产生适得其反的效果。

如果父母对孩子的体育运动投入过多，就会给孩子施加太多压力。有时父母会过于专注于自己的目标以及对孩子的期望，以至于他们没有意识到孩子正在对这项运动失去兴趣。如果父母从未实现过自己的运动目标，而孩子表现出了卓越的潜力，父母或许会尝试让孩子来替代自己实现目标。在这种情况下，孩子们可能会因为压力而继续训练，取得好成绩。

然而，孩子们却宁愿参与其他的活动。

pp.646-647

有抱负的巴西足球运动员往往在没有家长及教练监督的情况下进行训练与比赛（Salmela, Marques & Machado, 2004）。Rabelo（2001）指出，78.3%的家庭报告称孩子日常生活的方方面面并没有因为足球运动而改变，只有17%的家庭为了让孩子参与体育运动而进行了一定的调整。这与接受采访的加拿大中产阶级父母形成了对比（Côté & Hay, 2002）。然而，Moraes等人（2004）发现，24%的中产阶级和中上水平网球运动员的家长都愿意花时间与教练交流他们孩子的进步。Vianna的研究（2002）表明，无论孩子水平如何，网球运动员的家长都会正常地与孩子保持日常沟通，但50%的足球运动员家长在接受采访时说每隔1～3个月才见一次儿子。因此，父母和运动员的经济状况决定了运动员和家长之间互动的质量。尽管从长远来看，在巴西参与足球运动可能会带来经济上的回报，但相比于为足球提供支持，父母首先要考虑的是食物和住所（Salmela & Moraes, 2003）。

14.4 父母对体操学习与运动表现的影响

社会地位与体育教育密切相关。例如，早期研究表明，与中产阶级在私人俱乐部、体操、游泳和网球运动中上层运动员相比，来自巴西内陆贫困家庭的足球运动员几乎得不到父母的任何社会或经济支持。这些"可怜"的足球运动员被父母禁止参加锦标赛决赛，但无论如何，为了能够踢球，他还是从家里的窗户跳出来，然后当他在获胜后回到家中时还得被父母揍一顿（Rabelo, 2001）！

我来自蒙特利尔的一个工人阶级家庭，我的父母都在上班，我想，我不在家时，我父母会很高兴。他们只参加过一次体操运动会，没有看过棒球联赛和加拿大橄榄球赛。我认识很多蒙特利尔的体操运动员，他们进入国家队的时候经济状况比我差，他们的父母并没有陪他们一起去体操房。到中国、日本、俄罗斯和乌克兰旅行时，我从未见过一位家长观看体操训练课。因此，很明显，社会经济因素在体操运动中同时起着积极与消极的作用。

在北美，一些女子体操俱乐部要么不让家长看到孩子训练，要么让他们站在玻璃围墙后面，这样他们就听不到教练与运动员之间的互动。如果不这样做，父母便会抱怨他们的女儿没有得到像其他体操运动员一样的关注和反馈，接着他们就会向俱乐部主席投诉。如此一来，就引发了一种过度养育的现象，即家长会慢慢熟悉一些体操术语并开始建议教练应该做什么，给孩子施加不必要的压力。甚至更糟的是，他们会参加裁判课程，在几乎没有或根本没有体育实践经验的情况下充当裁判的角色。

因此，父母必须为他们的孩子提供一个合适的养育环境，让他们参与体育运动，然后为他们提供训练时必要的资源。例如，有时需要开车送他们去训练与比赛，以及为他们购买器材与体操服。在中产阶级和上层阶级家庭中，这通常意味着重新安排他们的日常生活以适应训练计划，例如吃饭时间。然而，应注意不要过度养育孩子，因为这可能会剥夺他们对运动的内在享受。

14.5 总结

在诸如体操这类对技术要求较高的体育运动中，教练对运动员的发展起着核心作用。正如Bloom（1985）所说，在早期阶段，教练必须循序渐进并以运动员为中心，否则有很多运动员之后的人生选择就是放弃这项运动。在专项化时期，他们必须提出更高的要求，例如，要求体操运动员接受严格的训练，安排更长的练习时间，并让他们面对危险且有挑战性的任务。在体操运动员职业生涯的后期——全面投入时期里，他们可以更多地充当顾问，因为那个时候，运动员已经完成了大部分训练（至少10年的训练）。

然而，父母在体操运动员职业生涯的早期阶段扮演着重要角色，因为他们必须将自己的孩子引入这项运动，而且经常要送他们到训练地点。当孩子进入专业领域时，他们也可能需要在出行与装备方面进行投入。然而，当孩子在全面投入时期里得到他们团队或国家联合会的支持后，家庭投资往往会减少。

第15章
体操运动员心理技能的发展与变化

约翰·H. 萨尔梅拉（John H. Salmela）

15.1 提高运动表现的心理技能学习

多年来，人们提出了许多方法，旨在评估改善运动表现的心理技能的特点与效果，并确定那些对卓越的运动成就最关键的因素。就体操运动而言，能够实现上述目的的一些方法包括：使用现有的心理研究工具咨询心理技能训练师或运动心理学家、教练和/或同事（Bernier & Fournier, 2007; Mahoney et al. 2009; Mahoney, Gabriel & Perkins, 1987; Nideffer, 1987）、对运动员进行访谈（Orlick & Partington, 1988; Ravizza & Rotella, 1982），以及观察体操运动员在运动环境中的行为（Salmela et al., 1980）。

心理问卷的使用受到了研究者的广泛关注。Fogarty（1995）就运动环境中心理研究工具的管理提出了一些建设性的意见。他说：

很多测试似乎都是新的，通常是为了一项研究而开发的。另外，因为大多数的新测试都没有得到充分的验证，也没有发表在正式出版物上，所以也无法大量发行。更重要的是，这些测试并未像商业测试那样经过正式审查。

在体操方面，除了Jerome等人（1987）的人格研究外，很少有人进行运动心理学研究。Jerome等人（1987）的人格研究没有考虑专业能力水平，而是考虑了加拿大一个精英俱乐部里中途放弃和坚持下来的会员。唯一的另一项研究比较了排名最高与排名较低体操运动员的真实竞赛表现（Salmela et al., 1980）。显然，任何领域不同专业能力水平的运动员都需要考虑，例如加拿大许多体育项目国家队水平与国际水平的运动员，所有获得亚运会参赛资格的伊朗国际高水平运动员，还有那些没有获得参赛资格的运动员，这些运动员都有着不同的心理技能水平，并且随着技能的提升，运动员数量也会减少（Salmela et al., 2009）。因此，只有了解过不同类型的范例，才能更好地理解体操运动。

15.2 心理技能如何互相影响

在体育运动中评估、教学或应用心理技能时，有一件事需要明确。首先，心理技能应涵盖心理学中最基本的3个概念领域，即行为或行动、认知或思维以及心身要素或情感。其次，必须明确的是，这些基础概念及其更具体的子成分在本质上是相互作用的，其中一类因素的变化总是会影响其他两个因素。例如，如果一个体操运动员在空翻技巧动作中膝关节受伤（行为），这将立即影响他/她当前的情绪状态，使其愤怒或悲伤（心身状态），这反过来又会影响他们的思维，如认为自己不够好，可能无法为团队做贡献（认知）。

15.3 第三代渥太华心理技能量表（OMSAT-3）的发展

运动心理学领域的研究结果表明，心理技能在体育运动中发挥着重要作用（Mahoney et al., 1987; Nideffer, 1987; Orlick & Partington, 1988）。Orlick 和 Partington（1988）发现，接受采访的最成功的加拿大奥运选手（参加了1984年萨拉热窝冬季奥运会和洛杉矶夏季奥运会）都是认真负责的人，他们相信自己并有决心实现自己的特定目标。根据Orlick（2008）的观点，无论顺境逆境，都要全力以赴，相信自己有能力成功并实现自己目标，这是体操运动员为获得成功需要不断提升的基本素质。Ericsson、Krampe和Tesch-Römers（1993）也阐述了发展长期坚定承诺技能的本质是为了克服制约日常刻意练习相关努力和动机的因素。在追求专业表现以及实现这样一个目标时，承诺是必不可少的。

此外，许多人试图区分那些在改善运动表现方面最关键的心理技能。第三代渥太华心理技能量表（以下简称OMSAT-3）以丰富的咨询经验为基础建立，并与著名应用心理技能训练师，如Terry Orlick、Ken Ravizza、Bob Rotella及Len Zaichkowsky进行了广泛、深入的交流。该量表历经十多年的发展，并通过了验证性因子分析。OMSAT-3是一个非常强大的统计工具，但很少在实际运动表现中应用（Durand-Bush, Salmela & Green-Demers, 2001）。

值得注意的是，由于许多国家的心理学职业是受法律保护的，从现在开始，文段里的运动心理学家将改为心理技能训练师。但是，运动队的心理训练师与体能训练师、力量训练师或战术训练师相当，本书其余部分内容将与心理技能训练有关。运动心理学的许多理论研究将被用到，但我们认为，在心理技能训练过程中，主要是以更全面且互动的方式应用心理技能训练来提高运动表现的。

OMSAT-3由12个维度组成，这些维度被重新归类为3个更广泛的类别：基础技能（目标设定、自信与承诺）、心身技能（压力控制、恐惧控制、放松与激活）和认知技能（专注、再专注、意象、心理练习与比赛计划）。

Fournier等人（2005）使用OMSAT-3发现，完成10个月的心理训练项目后，再专注的技能有了显著提高，而压力控制没有明显变化。因此，再专注似乎更像是一种状态类技能，也就是说，可以被教授与学习，是一种真正的心理技能。然而，压力控制可能更像是一种特质类技能，因为它在量表上的分数最低，并且不受心理训练影响。如此看来，这种特质或许是这些精英运动员与生俱来的。

15.4 心理技能模式随专业水平的变化

OMSAT-3最初开发过程中（Durand-Bush, Salmela & Green-Demers, 2001），200多名经验丰富的国家级和国际级加拿大运动员使用了该量表（图15.1）。依据体育、心理学、运动心理学文献及一些共识收集的结果对量表进行验证。正如对比国际级与国家级水平运动员时可以预期的那样，他们的心理技能水平与他们高水平身体技能相一致，在12项心理技能中，国际级水平组有10项得分与国家级水平组之间存在统计学差异。除了得分较高的压力控制及再专注维度外，这些差异在统计学上非常显著。

其他OMSAT-3相关的研究发现，压力控制是一个特别有趣的变量，不过该研究仅包括参加伊朗国内比赛的高水平国际级运动员。与Durand-Bush、Salmela 和Green-Demers（2001）的研究相比，针对伊朗运动员研究（Salmela et al., 2009）的显著特点是，所有接受评估的伊朗运动员都已经达到了国际级水平。然而，获得亚运会参赛资格与未获得参赛资格的运动员在OMSAT-3的压力控制与再专注两项指标上有所不同。这些维度能显著性地区

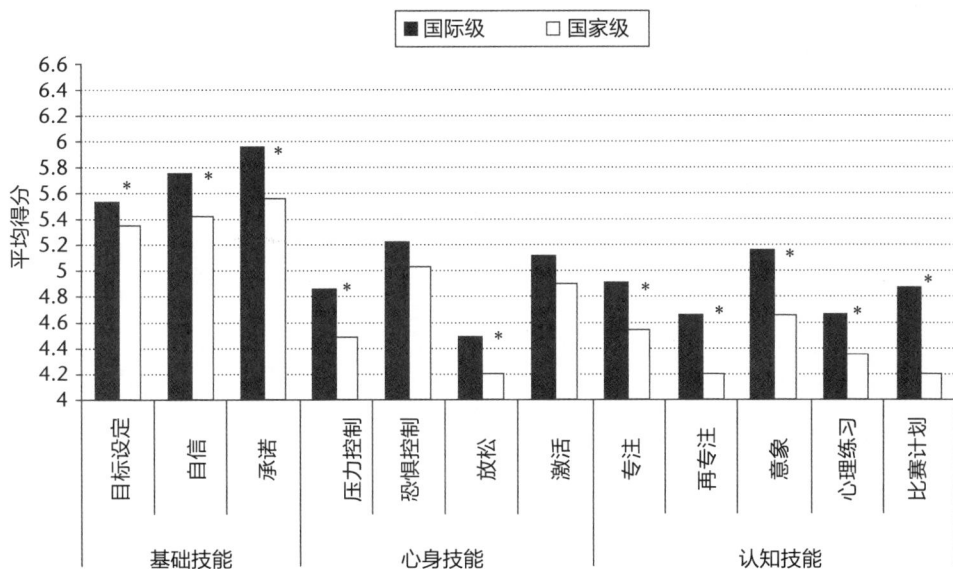

图15.1 加拿大国家级与国际级运动员OMSAT-3评估表现

*：表示组间存在显著差异（$p<0.05$）。

（源自Salmela et al., 2009。）

分两组运动员，放松技能方面的差异在统计学上非常显著，因此从数量上减少区分国际级水平运动员的量表是合理的。正如 Durand-Bush、Salmela 和 Green-Demers（2001）指出的那样，目标设定、自信及承诺这3项基础技能得分越高，就越有可能在所有运动项目中取得优异表现。该样本的所有成员在这3种基础技能维度里的得分均处于较高水平，其数值大于 Durand-Bush 和 Salmela（2002）对加拿大国家级及国际级运动员的研究（图15.2）。

在第二个层面，研究人员发现夺得奖牌的伊朗运动员在压力控制维度的得分不同于未获得奖牌的运动员。这再次说明，运动员在心理技能得分分布与专业能力水平表现出相同的层次结构，而专业水平又与他们的运动表现水平相一致。目前的运动员样本也解释了OMSAT-3的演变，从 Green-Demers（2001）研究中10个维度差异到对入选和未入选亚运会比赛的伊朗运动员研究中只有压力控制与再专注2个维度差异，再到对获得奖牌与未获奖牌的运动员研究中只有1个压力控制维度差异。这是心理技能文献首次探究专业能力水平与心理技能水平的交互作用（图15.3）。

有意思的是，两种结果之间的对比呈现出了很好的一致性。其中，压力控制以一种固定特质类的方式发挥作用，且没有因为心理训练而得到改善，始终以一种稳定的方式存在，但再关注技能在经过10个月的训练期后，得到了显著的改善（Fournier et al., 2005）。最引人注目的是，在 Durand-Bush 等人（2001）对加拿大国际级和国家级水平运动员（0.53）的研究，以及对入选（0.57）及未入选亚运会（0.49）的伊朗国际级水平运动员的研究中，压力控制和再关注的结果在最高相关技能维度中是一致的。我们尚不清楚是什么促成了这些关联，但有趣的是，在 Fournier 等人（2005）及 Salmela 等人（2009）的研究中，压力控制的得分是OMSAT-3所有维度中最低的，并且这项技能也最不受心理训练的影响。

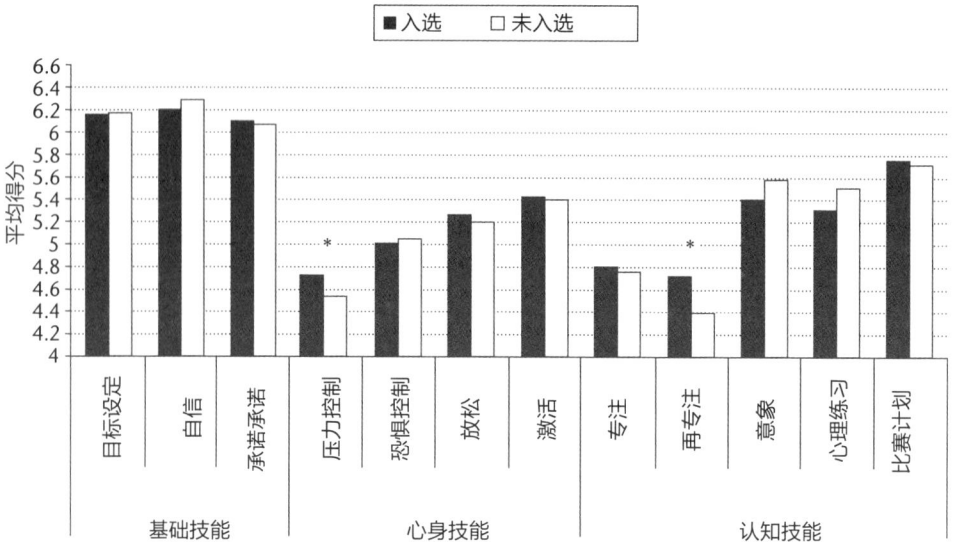

图15.2　入选及未入选2006年亚运会的伊朗运动员OMSAT-3平均得分

*：表示组间存在显著性统计学差异（$p < 0.05$）。

（源自 Salmela et al., 2009。）

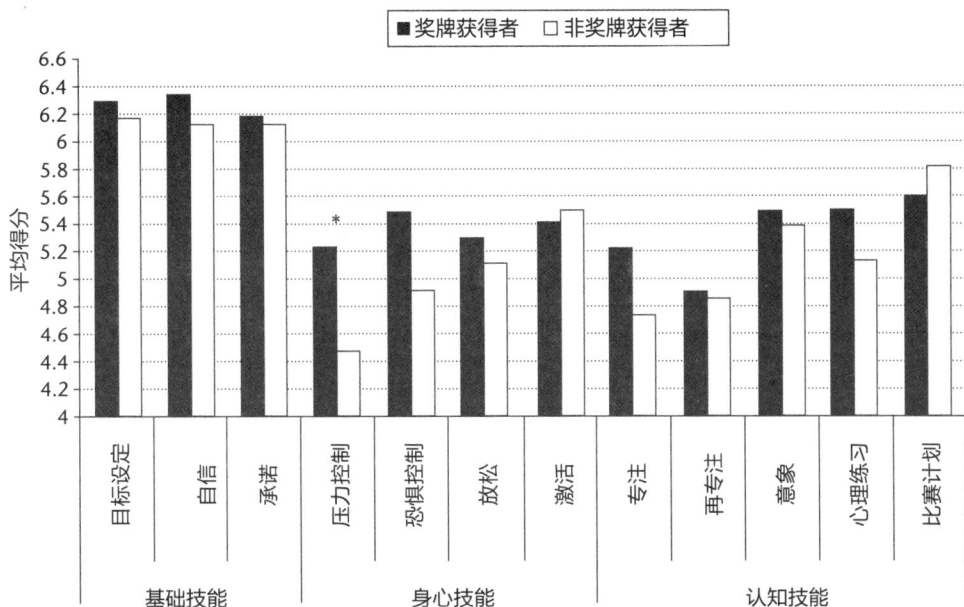

图15.3 2006年亚运会伊朗奖牌获得者与非奖牌获得者OMSAT-3平均得分

*：表示组间存在显著性统计学差异（$p<0.05$）。

（源自Salmela et al.，2009。）

对此，我们或许可以做出一个概念性的、解释性的假设：在心理训练之后，压力控制这种特质类特征及其最低得分排名似乎没有变化。精英运动员要么坚持不懈地通过长期的练习来提高这一维度，要么是天生具有更强的意志力或抗压能力。在两项关于伊朗运动员的研究中，与再关注技能相关的高水平学习能力一定程度上加强了两个群体之间压力控制差异的持久性。正如OMSAT-3模型预测的那样（Durand-Bush, Salmela & Green-Demers, 2001），所有入选与未入选的运动员在目标设定、自信与承诺这3种基础技能上均没有差异，这可能是因为他们的专业能力水平较高，他们的国际运动水平地位也同时得到了验证。

特别令人感兴趣的是，每天与这些运动员接触的5名伊朗教练也被要求根据他们对运动员的强、弱项的了解，对同样的心理技能的重要性进行排序。运动员的排名与教练的排名之间存在显著差异。教练认为运动员有能力保持专注与自信，而运动员的认识则恰恰相反。教练认为运动员在控制情绪与缓解紧张方面欠佳，而运动员的结果则显示他们很擅长这些技能。

15.5 总结

已有研究表明，与人格测试或智商（IQ）测试等固有的、内在的心理学参数相比，心理技能可以更好地预测运动成绩。OMSAT-3是为了评估各种心理技能而开发的，并且运动心理学文献表明，这些技能对专业表现至关重要。最关键的是，这些技能可以由教练与运动员自己学习和教授，也可以由心理技能训练师帮助完成。

基础心理技能是最基本的，如果不具备这些技能，那么人们就不可能在体操或者其他体育项目、科学或音乐等其他任何领域达到专业能力水平。这3种技能的第1种类别包括目标设定或对潜在成就较高的期望。第2种类别涵盖了心身或情感技能，如压力控制、恐惧控制、放松与激活，其中的一些技能将在训练与比赛中得到不同程度的运用。第3种类别是认知或思维能力，包括意象、心理练习、专注、再专注，以及比赛计划。

这些心理技能都可以适用于不同水平的运动员，一些技能也能区分不同运动表现水平的成功运动员，如国家级运动员、国际级运动员、获得奖牌的运动员，以及未获奖牌的运动员（Durand-Bush, Salmela & Green-Demers, 2001; Durand-Bush & Salmela, 2002; Salmela et al., 2009）。

第16章
OMSAT-3 心理技能评估

约翰 · H. 萨尔梅拉（John H. Salmela）

16.1 目标设定

许多研究者认为目标设定是一种提升运动表现的基本技能（Burton, 1993; Harris & Williams, 1993）。更确切地说，他们认为掌握了这项技能后，运动员可以更好地集中注意力、保持张力与持久力、增加自信及控制焦虑（Burton, 1993）。Gould（1998）还建议运动员制定具体的、可量化的目标，这些目标既有难度但又现实可达，并且有利于最大化它们的效果。还有人提到，如果运动员设定短期目标、长期目标（Harris & Williams, 1993）及运动表现目标，如提高优质成套动作或改进问题动作的数量，而不是设定诸如击败对手或在某个项目里获得一定分数这样的结果型目标（Burton, 1993），他们就可以进一步提升运动表现。

在OMSAT-3的目标设定维度中，"我设定困难但可实现的目标"能很好地区分加拿大国家级和国际级水平运动员。同时，这一条目表明，精英运动员应该设定目标，但不是任何类型的目标。相反，他们需在相信自己可以实现的前提下，设定富有挑战性的目标（Durand-Bush, Salmela & Green-Demers, 2001）。

目标设定对体操学习与运动表现的影响

即使是有抱负的体操运动员，也不可能为了精通体操这种多维度、高难度的运动项目而每天都设定高水平的目标，这是不现实的。当年轻女孩们第一次在电视上看到罗马尼亚选手Nadia Comeneci与苏联选手Nelli Kim在1976年蒙特利尔奥运会上取得10分的成绩，或是1984年Mary Lou Retton帮助美国队在洛杉矶夺得团体冠军之后，女子体操俱乐部的注册人数在世界范围内激增。然而，尽管体育运动的目标可以让一个人保持专注、坚持与自信，但这还远远不够。在经济萧条的社会中，那些将体操视为唯一生计的运动员可能会坚持实现这些崇高的目标，因为他们的成功依赖于国家的支持，而美好的未来生活依赖于比赛的奖金。在巴西也是如此，像Deanna dos Santos与Hypolito这样的成功运动员现如今可以获得丰厚的收益。

在与大学生探讨长期目标设定时，我经常在我的班级、课堂或研讨会上问他们以下问题："你们当中有多少人想成为自己喜爱的运动项目的奥运冠军或世界冠军？"几乎所有人都立刻将手举了起来。但当我问他们："你们当中有多少人愿意在未来10年里，每周训练6天，每周训练20～30小时？"，几乎所有举起的手都放下了。需再次强调的是，在设定目标的同时，需掌握与自信相关的另外两项基本技能，即目标的现实性以及为了实现这些目标做出必要的承诺，即使需要投入大量时间且可能会遇到挫折与伤病。

这就是Ericsson（2007）所称的刻意练习，或者刻苦练习，旨在将当前的表现提高至世界顶级水平。但要做到这一点，就需要设定极高目标。通常情况下，想在体育、国际象棋或音乐方面获得专业能力，需要进行至少10000小时的刻意练习。不过，如果音乐家在他们的黄金年龄继续练习，他们的职业生涯可以增至55000小时。在加拿大一次精英体操教练的研讨会上，我请他们估算一下他们在自己运动员职业生涯中一共训练了多少小时。加拿大体操运动员和教练的回答由3000小时到7000小时不等，但有一个例外：目前在加拿大做教练的苏联女子团体冠军Elvira Saadi，据说她的训练时间达到惊人的20000小时！

就我个人而言，我只在加拿大体操锦标赛上获得过一枚铜牌及1961年个人全能的第5名。我还曾在1964年作为队长参加了加拿大青少年橄榄球锦标赛。回想起来，有趣的是，我并没有刻意设定任何个人目标。我想，如果你来自一个工人阶级家庭，你的现实生活理想就是有一份稳定的工作，例如，我也花了2年时间在加拿大贝尔公司（Bell Canada）安装电话。后来，我父亲在1991年去世之前告诉我，我应该留在贝尔公司，而不是去当体操教练，因为我可能会摔断脚踝！

就人生目标而言，当我在巴西教授研究生运动心理学时，发生了一件比较幽默的事情。我问我的学生："当你死的时候，你认为你的朋友与同事会如何在你的墓碑上书写你的目标与成就？"全班都被这个问题惊呆了，当我让他们都给我一个回答时，答案都很有趣。他们都没有提到："他比队里的任何人都努力"，或者"他实现了自己的梦想"。他们的回答相对比较浅显。显然，这些人从来没有想过长远的、终身的目标，或者与目标相关的伟大成就！

16.2 自信

除了目标设定，信念或自信也有利于运动员取得卓越表现（Harris & Williams, 1993; Nideffer, 1987）。正如前面提到的Orlick（2008）研究中提到，自信是另一项至关重要的核心技能："要达到个人运动生涯的最高水平，就要相信自己的目标，相信自己的目标的重要性或意义，并且相信自己有能力达到这个目标"。

自信既是周期性的，也是可变的。在某段时间里，人们会比在其他时候都要更相信自己。Orlick指出，高度自信的人往往拥有一个坚实的支持网络，也就是说，亲人和其他人相信他们，并对他们的表现保持积极的态度。这些运动员得到了许多积极且有建设性的反馈，从训练与比赛中吸取了有建设性的教训，并定期不断提升然后获得成功的运动表现。

　　由此可见，对自己的承诺和信念是运动员发展和保持其体操运动表现从而实现高水平的目标和体操专业技能所需要的关键心理技能。此外，目标设定也是运动员用来增强自信和追求卓越的重要技能。其他与取得成功相关联的心理技能，如流畅状态的培养也在文献里得到了探讨（Jackson & Cziksentmihalyi, 1999）。首先，流畅状态是一种意识状态，在这种状态下，个体将完全投入特定的活动中，并排除所有其他消极的想法与情绪。流畅状态也指理想的表现状态（Unestâhl, 1975），或处于舒适区内，而且并不一定随着比赛的胜利而结束。

　　当体操运动员在比赛和专项技术中感受到艰巨的挑战，然后获得了良好的表现和训练效果并能自我感知时，就会出现流畅状态（Jackson & Cziksentmihalyi, 1999）。体操运动中这种现象并不常见，然而，它似乎会随着其他经历而变得越发常见。体操运动员可能会觉得他们的表现毫不费力，而且没有压力，这种情况下可能会出现时间扭曲的情况，以至于从心理角度来看运动表现的时候，要么处于一个缓慢的梦一样的状态，要么发生得非常快，或处于流畅状态。流畅状态的发生受到许多因素的影响，如动机、适当的心身和心理状态、适当的赛前及比赛计划，以及身心准备度（Weinberg & Gould, 1999）。好消息是，技能水平与挑战都是可教可学的心理技能，会随着练习而发生变化。但是对运动员来说，流畅状态的来源并不总是显而易见的。然而，体操运动员与教练的最终目标是适当地平衡身体及心理方面的训练，并最终进入这种能获得较好运动表现的流畅状态。

自信对体操学习与运动表现的影响

　　自信或信念是心理技能基础三角中的一个基本元素。非体操运动员通常在被问到"体操运动中取得成功核心的重要的心理概念是什么"时，往往会得到"自信"这个答案。我们都记得，小学时候数学、阅读和体育比较突出的同学都是很有自信且年龄稍大一些的男孩或女孩。通常来讲，在同龄人还没有掌握某项技能之前，体操运动员就已经通过在体操里取得成功来培养自信。变得自信后，教练会给予奖励，这反过来又增加了体操运动员对自己的信心。

　　即使达到世界冠军及奥运冠军的最高水平，也会出现挫折及丧失信心的情况。2006年，当我陪同伊朗国家代表团参加卡塔尔亚运会时，跆拳道教练让我去找运动员Youssef，与其交流他的自信问题。这位年轻人在雅典奥运会上获得银牌并两次获得世界冠军。然而，他对即将在多哈举行的4场比赛失去了信心。我连续7天与他见面，即使在比赛当天，他依旧没有调整好心态，我非常生气地告诉他，离比赛只剩下24分钟，为了这次的比赛你已经进行了14年的高水平训练，还取得了许多奥运会与世界冠军。

　　第1场比赛他轻松获胜。比赛结束后，我在热身馆与他碰面。我手里拿着一块牌子，上面写着："18分钟。"之后我起身离开了场馆。每一次比赛成功后，我都会重新记录时间，如"12分钟"与"6分钟"。这时，包括他在内的整个伊朗队开心大笑。他赢得了金牌，但他需要一点自信心！

就体操而言，流畅状态在一位前世界冠军和奥运体操冠军身上得到了很好的体现。我在1976年蒙特利尔奥运会上观察了这名体操运动员，后来印证了我的看法。2004年，我有幸与蒙特利尔奥运会跳马及自由体操双金牌得主Nelli Kim一起参加了国际体操教练学院。在奥运会期间，我与我的硕士生在最好的座位上对体操运动员进行行为观察（Salmelaet al.,1980）。我向她回忆说，她似乎处于心理舒适区，并以一种行云流水的状态获得了优异的表现。

她与我分享了她处于流畅状态时的确切特征：毫不费力、顺利地完成了所有成套动作并感觉时间出现了扭曲，所有的比赛动作似乎都放缓了。我在前往吉隆坡体育中心的巴士上跟她说，我下午会谈论这种流畅状态。她似乎很惊讶，回答我说："我一直认为是上帝让我表现得如此出色。"我心里默默记下了这个别样的假设，然而作为一名科学家，我知道，相较于宗教沉思，科学环境能让我们更容易地检验流畅状态假说。

在1988年汉城奥运会的备战中，我们安排了3周的训练营，其间，教练与我想出了一个建立信心的练习，在这项练习中，所有7名队员必须成功地完成两次成套训练，任何人都不能够出现大错，否则所有队员都必须重做。我们还告诉他们，如果失误过多，我们将推迟晚餐时间。由于每位体操运动员的表现都会影响他们队友的重复次数，在这项练习里，所有队员都对自己满怀自信并做出了承诺，因此，整个团队在没有任何大错的情况下连续完成了84套动作。 我们在休息日打高尔夫时，体操运动员仍然激情高涨。这种压力训练对我们很有帮助，我们在这届奥运会上取得了最好的团体成绩。Oudejans（2008）支持这些方法，并建议"……为了不让计划搞砸或出现'Choking*'现象，应该从第1天起就提高训练的心理热度"他还补充道："运动员了解如何进行比赛的训练，但他们不会在压力下进行训练，因此他们会失败。"

另一个非体操项目但令人印象深刻的自信心案例来自加拿大皮划艇运动员Larry Kane。1983年，他印制了一张名片并将其分发给每个人，上面写着"Larry Kane，1984年洛杉矶奥运会皮划艇冠军"，结果他赢了！这就是公开自信的一个典型例子！

16.3　承诺

目标设定可能是"行为科学中可用的最能改善表现的技术之一"（Burton, 1993, p. 469），但是，如果不能发展一个持续的承诺来实现设定的目标，这种改善的幅度或许会大打折扣。Orlick（2008）认为运动员的承诺水平是成功的关键因素。Niemi（2009）给出了强有力的证据，证明医学与运动领域中均存在着强大的安慰剂效应。即使这些效应不切实际——带来了医学上或是心理上的错误信息，例如"你是有史以来最好的"，它们还是可以积极地影响承诺。

---

*："Choking"现象是一个心理学术语，被定义为"在压力条件下，一种习惯的运动执行过程发生衰变的现象"。其可被理解为运动员在关键时刻以先赢后输的形式丢掉冠军的现象，也被称为"反胜为败"现象。——译者

为了取得卓越成就，个体必须做出或发展高水平的承诺技能，在某一特定的，或者相对较短的运动时间内，将自己在某一项运动中的努力视为主要的生活焦点（Orlick，2008）。然而，全身心的投入也可能对表现产生不利影响——会引发疲劳或运动倦怠（Weinberg & Gould, 1999）。为了防止过度训练，Orlick建议，要在承诺与适当恢复期及愉悦的活动（与工作无关）之间取得平衡。

研究人员已经表明，有几种方法可以提高运动员对所从事运动项目的承诺水平。对一项运动有发自内心的热情或热爱，个体便会做出更高层次的承诺。此外，研究表明，当个体做出高层次承诺时，他会认为自己的目标是有价值且可实现的，并且十分相信自己（Orlick, 2008）。

Orlick探讨了它在增强运动员的自信及承诺水平方面的重要作用。此外，根据Harris和Williams（1993）的研究，当运动员做出某些牺牲，当他们投入的时间与努力得到家人与队友的认可及支持，以及当他们公开自己的承诺时，他们承诺的技能水平将有所提高。

为了解释如何达到专家表现，Ericsson、Krampe和Tesch-Römers（1993）创建了一个模型。该模型提出了一个假设，即在某个领域中，刻意练习是专业水平表现提升的主要创建机制。刻意练习指的是一种为改善表现而付出努力的活动。有趣的是，人们认为，与玩要相比，刻意练习没有内在的激励作用，它也不会像训练那样带来直接的社交或金钱方面的回报。此外，在某一特定领域达到专家水平估计至少要有10000小时有意义和目标导向的练习，实际上，这便是我们所探讨的承诺。

使用OMSAT-3对国际级和国家级组别运动员进行的测试中，3个最具辨识度的承诺问题是："我愿意牺牲大多数其他东西，以使自己在运动专项中出类拔萃""我致力于成为一位出色的运动员"，以及"跟我生活中的其他事情相比，我会更加投入去提升我的运动专项"（Durand-Bush, Salmela & Green-Demers, 2001）。这不足为奇，因为正如前面提到的，精英运动员都是极其敬业的个体，为了被称为最优秀的人，他们愿意做任何事情，即使这意味着他们需在一段时间内牺牲对自己来说很重要的一切；但不幸的是，正如我们最近所观察到的，有些运动员为了达到这一目的，不惜使用非法药物（Orlick, 2008; Orlick & Partington, 1988）。

承诺对体操学习与运动表现的影响

几乎每个人都会设定他们的新年决心或新年目标，例如减肥、增加运动量或戒烟。然而，对于有抱负的体操运动员，在对练习与比赛做出承诺时，不仅要考虑自己，还必须考虑来自父母、兄弟姐妹及教练的期许。在体操中心比较集中的大城市，由于购买器械及聘请教练的费用高昂，少儿体操运动员通常由父母接送。如果他们的父母有工作，则由看护人或祖父母接送。如果他们有兄弟姐妹，那么他们很少会同时参与相同的项目或活动，因为他们的时间资源已经被运用到了极致，社交活动及交通也因此而变得更加复杂（Côté, 1999）。因此，承诺的水平不仅是有抱负的体操运动员的决定，也是其兄弟姐妹与运动员父母们的决定。

蒙特利尔的 Gymnix 俱乐部是该市最成功的女子体操俱乐部之一，拥有多名奥运会选手与世界级选手。20 世纪 70 年代，该俱乐部创始人兼总教练 Nicole McDuff 在选拔体操运动员时采用了一种独特的流程。她会邀请有抱负的年轻女孩及她们的父母与她的精英团队一起参与 3 ~ 4 小时的训练课。训练课结束后，她会问父母及年轻的候选人是否愿意忍受 1 周 6 天，每天 3 ~ 4 小时的训练并安排好来往体操馆之间的交通事宜，以及准备好面对未来 10 年里的周末赛事！在超过 50% 的案例中，这个关于承诺的问题都是否定的。因此，对那些最终会放弃这项运动的体操运动员或他们的家长来说，没必要在这些事情上浪费时间。为了论证这一观点，OMSAT-3 中最具辨识度的问题是："我的运动专项是我生命中最重要的东西。"对青少年或小孩来说，这可能是真实的，然而这种观点显然会随着家庭的职业及日常活动的不同而改变。

但承诺有时不仅仅关乎个人，还关乎团队或国家对体操运动员的期许。我参加了 1976 年蒙特利尔奥运会和 1988 年汉城奥运会，这两次比赛中运动员的承诺水平远远超出了人们的想象。在蒙特利尔，日本队已经在男子体操项目中开创了一个王朝——他们于 20 世纪 60、70 年代获得了团体体操冠军。截至蒙特利尔奥运会，日本已经连续 4 次获得团体金牌。在团体决赛中，Shun Fujimoto 的膝关节在自由体操项目中受伤。但他没有退出比赛，而是隐瞒了自己的受伤情况，完成了他的鞍马和吊环项目的比赛。在吊环比赛中，Fujimoto 在一个膝关节受伤的情况下，完成后空翻两周转体 360 度并用另一只脚着地，获得了 9.7 分！他的得分帮助日本队连续 5 次获得团体金牌。时至今日，日本的民众仍然记得他对体操团队的伟大奉献。另一位日本体操运动员 Sawao Kato 在 1974 年瓦尔纳世界锦标赛上也诠释了同样的承诺。他曾在 1968 年与 1972 年获得奥运会个人全能冠军，但在这次单杠比赛中，他的肩膀出现了脱臼。尽管如此，在狂热的日本体操迷鼓励下，他试图在一只手臂悬吊在肩膀的情况下重新上杠，但没有成功。按理说他没必要继续下去，他尽力了但却失败了。不过这不是因为他没有足够的承诺或勇气，而是因为明显的伤病原因。

下面探讨关于团队承诺、坚韧不拔的精神或者说鲁莽作风的一个案例。1964 年在加拿大举办的斯坦利杯冰球决赛第 6 场比赛中，双方打出了 3 比 3 的平局。多伦多枫叶队的防守队员 Bobby Baun 的踝关节因一记重击而骨折。他回到训练师诊所，医生告诉他，踝关节伤得很重。他说再也没有比这更痛的了，因此他告诉医生只要给他注射止痛药，将踝关节包扎紧，这样他就可以继续参加加时赛了。虽然他称不上一位伟大的射手，但他打进了制胜一球，然后说道："这是我一生中最伟大的突破！"现在你来判断他应该被归入哪一类：忠诚、意志坚强还是鲁莽。

对我来说，最后一个案例离我的家乡更近一点，因为我曾在加拿大队负责心理技能咨询超过 10 年。在我们开始加拿大男子体操国家人才选拔测试（全加拿大男子体操选材计划）的 10 年前，我认识了 Philippe Chartrand，当时更多使用固有的和/或遗传变量进行选材。但说实话，任何人都可以在没有任何其他科学信息的情况下，将这位强壮、灵活、帅气的体操运动员视为体操"天才"。Philippe 在他的职业生涯中不断进步，并于 1983 年 21 岁时在埃德蒙顿世界大学生运动会上成为单杠世界冠军。在 1988 年汉城奥运会的 6 周备战过程中，我们制订了许多比赛应急计划，例如，倘若一名队友在比赛中受伤，队伍应该实施怎样的应对措施。对此，队员们达成了一致意见，即跳过处理伤员的环节，将注意力放在下一个项目上。

在汉城奥运会的团体决赛中，Philippe 在进行跳马时膝关节错位，所有人都认为他完了。但队员们还是照常训练，没有急着照看他的伤势，继续为双杠项目热身。但 Philippe 不是一名普通的体操运动员，他是体操队的队长，他有着钢铁般的意志，当其他体操运动员热身时，他在场边跟跑着穿上白色裤子，然后走到双杠前，这让全队感到震惊。由于他是加拿大队最后一名上场也是最好的队员，充分的热身后他在双杠及单杠上分别完成 2 周和 3 周空翻下法后单腿落地！他的这一举动，减轻了团队人员担忧，最终加拿大队获得了第 9 名，这是加拿大有史以来获得的最高排名！这就是对团队与国家的承诺。

16.4　3 个基础心理技能对体操学习与运动表现的影响

通过考虑基础技能及其相互作用，可以得到许多重要的经验教训。首先，基础技能得分必须相对较高，否则在体操或任何其他领域取得成功的可能性很小。就目标设定而言，如果你面前没有一张由你、你的教练或你们两人共同绘制的蓝图，那么你最终很有可能会偏离方向。开始为你最终的梦想努力吧，例如加入国家队、代表你的国家参加世界比赛或奥运会，去赢得一枚奖牌。

第 2 个要素（自信或信念）是将所有 3 个基本要素结合在一起的黏合剂。后来从国家级、国际级及曾获得奖牌的运动员（包括体操运动员）身上得到了最新证据，在综合考虑他们在体育领域的专业能力水平时，他们将这 3 个要素很好地结合在了一起。我遇到过一些认为自己技能水平较低的体操运动员，他们的梦想是参加奥运会，但当他们到达那里时，他们要么不参加比赛，要么假装受伤。很明显，他们的目标设定得太低了——只是参加团队或者参加开幕式，然而，他们并不是很为自己的成就感到自豪。如果他们致力于这个梦想，并且以在半决赛里比成平局或进入决赛为目标，这个梦想的目标是可以接受的。很明显，为了在所有领域取得卓越的表现，体操运动员必须常年地进行大量练习（Ericsson, 2007）。目前，训练的承诺水平是每周高达 30 ~ 36 小时的体能及专项训练，期间只安排了很短的假期。

16.5　心身调控技能

压力控制及其对体操学习与运动表现的影响

压力是训练与比赛的内在组成。研究表明，对压力或比赛压力的消极反应不利于体操表现。相反，对压力、唤醒或紧张的积极反应可以改善体操运动员的表现（Rotella & Lerner, 1993）。在 Murray（1989）开展的一项研究中，运动员被问及他们如何解释赛前的唤醒水平。超过 70% 表示比较享受比赛带来的紧张感，这有利于运动员的表现，也是他们做好表现准备的良好指标。因此，Rotella 和 Lerner 强调了开发有效方法来应对可能限制体操运动员实现目标的压力状况的重要性。

人们做了许多以压力、焦虑与唤醒为主题的研究（Gould & Krane, 1993）。运动心理学文献经常交替使用这3个术语。Martens（1977）将压力定义为：

> 这是一种对环境需求与反应能力之间严重失衡的感知过程，在这种情况下，如果无法满足需求，将需要面临严重的后果，同时，焦虑状态也会相对应地增加。
>
> p.9

Spielberger（1966）对状态焦虑和特质焦虑进行了清晰的区分。状态焦虑被定义为一种特定情境下的情绪状态，它反映了感知到的恐惧和紧张，这些与唤醒的增加或减少有关。相反，特质焦虑则指的是在许多被视为威胁的情况下的一种稳定的行为倾向。为了解释唤醒与表现，或焦虑与表现之间的关系，研究人员提出了各种理论假设（Gould & Krane, 1993）。最近的发现使研究人员相信，焦虑的多维理论对理解焦虑与表现的关系有很大的帮助。该理论预测了认知焦虑及躯体焦虑将以不同的方式影响运动表现（Burton, 1988）。更具体地说，情绪焦虑与运动表现之间存在很强的线性负相关，躯体焦虑与表现之间则存在较弱的倒U形关系。Gould和Krane提出，需要在多维焦虑理论基础上进行更多的研究，然后才能依据这个理论的假设做出有效的推论。

Rotella和Lerner（1993）在考虑如何应对比赛压力时提出了一些有见地的意见：

> 竞技水平越接近，比赛越重要，面对挑战时运动员就越有可能承受较大的压力。在最高水平的比赛中，他们必须能够始终如一地以巅峰水平或接近巅峰的水平表现自己。
>
> p.528

Murphy和Jowdy（1993）发现，意象与心理练习技能是压力管理的重要组分。Lazarus与Folkman（1984）发现，在意象的干预下，参与者能够更加有效地制订压力应对策略。在其他研究中，意象技能不仅成功地减少了不同类型的焦虑，如医学焦虑、考试焦虑等（Wine, 1971），还改变了运动行为。

Hardy（1990）与英国国家体操队合作开发了一个模型，该模型解释了生理唤醒（肌肉紧张、出汗、心跳及呼吸频率增加）之间复杂的相互作用。这个模型已被证明有利于人们由困倦状态转变为最佳情绪状态，进而获得更好的运动表现。但随着唤醒程度的进一步提高，它会对运动表现造成不利影响。这被称为倒U假说，一种100多年来众所周知的生理状态（Yerkes & Dodson, 1908）。生理唤醒的倒U现象可以在我们自己与他人的日常生活中体会到。例如，早上醒来的时候，你的生理兴奋状态处于最低点，这个时候不适合计算你的所得税之类的工作，因为你的表现必然处在欠佳的状态。然而，一旦你站起来走动，你的生理状态就会改善，你可以开始更清晰地思考。但如果你决定进行一次剧烈的跑步运动，然后马上投入你的工作，这可能也不是最佳时期，因为这项活动会让你感到疲惫。这个生理活动水平的变化遵循着一个钟形曲线，如果你没有进一步的压力，它会慢慢回到清晨的状态，然后你就会睡着。

　　然而，认知焦虑则是另一个问题，因为它与担心、怀疑、恐惧及其他外部压力有关。在体操比赛中，它可能与对身体及心理准备的担忧、完成自己比赛任务的重要性及后果、团队实力、对对手实力的考虑，甚至是对裁判员的能力或国籍的担忧有关。然而，当生理兴奋与认知焦虑，或怀疑、担心的状态结合在一起时，将会达到一个阈值，在该阈值下，唤醒曲线急剧下降，这与平滑的生理唤醒钟形曲线不同——就像一个台球从桌子上掉下来一样。曲线的形状看起来像一块对半的椭圆形奶酪——曲线会逐渐增加，然后在中心处90度回落，这对运动表现造成了直接影响。因此，Hardy（1990）提出突变模型的概念，该模型以另一种方式解释了体育运动中由于压力状态而导致的"Choking"现象。我们可以通过身体关系来减弱这种状态的影响，并通过心理技能重建来恢复体操运动员的自信与控制力。

　　突变模型的一个应用案例，例如要求一个体操运动员在单杠上屈伸上支撑做一个标准的倒立，然后下摆完成一个回环，最终回到倒立的姿势。正常情况下，体操运动员会处于一种生理焦虑的平静状态，如果要求做5～10个且每个都以标准的倒立姿势结束，训练有素的体操运动员或许能够轻松地完成这些动作。但是，如果要求体操运动员完成10次标准的回环至倒立，失败就无缘参加奥运会，那么认知焦虑也会因此而大幅增加。此外，因为认知焦虑会引起过分担心，他们的表现可能会出现灾难性的崩溃。

　　从这个方面来讲，很难确定OMSAT里的压力控制本质上是否为一种真正的心理技能。在其中一个例子中，研究人员发现，这个维度能很好地区分运动员（Salmela, Monfared & Mosayebi, 2009），而在另一个例子中（Durand-Bush, Salmela & Green-Demers, 2001），则没有类似的发现。在这两种情况下，除了量表中的"再专注"外，压力控制与其他维度条目之间都呈现弱相关性。不过，压力控制仍具备可接受的内部一致性。其他多维条目量表中并没有包含这个维度，但这并不意味着它不是运动员获得高水平表现所需要的一项重要技能或能力。以下为压力反应条目里的两个题项示例："我的身体在比赛期间出现了不必要的紧张"或者"由于我非常紧张导致运动表现出现问题。"

　　或许，我们可以用另一种方式来解释这种不确定结果：该维度是特定于运动项目的，也就是说，它可能更适用于参加体操、高山滑雪、雪橇、有舵雪橇，以及静水皮划艇等项目的运动员，在这些运动项目中，身体压力是训练与比赛中的主要因素。然而，除了参加这类项目的运动员，其他所有的运动员都存在诸如"我害怕失败"及"我害怕犯错"这样的心理。

　　必须记住的是，体操对人类来说是一项非自然的运动。人类的前庭或内耳的平衡系统能够让人们保持直立姿势、在站立的位置上保持平衡，以及让头部处于正常的解剖位置。然而，许多体操动作，如最简单的倒立，都需要运动员翻转身体。对一名初学者来说，这些动作正是压力的来源。因此，从20世纪20年代到20世纪50年代，许多早期奥运冠军的照片都表明，体操运动员在倒立时往往呈拱背姿势，这样头部就可以处于一个看似正常但压力较小的垂直位。因此，从压力方面来讲，体操并不像跑步、散步、投掷或跳跃一样是一种正常的人类体育活动。它在本质上、生理上、解剖学上及心理上都会引起压力反应！

恐惧控制及其对体操学习与运动表现的影响

在这个问题上，心理学家David Feigley对体操运动中的恐惧进行了广泛观察：

> 对一些体操运动员来说，恐惧是阻碍学习与成功的主要心理障碍。它不仅阻碍了新技能的学习，还阻碍了已有技能的提升。它会让运动员感到无助，丧失对生活的控制。恐惧会侵蚀运动员的自我价值感与能力，并破坏运动的乐趣。一些本来很成功的体操运动员甚至因为恐惧而结束了自己的职业生涯，他们放弃了，因为他们无法应对一直存在的恐惧。

> Feigley，1987，p.13

然而，有的时候，观众之所以被体操运动所吸引，是因为他们希望从中克服恐惧。Feigley概括了体操运动员必须"……认识到他们可以有效地承担个人责任并控制他们在运动中遇到的恐惧。成功的体操运动员应该能掌控自己的生活"（p.13）。然而，在滑雪、跳台滑雪、摩托车及体操等高风险运动中，恐惧是无法消除的。就如飞蛾扑火，离火太近则可能会有危险。很多体操运动员都试图消除恐惧，这是对体操运动危险技能的一种自然反应，实际上恐惧也是高水平体操的一个重要特征。

依据Cogan（2006）的相关研究："恐惧能够让体操运动员保持足够的注意力，进而安全地发挥高难度的技能。因此，体操运动员的目标应该是带着恐惧训练，而不是将其消除。恐惧通常是因为携带了多余的精神包袱或消极的想法，如为日常琐事考虑太多。体操运动员应该学会在精神上放下这些包袱，松开双手将这些包袱扔到地上。澳大利亚人Peter Terry建议运动员可以在比赛开始前用iPod播放自己最喜爱的音乐。8届奥运会金牌得主Michael Phelps在2008年北京奥运会游泳比赛中就采用了这一策略。

Feigley（1987）指出：

> 如果一名体操运动员从不害怕，那么他不是愚蠢就是无知。经验丰富的体操运动员经常会经历恐惧。那些在这项运动中取得成功的人已经发展出了解决恐惧的方法，从而控制住了风险。但不幸的是，一些运动员试图否认他们的恐惧，因为他们将恐惧视为一种弱点，害怕显得愚蠢，认为自己是团队中唯一害怕的人。

> p.4

这就是一名有经验的教练或心理技能训练师的发挥作用的地方。

Kerr（1997）将此称为逆转理论。根据该理论，恐惧或压力控制的程度不仅会影响体操表现，还存在着个体差异——个体对恐惧或压力的理解可能会带来更大的影响。我们知道，体操运动员可能是非常活跃的，因此，这种状态刚出现时可能被理解成消极的并诱导了压力。然而，教练或心理技能训练师可以扭转体操运动员对恐惧的固有理解，使其从恐惧中体会到愉悦的兴奋。

1989年，我陪同一群13 ~ 16岁的男子体操运动员在英格兰的利勒斯霍尔进行训练，教练的任务是让他们接受高强度的技术训练，我还为有望参加1988年汉城奥运会的6名教练及12名运动员提供了心理技能训练。除了心理技能训练课，我还需要了解及发展新规定的难度动作，以帮助加拿大获得奥运会的参赛资格。

学习新动作的时候，运动员一定会应对与受伤相关的新恐惧。当我讲授各种恐惧的理论部分时，例如现实恐惧与未知恐惧，课堂变得安静下来。我们专门研究了特卡切夫，一个相对较新的单杠技术动作。这个动作会让人感到害怕，因为它需要运动员以大回环开始，从起始垂直倒立体位到大回环3/4的地方脱手，然后大幅度地屈曲拱身完成大回环反向越杠，最后希望他们可以在没有视觉指引情况下，从另一边抓住单杠。抓杠的时候是最为恐惧的。当我特地问他们学习特卡切夫过程中最担心的是什么时，一名幽默的体操运动员说："我的牙齿碰到单杠了！"

那天晚些时候，在这个完全安全、现代化的训练设施里，我们的年轻选手们进行了准备练习，其中，我们配备"提醒器"提醒脱手和弓身，但没有一个人松开单杠！一个法裔加拿大人Benoît，在进行了25次练习之后，开始尝试这一动作！由于脱手的时间稍早，在离杠大约两米的地方，他的大腿后部撞在了单杠上，大腿的反作用力将他弹回了海绵坑，但没有造成任何损伤，他也露出了笑容。

最可怕的恐惧诱导已经出现了，他还开心地活着，而且没有受伤！ Benôit已经将他的恐惧转化为团队的兴奋，并在10秒内将非常负面的情绪转化为更积极的兴奋状态。在我们午餐休息前的20分钟内，这个转变在Benoit的所有队友身上蔓延开来——我们年轻的队员要么在脱手后掉进了泡沫池，要么成功地再次抓住了单杠。这便是恐惧与兴奋之间美丽的心理连接。

然而，体操运动中也存在一些非理性的恐惧，对此，我们可以通过教练所探讨的动作生物力学或其潜在的表现后果来加以解决：

> 当一名体操运动员丧失了原本能独立完成或在比赛中毫不费力地完成的某项技能之后，她将面临另一种心理障碍……某一天，她觉得有点晕头转向，没能在地面上完美地完成两周空翻的动作，或者她的时间节奏不对了。从那一刻开始，她的表现每况愈下，直到她根本完成不了这个动作。
>
> Cogan，2006，p.645

那么，一名娴熟的体操运动员是如何将一项经过多年练习的熟练技能转变为一种引发恐惧的动作的呢？下面通过一个例子来解释这个问题。我曾受邀为一位我认识的女子教练提供咨询，她的女儿在1个月内获得了省少年冠军及全国冠军。她告诉我，她的女儿害怕在平衡木上做后软翻，这是她在比赛中已经使用了8年的技巧。参观体操馆的时候，我让那个体操运动员在垫子上做了10多次的后软翻，她做得很好。然后我让她在距离地面25厘米的低平衡木上做同样的动作，她也做得很好。

接着，我听到体操馆对面传来一声尖叫，那是她的妈妈，也是她的教练，她告诉她的女儿，一个月后她要参加一个比赛，并且，这个动作她已经在标准平衡木上做了几千次，因此她需要在规定的练习中做这个动作。我停止了干预，走近那位母亲兼教练说："你是想失去一名体操运动员，还是想失去你的女儿？她必须换一个教练了！"

大多数体操运动员在完成一个新动作后都会感到自豪，然后兴奋地回家与母亲分享自己的成功。但当体操运动员的教练是他们的母亲时，他们就会感到羞耻、恐惧、无地自容。10年后，在一次全国锦标赛上，他们找到我感谢我简短但有帮助的干预。从那时起，她的一位同事成了她女儿的教练，她女儿还获得了一所美国大学的体操全额奖学金，她在那里表现得很好，她很喜欢这段经历。虽然简单但却重要的干预反映了心理技能学习如此之有效。

放松及其对体操学习与运动表现的影响

放松是一种用来减少兴奋或担忧的技能。虽然放松技能分为几种不同的类型，但它们都是Jacobson（1938）方法基础上的变式。Zaichkowsky和Takenaka（1993）就Jacobson的渐进式肌肉放松术（PMR）做了如下说明：

> 很明显，掌握Jacobson放松技巧可以降低焦虑、肌肉紧张与生理唤醒的水平。然而，只有少量的研究探讨了渐进式肌肉放松术技术在改善运动员运动表现方面的效果。
>
> p.521

放松的效果经常与其他兴奋控制技能结合进行研究，如深呼吸、冥想，以及包括想象与自我对话在内的认知技能（Zaichkowsky & Takenaka, 1993; Unestål, 1975）。放松技能不仅可以用来调节兴奋，还可以用来控制愤怒、减少肌肉紧张、增强魄力、调节注意力与信心。放松技能可分为肌肉到大脑及大脑到肌肉两类（Harris & Williams, 1993）。Jacobson的渐进式肌肉放松术是指在放松所有肌肉群之前先逐步地拉紧它们，因此它属于前一种类别。然而，这种方法对体操运动员来说时间太长且有点枯燥，而且并没有包含必要的认知训练。相比之下，超验冥想被归类为一种心理到肌肉的技能。

根据Harris和Williams（1993）提到的，必须定期练习放松技能。尽管有些人可能会比其他人花更长的时间来发展这些技能，但大多数人都能在几次练习后取得明显的进步。Harris和William强调了快速完全放松的重要性。他们说通过深度放松，运动员可以让自己脱离环境，让他们的中枢神经系统恢复身体、精神及情绪能量，并为学习快速放松的技能打下基础。他们将快速放松定义为在短时间内放松的能力。这种技能也是一种有效的策略，能使运动员在比赛中重新获得充分的注意力，并在比赛后回到一个平衡、受控的精神状态。

一种经过试验与测试的组合式放松方法已经在许多国家的数千名运动员身上得到了很好的应用，并且所需时间不到20分钟。使用该方法的时候，运动员需在短时间内收缩肌肉，教练或心理训练师会在刚开始时口头下达相关指令（Unestähl, 1975）。在最初肌肉向大脑传达信息的过程中，体操运动员最好赤脚躺在一个舒适的表面上，例如自由体操垫子上，穿着舒适、宽松的衣服，双脚分开，闭上眼睛。研究表明，这种形式的认知-行为放松可同时适用于个体和团体。运动员开始需单独地强烈收缩非惯用手的肌肉并深长地吸一口气，他们必须在心理训练师强有力的声音指引下保持这种状态——心理训练师用强有力的声音呼唤"努力，努力，坚持，坚持"（10 ~ 15秒），接着，用较低沉且平静的语气下达放松的指令。

随后，心理训练师向体操运动员引入大脑到肌肉或认知/精神的组分，并下达指令："注意收缩的手臂与未收缩的手臂之间的区别。"训练师需以轻微的声音下达这种直接的指令。该方法能够让运动员进一步地放松。读者可以在Unestähl（1975）的研究中找到更多相关信息。

稍后，我们会在认知技能部分探讨意象心理技能，但为了保持连贯性，现在是时候引入一些意象技能了。以下为另一种方法：

> 想象你站在一个10级台阶前面。当你走下第1级台阶时，你会变得越来越放松。来到第2级台阶时，你变得越来越向下，越来越放松，越来越有控制，越来越有把握，越来越舒服。

继续保持这种状态，直到走到第10级阶梯为止。

现在，特定于体操的意象阶段开始了。对此，我们提出了以下建议：

> 在你的前面，你会看到一个天蓝色的大气泡。这是你个人的精神气泡，它能让你远离压力、担忧及其他人（如其他体操运动员、教练或父母）的干扰，你可以在训练或比赛中使用这个气泡。它很漂亮，中间放着一把柔软舒适的躺椅，你现在可以坐在那里，或者躺下，并演练一些成套动作里面的一部分。在自己的气泡里，你始终可以毫不费力、完美、没有恐惧或焦虑地做这些动作。

让他们按照自己的意愿享受这种体验，然后引入一些体操技能，这将有利于他们以自信且有把握的状态进行想象。

对女子选手来说，这些动作可能包括在比赛中助跑至平衡木，在意象的更宽的平衡木上轻松地完成上法并开始她们的第1个难度动作，或者"完美"完成最后一个技巧串下法，她们可以在短时间内轻松地反复做10 ~ 20次。对男子选手来说，我通常会让他们先从鞍马开始，意象包括快速换手的双腿全旋，以及最后以高的、有控制的、钉住的下法结束动作。

　　然后，我将带运动员做台阶练习，并指示他们在每下一级台阶时要变得越来越清醒且有意识。我会说："每走一级台阶，你就会越来越清醒，越来越舒服，越来越有把握，越来越自信。"我们为每级台阶编了号，运动员需要变得越来越清醒，越来越有意识。此外，来到 8 ～ 10 级台阶的时候，我让他们稍微动动手指。考虑到深度的放松，他们有时很难做到这一点。接着，他们将慢慢移动踝关节并弯曲膝关节。随后，我让运动员躺在那里，享受这种平静、受控的状态。当他们准备好了，就慢慢地坐起来。整个过程的用时为 14 ～ 17 分钟。随后，我们立即进行了简短的反馈，我发现运动员们真的很享受这个过程。

　　2 ～ 3 节课后，我自己不再参与干预，因为我不希望运动员依赖我。我只是让他们收缩肌肉，然后让他们想象自己在发光的红球里放松身体，然后将注意力集中在自己的呼吸上，走下阶梯，进入气泡默念。当运动员完成以后，他们应该能够重新激活自己。我与来自 15 个运动项目的 200 多名伊朗运动员一起完成了整个过程，环境不太舒服，例如坐在教室里的硬椅子上，但只有一名运动员不能，或者不愿意完全地放松自己。

　　在关键的情况下，也可以使用"1 秒放松术"。冰球或足球比赛里负责点球的球员经常使用这种技术。执行这项技术之前，射手或守门员会深吸一口气，接着将其完全呼出。虽然不像上述技能那样戏剧化，但它确实能从身体的层面放松肩部，并有利于运动员积极地集中注意力，而不为其他琐事所困扰。体操运动中，运动员在上器械之前，或者在完成自由体操里最后一个技巧串跑动之前，也会经常看到他们使用"1 秒放松术"。

激活及其对体操学习与运动表现的影响

　　在比赛前或比赛中，运动员有时会出现唤醒不足，或者精神状态不佳的情况。在这些情况下，激励技术将大大增加运动员在体操里取得优异表现的可能性。教练与运动员已经使用了很多激励技术（Anshel,1990; Harris & Williams,1993），然而，只有少数研究检验这些技术的效果（Weinberg & Gould,1900）。

　　以往人们使用的激励技术包括使用快速呼吸技术、跑步、拉伸、大声叫喊、听刺激的音乐、观看刺激的视频或图像、口头提示、进行激励谈话，以及充满活力的赛前训练等（Zaichkowsky & Takenaka,1993）。众所周知，运动员还会从周围的环境，如观众、对手、队友、国旗或国歌中汲取能量，从而使自己精神振奋起来。Zaichkowsky 和 Takenaka 认为，运动员也可以将愤怒、恐惧、厌恶、蔑视等负面情绪转化为积极情绪，例如对完成的挑战感到兴奋，这能为他们的运动表现目标注入积极能量。

　　人们认为，在实施唤醒调节技术并取得良好效果之前，必须考虑某些因素。根据 Zaichkowsky 和 akenaka 的说法，对教练与运动员来说，首先，培养他们察觉是否需要改变以及何时需要改变兴奋水平的意识是很重要的。其次，教练与体操运动员需了解对每名运动员来说最有效的技术。教练必须认识到，运动员对兴奋调节技术的反应存在个体差异。

如图15.1所示，体操各项目之间的运动状态有时需要与一种平静的精神状态相结合，在平衡木或鞍马项目里，运动员应表出这种精神状态，接着全力以赴地完成跳马与自由体操项目。然而，我们在使用OMSAT-3评估时发现，大多数运动员在竞争环境中都能很好地激活自己，但需要学会身心放松。

由于举重运动员需要在几秒内发挥最大的力量，我们可以在该项目里看到一些有趣的例子。教练经常对运动员大喊，拍打他们的脸，给他们嗅盐，以激励他们举起最大的重量。在体操比赛中，这些流程可能对需要爆发力的项目有效，但对那些需要控制更精细的动作以获得最佳表现的项目则不然。

我看过一段Mike Tyson与其著名教练Gus D'Amado的视频——在参加自己拳击生涯的一场业余比赛之前，"铁人迈克"在教练面前哭了。他是一名让所有职业拳击对手都害怕的拳击手，但他却无法为业余拳击赛做好准备。我之前提到过，两届伊朗跆拳道世界冠军与一届奥运会银牌得主在国际比赛之前缺乏精神动力。因此，即使在最高水平的运动中，我们也不能保证运动员达到了良好的激活水平！

所有心身技能及其对体操学习与运动表现的影响

情绪或心身技能通常是决定体操成功与否最重要的因素。在我看来，恐惧是最大的运动表现制约因素。在20世纪60～70年代，大多数体操馆都没有配备8英寸的落地垫，单杠的护掌也很原始，并不能让体操运动员与单杠保持很好接触，没有3～4英尺的落地坑，只有几个2～3英寸的垫子。这种情况下，运动员在尝试高难度技巧时会非常危险。我有好几次飞离了单杠，头撞在了木地板上。这种糟糕的保护措施经常让我打消尝试高风险动作练习的念头。

在木制或瓷砖地板做技巧动作只能做一些空翻动作，特别是在比赛条件下，即使有1英寸的泡沫垫也好不到哪里去。因此，至少于我而言，恐惧是一个制约因素。我能够很好地放松、激励自己，但我的表现明显受到了恐惧与压力反应的限制，因此我特别敬佩那些在这些项目中取得成功的国际水平的体操运动员。

16.6　认知技能

意象与心理练习以及它们对体操学习与运动表现的影响

意象与心理练习这两个术语在运动心理学文献中是可以互换使用的，因此，在没有研究能够表明它们在实验上或功能上作为独立变量之前，本节将同时探讨这两方面。这两个概念通常应用于非竞技环境，而专注与再专注的心理技能通常应用于训练或比赛环境。

Murphy和Jowdy（1993）强调了认真区分这两个术语的重要性。Corbin（1972）将心理练习定义为："在没有真实动作的情况下，以特定的学习意图重复一项任务"（p.94）。另外，Suinn（1993）将心理练习与某些技巧联系起来，这些技巧需要运动员通过具像化或感觉来思考一种技能。例如，在练习一项技能的各个步骤时自言自语，想象自己或另一个人在完成一个动作，并在具像化完美表现方式的同时融入听觉、本体感受及情绪元素。根据这一定义，心理练习并不意味着参与想象或心理演练。在使用OMSAT-3的研究及干预中（Durand-Bush, Salmela & Green-Demers, 2001），这两个变量被分开了，因为人们认为意象的生成与将其整合到实践中是不同的。

Cogan（2006）还指出，如果体操运动员在平衡木上完成团身后空翻时出现了心理瓶颈，可以将意象作为一种激励的力量："不要将注意力放在固定于平衡木上的双脚上。应该想象双腿如同活塞一样将自己从平衡木推向空中"（p.652）。

并非所有体操动作都有着相同的难度，在上器械之前，与情绪相结合的意象应与最需要关注动作相关。如此一来，每一个成套动作都按照其关键难点与心理练习来划分，并且每一个关键技能都应该通过情绪来引导。更全面的意象或许适合鞍马或平衡木，因为这两个项目具备复杂且连续的特征。

Suinn（1993）指出，意象与心理练习技术可以用于实现多种目标，如增强正确反应、模拟竞争环境、消除焦虑或消极的想法。研究人员还发现，心理练习有助于新技能的学习，某些因素能够在不同技能水平下调节心理练习的有效性（Murphy & Jowdy, 1993）。在心理练习中，想象能力较强的人，也就是那些能创造出清晰、真实、可控意象的人，比能力欠佳的人获益更多。此外，相较于新手运动员，经验丰富的运动员能从心理练习中获益更多（Suinn, 1993）。

Mahoney和Avene（1977）发现，意象是影响心理练习效果的一个重要因素。意象结果被认为是心理练习的另一个中介因素。他们认为，消极意象，即人们在演练一项任务时产生的消极结果，会影响他们的表现。对此，研究人员给出了这样的解释："消极的心理练习将通过影响受试者的信心、注意力或动机等动态属性来影响表现"（Murphy & Jowdy, 1993, p. 230）。

有些人认为意象演练是一种流程，个体可通过该流程最大化地激发或从生理层面激活自己，以达到特定的表现水平。然而，试图验证这些观点的研究还未给出一个定论。一些研究还表明，意象演练里的兴奋并没有改善运动表现。对此，研究人员给出了这样一种解释：意象里包含的兴奋提高了激活水平，使其超过了最佳状态（Murphy, Woolfolk & Budney, 1988）。

从我们的角度来看，运动心理学中经常使用的自我对话技能是意象、心理练习、专注及再专注的一个组成部分，其指的是在成套动作练习中默念那些需要特别注意的关键字或短语。例如，在跳马空翻中，意象或心理练习可能涉及一个简短的言语提示或触发点，例如："朝跳马奔去，将足跟往后推。""在需要运用多种技能的复杂项目中，应将动作划分成自动化或者说已经完全掌握的部分，并重点关注难度更大或更危险的动作，这些动作是训练或比赛中自我对话最关键的地方。"举个例子，对一名娴熟的体操运动员来说，在双杠上做长振屈身上动作时，不需要太多的注意力，也不需要太多的自我对话，而空翻两周转体则需要体操运动员全神贯注并积极地自我对话，即通过诸如"即刻向前""紧紧地握住"或"完美落地"这样的潜意识暗示来进行更多的心理练习。

就意象与心理练习而言，最重要的是要确保这些意象清晰且准确，然后以最有效的方式将其付诸实践，这个过程可能会包括预期的行动、想法、情绪及结果。Sylvie Bernier是1984年洛杉矶奥运会跳水跳板项目的冠军。她说，当她遵照运动心理学家的建议进行第一次心理意象与练习时，感觉很愚蠢。然而她还是在自己卧室里完成了尝试。

几天后，当她站在跳板上时，她又发现了一个奇怪的现象——她已经在心里练习过这个高难度的跳水项目，现在简单多了。因此，临近奥运会的时候，她经常要进行80%的心理训练，以及仅为20%的体能训练。当然，从身体层面来讲，这要容易得多。她扩展了自己的思维框架，想象自己赢得了金牌。当她走上领奖台时，听到了国歌"哦！加拿大"的演奏！大脑所完成的事情真的不可思议。

然而，你必须先确定哪种意象及心理练习形式最有效。是像在视频中那样看到自己最好，还是像看到自己现实中即将做成套动作时的内心感知最好？高中的时候，我在睡前往往采用后一种方法，而且当我意象完成一个成套动作时，我的手掌心都会出汗。

个体对体操动作的自我感知并非始终都能以最准确的方式判断身体正在做的事情。大多数情况下，教练会就体操运动表现关键动作的要求提供批判性的反馈。然而，随着视频技术的进步，体操运动员可以轻易地通过手机视频观察自己，从而获得准确的表现评估。此外，这种评估既可以单独完成，也可以与教练一起完成。必须将这种形式的外在意象转化并内化为个人意象，如此一来，便可以在心理练习课上演练动作及情绪方面的感觉。

1963年，在密歇根大学我看到获得两次全国大学生运动会双杠冠军的Arno Lascari使用了这种技术。Lascari走在了时代的前面。他让人用Super Film 8相机拍下他整个赛季里的每一套动作，并且每周都要冲洗胶卷，研究每一个项目的技术，从而为他的心理和身体训练提供帮助。

由于并非所有的体操成套动作都有相同的难度，所以有必要确定顺序及优先次序，为此我们有必要为第2天成功完成所有成套动作制订计划。意象与心理练习过程应该以我们在职业生涯、学术生涯和体育活动中发挥作用的方式在心理技能层面加以运用。

例如，当我在水泥地或木地板上进行自由体操的练习时，我先做了在注意力方面没什么要求的手倒立支撑动作，然后做了一个前手翻接前空翻，这需要我全神贯注，因为在这些坚硬的地面上完成这个动作时，很有可能会擦伤脚后跟。在我的成套动作中，我加入了相对简单的空翻、平衡和柔韧动作。接着，我将注意力转向了现在看起来很简单的踺子、直体后手翻和后空翻。很明显，在弹簧地板上完成的现代体操成套动作变得越来越复杂，意象的动作演练过程将更加详细，复杂技能的难度也越来越大，但意象概念依旧没变。

训练、意象与心理练习方面还存在另一个相关概念，即不受监督的普通运动员往往在容易做到的简单动作上花费更多的练习时间。由于我天生柔韧性很好，我花了很多时间做前劈叉与侧劈叉，但我本应该花更多的时间练习那些让我感到恐惧的危险技能，恐惧的原因来自以前垫子的数量少而且薄，还有非常原始的护掌，这与现代体操没法比。虽然我仍然深爱并感激我的高中体操教练Don Cochrane，以及让我备受启发的足球教练Ivan Livingstone，但他们对我的要求并不高。回想起来，作为一个硬汉，如果他们要求我，我会接受更大的挑战。我会更响应达拉斯牛仔队伟大的足球教练Tom Landry的教练理念："让男人做他们不想做的事情，以实现他们想要的目标。这便是执教的意义所在"（Irwin, 1993, p. 1）。

专注及其对体操学习与运动表现的影响

大多数心理技能与技术，如目标设定、放松、激活、意象及心理练习，都需要出色的注意力控制或集中注意力的能力。事实上，在许多学术研究中，通常将持续关注最为相关的任务与环境刺激的能力称为专注，这也是运动表现的一个核心方面（Boutcher, 1993; Nideffer, 1987）。多年来，研究者从包括信息处理与社会心理学在内的多个角度对这一观念进行了研究。

从信息处理的角度来看，注意力被描述为"将注意力从一个信息源转移到另一个信息源的能力，并且在任何时候，我们所关注的信息量是有限的"（Boutcher, 1993, p. 252）。采用这一观点的研究人员致力于研究选择性注意、能力及警觉性。人们认为，选择性注意在运动技能的学习与执行中起着核心作用。当个人在某个特定时刻处理一定数量的信息，而其他信息被过滤或忽略时，就会出现这种情况。研究表明，选择性注意可以是自愿的，也可以是非自愿的，可以在各种各样的行为情境中出现。

人们已经对专注的另一个方面——注意能力进行了研究。研究表明，在任何时候，处理信息的能力都是有限的，当个体采取受控而不是自动的处理方式时，这种能力便更加有限。运动员在执行多项任务或试图将精力集中在一个以上的信息来源时，运动表现可能会因此受影响。当教练在体操运动员完成动作前给出过多详细的指导时，常常发生这种情况。Shriffin（1976）指出，虽然受控的处理方式可能在学习的早期阶段占主导地位，但如果要以一种轻松有效的方式来完成这些技能，那么最终它将被自动处理方式所取代。

唤醒是注意力的第3个方面，人们已经从信息处理的角度对其进行了研究。研究表明，当情绪唤醒增加时，专注力减小，他们对周围刺激的反应能力也可能受影响（Easterbrook, 1959）。Boutcher报告称，由于许多运动技能都是在唤醒状态下得以执行的，所以这种注意力降低的现象在运动表现中可能是很重要的。Nideffer（1987）报告称，当唤醒水平持续较高时，注意力可能会转向内在维度，如疲劳与疼痛，而不再考虑外部环境。

Nideffer证明了个体在运用不同注意处理方式的能力上存在差异，并得出结论：注意方式因人而异。研究表明，无论何种运动，注意力方面的需求都会在广度（宽泛或集中）及方向（内部或外部）两个维度上发生变化。应该用一个宽泛的外部焦点来将注意力集中在一个宽泛的外部环境上，例如足球中场的任务。而一个宽泛的内部焦点来将内部的注意力集中在各种策略与过往的经验上，如团队比赛里的指导。一个集中的外部焦点最有助于将注意力集中在外部环境的单一方面，如步枪射击，而集中的内部焦点有利于我们关注特定的内部意象或身体方面的线索，如体操中的平衡。在艺术体操运动中，集中的内在注意力必须在平衡和转身动作之间来回转移，以缩小接住抛向空中物体的外部线索。旨在论证注意力与运动表现之间的关系的研究结果促使研究人员开发出适合运动员的注意力训练计划。为了推动这类计划的进一步发展，Boutcher（1993）提出："在实际运动表现过程中，成功的注意力控制可能以一系列行为、生理及认知线索的构建为前提，并为随后施展的技能提供最佳的身心基础"（p.262）。

很多研究都关注到能够引发最佳注意力状态的线索或行为。在体育运动中，最佳注意力状态通常被称为巅峰表现或流畅状态（Csikszentmihalyi, 1975）。流畅状态与积极的情绪、高度集中的注意力以及手头任务之间的所有联系或统一有关。

前面的心理意象/练习部分已经提到，将体操运动员即将要完成的比赛表现分成离散的序列是很重要的。运动员不再躺在床上思考自己可能需要做的事情，他们现在正专注于竞争激烈的赛场，并且做好了随时征战的准备！

目前负责FIG指导学院的Hardy Fink向我讲述了体操运动员Boris Shaklin的一些故事，这名运动员曾为苏联赢得过6次奥运金牌。从历史上看，Boris可能是第1位长期系统地进行心理准备的体操运动员，甚至早于心理训练被提出来之前：

> 我对他的印象一直很深刻，当他在准备完成一套动作时，背对着器材站立，双臂垂在身体两侧，头部前倾，上背部呈圆形，这是一种放松的姿势，也是能够让他专注于后续任务的理想姿势。我猜他可能闭上了眼睛，因为在那种姿势下，这看起来很自然。
>
> 个人交流，2009年2月23日

Nideffer（1987）是第1个提出"专注"这个术语的人，他指出，将注意力集中在体育环境里重要的事情上是至关重要的。事实证明，体操运动员既可以将注意力集中在观众、裁判或其他选手身上，也可以关注自己的心理意象或情绪状态。

在体操中，身体会承受不同水平的压力，但心理的压力是一样的。1987年，我在鹿特丹参加了世界锦标赛，当时加拿大男子体操队正争取第二年汉城奥运会的参赛资格。规定动作完成后，加拿大队排在第9位，排名前12位的队伍将获得资格。我们最年轻的体操运动员走到地板上准备热身，从25排远的地方我可以清楚地看到这个小伙子已经失去了心理上的控制。他没有将注意力集中在器材上，四处游荡，看上去迷路了。简而言之："他的灯亮着，但没人在家！"

显然，当时的压力使他无法应付这种局面。加拿大队之所以从第9名下降到第13名，是因为我们队在鞍马项目里表现得很糟糕，而且我们没有考虑备选策略。古巴退出了奥运会，因此，我们最终还是获得了参赛资格。在汉城，我们做了更好的技术与心理准备，也再次回到了第9位的排名上，这是我们在国际重大排名比赛中取得的最佳成绩。我们学会了如何更好地训练团队，如何将注意力集中在最重要的外部及内部线索上，以及如何避免许多干扰。

最后一个例子阐明了我们的心理训练计划是如何帮助加拿大男子体操队在1988年汉城奥运会上顺利出线的。由于我们已经通过之前阐述的放松、意象及心理练习计划进行了大量的训练，我们从心理房间或气泡概念中借鉴了一个想法，并要求他们在比赛时创造一个团队气泡。我们要求所有6名体操运动员待在一起，避免受到其他选手、教练、观众及评委等外界的影响。在他们取得不错的表现后，许多体操运动员报告称，团队气泡的概念确实让团队保持了专注的状态。

再专注及其对体操学习与运动表现的影响

研究人员还尝试利用分心理论解释注意力与运动表现之间的关系。他们假设，由于某些因素将注意力吸引到与任务无关的线索上，个体会失去注意力。根据 Boutcher（1993）的研究，在竞争和不太重要的体育比赛中，如果运动员处理与任务无关的信息，他们的表现便会受影响。可能有无限多的因素使得运动员将注意力转移至无关的刺激上。其中，某些确定的来源包括担心、自我意识、家庭成员、队友、教练、竞争对手、得分、官员、媒体、赞助商、亲密关系、不切实际的期望，以及表现水平的变化等。在 OMSAT-3 的量表里对再关注有最佳预测的两个题目为："当我比赛时，一个失误通常会导致其他失误"或"我认为如果我在比赛中受到干扰，我很难再控制我自己"。

Orlick 与 Partington（1988）报告了1984年加拿大奥林匹克代表团的再专注技能，如下所示：

> 在事情进展不顺或注意力分散时，那些持续表现出最高水平的运动员都能很好地运用策略快速回到正轨。那些不能持续表现出高水平的运动员似乎需要在这方面做更多的工作，以提升他们持续保持高水平表现的能力。
>
> p.117

由于在体育与生活中存在很多分散注意力的现象，研究人员强调了发展分心控制和再关注计划的重要性。根据 Orlick（2008）的观点："在比赛前、比赛期间和赛后适当的再关注能力是一项运动员最不常练习的技能，然而，对高水平运动员来说这项技能却是最重要的"（p.49）。人们认为，运动员要在训练与比赛中获得一致的表现，就必须定期发展与练习分心控制技能。可能是由于再专注没有得到很好的理解与教授，在 OMSAT-3 的12个维度中它一直是最容易被忽视的。

Anshel 和 Payne（2006）介绍了两种关于再专注维度的有趣策略，即当事情出错时使用趋向和回避两种方法来应对。趋向应对法很像 Hans Selye 1974的经典二分法"战或逃"综合征里的"战"。战斗策略的难点在于它需要时间，并且需要运动员对自己或对手的表现进行分析。回避策略，或者说逃跑，意味着必须忽视或搁置压力很大的瞬间事件，例如对手的幸运得分、未记录的得分或裁判的糟糕判罚。同时，个体应将全部注意力放在后续的事情上，尤其是在体操中，如果不能处理好一个项目的干扰，有时会使得运动员在下一个项目里表现失误。

在再专注维度中，OMSAT-3对加拿大国际级和国家级水平运动员有最佳区分度的第5题是（Durand-Bush, Salmela & Green-Demers, 2001）："如果开始失误，我发现很难从落后的情况下获胜。"在这项研究中，高水平运动员比非高水平运动员具备更好的再专注技能。更具体地说，当他们面临重要的分心因素时，他们有能力将注意力转移到当前的任务上并在竞争中取得成功。Orlick与Partington（1988）研究发现了类似的结果。他们通过访谈与问卷调查评估了各种技能，研究报告认为，与其他技能相比，高水平运动员在分心后重新集中注意力的能力方面存在很大差异。

在团体运动项目中，嘈杂的叫喊声或观众的反应可能会导致运动员将注意力或关注从当前的环境转移至内心的消极想法，然而，体操运动里则出现不同的情况。当一名体操运动员从一个项目上掉下器械时，队员们只能看到及感受到整个事件中的负面影响，而且往往将注意力集中在他们的情绪反应上，例如愤怒与沮丧。他们也会聚焦思考最终排名下降所带来的后果。另外，体操也不同于其他运动，因为体操运动员只有30秒来处理失误。最常见的分心原因是从器械上掉下来，其中，又以从鞍马或平衡木上掉下来最为常见。心理技能低下的运动员只会在情绪和认知状态不稳定的情况下，立即以糟糕的精神状态重新上器械，再次掉下。

2000年悉尼奥运会女子全能比赛进行到一半时，发生了一件令人不安的事情。一位机警的澳大利亚体操运动员注意到，跳马器械的实际高度比标准的125厘米低了5厘米。裁判员们立即将跳马器械抬升起来，并给予任何先前跳过的体操运动员再次跳马的机会。

然而，对于当时最受欢迎的奥运会风云人物，来自俄罗斯的Svetlana Khorkina来说，已经太晚了，她在比赛的早些时候就已经比过跳马但摔倒了。她因为失去了全能金牌的机会心急如焚，这种状态下她参加了下一个项目——高低杠，然而，在那个项目里她又掉下了器械。后来，当跳马器械的高度错误被发现时，她被告知可以重新参加跳马，然而，由于她在高低杠项目里的分数很低，她所有的希望都破灭了。这个例子揭露了她犯下的两个认知心理技能错误。第1个与比赛计划相关——她或她的教练应该核实跳马器械的高度，第2个如前文所概述的，她需要再关注或者重新回到正常竞技状态。

Ken Ravizza曾在加州与女子体操运动员共事，她简述了一个在30秒或更短时间内应对逆境的6R策略。

1. **反应**（react）。运动员首先可能会抱怨，但要立即摆脱这种情绪状态，因为在这种愤怒的情况下，运动员永远都不能成功上器械。运动员或许可以称自己为白痴，但之后要很快地将该称谓抛之脑后。

2. **释放**（release）。试着忘掉掉下器械的后果，或者像Orlick（2008）所说的那样，将这件事"晾"在一边，就好像将车停在门外，之后再处理，或者将"频道"由一部糟糕的电影切换成一部好电影。

3. **回顾**（有时间的话）（review）。试着找出哪里出了问题，以及重新上器械时应该做什么。也就是说，要么重做该动作，要么从下一个动作开始。你的选择将影响裁判的最终评价，因为正确重复失误动作也展示了你的自信。

4. **重启**（regroup）。试着进入正常的赛前状态，确保你已经将手臂举起后展、挺起胸膛来示意。

5. **准备**（ready yourself）。将注意力重新集中在你即将完成的动作上，检查你的护掌，仔细看看自己即将征服的器械。如果你已经提前制订了计划，至少可以节省5秒。

6. **放手去做**（relax and go）!深吸一口气，慢慢吐气，把积攒起来的所有愤怒或挫折都吹走，为自己的积极表现做好准备，就像你在练习及其他比赛中已经将相关动作完成了数千遍一样。

比赛计划及其对体操学习与运动表现的影响

研究人员指出，计划是实现巅峰表现或流畅状态的一个非常重要步骤。Williams（1986）报告：

> 每位运动员都必须学会如何在比赛时始终如一地创造出与他或她的巅峰表现有关的理想状态（思想、情绪、身体反应）。如果赛前准备与比赛行为听天由命，就很少能达到这一目的。

p.314

根据Williams的说法，建立赛前与比赛的习惯，不仅有助于运动员形成一致的表现方式，而且有助于他们控制自己的唤醒水平。建议运动员组织他们的内在思想、感觉、心理意象，以及外部环境，使他们能够最大限度地控制自己的感觉，并应付不可预见的事件。赛前计划与比赛计划的制订是一个长期的过程，并且需要不断地评估与完善。Williams指出，在运动员建立最有效的赛前与比赛惯例以实现最佳运动表现之前，可以与教练或心理教练协商进行必要的试错实验。

一项有趣的实证研究证明了比赛计划及其他心理技能在高水平运动中的重要性。Orlick与Partington（1988）通过问卷调查与个人访谈对235名加拿大奥运运动员的心理准备状态进行了评估。研究发现，这些精英运动员：（a）具备坚定的承诺；（b）制定了明确的短期及长期目标；（c）进行意象与模拟训练；（d）在分心的情况下能够做到关注或再关注；（e）制订了一个既定的心理训练计划，并在整个赛季中加以改进；（f）制订了明确的比赛心理计划，其中包括赛前与比赛心理计划、分心控制计划和赛后建设性评价计划。Orlick与Partington发现，在身体准备、技术准备与心理准备之间，心理准备是唯一能很好地预测运动员实际奥运排名的变量。

可以提前几个月甚至几年开始为一个既定的比赛制订计划。体操运动员必须根据当前的体操规则，以及未来2年、3年或4年内将要用来比赛的成套动作类型，来计划他们必须掌握的动作。十几年前，没有人能预料到现在的体操运动员的技巧串中不仅要多次连续地空翻，还要完成向前与向后的各种转体动作。如果未来几年计划里安排了一个空翻跑连接简单动作的技巧串，他们就需要重新制订计划。

在参加选定了目标比赛的项目时，运动员应列出他们的工具包里必要的器材。他们需提前一天将所有这些物品放在包里，并自行打包。运动员必须培养责任感，而且一定要拥有个人的体操包。例如，是否计划额外打包一副熟悉的护掌，以防旧护掌在比赛中断裂？为了防止在现场换衣服的情况，两套比赛服或裤子都打包好了吗？是否准备额外的腕带与创可贴，或者像"Tuff Skin"那样的手部喷剂，以防手部轻微撕裂？

Cogan（2006）及Cogan与Vidmar（2000）详细阐述了一系列比赛计划活动，这些活动通过模拟比赛来让体操运动员做好准备。有时还会有"模拟选秀"，选手们会穿上全部的比赛装备，每人只有一次的热身（总计3分钟），有裁判、评分环节，有时甚至还有奖品。我采访过将比赛纳入了训练里的一些教练，他们录下观众的声音在比赛中用扩音器播放，还会录下比赛结束后的欢呼声与嘘声并播放，以帮助体操运动员发展他们再专注的技能。Cogan还建议对所有体操运动员的动作进行录像，以便在非体操训练课中使用，从而让团队与教练进行技术纠正。

所有先前的心理技能，包括目标设定、放松、激活、意象、心理练习、专注与再专注都可以纳入赛前计划。每项心理技能要素都需要得到练习，不能有半点疏忽。最重要的是，计划中除了那些已经掌握的技能或动作外，体操运动员还应该练习那些对自己来说有难度的动作。

体操运动员可能需要在一天中的某段特定时间对他们的动作进行心理演练，但他们可能没有就演练的内容制订明确的计划。当我在拉瓦尔大学执教大学男子体操队时，周六比赛前的每周四，我都会举行一次模拟比赛或"模拟选秀"。体操运动员们都穿着正式的比赛服，在进行一次热身后，会有4位对体操一无所知的评委上场打分。体操运动员们总是在星期四的比赛中表现得更好，而裁判给我的纸上面要么是空白的，要么是假分数。

在1988年汉城奥运会之前，我们举办了一个非常成功的为期3周的训练营，其中包括了一些独特的应急计划流程。我与国家队教练一起准备了一份清单，列出了在奥运会上可能出现的问题，以及处理这些问题的方法。例如，"如果一名队友在比赛中受伤，你会怎么做？"有人说要帮他。回答错了！应该先忽略这位队友的身体状况，继续参加下一个项目，因为现场有很多运动医学医生及物理治疗师，其余运动员不能分散注意力。而在比赛期间，真的出现了这种状况。"如果对手国首席裁判试图无视你，让你不安，没有给你发出开始动作的手势信号，你会怎么做？"有人说等他允许再开始。回答错了！我告诉他们，看一下裁判台的红灯，只要红灯亮了，他们就可以开始比赛了。在这些重要的比赛中，体操运动员和裁判员之间都会发生许多心理战，因此，你需要制订一个计划。

16.7　认知技能对体操运动表现的影响

在体操比赛中，认知或思考技能是取得优异表现的关键。体操运动员必须能够想象出最理想的体操动作——要么想象成观看一段完美动作的视频，要么是从他们个人对实际完成这个动作的感知角度出发。这一过程通常是在放松后完成的。一旦掌握了这个过程，他们应该能够看到并且会感觉到理想的动作模式。

然而，运动员应在体操馆、训练中及家里安静的环境下进行这些心理技能训练。体操运动员经常讲述生动的画面，如手掌出汗和心率加快。这些认知技能远远超出了实际的练习情况，可以在比赛中得到有效的运用。

再专注是一种教授度最低的心理技能，涉及当比赛中出现问题时运动员该怎么应对，这些问题通常包括从器械上掉下来或在给定的项目上获得低于预期的分数。文中概述了一些策略，这些策略有助于恢复至最佳心理状态，进而让运动员持续获得良好的表现，并从这些负面事件中恢复过来。在以上内容中，我们提供了一些策略，包括快速重新适应当前事件，以及如何快速"回到正轨"，恢复正常的流程，忘记跌倒及其对当前表现的影响。

比赛计划应包括上述所有的心理技能，其中涉及基础、心身及认知维度等方方面面。也就是说，为了获得成功，所有比赛进行中的积极的消极的状态都必须做好赛后评估计划。

16.8　总结

比赛计划涉及前文所有的心理技能。体操运动员该如何看待他们将用一生中至少10年的时间在这项运动中取得优异表现？更重要的是，在除了体操运动以外的领域里，你将如何为实现卓越而努力？如果你没有一个计划，你到达不了任何地方，或者，你最终会到达一个你不想到达的地方！

体操运动员必须每天计划好自己想什么、想感受什么、如何准备、如何收拾装备，以及比赛和训练中的行为。最有效的方法之一就是每天列一张清单，并在上面写下他们的目标、预期的情绪状态及相应的控制方法、必要的思维状态，以及在出了问题时如何反应。只需要一个小笔记本就可以了，并且应该记下下一次训练或比赛如何改进。当你开始自己的职业生涯时，也可以运用这些简单的步骤。

第17章
心理技能训练的闭环：向体操运动员提供心理技能反馈

约翰·H. 萨尔梅拉（John H. Salmela）

一般认为，OMSAT-3的12个维度是交互式的，只是测量的变量不同（Durand-Bush, Salmela, & Green-Demers, 2001），我们可以在心理技能训练过程中进行更有效的干预。当然，也可以通过在压力情况下的试错经验来实现这种学习模式，但这个过程相对随意且漫长。从在亚运会上对伊朗代表团（包括教练及运动员）的干预可以明显看出，由于发现当前心理技能训练的不足，即使是前世界冠军也会针对他们心理技能训练的不足寻求心理咨询，这也表明了在重要比赛现场配置心理技能训练顾问的重要性。显然，世界上最优秀的人仍然想变得更优秀。接下来，我们将结合2006年亚运会上与伊朗代表团的互动，阐述向运动员提供心理技能反馈的一般性总体观点。

Ericsson（2007）认为，如果有足够刻意练习的积累，技能学习就会成为一个持续的终身过程。遗憾的是，我们没有收集到这些伊朗冠军的训练数据，但女子运动员达到专家运动表现水平大约需要10年，而男子运动员比女子运动员要多3年。

每个体育项目的运动员首先都需要了解心理技能中固有的心理特征或能力的优势，如伊朗临床心理学家常用的人格或智商测试。代表团所有运动员都是在教室里或者在他们的住处（如果存在时间限制）完成波斯语版的OMSAT-3。所有小组都接受了至少1次的团队心理技能训练课，一名资深科研人员及其两位伊朗同事担任他们的教练。测试内容包括认知-行为放松，深度放松的可视化流程已在第16章详细描述。还为那些希望得到进一步咨询、往往表现最好的运动员安排了额外的个体训练。

在笔记本电脑上以图表形式向所有运动员与教练展示个人和团队的OMSAT-3结果剖析，并询问他们是否理解这些内容。运动员也会收到一份打印版的个人资料，用于个人研究。资料指出了运动员各自的优势与不足，运动员对评估结果的看法，并向他们说明单个维度指标的改进可以影响到其他维度的积极变化。例如，通过学习，运动员可以根据所教的放松技能来控制自己的压力，这会对他们的专注、再专注、压力控制及信心水平产生积极影响。他们还发现，比赛计划可以对几乎所有变量有非常强的影响。然而，由于代表团人数众多，并且我不会讲波斯语，我的干预比较有限。此外，在一份后续问卷调查中，团队中的女子队员比男子队员的回答更积极，因为我相信她们更喜欢外界对自己的关注（Salmela, Mosayebi & Monfared, 2007）。然而，可能是由于害羞或文化习惯，从未有人要求我与他们进行私下的咨询。

在 3 ~ 5 个月里，训练有素的同事们在 15 个项目中采取了许多与心理技能培训有关的干预措施，其中包括 OMSAT-3 的填写、个人与团队情况的解释，以及随后以放松及意象技能训练为基础的个人与团队干预。在奥运会前 1 个月，根据 9 个项目入选运动员的个人资料，我们对运动员进行了个人咨询。

有趣的是，加拿大一名优秀运动员参与了 Durand-Bush、Salmela 及 Green Demers（2001）的研究，并在复测问卷中写道：

> 第 2 次填写完这份调查问卷后，我很清楚地知道，第 1 次与第 2 次结果不同，但我都是很认真地回答了大多数问题。因此，在回答这些问题时，我受到了自己所参与的活动（尤其是体育活动）的极大影响。

在最初的测试中，这名受试者在自信及承诺维度上的平均分分别为 5.67 与 4.78。重新测试之后，这名受试者在相同的两个维度上获得了更高的分数，平均分分别增加至 5.83 与 5.78。

值得注意的是，在两次测试之间，这名受试者在其运动项目中赢得了加拿大锦标赛的冠军。因此，他的自信心与承诺水平有所提高也就理所当然了。这反映了与情境结果相关的技能发展存在一定的波动。此外，这也表明，OMSAT-3 的问卷填写本身就是一种干预。这些题目揭示了运动员可能在某些方面从未考虑过的心理准备，或者在其他情况下，提升了他们从反复试验中发现的但从未教授过的心理技能。

作为后者的一个例子，我在 1992 年第一次访问伊朗时，委托一位大学教授将原版的 OMSAT-3 量表翻译给 4 名女子步枪手运动员。当我询问她们对这次测试的反馈时，她们中的大多数人回答说，她们绝不会相信自己已经将内心深处对射击的想法与感受写在纸上了！这再次表明，运动员可以通过反复测试来学习这些心理技能，但这需要更长的时间——他们只能在职业生涯的后期采取这种方法，同时，他们在知识层面上可能存在差距。

例如，在巴西的一个研究生课程中，我让十几名学生完成了 OMSAT-3 测试并将心理技能测试结果绘制成计算机图表，记录学生们在最擅长的体育运动中的所做、所想、所感。然后，与一名学生交换个人资料，并在下周的课上为交换资料的学生做一份诊断报告。

在第二周的汇报中，一位室内足球（或五人制足球）专家教练表现出极高水平的基础心理技能，但他的认知技能却非常低。当被问及这些较低的技能时，他说在他还是一名运动员时，巴西的教练从来没有提到过意象、心理练习、专注、再专注或比赛计划。这一事实本身就是一个很好的理由，有必要从运动员小时候开始教导并练习这些心理技能，以培养运动员提升他们获胜的机会。

结果表明，OMSAT-3是一种以状态或环境为导向的量表，当运动员根据赛季或职业生涯的不同阶段填写时，会得到不同的分数。我们预测，运动员会对自己在单个赛季中所经历的不同训练与比赛阶段做出不同的反应。因此，我们建议，OMSAT-3量表的效度不应完全根据复测系数来评估。运动员在某一时期的心理技能的练习效果可以从其心理训练状态的强项与弱项上体现出来。

总结

很明显，只有在3项基础技能上获得高分，方能在体操及其他许多人生挑战中获得杰出表现。如果体操运动员没有公开表达他们明确的、短期及长期的、可实现的目标，他们会思考自己未来想要达到的长远目标吗？如果他们自己都不自信，那么无论是从自身，还是从教练、家庭或心理技能训练师的角度来讲，他们都很难成功地实现这些目标。最后，如果他们自己，或者与教练、心理技能训练师一起，不致力于经年累月的思考与训练，那么他们就可以转行做其他工作了！Fournier等人（2005）证明，除了压力控制外，大多数选定的OMSAT-3心理技能可以看作另一种心理韧性的形式，这些技能会随着运动员个体成长逐渐发展起来，并融入运动员的基因中。在经过一个赛季的心理技能训练干预后，运动员的这些技能均得到了提升。

Orlick与Partington（1988）的研究结论指出，世界上最优秀的运动员成功的关键因素在于：（a）全心投入；（b）高质量的训练，包括每天设定目标及意象训练；（c）为比赛做好充分的心理准备。这需要培养赛前、比赛期间专注与再专注的能力，以及制订赛后评估计划。同样，Mahoney、Gabriel及Perkins（1987）也发现，在他们研究中的顶尖运动员：（a）更自信；（b）在比赛前及比赛中能够更好地集中注意力；（c）不那么焦虑；（d）具备更好的内部聚焦意象能力；（e）比排名靠后的竞技运动员更容易在运动中取得优异表现。最后，对比大样本伊朗国际级运动员的研究及加拿大国家级和国际级运动员的研究，OMSAT-3量表中维度差异的总数几乎一致。然而，对于入选和未入选国际大赛的运动员，维度差异的范围被缩减为压力控制与再专注两种，而对于奖牌获得者与非奖牌获得者，只需要填写压力控制维度，这表明我们可以从心理训练能力中看出运动员的训练与专业能力水平（Salmela, Monfared & Mosayebi, 2009）。

上述许多研究结果清楚地说明了选择OMSAT-3的理论与实践原因。首先，OMSAT-3能够通过互联网以较低的花费提供定量数据与解释。与其他心理评估工具相比，OMSAT-3所涉及的范围更为广，并且重新明确了这些测量的理论基础。从这些角度来看，我个人认为，OMSAT-3量表从针对体操项目的运动心理学综合视角，集成了当今训练实践最新的见解，这在我30多年前编辑第一本关于体操的专著时是不存在的（Salmela, 1976）。

最后来解决心理技能交互作用实现运动训练表现闭环的问题。加拿大（Durand-Bush, Salmela & Green-Demers, 2001）、法国（Fournier et al., 2005）与伊朗（Salmela et al., 2009）的研究表明，许多相关因素有助于理解心理技能与体育运动中的优异表现。最重要的是，我们需要考虑二者之间的交互性，或者某个领域里的学习如何影响一个或多个其他心理技能。

首先，我们对游泳与网球冠军的专业能力发展进行了定性研究（Bloom, 1985），对音乐家进行了定量研究（Ericsson, Krampe & Tesch-Römer, 1993）。其次，我们又对不同体育项目不同年龄组进行了定性研究（Côté, Baker & Abernethy, 2003），以及对多名世界冠军和奥运冠军进行了研究（Durand-Bush & Salmela, 2002）。根据自己与专业运动员共事的经验，Orlick（2008）提出了冠军运动员所呈现的一些关键心理技能要素，如承诺、信念或自信与承诺。然而，Durand-Bush、Salmela和Green-Demers（2001）通过OMSAT-3的定量测试，以及Durand-Bush和Salmela（2002）对多名奥运冠军或世界冠军进行的访谈，首次证明了竞技体育专业能力水平与各种心理技能之间的相互作用。

与OMSAT-3相关的研究清楚地表明，专业能力水平与经验丰富的国际级及国家级水平运动员之间的所有心理技能评估几乎都有明显的联系，国家级水平运动员技术娴熟但尚未参加过国际比赛。基于Orlick的假设，基础心理技能是取得优异运动表现的先决条件。Orlick根据自己的经验对OMSAT-3中这3种基本技能进行了一些修改。Salmela等人（2009）研究表明，正如加拿大运动员的研究结果所示，对国际级水平的伊朗运动员来说，无论他们是否入选亚运会，或获得奖牌，他们的基础心理技能都不会出现显著差异。问题在于：体育运动的成功是会提高还是会削弱目标设定、自信与承诺的水平？我的猜测是，成功能提高这些心理技能训练水平，尤其是考虑到伊朗缺乏运动心理学相关的专业干预。

在余下的9种心身与认知技能类别中，仍有许多问题尚不明确。虽然有研究表明，如果焦虑程度较高则会影响运动员的关注能力（Easterbrook, 1959; Nideffer, 1987），然而很少有研究从闭环的角度论证所有心理技能在运动表现中的交互作用。

显然，开始进行这类研究的时候，应首先考虑放松维度对其他维度的作用，因为它在入选与未入选亚运会的伊朗运动员之间有着显著不同。Durand-Bush（1995）指出，放松与OMSAT-3中除恐惧控制以外的10个变量呈正相关，而自信维度与其他所有维度都呈正相关。

有趣的是，除压力、恐惧控制及再专注外，目标设定与大多数维度呈正相关，而承诺与应激及恐惧控制之间不存在正相关。显然，研究人员与心理技能训练师需进一步关注运动员压力与恐惧控制及再专注的能力。

很明显，比赛计划与放松及意象相结合时，也会对除恐惧控制以外的几乎所有变量产生积极影响（Durand-Bush, 1993）。在给定适当的视觉反馈、物质及技术资源的情况下，如果从技术原理和生物力学的角度进行合理的训练，便可以大大减少体操运动中的恐惧因素。

在世界范围内，相关研究人员已经使用各种体育科学研究方法完成了许多体操研究及干预工作，但仍有许多问题有待解决，其中，运动心理学与心理技能训练可能是其中最为重要的方面。

第18章
复杂动作感知

亚历山德拉·皮泽拉（Alexandra Pizzera）

18.1 学习成果

了解这一章之后，你能够：

- 描述人类的不同感知并将它们与运动特异性案例联系起来；
- 解释带有注视控制策略的不同类型的任务，特别是在体操项目中；
- 描述体操运动员如何运用他们的视觉感知来控制空中动作；
- 作为教练，选定并运用适当的视觉感知方法，为学习过程提供支持；
- 准确描述运用听觉等其他感知对学习过程与优化复杂动态技能的优势。

18.2 引言与目标

在观察体育运动中的动作时，可以根据所扮演角色的不同来认识动作的不同方面。作为教练，应当尝试发现错误，然后提出反馈和纠错提示。作为体操运动员，应当注意观察动作，并与自己的动作进行比较。作为裁判，应当根据评判标准来评估技能的表现。作为教师，应当思考用一种合适的方法教授这种技能。本章旨在采用这些不同的观点，并运用心理学理论、体育运动的案例，特别是体操，对复杂动作的感知进行阐述。此外，本章还将提供关于体操运动员、教练与裁判的最新研究及训练建议。

18.3 感知

感知是指通过我们的感官来选择、组织及解释信息的过程（Myers，1998）。人类通过不同的感官收集信息，获得通过视觉、听觉、动觉、嗅觉及味觉等的感官来获取信息的机会。以体操运动员在平衡木上进行劈叉跳的场景为例，她可能会看着平衡木，从而控制双脚的落地位置（视觉）。此外，体操运动员可以根据落地的声音（听觉）推断出技术动作在高度与力量的表现如何。或者，她可以利用膝关节与髋关节的感觉控制空中的分腿，并确保伸直的两腿之间有一个更大的角度（动觉）。体育运动中很少使用嗅觉（闻）与味觉（尝）。但如今越来越多的人同意这样的一种观点，在完成动作之前、之中及之后，运动员需要不断地从环境中获取准确可靠的信息。尽管主要运用视觉，但并不仅仅局限于这一个方面。为了成功完成一项技术动作、给予反馈、提供直接指导或判断动作质量，运动员、教练与裁判需要运用所有的感官来获得一个整体的画面。已有研究表明，在最优的信息处理中存在着这种交叉模态或多模态效应。例如，实验表明听觉模态中的感知组织可以影响视觉模态中的感知（Vroomen & de Gelder, 2000）。因此，多感官的整合被认为是行为适应性的核心，并通过多感官的叠加凸显了这种整合的作用。（Calvert,Spence & Stein, 2004）。或者，在我们的举例中，体操运动员可能在腾空阶段利用动觉提供的信息来改善落地前对视觉信息的利用。

18.4 体育中的视觉感知

在大多数日常行为中，人们用视觉来指导自己的动作。视觉感知是"[…]获取环境信息的过程，它以不同形式（物体、表面、事件、模式）传递给感知者"（Williams, Davids & Williams, 1999, 6）。例如，如果我们想拿起一个杯子，我们的眼睛会看着与该任务有关的物体（杯子），所获取的信息则用于指导相应的动作（双手移向杯子）。因此，对于这些手动任务，以及其他类型的任务，我们的眼球运动与我们的全身或身体部位的运动之间存在着空间及功能上的关系。在体育运动中，信息处理与运用旨在促成运动和/或认知里的行动。根据感知者及其在运动中的角色，视觉感知具有不同的功能（图18.1）。体操运动员可以根据从双杠上获取的视觉信息来完成动作，如学习和完成屈身上动作。教练也可以使用视觉信息来完成动作，但并不是为了施展技能，而是为了在正确的时间与正确的位置为体操运动员提供直接保护。或者，教练可能会使用视觉信息来进行认知反馈（定义详见Myers，1998, p. 87）。同样，裁判也可以利用认知的视觉信息来评估技术动作的质量。

了解了感知者及其感知角色后，我们如何知道个体真的在运用视觉信息？不知何种原因，注意力似乎总是集中在一个特定的位置。注意力指的是3个不同的过程（Williams,Davids & Williams,1999），对此，我们将用体操里的一个案例来进行解释。设想一名女子体操运动员站在自由体操场地上，等待着音乐的开始，并为她的成套动作做准备（注意力集中在行动上）。接着她完成了一些交换腿劈叉跳，其间，她特别注意两腿之间的角度（选择性注意），同时，她也注意到了脚趾尖所处的位置，并随着音乐运动（分散注意力）。有选择地引导注意力聚焦在特定兴趣领域的过程在体育运动（尤其是体操）中非常重要，我们将在后文对此进行更详细的介绍。

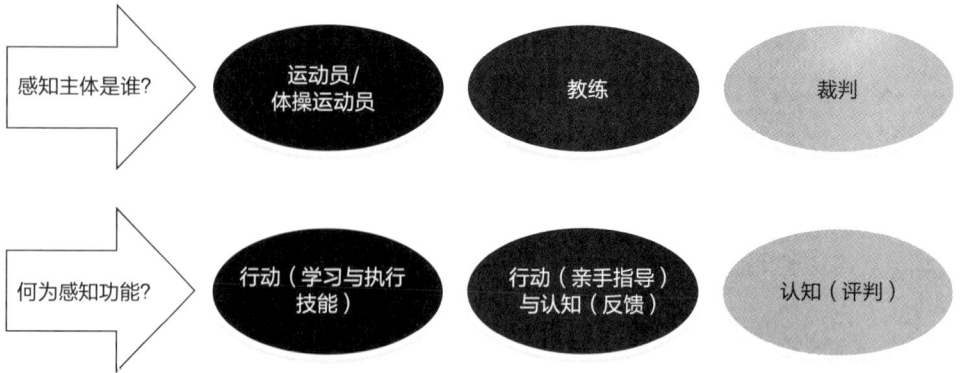

图18.1 感知者在体育运动中的不同角色的概述以及取决于这些角色的感知功能

选择性视觉注意

如果我们的注意力以视觉线索为基础，被引导至一个特定的位置，这被称为视觉注意，我们通常可以从中了解到个体只是注意到还是在感知光学信息。当我们观察一个场景时，我们不仅经历一个稳定的注视阶段，还会经历一个在物体与位置之间快速转换注视的阶段。在这两个阶段里，我们定义了两种类型的注视：注视与扫视。注视指的是在100毫秒或更长时间内，以小于3度的视角范围注视某个物体或位置（Carl & Gellmann, 1987; Carpenter, 1988; Fischer, 1987）。100毫秒是意识到识别刺激所需的最短时间。扫视指的是眼球从一个被追踪目标或从固定的位置快速转移至另一个位置上。由于快速的眼球运动（60～100毫秒），信息无法被提取反而被抑制。然而，在注视或追踪过程中获得的信息是在进行扫视的过程中得到的，这使得我们能够感知到一个稳定而连贯的场景（Bridgeman, Hendry & Start, 1975; Irwin & Brockmole, 2004）。因此，扫视是注意力转移的一个指标，因为不转移注意力的时候眼球运动就不可能发生。

考虑到在许多运动项目中，运动员、教练与裁判需要在非常复杂且变化的环境中瞬间做出决定。对这些人来说，将注意力集中在最关键或最相关的信息来源上是一项必要的技能。但是，熟练的运动员如何从这些高度动态且复杂的环境中感知视觉信息，并以此来执行时间如此精确且一致的动作呢？运动员往往通过视觉搜索来获取相关信息。例如，在足球比赛中，守门员通常没有足够的时间对球的飞行方向预测做出反应后再启动来接球。为此，他们需要利用高级的视觉信息。但是应该运用哪些相关线索？ Savelsbergh及其同事的研究表明，与新手守门员相比，高水平的守门员能更准确地预测点球的方向，这是因为他们采取了一种更有效的搜索策略，这包括对非射门区域更少的长时间注视（Savelsbergh et al., 2002, 2005）。因此，对相关环境信息进行视觉引导、选择性注意的过程对于准备各自的行动或调整正在进行的行动是至关重要的。

注视控制框架

守门员如何控制他或她的目光与注意力，进而做出预测并采取行动的例子只是体育运动中的众多示例之一。注视与注意力的控制方式取决于正在进行的任务。就运动环境而言，不是每项运动都具有独特的注视与注意力特征，而是包含3种主要的任务类别，在这些类别里，注视与注意力表现出了特定的控制过程（Vickers,2007）：

1. 目标定向任务中的注视控制；
2. 拦截性时间任务中的注视控制；
3. 战术性任务中的注视控制。

目标定向任务是指注视与注意力需对准空间中的目标（例如篮球筐），旨在控制物体到达目标区域。一个非常著名的例子就是静眼现象，它说明了注视与注意力对于成功的目标定向任务起着多么重要的作用。研究表明，在许多体育任务中，如篮球罚球、飞镖、步枪射击、高尔夫推杆和台球，高水平运动员从第一次观察到手部动作到完成击发的注视时间要长于新手运动员，这也与成功有关。这种现象被称为静眼现象。高水平运动员的时长至少为100毫秒至1秒。有关静眼现象的文献综述详见Vine和Klostermann（2017）的研究。在体操中，我们可以在空中技能中找到这种目标定向任务，其目标可能是杠体或平衡木。例如，体操运动员可能会在高低杠上完成京格尔空翻，该动作要求运动员脱手后重新握杠。重新抓握动作对运动员提出了很高的空间-时间要求，需要运动员触及目标并成功抓握目标。虽然这种目标是静止的，身体（并非物体）向目标移动的任务不同于Vickers在注视控制框架中提到的任务，但二者均提出了相似的空间-时间协调要求。这一观点也被关于马术障碍赛（Hall et al., 2014）和滑板运动（Klostermann & Küng, 2016）的研究所采纳。在这两项运动中，运动员（也包括马）会接近目标或障碍物，进而越过它们。结果表明，在高度动态的环境条件下，视觉运动系统将根据不同注视策略表现出功能适应性。尤其需要注意的是，我们观察到了前瞻性注视策略，呈现了用于指导动作的预测线索（Patla & Vickers, 2003）。

然而，如果物体向运动员移动，运动员需要注视与注意力系统传递、接近并被其接收时得到识别、追踪与控制。这样的一个拦截性时间任务提供了对动态视觉信息的控制，例如，一个球抛向运动员的时候，当前的任务就是将其接住。对于要拦截的物体，需要收集视觉信息，以使双手在正确的时间移动到正确的位置（如用手接球的时候）。对于动态视觉信息的处理，人们采用所谓的接触时间，或跟踪区域调整的方式（Lee, 1980; Lee et al., 1983）。当物体接近时，它在接收器（视网膜）上的尺寸将变得越来越大。然而，在某个时刻，物体可能不会被精准地抛向一个人，因此接收者需要朝着这个物体跑动才能将其接住。这种在移动时拦截物体的动态视觉信息处理被称为仰角（Schmidt & Lee, 2008）。接球手需要在水平线上与他/她和球之间的连接角度保持一致。在体操中，可以从教练的角度找到许多这样的拦截性时间任务的例子。尤其是当体操运动员学习新的技能时，教练经常需要为其提供直接指导。对于这些保护任务，教练还需要调整他们的位置与时间，以便在正确的时间到达正确的地点。特别是在空中技能的学习阶段，需考虑运动员不可预知的动作，这对动态视觉信息的正确运用提出了更高的要求。就像棒球运动员试图接球一样，教练会利用接触时间与仰角信息"拦截"腾空的体操运动员，并将他或她安全地带回地面。

战术任务通常存在于靶向与拦截性时间任务中。例如，在体育比赛中，了解并理解移动物体（如球员或球）的复杂模式是很重要的，这样可以在严格的时间限制下做出最佳决策（如组织进攻的球员）。这种模式识别与战术意识在滑雪比赛或速度滑冰等活动中也很重要，它们代表了运动过程中注视控制的任务。从这一点来看，当一个人的身体在环境中移动时，人们固定在静止的物体上，以获取表面、障碍物或可感知的地标上的信息，从而通过、穿过或越过它们。跳马器械代表了体操项目里的这类任务。这样做的目的通常是在助跑过程中调整步幅，跳上踏板正确的位置，然后利用视觉线索越过马面，并利用马面为第2个腾空阶段创造更高的高度。这个由 Vickers（2007）提出的注视控制框架表明，视觉注意以及注视与注意力的控制是高度特定于任务的。因此，焦点的多样性会带来有利的影响。然而，这些并不局限于特定的运动，而是取决于任务（如靶向或拦截）、情境（如静止、动态、复合）或个体（如运动员、教练、裁判）。

空中技能

空中技能是一种体操中很典型的技能，然而，Vickers 在注视控制框架中并没有真正考虑到这一点。在包含腾空阶段以及围绕一个或多个身体轴转体的复杂技能中，注视行为与动作目标之间的关系如何？与之前提到的其他体育项目专家运动员良好的注视控制相比，如果你询问一名世界上最有才华的体操运动员，所得的答案将会是相当令人惊讶的。Simone Biles（曾多次获得世锦赛冠军与2016年奥运冠军）说她做技巧串动作时："她只看到了天花板和地板的颜色，接着便在模糊中快速地旋转而过。当她跳马时，她什么也看不见"（Wiedemann，2016）。那么在如此复杂的空中技能中，视觉系统是否跟不上头部的角速度来获取信息？许多研究都着眼于这一方面。如果体操运动员的陈述是真的，即他们在空中技巧动作中看不到任何东西，那么视觉与无视觉条件下的空翻表现应该不存在任何差别。然而，Davlin、Sands 与Shultz（2001b），以及 Luis 与 Tremblay（2008）都发现，与无视觉条件的情况相比，视觉状态下的落地位置更稳定。除了使用注视来控制落地，视觉定向线索也被用来确定身体在空中的方位（Rézette & Ablard, 1985）。然而，随着空中技能变得越来越复杂（如屈体后空翻转体360度），视觉线索似乎已经不那么容易被运用，且可能被前庭线索取代。因此，视觉系统主要为运动员提供相关信息，使其在完成空中技能后能够有控制地落地，而这又被认为是在腾空阶段以前瞻性的方式控制身体位置所带来的结果（Davlin, Sands & Shultz, 2004; Hondzinski &Darling, 2001）。另一项体操研究表明，体操运动员会在前手翻类跳马助跑过程中甚至助跑前运用视觉信息（Heinen et al., 2011）。该研究目标是探讨跳马的位置是否可以作为跳马前手翻类动作调控的信息源。体操运动员进行前手翻类跳马动作时，还要控制踏板的位置。在不让运动员知晓的情况下，踏板被放置在靠近跳马10厘米（-10厘米）或远离跳马10厘米（+10厘米）的地方。结果表明，从平均结果来看，体操运动员不管怎样都会将双脚放在踏板上的相同位置。因此，即使不懂得如何控制，体操运动员视觉上已经适应了踏板位置的改变，并调整了他们的助跑方式。分析表明，这种适应发生在助跑的最后3步。此外，跳板与跳马之间的不同距离会影响整个动作过程里不同的参数（如第1个腾空阶段较短，第2个腾空阶段较长）。综合来看，踏板位置是体操跳马中一个重要的视觉信息源，对起跳后的动作阶段有很大的影响。环境中的视觉信息来源与运动员由此所产生的调节过程之间的这种联系对运动员的表现至关重要，因此，对运动员与教练来说，在设计优化运动表现的训练计划时，这种联系也发挥了关键的作用。

学习过程中的视觉感知引导

运动控制除了在空中技能或跳马中的作用外，对视觉信息的关注也为教练执教提供了广泛的可能性。在技能习得的过程中，处理环境中的感知信息可以为学习过程中的动作变化、柔韧性提升，以及更好的运动控制能力提供支持。按照Williams、Davids和Williams（1999）的说法，教练拥有3种处理感知信息的可能性：

（a）提高对其他潜在有用信息源（听觉、触觉、本体感觉）的敏感性；
（b）引导学习者注意关键信息源（如以视频的方式）；
（c）将注意力从视觉线索上引开，以减少对中央视觉的依赖。

就（a）而言，教练可以引导运动员注意技巧串动作中的脚步节奏声，从而使自己技巧串动作的声音与高水平运动员的声音相适应。可以让体操运动员闭着眼睛走过平衡木，这样他们便能够将注意力从视觉线索中引开。这将加大他们对双脚触觉信息的关注，这反过来可能给某些无法使用视觉线索技能的学习效果带来潜在的影响。在技能完成过程中，视觉信息的优势有时甚至会妨碍使用其他潜在有用信息源。将学习者的注意力引导至关键信息源上是教练常用的一种方法，因此，我们将对其进行更详细的讨论。

前面提到的研究表明，体操运动员通常使用视觉信息来实现不同的功能（如定向、落地）。然而，还需考虑以一种让学习者从自身注视行为的指导中受益的方式来利用这些知识。Heinen等人（2012b）的一项研究很好地展示了体操运动员在高低杠上做后空翻下法时，注视行为是如何被控制进而影响动作行为的。高水平体操运动员被要求在下摆阶段里注视落地垫上的一个光点。从单个落地距离来看，光点会在远离或接近高杠15厘米或30厘米的位置变化。结果表明，不同的运动参数随光点位置的变化而变化。下摆动作中的注视方向似乎是一种前瞻性的控制方式，影响着摆动动作本身，也因此影响了脱手条件。这些反过来也影响腾空阶段，从而导致了特定的落地位置（图18.2）。因此，从高低杠上做下法的时候，将视线移向落地区域是一种预期的控制方式。因此，如果想让体操运动员增加落地距离，那么，将目光转向更远的落地点可能会自动带来更大的落地距离。

体操运动员可能会问另一个问题，那就是在进行前手翻类跳马时，注视行为方面到底会发生什么。更具体地说，教练如何引导他们的体操运动员在前手翻过程中的注视行为，并以此来改善运动表现？一项针对30名体操运动员的研究旨在通过引导跳马动作中的视觉注意力来解决这个问题（Heinen, Vinken & Fink, 2011）。在不同的动作阶段里，我们会以口头的方式将一个知觉指令组别引导至固定的特定区域。例如："在推马阶段，试着将你的目光固定在跳马/双手的上侧。"此外，我们借助红色圆点（15厘米）以口头及视觉的方式引导来知觉指令+视觉线索组。尽管所有的3组运动员在习得阶段（6节训练课）后立即呈现出相似的表现，其中的两个指令组在训练结束两周后仍能保持其运动表现水平，而对照组的表现水平则有所下降。教练安排的固定位置区域取自完成前手翻类动作的专家体操运动员。结果表明，当学习者采用高水平运动员所应用的眼动策略，可以促进这种复杂的运动技能的习得。训练结束后仍能维持运动表现的事实进一步证明可以通过训练来发展这种策略。

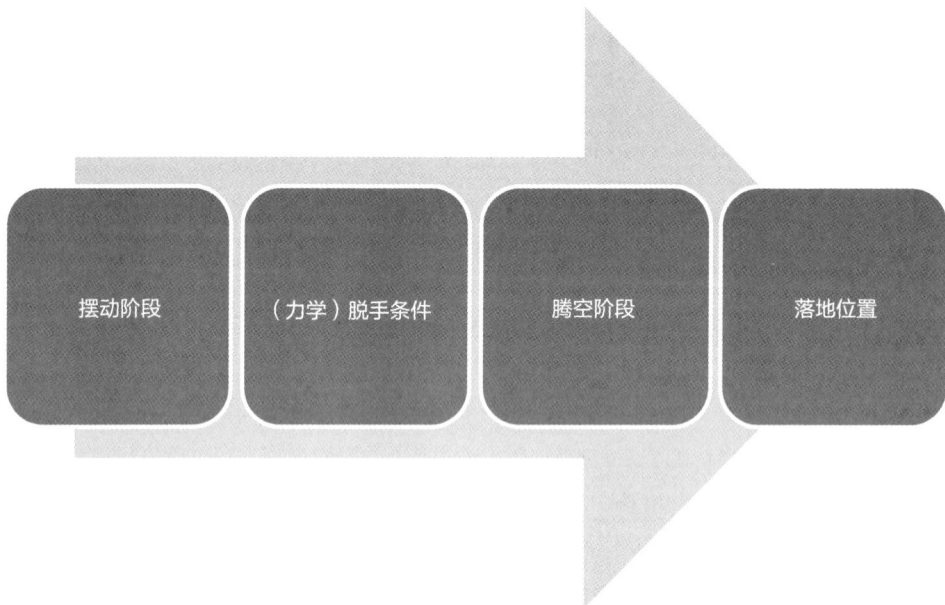

图18.2 高低杠下法过程中注视行为与不同动作阶段之间的相互关系

综上所述，运动员在动作执行的过程中运用视觉注意的作用是预测、定向或控制身体的落地。教练可以通过直接指导运动员的注视行为或通过特定的注视策略引导为运动员的学习过程提供帮助。尤其是新技能初学者，一开始无法根据本体感觉来解释速度或肢体位移的信息，因此，可能需要依赖额外的线索。此外，运动员可能无法知晓环境存在哪些与成功的技能完成相关的重要视觉线索。

18.5 听觉感知

到目前为止，我们还是将注意力集中在视觉感知上，因为这是我们日常生活中最常用的感官，也最适用于体育运动。然而，尽管我们不经常意识得到，听觉感知还是发挥了一定的作用。例如，在行走时，我们会发出独特的脚步声。因此，如果你坐在办公室里，你可以从走近你办公室的脚步声中推断出这个人是谁。现在让我们看看体操项目。想象你是一名教练，你背对着自由体操场地站着，你的体操运动员正在练习他们的技巧串动作。你能从运动员做技巧串动作时发出的脚步声中辨别出每一名运动员吗？或者你能根据这些脚步声来判断运动表现质量吗？体操运动员在做动作的过程中会听到他们动作的声音吗？如果可以，他们会用它们来控制动作吗？与在环境中感知到的视觉信息类似，我们也是以一种在动态动作里获得不同声学表现的方式来获取声学信息的。人们认为，这些声学表象不仅与我们的运动表象相联系，还与之相重叠，而这些运动表象又对运动表现至关重要（Agostini et al., 2004）。

一项关于跨栏的研究表明，跨栏运动员能够根据自己发出的动作声音感知并辨别自己的运动表现（Kennel, Hohmann & Raab, 2014）。他们不仅能感知自己的声音，还能使用声音来控制动作。Hohmann等人（2015）要求运动员以经典的4步跨栏节奏跨过4个栏。跑步时，运动员们戴着耳机听到相对他们真实跑速更慢的节奏，或是白噪声，或者没有任何声音。在白噪声与对照组条件下，跑步表现没有发生变化，但在变慢的节奏声音状态下，跑步表现明显受影响。延迟节律声音干扰了运动员的跑步表现，说明运动员需要并利用听觉进行跨栏跑训练。Agostini等人（2004）利用这一理念，通过声学反馈的训练来改善运动表现。他们发现，在投掷前聆听经过优化的动作声音的链球运动员展示了更好的投掷表现。虽然使用自然的动作声音在体操馆里很常见，但据我所知，目前还没有研究明确论证其对运动表现效果的影响。

然而，某些运动动作不会产生可感知的自然运动声音，如体操中的大回环，对于这样的运动动作又会是怎样的情况呢？另一种使用声学信息来改善运动表现的方式是可听化。这里我们不采用自然的动作声音，而是根据运动学参数来开发人工声音（Effenberg & Mechling, 2005; Effenberg et al., 2016）。例如，材料的加速度测量，如赛艇项目中船身的移动或身体部位的加速度测量，都会被记录下来，然后根据特定的映射关系与音调相关联。可听化使我们能够使用生物力学参数，并提供一个能够帮助学习过程的实用工具（Schaffert, Mattes & Effenberg, 2011）。在体操中，运动员用这种方法来改善鞍马中的全旋表现（Baudry et al., 2006）。体操运动员在鞍马项目上训练了两个星期，共完成了300个全旋动作。实验组接收了与其身体环节排列相关的听觉反馈。具体地说，当躯干与腿部曲度增加超过20度时，连接上、下半身的反馈装置就会发出蜂鸣声，其原因是连接上、下半身缆绳张力的增加。体操运动员的身体姿态一旦调整好，蜂鸣器就不响了。与接受传统语言反馈的对照组相比，实验组在测试前后的表现改善了2.3%。此外，即使在鞍马训练结束的两周后，这一表现水平仍然得以保持。运动员的双眼往往忙于控制动作，这种情况下，声学信息的运用具备很大的优势。因此，听觉感知的运用有助于学习并优化技术动作，此外，还提供了与连续性动作的时间结构及节奏相关且更实用的信息（MacPherson, Collins & Obhi, 2009）。

18.6 总结

在诸如体操这样涉及复杂动作的运动中，感知对运动员、教练及裁判来说非常重要。视觉被认为是最明显的感觉，但感知处理也可以涵盖其他感官，如听觉或动觉。本章阐述了体操运动员、教练及裁判如何、何时以及为何在体育运动（尤其是体操）中运用感知系统。考虑到体操技术的复杂性、速度性和难度，体操运动员需要利用感官系统来控制自己的动作，并在完成空中技能的过程中进行空间定向，为落地阶段做好准备。另外，教练可以利用运动员的感知与自身的感知为动作技能的学习与优化提供帮助。通过指导与引导体操运动员注意相关的有用线索，让体操运动员学会在动作完成过程中用这些线索帮助自己，并且忽略那些不太相关的线索。

然而，教练在为运动员提供直接指导时，也需要注意环境中的信息，这些信息将引导他们如何完成动作。此外，他们需要用自己的感知能力来获取与动作质量相关的信息，以提供反馈并纠错。最后，在识别及判断错误的任务中，裁判与教练都将用到认知能力。在这点上，二者用视觉感知来关注最相关的线索，并以此判断动作质量。对这 3 类个体来说，注视策略在他们的任务中起着重要的作用。根据各自的任务、情境及个体，可以使用不同的注视策略将注意力引向最感兴趣的领域，并获取行动、感知和/或认知所需的信息。了解这些方面对于制订计划和/或优化评估及判断过程至关重要。

18.7 关键信息

- 教授新的体操技术以及对形式错误给予反馈的时候，除了要关注已有的成熟方法外，还需要注意身体自主提供的知觉信息。
- 运动员在完成复杂动作时会利用不同的信息线索，其中大多数基于我们突出的视觉感知。不过体操运动中也会利用声学或运动学信息。
- 体操运动员以预测的方式运用视觉线索，例如，朝着跳马助跑或高低杠下法下摆阶段。

- 在完成空中技能的过程中，也会运用视觉线索来为身体定向并为落地做好准备。
- 教练可以通过引导体操运动员完成动作时使用相关线索来利用感知信息。
- 有了接触时间信息的帮助，教练可以预测体操运动员腾空后的落地位置，进而为他们的动作提供最佳的直接帮助。

第4部分复习题

问题1. 探讨男子与女子项目具备哪些相似的专项需求，哪些有着完全不同的专项需求。

问题2. 可以用单一的运动科学方法来评估体操运动员吗？为什么？

问题3. 为什么体操对人类来讲是非自然的运动？

问题4. 哪种方法在评估体操运动员的潜能方面最恰当：是运动科学方法，还是教练的观察？

问题5. 探讨4种体育专业能力发展模型的差异。

问题6. 探讨教练在体操运动员发展中的作用。

问题7. 探讨父母在体操运动员发展中的作用。

问题8. 探讨基础心理技能之间最重要的交互作用。

问题9. 探讨心身技能如何影响认知技能。

问题10.讨论为什么运动员必须在训练或比赛前就目标、情绪状态与认知活动制订计划。

问题11.为什么在整个体操生涯或未来的终身活动中，需要不断更新运动员的训练笔记？

问题12.描述现有的注视控制策略，并为每种策略提供一个例子。

问题13.我们将引导视觉注意力定位相关环境线索的过程称作什么？

  a.选择性听觉注意
  b.视觉信息

c. 使用高级线索

d. 视觉搜索

问题 14. 作为教练，如何利用视觉注意来帮助学习过程?

问题 15. 如果体操教练试图保护从平衡木上做下法的体操运动员，他或她使用:

a. 仰角

b. 静眼现象

c. 扩张角

d. 转动惯量的估计

问题 16. 讨论在强化运动表现过程中运用声学信息的优势。

第5部分
体操运动表现中生理学、生物力学及心理学之间的相互作用

第5部分
体操运动表现中生理学、生物力学及心理学之间的相互作用

学习成果 莫内姆·杰姆尼（Monèm Jemni）

了解这一部分之后，你将能够：

- 了解生理学、生物力学与心理学是如何相互作用，从而更好地理解并提升体操运动的表现；
- 明确指出生理学家在提升运动表现的过程中所采取的举措；
- 明确指出生物力学家在提升运动表现的过程中所采取的举措；
- 明确指出心理学家在提升运动表现的过程中所采取的举措。

引言与目标 莫内姆·杰姆尼(Monèm Jemni)

执教体操需要掌握关键的技能，可以让运动员从"婴儿式体操"逐步过渡到高水平的运动表现。在向儿童与成年人教授一门复杂的体育项目（如体操）时，技术技能与科学技能同等重要。在许多实践情况下，这包含风险承担要素与决策过程。潜在的心理应激、良好的身体素质准备，器械施加的生物力学制约条件，加上严格的比赛规则，使运动表现成为一项极具挑战性的任务。本书的第5部分探讨科学与运动之间的关联，并提供科学影响实践的观点、应用与方法。此外，本部分还给出了真实的体操案例与场景，以论证生理学、生物力学与心理学如何相互作用，以及它们如何影响运动表现的质量。这部分结合了所有3个学科内容，以说明具体的运动技能，并给出了一个与"体操应用科学"相关的扩展图。

这一部分旨在深入了解生理学、生物力学与心理学是如何相互作用的，从而有助于更好地理解体操运动的表现。我们的目标是将执教过程、教学方法与运动表现分析作为一个整体来处理。

第19章
生理学家的观点

莫内姆·杰姆尼（Monèm Jemni）

如第6章的引言所述，运动生理学旨在了解人体系统在不同的训练条件及状态下是如何工作的。人类在不同的应激水平和不同的兴奋状态下的反应是不同的。这种情况对激素的调节有着不同的影响，激素调节水平会影响肌肉生理变化、力的产生和改变运动模式的神经控制（Mikulas, 1994）。事实上，"应激/情境"的影响在体操训练和/或比赛的背景是不同的。体操运动员与外界环境（教练、队友、观众，甚至器械）的互动方式会随着情况的变化而变化，进而影响其运动表现的质量。

由于项目的特殊性，体操运动员训练或比赛的"环境"也非常特殊。在这项运动中，安全是一个主要问题——高受伤风险与高难度技巧动作有关。从20世纪70年代到现在，器械工程师为体操的发展做出了巨大贡献。教练、体操运动员、医务人员、生理学家、生物力学家与心理学家从各自的角度与制造商协作，不仅提高了运动员的安全性，还确保了与日益增加的体操难度相当的器械的平行发展。

下文提供了更多与这些相互作用相关的证据。

19.1 身体成分与生理学、生物力学及心理学

Bale及Goodway（1987）分析了与体操运动员相关的运动表现变量。研究表明，男子体操运动员一般在20岁左右时达到最佳的运动表现水平，而女子体操运动员则往往在青少年中后期达到巅峰。与不同年龄段的运动员合作是教练面临的最大挑战之一。每个年龄段都有着不同的"群体心理""群体个性"及"群体体能"，这可能与面对单个运动员完全不同。"个体个性"与群体个性相融合，已经形成了一种"趋势"。同时，在上述的每一个"群体"中，有些人可能比其他人具备更鲜明的角色/地位。在考虑个体变量的同时，教练必须了解这些"群体组分/心理"。很多教练能成功地与年龄较小的群体共事，但在面对年龄稍大的体操运动员时完全失败；而一些教练能与年龄稍大的体操运动员共事，与年龄较小的则不行。我们是否应该相信这样一种常识：这位教练天生就适合与儿童工作？另外，你听说过多少次教练与体操运动员之间的冲突？你听说过多少次一名很有才华的体操运动

员，在年少阶段取得了巨大的成功，但几年后就消失/技穷了？你听说过多少次体操运动员严重受伤的事件？你是否尝试过去理解为什么会这样？

从技术与身体成分的角度来看，年轻体操运动员具备重要优势。年轻的体操运动员通常比年长的体操运动员更轻、更矮。这种纤细的体格在完成现代体操中常见的高风险技巧动作方面具备生物力学优势。人们普遍认为，在优秀体操运动员中，身材矮小与体重较轻，为体操表现中占主导地位的角动量提供了较小的惯性（Faria & Faria, 1989）。教练认为，青春期前的阶段是一个重要的行动期，体操运动员在这一时期非常容易接受"技术学习"并获得力量与爆发力的提高。众所周知，青春期不仅与形态及激素的变化有关，还与最大爆发力的增加有关（Bedu et al., 1991; Falgairette et al., 1991）。

在此期间，高水平的体操运动员每周的练习时间一般超过20小时。然而，事实证明，训练和环境所施加的高水平应激会影响初潮、骨骼健康与生长发育（Courteix et al., 2007; Jemni et al., 2000; Sands, Hofman & Nattiv, 2002; Theodoropoulou et al., 2005）（见3.4节）。因此，儿童可能面临更大的不同类型的损伤风险。在与青少年体操运动员合作时，了解这些问题是非常重要的。为了避免这些健康风险，生理学提供了如下关键要素：超负荷与渐进性、个体反应、准备与周期。事实上，这些是教练必须充分考虑的一些最重要的训练原则。考虑到以上所有因素，有必要就训练季制订一个非常明确的渐进周期计划，以避免疲劳的情况。此外，生理学提供了一些工具，这些工具可在提高负荷刺激之前评估运动员所处的不同阶段和准备情况。我们可以在实验室或"体操房"运用其中的一些工具进行测试。

第3章阐述体操运动员（主要为女子体操和艺术体操运动员）面临更大的饮食不均衡与矿物质缺乏的风险；但还存在另一个问题：如果她们吃的足够多，她们应该吃什么？（Filaire & Lac, 2002; Jankauskiene & Kardelis, 2005; Lindholm, Hagenfeldt & Hagman, 1995）。此外，许多体操运动员与教练为了保持纤细体格做出了十分不利于健康的行为，如过度节食，使用利尿剂脱水，教练在体操运动员的体重增加时严格控制其饮食等。有证据表明，不当的饮食会对运动表现产生不利影响，如增加损伤风险以及造成一些严重的健康问题（Benardot, 1999）。为了防止发生此类问题，生理学提供了通过标准化测试与血液/唾液分析来监测体操运动员健康与身体成分的工具。我们强烈建议对运动员定期进行医学/生理检查，特别是高水平运动员。事实证明，相比于教练，体操运动员更愿意与医务人员交谈。这可能有助于预防、诊断某些疾病，从而使疾病得到适当的治疗，并确保健康的练习与训练。此外，Borgen和Corbin（1987）以及Rosen和Hough（1988）等作者建议树立一些榜样，如父母与教练，他们对于运动员因过度苗条而承受的压力更加敏感，还可以就营养方面提出合理的建议。这样一来，在面对一些难题的时候，心理学家的作用就可以很好地体现出来了。

19.2 技能设计

"新技能的开发/设计"是生物力学家、教练与生理学家都有所参与的主要领域之一。得益于这3个领域专家的合作，体操的技术才得到了巨大发展。曾有学者使用计算机仿真专门研究单杠、双杠、高低杠及跳马项目里空中技巧动作的生物力学变量（Hars et al., 2008; Holvoet, Lacouture & Duboy, 2002; Mkaouer et al., 2008; Mkaouer et al., 2005; Sands et al., 2005; Sands et al., 2006c; Sands et al., 2006d; Yeadon, King & Hiley, 2005）。其中一些研究已经发表，但有一些则是保密的。此外，有些仿真是成功的，但其他一些没有任何实际作用（Know, Fortney & Shin, 1990; Milev, 1994; Petrov, 1994a, 1994b）。与生理学家的密切联系是保证"新设计动作"成功的关键。身体成分模型与重力、运动定律对确保新技能的成功是非常重要的。

19.3 成长、发展与个性

遗传、成熟度、性别、营养、休息、睡眠、健康水平、疾病/损伤、动机与环境条件都会影响体操运动员对训练刺激的反应。显然，每位体操运动员的反应都是不同的。基于这些原因，个性化就是训练的原则之一。一位明智的教练应该发现个体反应的差异，并为每名运动员制订适当的策略。然而，正如5.4节所解释的，在很多情况下，指导团队时，不可能实现个性化。体操历史上有几个体操运动员与教练之间产生冲突的例子。出于对隐私的保护，本节不提及任何人名。然而，研究表明，这些问题大多发生在青少年时期，如果教练对这一敏感时期有着更广泛的了解与管控，这些问题是可以避免的。的确，青少年会经历各种各样的生理变化，这些变化会直接影响他们的情绪与心理。咨询运动心理学家可以很好地化解这种冲突。由于缺乏教练、心理学家与生理学家之间的合作，高水平的体操运动员往往会提前结束自己的职业生涯。

第20章
生物力学家的观点

帕特里斯·霍尔弗特（Patrice Holvoet）

生物力学研究的数量在不断增加。尽管很多技能可以根据共同的生物力学原理组合在一起（Bruggemann, 1994），但研究不同项目的所有体操动作是很难实现的。

生物力学研究的第一个目的是更好地理解复杂的人体运动。因此，对现有体操技能的描述性运动分析是发展体操技术原理的必要步骤。与体操技术相关的生物力学研究表明，可以用很多不同的方式来完成动作。由于身体关节具备多自由度特征，身体各环节动作需要由感知—运动过程来控制。为了更好地理解这些策略，必须将力学原理与心理学知识相结合，以解释人体各环节动作的空间—时间组织与调节机制。

生物力学研究的第二个目的是制定适用于技术动作创新的具体原则。例如，计算机可以在不同条件下模拟一项技能来尝试技能发展创新，以回答诸如此类的问题：完成一个难且新的空中下法动作时需要注意什么？但是这些计算机模拟是真实的吗？然后还要检查初始计算机模型，以确定关节扭矩与肌肉运动的生理参数，进而确保模拟能代表真实体操运动员所能完成的动作。

生物力学研究的第三个目的是在器材开发中通过相关的生物力学研究提高其安全性。为此，应测试与器械（落地垫、握杆、起跳踏板等）接触的情况，以确保更好地吸收冲击力、降低力与冲量的峰值和更好的稳定性。

现在，让我们来看看体操生物力学的一些研究成果，并探讨生物力学如何与其他学科相互交叉以更好地理解体操运动表现。

20.1 自由体操、蹦床与技巧

许多研究调查了完成技巧动作时的起跳要求，如带或不带转体的2周空翻（King & Yeadon, 2004; Yeadon, 1993a,b,c,d; Yeadon & Mikulcik, 1996）。起跳速度、线动量与角动量、身体姿态及身体各环节对这些运动学特征的贡献等是影响运动表现的主要因素。通过比较体操运动员实际运用的技术与计算机模拟结果来检验身体形态变化与控制的过程。从这些分析中可以看出，在腾空过程中，什么样的身体方位是影响运动表现的重点，以及哪一个环节运动能够调节与控制旋转。

即使很难将这些研究结果传达给教练与体操运动员，但对研究复杂技巧动作中控制身体方向和转动速度的感知系统（如视觉与前庭系统）功能来说，其是一个有趣的起点。

例如，在空中技巧里，身体转动惯量的调节对安全落地至关重要。体操运动员首先必须调节角动量，以完成动作所需的身体旋转角度，然后必须马上调整到一种既能吸收落地冲击又能保持平衡的体态。空中动作的稳定性是体现体操运动员专业能力水平的一个主要特征。高水平的体操运动员在完成复杂的空中动作时，始终能够维持适当的身体姿势。

最新的心理学研究将这种稳定性解释为一种控制策略的结果，这种控制策略要求体操运动员在落地之前获取有关身体方位、离地距离以及剩余时间的信息（Bardy & Laurent, 1998）。该信息用于启动身体的伸展从而降低角速度并调节落地时身体的角位移。这些研究都是基于一项对新手运动员和高水平运动员进行的"有视觉及无视觉"试验。结果表明，在腾空过程中，高水平运动员可通过视觉来控制身体姿势，新手运动员则不能（Davlin, Sands & Shultz, 2001a,b, 2002, 2004）。

20.2 跳马

许多学者对踩跳马踏板、撑马和落地等运动学参数与裁判对跳马动作（如前手翻、带转体或空翻的前手翻和尤尔琴科等）评分之间的相关性进行了研究（King & Yeadon, 2005; Koh & Jennings, 2007; Takei, 1998）。

结果表明，助跑水平速度、起跳时的线性参数和角运动参数都是影响最终跳马运动表现的重要因素。计算机模拟模型证实，踩踏板时适当地利用运动学惯性是非常重要的，但撑马时肩部扭矩对跳马最终的运动表现并没有太大影响。因此，教练与体操运动员需要考虑的重要信息是：在踩跳马踏板起跳过程中，专注于产生较高的助跑速度与角动量对于提升跳马运动的表现是非常重要的。

尽管这些研究已经非常贴合实际，但仍需要一些重要的生理因素来改进生物力学模型。例如，我们需要知道影响关节活动度弹性的个性化刚度与阻尼值，以及关节扭矩真实的激活时间历程，这样才能确定在踩踏板和撑马时关节抵抗压缩作用的能力。

20.3 单杠与高低杠

大回环的力学机制、下法脱手腾空需求和脱手—再握技术等都是研究人员最常研究的运动表现因素（Bruggemann, 1994; Holvoet, Lacouture & Duboy, 2002; Holvoet et al., 2002）。

通过运动学、动力学、能量代谢和肌电图等数据可以确定不同技术之间的差异，建立不同技术的特征概况，并根据通用的准则对技术进行分类（Arampatzis&Bruggemann, 1998）。即使这两种器械的结构与设计均有所不同，但在完成下法的脱手腾空动作时，单杠和高低杠的力学原理是相同的。这两种器械之间的力学差异更多地源于大回环期间产生的"鞭打"或"兜腿"动作（Sheets, 2008）。在两种器械上完成类似技能动作时，应考虑男、女体操运动员在人体测量与生理特征上的性别差异。

实际上，有的生物力学研究使用计算机建模来优化运动过程（Hiley & Yeadon, 2008）。这些模型变得越来越复杂。杠体通常用弹簧表示，而体操运动员则被认为是一个三维铰链式系统，并且考虑了肩部的刚度与阻尼。研究人员通过比较实验表现与模拟表现，验证模型如何再现真实运动，以及可以优化哪些参数来最小化关节扭矩，从而最大限度提升运动表现（Begon, Wieber & Yeadon, 2008）。如前文跳马中所述，在修正这些优化过程时，需要为关节力量和肌肉运动添加个性化的生理参数。

20.4 吊环与双杠

与单杠方面的研究相比，吊环与双杠相关的生物力学研究相对匮乏。有人对吊环的后上、向后大回环与下法动作进行了运动学分析与计算机模拟（Yeadon & Brewin, 2003）。在双杠项目里，有研究通过建立二维模型来预测从摆动至倒立、下法的情况，以及双杠握杠的动力学分析等（Linge, Halllingstad & Solberg, 2006）。此外，研究人员还分析了静态运动（如倒立）期间施加在这两种器械上的力（Prassas, 1988）。

由于力量型动作在这两个项目的运动表现中起着重要作用，因此发展上肢力量和力量训练的组织安排都是最大化技术改进的基本方面。

20.5 其他项目

鞍马与平衡木通常被认为是难度非常大的项目，在比赛中失去平衡和掉下器械都会导致严重失分。鞍马的生物力学研究仅限于一些个案。由于全旋是在该项目取得良好运动表现的一个基本前提条件，有研究人员分析了在完成基础全旋、托马斯与马乔尔动作时角速度的控制（Baudry, Leroy & Chollet, 2005）。女子体操运动员在平衡木项目的下法动作是生物力学研究的主要技术动作之一（Brown et al., 1996）。目前缺乏有关神经控制机制的知识，这些机制可以调节在这些器械上完成静态和动态技能的姿势与平衡。为了更好地理解体操运动员的平衡能力，应将生物力学与神经及心理知识相结合。

20.6 器材安全与开发的相关研究

由于体操运动涉及对手和足反复施加负荷冲击，生物力学研究可以评估关节在动作关键阶段承受的内部负荷（Davidson et al., 2005; Mills, Pain & Yeadon, 2006）。例如，在单杠项目完成脱手—再握技能之前的向后大回环中进行"鞭打"摆动时，腕关节与肩关节将承受3倍体重的拉力。在自由体操场地上做一个简单的前空翻时，踝关节处将承受19倍体重的压力。这些研究为改进体操训练过程及防止运动员肌肉超负荷做功提供了有效的数据。这些研究必须与相关运动损伤的医学知识相结合才能有效地预防运动损伤。

在许多体操技能动作完成过程中，器械弹性是力的一个重要来源，如踏板、蹦床、单杠或双杠等。材料的弹性是指在被拉伸、弯曲或压缩后，能恢复原来大小和形状的特性。人们在开发模型以了解跳板、蹦床与其他各种器械的动力学方面做出了很大的努力。弹簧-质量模型通常用来表示运动员与器械之间的相互作用。通过对材料施加一定负荷的振动或拉伸试验，可以分析器械的刚度和阻尼特性。这样可以在落地等关键阶段检查足部接触与手握的情况。这些生物力学研究还被应用于其他几个领域，包括工业工程与制造、材料与器材研究，以及设计创新等。例如，研究人员在防滑纹理设计和制造方面进行了很多创新，以保证体操器械表面覆盖着较大的安全接触区域。

因此，体操领域的进步不仅取决于对动作技能执行的更好理解，还取决于材料与器材制造方面的技术进步与创新。

第21章
心理学家的观点

约翰·H. 萨尔梅拉（John H. Salmela）

21.1 基础心理技能与运动生理学

毫无疑问，9～14岁的体操运动员的生理与形态特征对年轻体操运动员的运动表现有着显著的影响（Regnier & Salmela, 1987）。强壮、快速和灵活的身体将提高运动员在体操项目的目标设定、自信及承诺等基础心理技能水平。当然也有例外，例如Eberhart Gienger就比他的队友高很多。但是很明显，如果你与你的队友相比，具备更好的爆发力、更健康、更强壮，你的基础心理技能的水平也会更高。

通常，在西方国家，大多数体操教练都没有获得运动生理学专业学位，而是获得了体育教育或运动科学学位，他们了解力量、速度、爆发力与柔韧性训练的基本原则。同时他们还能够快速评估他们的年轻体操运动员是否制定了训练目标，是否为达成目标而有坚定的承诺，以及是否建立了必要的自信水平。由于付出了很多生理方面的努力，这通常会使体操技术水平得到很大提升。

然而，从生理学的角度来看，承诺也有不利的一面——可能导致崩溃，这在年轻女孩身上尤为明显。本书的作者Monèm Jemni博士采集了与这方面相关的大量数据。女孩需要比男孩更早地展现运动能力，这主要是因为她们必须在青春期前借助保护完成复杂的技能动作。而男孩则必须等到青春期后力量得到足够的提升，才能更好地完成一些高难动作，例如需要在吊环上完成的力量型动作（Jemni et al., 2001; Jemni & Robin, 2005; Sands et al., 2000）。

举例来说，作为一名体操运动员兼加拿大橄榄球运动员，我清楚地记得，我的教练让男队在训练前进行5组10码、20码与50码（1码≈0.91米）的往返冲刺跑，这几乎要了我的命。然后我看向球场，见到了我的两个偶像，Don Clark和George Dixon，他们来自蒙特利尔云雀队，来观看我教练Ivan Livingstone的训练。Ivan大声对我说："John，你是唯一一个在每一次训练中都很努力，而且还能保持很好状态的人。但是，我忘记带那袋橄榄球了！你能跑到俱乐部把他们带回来吗？"从生理上讲，我已经筋疲力尽了，但我还是在偶像的注视下，飞快地跑过了两个100码的球场。我不能失败！一到那里，我就在俱乐部的地板上躺了两分钟，以便让自己的身体得到一定程度的恢复。随后我拿着装了10多个球的袋子又跑了200多码。20年后，Ivan向我提起了这件事，但我宁愿当时"死"在我的偶像面前！

21.2 基础心理技能与生物力学

William A. Sands是美国奥委会的生物力学专家，他最近写了一篇关于如何基于生理学和生理训练成为冠军的文章。我有幸在加拿大和卡塔尔的研讨会上与他有过短暂合作。他对体育科学与体操有着深厚的了解，并被任命为美国女队的教练，他对体育科学与体操运动之间的相互关系有着敏锐的洞察力。

我记得，当我在阿尔伯塔大学攻读博士学位时，体操教练Tanaka告诉我，我的倒立"塌腰"太厉害，而我当时已经25岁！他让我以完全伸展且紧绷的姿态躺在地板上，然后另外两个体操运动员抱起我僵直的身体，将我摆成现在看起来都很完美的倒立姿势。毕业后，我在大学教学中使用了同样的生物力学技术。当然，学生们的目标设定、自信心与投入程度也都有所提高，他们可以通过在静态与动态技能保持这种姿势来学习更复杂的技能，他们对通过力学控制自己身体也感到非常兴奋。

21.3 心身技能与运动生理学

心身技能可能最受运动生理学影响，尤其是那些与放松和激活有关的技能。运动训练会给人带来深远的影响，尤其是在停止训练之后。经过长时间的高强度训练之后，运动员会有一种非常放松与释放的感觉。这是一个深度放松的时刻，它往往能够加强对日常活动的心理训练与演练，并且可以与意象及心理训练结合起来，为第2天的训练或比赛做准备。将极度疲劳中的恢复与其本身的积极效果相结合，是心理训练的理想选择，如压力控制。

另外，短时力竭训练或喊出口头禅等激活方式，可以从心理层面激励你在自由体操或跳马等运动中有更好的表现。正常情况下，体操运动员不需要从心理层面上激活，尤其是年轻女孩，因为他们有引以为豪的父母为他们投入了大量资金，把他们带到全国各地甚至国外。

1995年，在日本萨博世界锦标赛暨1996年奥运会资格赛上，全队与技术代表团住在一家酒店的同一楼层里。虽然我没有在女队执教，但许多女孩会私下（没有教练在场）与我交谈。她们想知道为什么这些比她们大6～10岁的男孩总能如此轻松并大声开玩笑，而女孩们却感到巨大的压力。答案很明显：女孩年龄都很小，她们把体操当成了一项工作，并没有体会到其中的乐趣。而男孩则是把教练当朋友，而不是听命于教练。

21.4　心身技能与生物力学

根据我的经验，对体操运动员而言，生物力学知识对于压力和恐惧的控制是最有用的。我之前已经提到过，在一个青少年体操运动员训练营里（他们都是加拿大队未来的奥运选手），我们的教练是如何解释单杠中特卡切夫这个相对较新的动作的。为了完成这个动作，体操运动员必须进行向后大回环，在到达大回环的3/4的位置之前，需要拱起身体，在看不见的情况背身旋转越杠，并重新握住单杠。受过生物力学训练的教练们都掌握如何正确按照"定时技术"、使用保护垫覆盖杠体以防止背部受伤，以及使用海绵落地坑将受伤可能性降至最低。我之前提到过一位勇敢的体操运动员在尝试这个动作的时候，撞到杠体上的垫子，落在海绵坑里，最后笑着走了过来。在他的影响下，所有14名体操运动员在接下来的20分钟内多次尝试这一动作。正如之前所述，我花了几小时与年轻的体操运动员谈论真实且非理性的恐惧。Feigley（1987）也曾说过，体操运动员发现，当好的教学方法结合生物力学原理和适当的保护原则一起工作时，在一定程度上就不恐惧了。

21.5　认知技能与运动生理学

就OMSAT-3而言，运动生理学对认知技能的影响已经在基础和心身技能部分做了探讨，即体操运动员一般认为在体育运动中获得成功的潜在因素包括他们的目标、自信与承诺。显然，一个肌肉不发达、超重、动作迟缓且身体僵硬的人是不会在体操中取得成功的。

不过，如果他们能够学会放松或从生理上激活自己，无论经过身体训练还是心理技能训练，他们都有机会在体操运动里取得更大的成就。在家庭、同伴与优秀教练的影响下，心理维度往往能够促使运动员刻苦训练、进行力量和柔韧性训练、设定目标、保持自信与坚守承诺。

21.6　认知技能与生物力学

在我看来，生物力学知识为我提供了最深刻的见解，让我明白为什么我既不是伟大的体操运动员，也成为不了优秀的大学教练。这些年我作为观察员与革新派教练（如加拿大国家队教练Yuri Iarov）一起参加国际体操联合会在世界各地的课程时，学到了很多这方面的知识。Yuri是第一个教会运动员（Valeri Luikin）在自由体操中完成了3周后空翻动作的教练，此后只有7名体操运动员完成过这个动作。他可以做到在1次后手翻后接1个2周后空翻！这些空翻连接技术必须通过心理技能练习与意象技能来掌握，因为它们似乎比传统的教学方法更有效。

在男子鞍马与双杠中的支撑技能动作中，我还发现了不可思议的学习过程变化曲线。从20世纪50年代到近10年前，教练都教导男子体操运动员在肩部收紧的情况下摆动，肩部肌肉的收紧和抬高限制了在水平面上进行侧向运动的自由度。上半身刚度更大，进而灵活性降低。Iarov向我和一组摩洛哥体操运动员展示了如何放松肩部来解放他们的躯干，并使他们的鞍马全旋数量在几天内提高50%左右。

　　我还从Iarov那里学到了如何在一到两天内教授季阿米多夫（Diamadov）这个复杂动作，该动作要求运动员完成支撑前摆单臂转体360度成倒立，通常需要几个月的时间才能学会。但体操运动员也会被引导在晚上通过意象完成这个动作的情况，并牢记教练的创新方法。

　　世界各地的学者利用心理技能训练、运动生理学与生物力学等体育科学，在体操研究及干预方面已经完成了大量工作，但仍有许多问题有待解决，其中，心理技能训练方面的问题可能最多。

第5部分总结

对本书第5部分进行总结，很明显，我们不能单一地强调生理学家、生物力学家和心理学家在提高体操运动表现方面的贡献。本部分给出了多个例子，科学家们单独或相互协作一直致力于发展直接和/或间接影响体操运动表现的许多训练实践工作。过去30年里，设备工程、模型设计、医疗仪器、从理论到人工3D模型的检验、对生理及心理因素的进一步理解，以及更多例子都是体操这个项目的特色。通过对比20世纪80年代末和今天的国际比赛视频，变化是显而易见的。我们不仅能看到运动表现的发展，科技的发展也有目共睹。

第5部分复习题

问题1. 总结生理学家如何与生物力学家及心理学家协作以改善体操运动表现。

问题2. 总结生物力学家如何与生理学家及心理学家协作以改善体操运动表现。

问题3. 总结心理学家如何与生理学家及生物力学家协作以改善体操运动表现。

问题4. 举例分析生理学、生物力学与心理学在体操运动表现中如何相互协作。

问题5. 作为一名教练，你如何从生理学、生物力学与心理学的角度来保障你的体操运动员拥有长期的职业生涯？

问题6. 从动作技术设计的角度分析生理学、生物力学与心理学之间的协作关系。

第6部分
体操运动技能学习

第6部分
体操运动技能学习

学习成果 莫内姆·杰姆尼（Monèm Jemni）

读者能确定、理解并重视：

- 运动技能学习及教学法在学术导向型知识与训练实践应用中的差异；
- 运动技能学习的阶段与执教能力；
- 练习与技能迁移在实际执教里的作用；
- 不同类型的反馈以及它们在体操教学及学习中的应用；
- 如何探究体操运动员在跳马助跑过程中应用运动技能控制概念；
- 为体操的旋转、快速转体/空中转体提供科学基础支撑；
- 如何通过来自巴西的真实案例研究来评估弹性训练在现代体操里的意义。

引言与目标 莫内姆·杰姆尼（Monèm Jemni）

这部分将从理论与实践两个方面为体操技能的教学提供一个框架。

这部分提供了从简单到高级的运动技能控制概念的真实案例，如体操中的跳马助跑、旋转、转体，以及弹性训练等。

体操是技能类运动项目。体操运动员施展技能是为了自己，而不是为了占领对手的防守区、不是为了增加投射物的距离、不是为了让对手移动、不是为了精准地击中目标、不是为了无感地击败对手，也不是为了比别人更快地完成规定距离。因此，体操与跳水、花样滑冰、滑雪空中技巧、花样游泳和舞蹈等有着共同的运动表现目标。体操与集体球类或者交手类格斗项目不同，体操没有对手，因此其准备工作有所不同。体操既不追求超越某些个人记录（如个人最佳成绩），也不追求尝试完成一些运动员从未做过的事情。体操运动员无须面对快速变化的地形或环境条件，因此，他们也无须为快速的环境变化做好准备。衡量体操运动员的标准是他们完成一个技术动作或者一串技巧动作的能力，这些技能可能在过去已经完成了几百次，但他们必须在关键时刻或者决赛场上做到完美发挥。他们将自己的运动表现推向观赏性更强、难度更大、更优雅且更稳定的方向。与马戏团表演者不同，体操运动员的动作旨在让技能看起来简洁优雅，而非以威胁生命或挑战死亡的方式将其呈现出来。许多运动员与教练声称他们的运动是一门艺术。体操既可以包含运动艺术的视觉优雅，也可以包含艺术的禅宗方面，就像与体操精神方面相关探讨所描述的那样。

很多运动项目都包含一些需反复练习才能掌握的技能。在以前智力水平低下学生的体育教学中发现，他们在早期学习阶段能够以比赛的形式参加大多数体育项目。例如，通过传球、运球、投篮来进行篮球比赛。不一定要多么完美地发挥篮球技术，也没有裁判，只要传球者能将球传给接球者，那么这个传球便是有效的。Lebron James也能够运球、传球与投篮。但他所掌握的技能与一般人掌握的是有区别的，与其说是因为技能本身，不如说是因为他在施展技能时的完美程度。体操则是从相反的角度来看待问题——时刻追求完美表现。尽管初学者只需学会入门技能，但完美表现这些技能的要求也会被提出、教授和强调。高水平体操运动员延续了完美的理念，只不过他们要将这一理念运用到了更难的技能上。在体操比赛中，运动员的优势主要来自动作技能的完美表现。

在体操运动准备的一般层次（图VI.1）里，我们将身体准备放在了第1位。相较于其他方面，体操运动员需要的是力量、速度、耐力、柔韧性及爆发力（Bompa, 1990; Sands, 1990a）。如果体操运动员不能达到技能所要求的力量与姿态，那么体操运动员就需要首先发展自己的体能。如果体操运动员的体能达到或超过了该项技能的要求，那么他或她就可以怀着成功的期望开始学习这项技能。如果体操运动员尝试不同的途径，例如试图"欺骗"自己，使自己达到某项技能在体能方面的要求（只练专项技能并期望体能随之提升），那么往往会带来一系列问题（Sands, 1984, 1990b）。技能学习准备状态由一系列决策来评估，这些决策从体能开始，然后是技术、战术、心理与理论等方面的准备（Sands, 1990b）。当然，通过专项技能训练来获得专项体能是值得称赞的，但是运动员在学习专项技能时会犯许多错误，有的可能带来某些不适甚至危险。在数以百计的重复训练惯化之后，运动员并不能轻易地改变并消除那些源于体能的学习错误。此外，学习基本技能或基础技能也有很多益处，我们可以很容易地对这些技能进行添加与修改，并以此来创造其他技能（Irwin, Williams & Kerwin, 2014）。

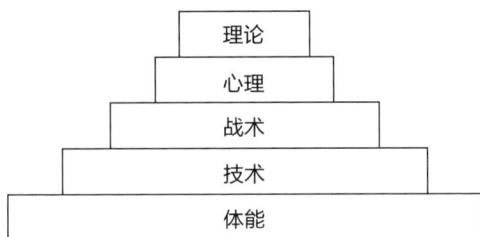

图VI.1　准备层次结构
注："技术"（即技能）的重要性排在第2位，并建立在体能的基础上。

第22章
运动技能学习与教学法

威廉·A. 桑兹（William A. Sands）

体操教练以自己对体操技艺的详细了解而自豪。教练需要了解很多东西，并且，最好的教练具备大量的体操专业知识与训练技巧。知识通常被认为是学术性的或对某种东西"知道是什么"。例如，教练可能"知道"力是质量与加速度的乘积，可能"知道"体操技能的表现是由无氧能量代谢主导的，而且"知道"延长落地距离会减小落地冲击力或增加落地接触面积会减小压力。教练们也"知道"太阳从东方升起从西方落下，如果你丢掉某件东西它就会落地以及水是湿的等。对教练来说，另一种概念——"知道怎么做"或练习的知识或许更重要。哲学和人工智能领域试图对知识进行编码，以此来简化知识并开发专家系统（Jones, 1988; Sands, 1991a, 1991b; Sherald, 1989）。这个概念还包括知道是什么（事实）、知道为什么（科学或理论理解）或知道对象是谁（社会话语或政治）。当然，不知道是什么而盲目应用往往是愚蠢且危险的，不知道怎么做的知识也是没有价值的。

单靠智力（知道是什么或知道为什么）对完成出色的执教工作是不够的。事实上，过去的经验表明，大多数教练会认为，成功的教练最重要的知识来自"知道怎么做"。教练必须知道如何教授一项技能、知道有些错误动作是如何以无害或灾难性的方式影响未来学习的、知道如何勾勒一幅丰富的图画或者设计正确的训练课来帮助运动员学习（Sands, 1994b, 1999a）。当然，知道什么是上述所有知识的基础。然而，没有做过体操运动员、不了解体育或运动科学知识、没有在其他运动项目指导过最低水平运动员的优秀体操教练也并不少见。显然，在教练的培养、发展过程及长期教育方面还有很多需要研究的地方（Martens et al., 1981）。

第23章
运动技能学习的基本概念与定义

威廉·A. 桑兹（William A. Sands）

　　"运动"指的是"动作"，在本章中，读者可以用"动作"代替"运动"。教练应该明白，首先，也是最重要的，执教即教学（Sands, 1984）。"在技术准备的过程中，正是教练的执教能力以及作为体操教师的专业资格才可以充分地发挥作用"（Arkaev & Suchilin, 2004, p.125）。因此，教练与运动员应处于一种合作的状态，教练主要传授体操的体能、技能、策略、心理定向与哲学，而运动员则主要学习这些概念。关键概念的基本定义如下：

- 运动/动作学习——与练习相关的行为变化，表示相对永久地掌握新的或创新性动作；
- 运动/动作控制——中枢神经系统与外周神经系统相结合，并通过肌肉收缩来产生运动的过程；
- 运动/动作表现——运动相关行为的结果；
- 运动/动作发展——与年龄、成熟相关的动作行为变化；
- 学习——相对永久地获得新能力的行为变化；
- 练习——为熟练掌握运动或任务行为而反复执行的运动或任务行为；
- 技能——"技能是后天习得的，它与本领及能力不同，因为一个人可能有本领和能力去施展一项技能但却不能做到，因为他还未习得这项技能"（Adams, 1987, p.42）；
- 技术（技术动作）——"……与进行某项运动时特定技术的实施相关联的动作"，同时，"技术动作的总和决定了用于完成体操运动的技术及其技术结构"。

由于学习是不可观察的，它在某种程度上是一个"黑匣子"。为了识别并验证学习结果，人们对某个"输入"（欲望、动机或需求）进行观察，并且，经过一个转变（黑盒子）后，该"输入"就变成了可观察的行为变化结果。学习的可观察部分是通过一个不可观察的联系连接起来的，这种联系只能从最初行为及结果行为中推断出来。根据上述定义，运动技能学习包括一些可观察到且往往重复的行为（如练习），并通过运动控制的神经生理学进行转变，最终形成一种变化的、可观察到的运动表现。

第24章
运动技能学习的阶段

威廉·A. 桑兹（William A. Sands）

　　运动技能的获得往往要经过3个阶段。这些阶段之间没有明确的界限，而是行为的混合或融合，这类似于彩虹中的颜色过渡。运动技能学习的3个阶段如下：认知、联结与自主（Schmidt, 1988）或初级、中级与高级（Halsband & Lange, 2006）。虽然运动技能学习阶段的命名规则各不相同，但基本上都是3个阶段。运动技能学习也是周期性的。技能学习的过程始于目标的设定，经过学习与练习，最终获得成功或失败（Arkaev & Suchilin, 2004）。

　　学习的认知阶段为第1阶段。在这个阶段里，运动员面对一个新的技能，他或她将观看该项技能的演示，听取教练或其他运动员的描述，并尝试将该项技能的基本结构及动力学吸收到他或她已经拥有的动作模式。运动员会积极地思考这项技能，并尝试去看、去感受以及通过其他感官去感觉这项技能，最后用笨拙的入门动作来尝试这项技能。运动员通常用自我对话来描述技能的显著特征，并将其视为对将要执行的动作的心理提醒。认知阶段往往表现出快速的进步。

　　学习的联结阶段为第2阶段。在这一阶段里，运动员需巩固在认知阶段尝试的分解动作和整体动作。运动员已经吸收了足够的技能知识，他/她可以在没有特意思考每一个动作或子动作的情况下，完成大部分或全部的技能。此时小细节变得明显而重要。运动员通过"调试"的过程来识别并纠正错误，从而掌握更精细的技能。动作表现更具控制性与稳定性。在技能执行的过程中，对自我对话的依赖以及在认知阶段中翻译动作"脚本"的需要将有所减少。该阶段进步相对迅速，但不如认知阶段那样快。

　　学习的自主阶段为第3阶段。现在，运动员已经完全或几乎完全掌握了这项技能。技能表现是自动的，不需要认知干预。在这一阶段里，随着学习与表现的细节方面的处理解决，进展的速度放慢了许多。例如，技能现在已经足够稳定，可以适应新的环境（Harre, 1982）。随着学习的进行，我们需要更加丰富的信息来源。为了产生运动，信息必须在中枢及外周运动与感觉神经系统的各种结构之间传递。

　　描述运动表现信息流的阶段性概念包括：动机、构思、计划与执行（Halsband et al., 1993）。

- 动机来自对需求与欲望起作用的边缘系统或"情感运动神经系统"。
  - 生理驱动力（饥饿、干渴等）往往被视为是动机。生理动力与情感相结合，以启动运动表现。
  - 在紧张的情况下，边缘系统可以抑制疼痛感。
  - 下丘脑是这个系统的焦点所在，同时也是包括前脑及中脑在内的层序结构。
  - 来自边缘系统的中枢神经系统输入与较高级别的中枢系统相整合，并以此形成"思想"。
- 构思是指通过联系并选择适当的运动计划来实现某个想法。
- 计划指的是接收一个想法并将其转换为一个运动动作。
  - 负责执行这种转换的大脑结构如下：前运动皮质、运动皮质、基底节与小脑。
  - 转换的结果称为"中央指令"。
  - 中央指令同时作用于两个主要方向，一个为从大脑到级别较低的中枢系统，如脊髓与外周，另一个则为大脑的高级中枢系统。
- 执行始于一个中央指令。
  - 运动计划要么是即刻开始的，要么是从记忆中提取的。
  - 动作指令以运动计划的形式被发送到中枢及外周神经系统的适当区域进行加工。
  - 来自感觉受体的反馈将通过几个传入通路返回至中枢神经系统。
  - 运动指令与感觉反馈的整合发生在感觉运动皮层。

信息在列出的各个阶段中穿梭，并嵌套在运动技能学习的3个阶段中。信息是一个单独的术语，它掩盖了信息处理的潜在复杂性，包括从感知到行动、递归、记忆依赖，以及各种反射与反馈循环。

第25章
反馈

威廉·A. 桑兹（William A. Sands）

　　反馈被定义为与动作相关的任何可感知的感觉信息。反馈可以是内在的（也就是说，来自内部），例如从动作感觉中获得的信息，像肢体的位置及运动等。内在反馈是随着运动自然产生的结果。此外，反馈也可以是外在的，例如从指导意见、视频图像及镜子中观察自己等方面获得的信息。外在的反馈基本上就是指导——一种源于动作自然结果而又高于其的反馈。

　　内在反馈与外在反馈本身又由两种类型的信息组成：表现反馈（KP）和结果反馈（KR）。内在表现反馈包括对肢体的运动和位置（动作的过程）的关注，而内在结果反馈则为以从环境中获得的信息（起跳或落地的声音）为基础的自我对话，通常与输出相关（动作的"成功"）。外在表现反馈是从教练、视频、电影及镜子中获得的信息，而外在结果反馈指的是诸如分数、圈数或完成时间，以及测量距离等信息。一般来说，表现反馈是最有用的，特别是像体操这种结果特征不是显性的运动。体操运动员通常看不到自己的表现，高度依赖教练对他们表现的解释来衡量是否需要改进以及是否接近成功（结果反馈）。如果结果比较明显，那么结果反馈是没有帮助的。体操运动员在学习过程中，教练有足够的机会对技术、身体姿势、速度及其他各种因素进行评价，并以此提供表现反馈（McClements & Sanderson, 1998）。

　　外在反馈通常起到激励作用。激励的目的在于鼓励运动员进行尝试，从而积累更多的练习，以便向理想的技术模式靠近。教练必须尽一切努力鼓励更多的练习，并提供相关且及时的信息，以增加运动员获得反馈的机会。激励性的外在反馈可以满足基本的需要，如上文关于边缘系统的描述。

　　在广泛的领域里，心理健康、最佳功能及学习似乎取决于对基本需求（如能力、自主权及社会关系等）的支持或满足。能力的需求是指体验自己的能力及本领的需求，而自主权是指控制或积极参与决定自己的行动及行为的需求。社会关系描述的是自己与他人联系在一起的需求，或是在参与社交时体验到满足感。

Lewthwaite & Wulf, 2012, p.175

与学习者没有输入学习课程的"束缚"练习相比,自我控制练习(自主)与控制时间能力,丰富性的观察力更能提高学习效果(Chiviacowsky, Wulf & Lewthwaite, 2012; Wulf, Chiviacowsky & Drews, 2015; Wulf, Shea & Lewthwaite, 2010)。包括比较和语言的外部反馈也有助于提高学习效果,如指出学习者表现很好,与其他运动员一样好或更好等。

运动技能学习与感知能力有关,因为激励性外在正反馈比负反馈更能提升学习效果。事实上,即使是错误的正反馈也比负反馈更能增强学习动机(Lewthwaite & Wulf, 2012; Wulf, Chiviacowsky & Lewthwaite, 2010; Wulf, Shea & Lewthwaite, 2010)。

反馈虽然被认为是技能获得的必要条件,但当体操运动员变得依赖于技能表现的反馈时,也会成为成功的障碍。因此,反馈是一个优化问题——不能太多,也不能太少,要恰到好处(Sands, 1984)。例如,连续的同步反馈已经被证明对学习不利(Schmidt & Wulf, 1997)。反馈也是一个"丰富性"问题。体操教练必须学会绘制丰富、生动且详细的文字图片(Sands, 1984)。此外,教练应该通过描述性言语告知运动员该项技能是可学习的,以及他们的能力足以掌握该技能(Wulf & Lewthwaite, 2009)。

反馈往往涉及错误的识别,但肯定不是所有错误都是等同的,而且运动员识别错误的能力随着经验的增加而提升。有些错误比较严重,有些微不足道,有些甚至可能会因为不断重复练习而消失。当反馈频率及幅度逐渐减弱时,随着运动员的表现能力的提高,这种反馈被称为"带宽反馈"。带宽反馈既有计划,也有弹性,因为它会打断学习与练习的时间进程,并根据所处理的表现特征及运动员的错误识别能力进行扩展与收缩(Badets & Blandin, 2010; Sadowski, Mastalerz & Niznikowski, 2013)。反馈的减少及其最终的消除与能力的提升有关。因此,反馈的应用是复杂的,取决于内容、大小、时机、意图,并且即使外部反馈被移除,它也可以成为学习的促进剂(Badets & Blandin, 2010; Wulf, Shea & Lewthwaite, 2010; Wulf, Shea & Lewthwaite, 2010)。

学习的不同阶段应当可以作为反馈的适当性、类型与时机的指标。在认知阶段,同步反馈与末端反馈是至关重要的,应该得到广泛应用。在联结阶段里,应减少同步反馈,并且反馈的时间表应遵循带宽方法。随着学习的进行,反馈的频率及幅度都会降低。联结阶段里的外部反馈更多的是一个总结,而不是一个持续的表现描述。在自主阶段里,不存在或几乎不存在外部反馈。外部反馈遵循一条包含丰富的描述和信息的路径,并且教练往往会经常给出很多这样的反馈。随着学习的进行,反馈将更具选择性、概括性,并将重点从外部转移至内部。当运动员获得对技术的控制时,反馈的必要性会在自主阶段的某个时期有所削弱。此时的反馈不仅是不必要的,而且可能会因为过多的信息而对运动员的表现造成不利影响。除了为学习者提供基于事实的内容之外,外部反馈也可以作为一个强大的激励因素(Wulf, Shea & Lewthwaite, 2010)。

外部焦点的运用是外部反馈的一个重要方面。几项研究表明,用于获得反馈信息的外部焦点比内部焦点更好。例如,在垂直跳跃过程中,当我们寻找反馈信息时,与其将注意力集中在肌肉上，不如将注意力集中在可触及的外部位置上（Lohse, Wulf & Lewthwaite, 2012; Wulf, Chiviacowsky & Drews, 2015; Wulf, Shea & Lewthwaite, 2010）。言语及外在表现的反馈应致力于将运动员的注意力引向外部或环境中（Wulf et al., 2002）。

第26章
学习任务到终极技能的迁移

威廉·A. 桑兹（William A. Sands）

    迁移是执教的核心所在（Adams, 1987; Rosalie & Müller, 2012）。迁移是指将正在做的一件事转移至另一件事上。运动学习会运用一些方法，试图将子技能的各个方面迁移为目标技能。习得技能通常会迁移为技能系列、组合及成套。技能迁移的概念也涉及普遍性的概念。技能学习的某种方法应该能够归纳总结或者迁移到不同的环境中。如果技能没有发生迁移，那么我们将被迫为每一个可能存在的动作任务学习一项特定的单一技能——显然，这种做法效率很低。然而，研究表明，迁移可能是复杂的。例如，尽管表现相似，但我们或许不能将简单技能迁移为复杂技能（Wulf & Shea, 2002）。此外，虽然简单的技能可能不会迁移，但增加反馈与物理辅助器械可能会促进复杂技能的学习（Wulf, Shea & Matschiner, 1998; Wulf & Toole, 1999）。

    两项任务越相似，第1项任务迁移至第2项任务的程度就越大（Baker et al., 1988; Carnahan & Lee, 1989）。技能训练与比赛所使用的技能往往发生正迁移。而第1种技能的练习对第2种技能的表现造成不利影响的负迁移不太常见。单排轮滑与速度滑冰之间可能会发生正迁移。当运动员从侧手翻过渡到踺子，从向前类跳马起跳过渡到技巧串的前空翻，或者从双杠上的后上回环摆动过渡到单杠上的屈体回环，从自由体操上的劈叉跳过渡到平衡木上的劈叉跳，都可能发生正迁移。负迁移可能发生在从技巧串的后滚翻过渡到后空翻，从蹦床上的前空翻转体180度（barani）动作过渡到双杠下法的前空翻转体180度，以及从自由体操里的向左旋转空翻过渡到高低杠下法时的向右旋转空翻。对技能学习的经济性来说，学习与技能迁移非常重要。那些最有可能发生迁移的技能是最值得学习的技能。

    在我们看来，体操专项技术技能的习得及优化在大脑皮层以数据库的形式存在，数据库里的动作是一个多功能系统。这个是一个元程序，由控制具体运动的程序组成。

Arkaev & Suchilin，2004，p.127

    后滚翻经手倒立便是这种技能的一个例子。后滚翻经手倒立是技巧动作的基本技能，但是我们可以通过这项技能来学习高低杠项目中蹬杠或不蹬杠的腾身回环动作。如果在手倒立阶段增加转体的动作，那么运动员可通过这项技能来学习看不见的变化。"一个人应该有目的地改善特定任务的表现技巧，从而使已经掌握的动作适应逐渐增大的复杂性"（Arkaev & Suchilin, 2004, p. 131）。

运动技能的正迁移与负迁移在体操教学和有效学习中发挥着重要作用。从历史上看，体操运动几乎很少考虑运动员转体的首选方向。一般来说，运动员只在单个空翻中进行多次转体，而在完成多个空翻时，运动员往往只完成1个单周转体。当体操发展到在多个空翻中加入多个转体时，教练和/或体操运动员经常发现，他们在一个技能上所学习的转体方向会对两次空翻中第2个空翻的转体表现产生负迁移影响。我们很快就清楚了，体操运动员会通过学习在同一方向上进行所有类型的转体来避免挫败感（Sands, 2000b）。此外，这一观点同样适用于个体学习踺子后手翻时所采取的方向（Sands & McNeal, 1999a）。

技能迁移存在所谓的"近"与"远"两种形式（Rosalie & Müller, 2012; Vuillerme et al., 2001）。近迁移是指使用与比赛中所运用的技能相类似的训练方式与技能。而且相似性越接近，迁移程度就越大。体操中存在很多与近迁移相关的例子，例如将自由体操里的倒立练习迁移到平衡木与双杠项目里。在远迁移中，需将已知（通常是基本的）技能或训练迁移至与原始技能或训练不相类似的任务。一项技能的练习有助于更广泛的技能学习与运动表现时，就会发生远迁移。跳跃与落地是一些基本技能的例子，这些技能可以向其他很多技能、运动与环境发生迁移。

第27章
迁移策略

威廉·A. 桑兹（William A. Sands）

    教练如何才能最有效地利用迁移？一些常见的方法包括使用模拟装置与仿真技术、整体-分解练习、引导-训练，以及心理演练。这些策略的背后，均存在这样的基本前提，即通过减少危险与代价、减少整体技能负荷的大小、增加子技能的练习经验、在有或无身体练习的情况下运用心理来练习技能等方式，让学习者参与相关的学习活动。迁移策略的目标是将一项活动或任务正迁移至另一项更大、时间更长或更有价值的活动或任务上。

    模拟装置与仿真技术涉及许多其他需要指导与学习的内容。其中，飞行模拟装置也许是最直观、最复杂的模拟装置。使用飞行模拟装置的时候，飞行员会在一个设施齐全的驾驶舱里练习飞行，而计算机则负责呈现外部图像并控制仪表读数。飞行员通过在虚拟天空熟练地操纵飞机并处理飞行中可能出现的各种问题来展现自己的能力。专家以计算机为基础，创造了汽车、潜艇、坦克、宇宙飞船、轮船，以及许多其他设计精良的机器，这些机器允许操作员在从错误中学习的同时练习与整个设备相关的任务，而不会造成损坏、碰撞、伤害等情况。用于体操运动的模拟装置并不是很多，而且主要用作研究工具（Bernasconi et al., 2009; Calmels, Pichon & Grezes, 2014; Krug, Reiss & Knoll, 2000; Mills, Yeadon & Pain, 2010）。Malmberg在1978年写道，苏联科学家已经模拟了超过1000种尚未得到执行的技能，而特卡切夫或高低杠振浪后切就是其中之一。Arkaev与Suchilin（2004）介绍了一些训练辅助设备或模拟装置，包括用于身体姿势训练的悬吊系统、有转体带的过顶保护装置，以及用于控制与增强器械弹性的各种充气辅助设备。尽管科技含量不高，用于鞍马全旋教学的悬吊式塑料"桶"仍可被视为一种模拟装置（Fujihara & Gervais, 2012）。虚拟现实仿真技术能够为体操运动员提供很大的帮助。例如，落地的视觉仿真可能有助于体操运动员在没有撞击相关风险的前提下学习优化落地技术（Yeadon & Knight, 2012）。为了确定哪种练习与训练最能衡量并模拟体操技术的肌肉募集情况，有研究人员对吊环项目展开了探究（图27.1）（Bernasconi et al., 2004; Dunlavy et al., 2007; Sands et al., 2006a）。

图27.1   用于提高体操运动员吊环水平十字支撑能力的模拟装置与训练辅助器材

体操的练习方法是为了促进技能的迁移而设计的，几乎所有专项技术练习都包含整体-分解、分解-整体或整体-分解-整体的方法（Federation，1986；Sands，1981a；Sands & McNeal，1995a）。完整的体操技能往往过于复杂或危险，因此不可轻易在没有任何准备或安全措施的情况下尝试。体操教练拥有丰富的体操知识与创造力，他们通过设计巧妙的训练帮助运动员在安全的环境下模拟全部或分解技能。目前已有多种语言撰写的文本介绍了数十种技能训练、引导方式、技能分解及整体技能等方式：葡萄牙语（Araujo，2002）、法语（Magakian，1978）、西班牙语（Estape, Lopez & Grande, 1999; Estape Tous, 2002），以及英语（Hacker, Malmberg & Nance, 1996; Sands & McNeal, 1995a; Werner, 1994）。

心理演练是指在没有实际身体练习的情况下练习一项技能（Schack et al., 2014）。有研究发现，大脑在通过视频观看技术动作和心理意象训练时向身体训练发生了迁移（Munzert et al., 2008）。我们无法直接观察心理演练技能的过程，但我们可以测量体操运动员上报完成技能和成套动作的时间，而且还有可以确定心理活动有效性的方法（Calmels & Fournier, 2001; Guillot & Collet, 2005）。令人惊讶的是，运动员心理意象训练的时长与他/她完成实际成套动作或技能的时间非常接近（Lee, Young & Rewt, 1992）。

第28章
练习

威廉·A. 桑兹（William A. Sands）

    练习主要指的是重复。早在罗马时代，拉丁文中便流传这样一句话"重复是学习之母"。即使放在今天，这句话也仍然适用。然而，Bernstein进一步更新了练习概念："重复但不机械重复"（Latash, 2012, p. 262）。这句话的意思是，尽管进行重复，但每次重复的确切性质均有所不同，因此不存在两次完全相同的重复（Latash, 2012）。当面对"在重复中重复什么"的问题时，很可能得到这样一个答案，即学习者反复向他或她的中枢与外周神经系统提出并解决运动问题（Lee, Swanson & Hall, 1991）。当我们了解了练习并非简单地重复一项技能或动作的这一事实后，就更能理解这些观点了。当一个动作的速度、环境、时间、顺序及其他表现方面发生变化时，这项技能就会再次"被习得"。因为新的学习容易快速掌握，所以有些技能学习进展很快，但有些技能则可能会迫使运动员几乎从头开始。

    体育运动中存在几种不同类型的练习系统。分解练习指的是围绕一个目标技能而进行的更小的子技能或训练方法。分解练习是体操中最常见的方法。整体练习包括尝试完整技能，并依靠整体技能的练习来学习。分解练习以这样的一个假设为基础：目标技能可以分解成多个更小的部分。大多数技能都可以细分为不同的部分，但这种做法既可能增强学习能力，也可能不会带来任何改善。我们可以通过整体方法来更好地掌握一些不容易被分解的技能或需以独立单元的形式来完成的技能。连续或循环的动作通常很难分解成子技能。此外，以独立单元来执行的技能或不同环节相互作用的技能也很难分解，这种技能以独立单元的形式训练可以得到更好的练习效果。杠上向后腹回环、跑步或跳跃等都是这种技能。我们可以将后手翻分解成以下几个阶段：站立，手臂向后摆动，绕着肩部快速将手臂摆至头顶位置的同时向上向后跳跃，跳跃和摆臂会使身体腾空并向后旋转，手接触垫子的同时脊柱与髋部过度伸展使身体呈反背弓；接着身体通过倒立位，然后体操运动员手部发力向上推，同时躯干与髋部快速屈曲将身体从地板上顶起，最后直立着地。对于每一个这类的技能部分或环节，我们都有多种训练方法可用。图28.1给出了后手翻训练的几个训练方法。

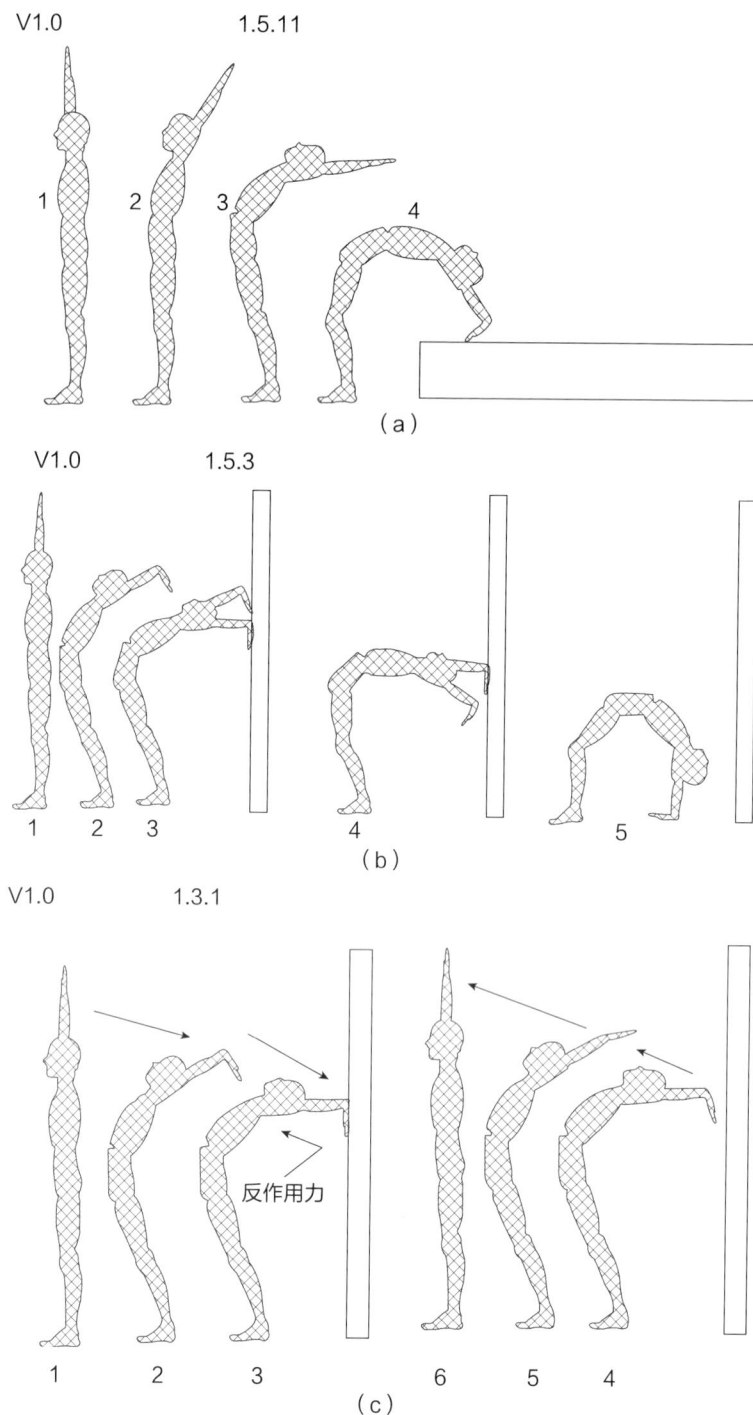

V1.0　　　　　　　1.5.11
1　2　3　4
（a）

V1.0　　　1.5.3
1　2　3　4　5
（b）

V1.0　　　1.3.1
反作用力
1　2　3　6　5　4
（c）

图28.1　后手翻训练图

［源自 Sands,W.A.,&McNeal,J.R.(1995a).*Drills for Skills(V1.0)*.Carmichael,CA：U.S.Elite Coaches Association for Women's Gymnastics。］

V1.0　　1.5.1

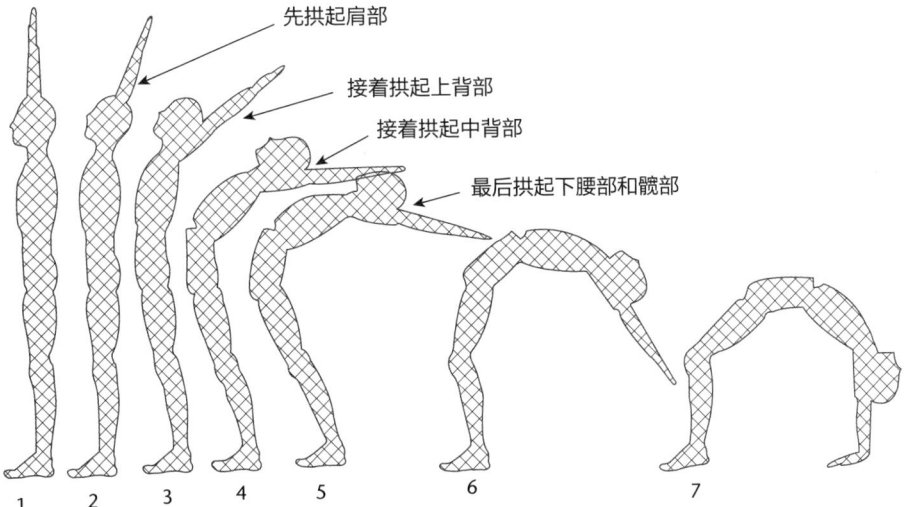

先拱起肩部

接着拱起上背部

接着拱起中背部

最后拱起下腰部和髋部

1　2　3　4　5　6　7

（d）

V1.0　　　　　　1.5.5

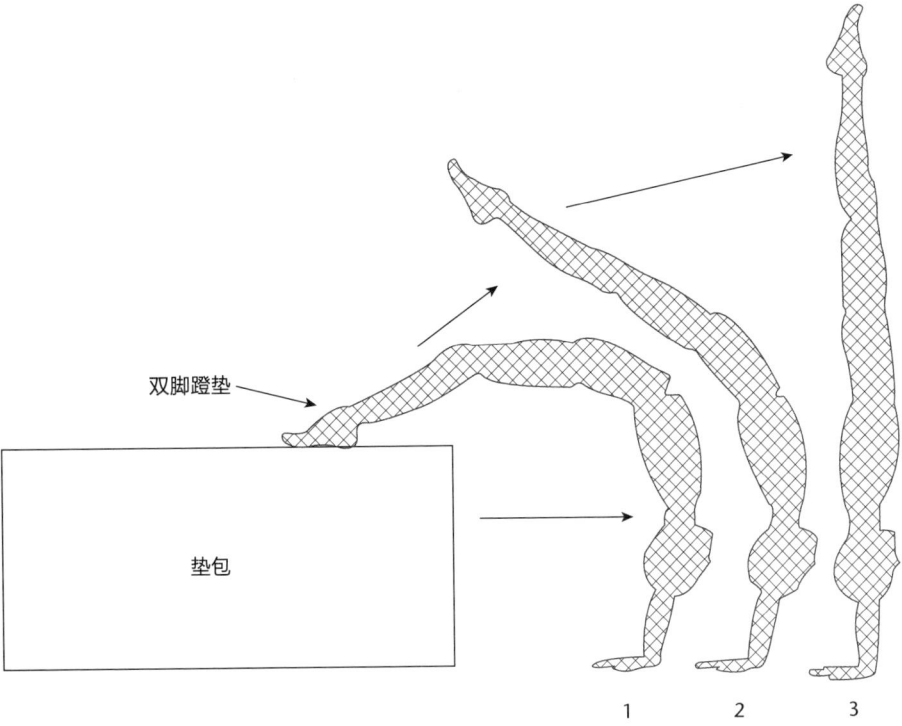

双脚蹬垫

垫包

1　2　3

（e）

图28.1　后手翻训练图（续）

V1.0 1.3.11

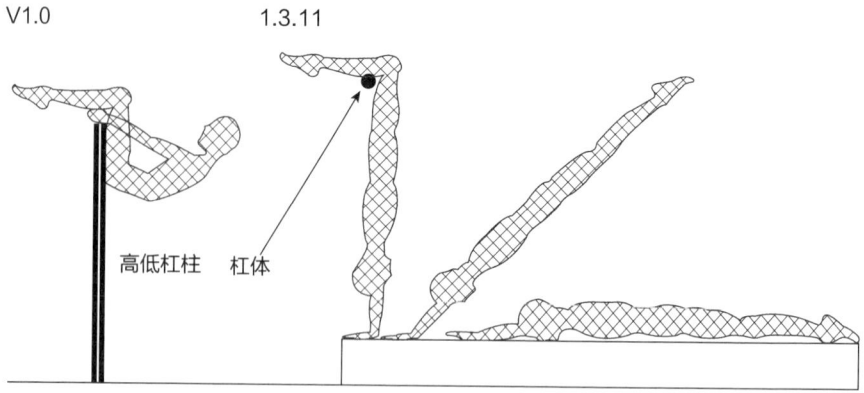

（f）

V1.0 1.3.3

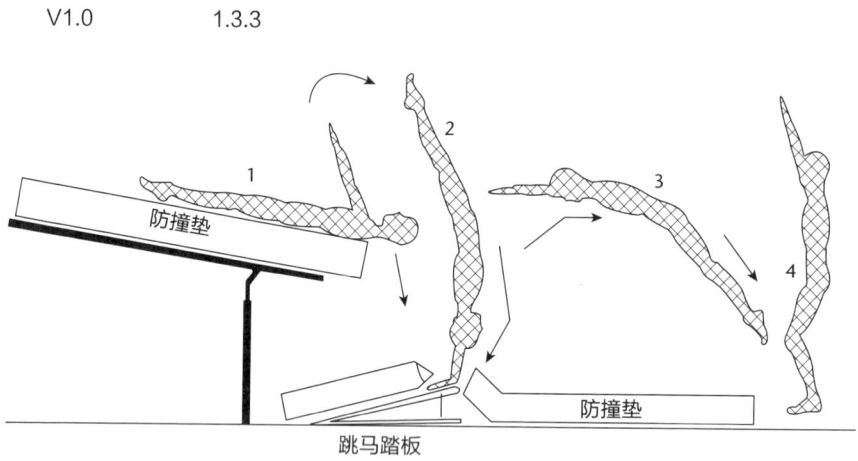

（g）

V1.0 1.3.7

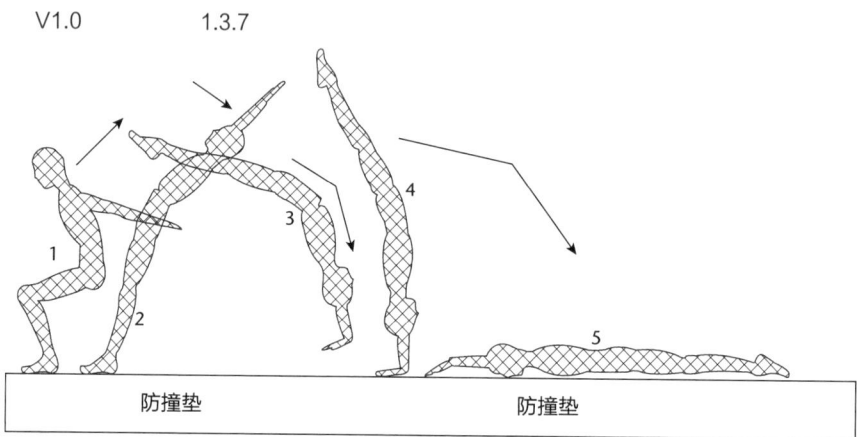

（h）

图28.1 后手翻训练图（续）

V1.0   1.3.8

防撞垫

垫包

防撞垫

防撞垫

跳马踏板

（i）

V1.0   1.3.15

防撞垫

（j）

V1.0   1.3.16

防撞垫包

折叠软垫

（k）

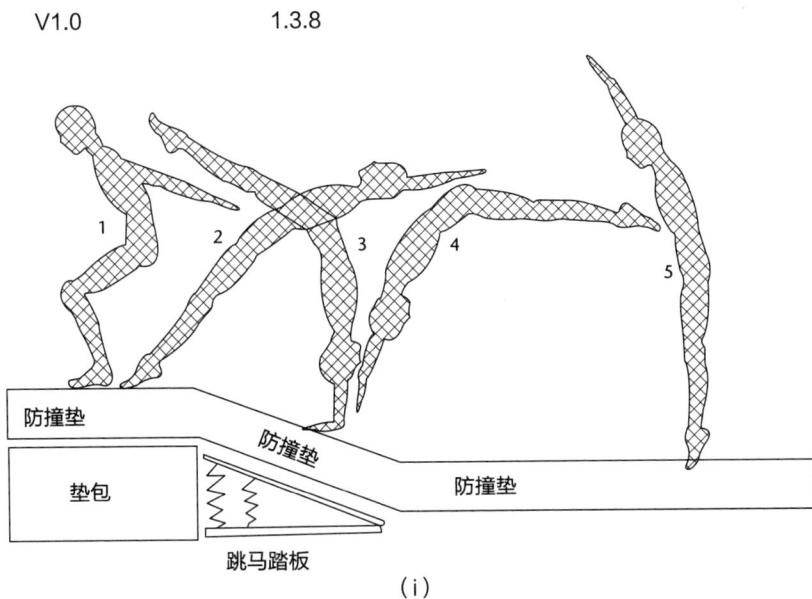

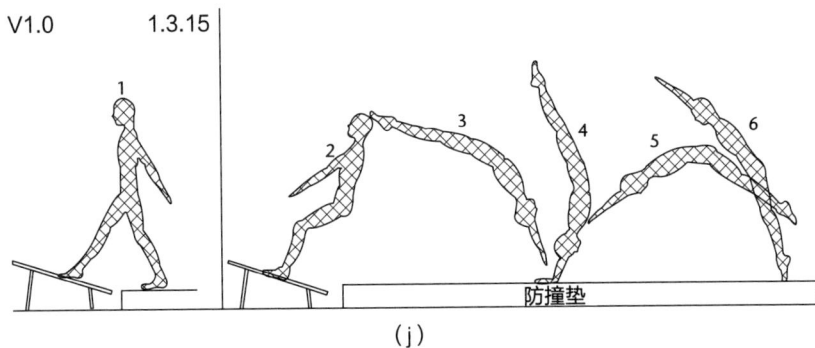

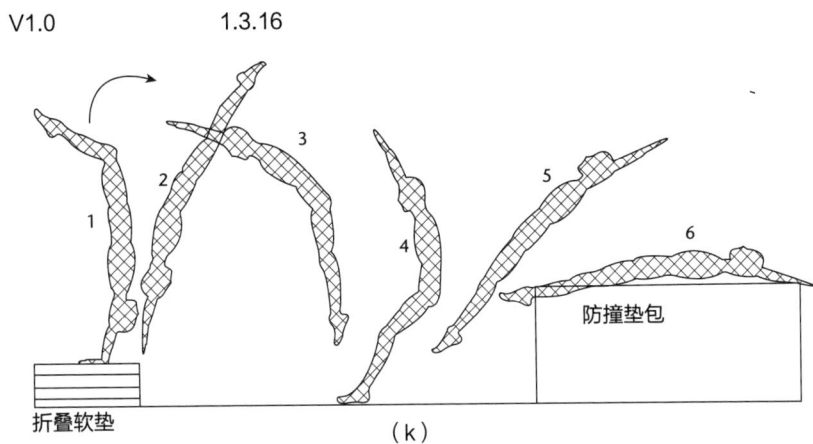

图28.1 后手翻训练图（续）

V1.0   1.3.22

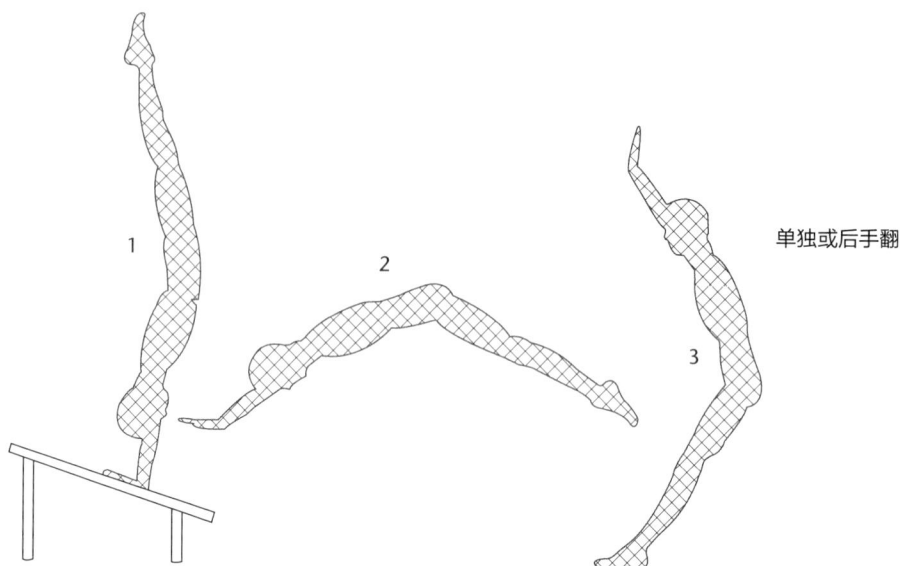

单独或后手翻

（ I ）

V1.0   1.3.9

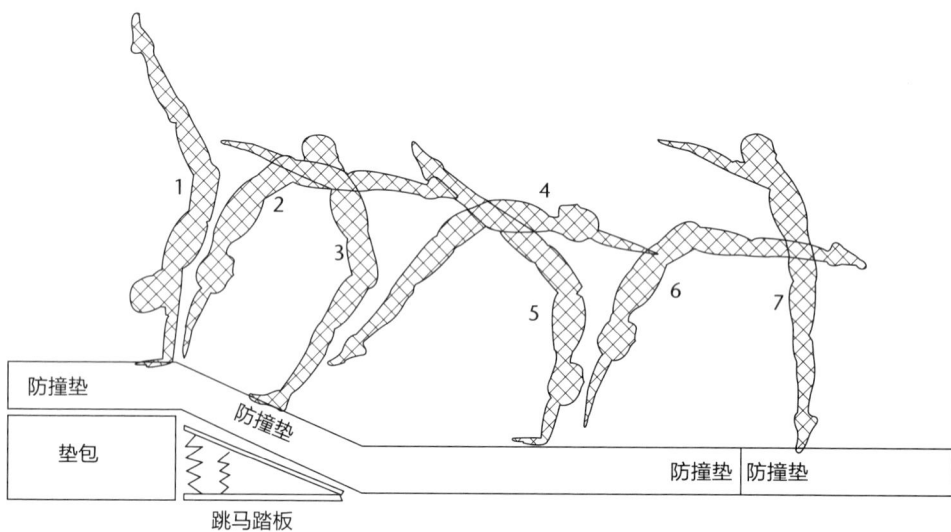

防撞垫

垫包

防撞垫

跳马踏板

防撞垫 | 防撞垫

（m）

图28.1 后手翻训练图（续）

练习既可以按照学习内容组块进行，也可以随机进行。组块练习是指反复完成相同的技能或练习以达到精通的水平。随机练习是指以非系统化的方式安排任务。在这种情况下，"随机"一词可能会被误用，因为技能训练以完全随机的方式提出并且教练与运动员都不知晓下一项技能是什么的情况很少见。如果人们认为该术语旨在传达如下信息：技能的呈现不太注重连续性，而是强调将技能混合在一起。例如在一段时间内只练习一种技能，然后引入并练习另一种技能，接着让运动按照这种模式学习第3种不同的技能，那么这个术语就更有意义了。上述概念与术语源自基于实验室的关于组块和随机技能练习的实验研究。我们不太可能在没有准备或热身的情况下提出并练习完全不相关的技能，有的时候这种做法甚至会带来危险。

此外，我们可能无法将简单技能很好地迁移至复杂技能，在组块练习方法中更是如此（Wulf, Horge & Shea, 1999）。然而，以实验室为基础的技能学习实验研究，仍然可以为运动员与教练提供关于技能练习顺序性特征的重要信息，但要避免盲目实际应用。

与组块练习及随机练习相关的实验研究发现：组块练习（多次重复相同技能的练习）可以强化并快速稳定技能的初始表现。随机练习（以非系统的顺序进行两种或更多技能的练习）不能像组块练习那样强化初始表现。然而研究表明，当随后用维持实验来评估练习是否能带来稳定的习得性技能时，随机练习的效果更好。这些实验为体操等技能主导型运动提供了重要信息。一般的练习计划与方法通常要求体操运动员在一个环境中以任意次数（既可以是几次，也可以多于100次）重复完成相关动作。典型的训练顺序如下：先进行一般热身，接着进行专项热身，最后在教练的监督下反复练习。运动员往往声称自己被迫完成的重复次数，并以此来赢得教练的尊重，而且这似乎成了一种文化传统。这里描述了组块练习的典型顺序，即不断地重复同一技能。随机练习会要求运动员完成一种技能或同一类的几种技能，然后切换到另一种或另一类的几种技能。与组块练习相比，随机练习往往会让教练与运动员快速提高单个技能的水平，但当运动员在几小时或几天内尝试这项技能时，却无法保持和维持这种进步。最初的进步令人兴奋但也很短暂，因此当技能水平得不到保持时，运动员往往不得不重新开始技能学习序列。相比于组块练习的早期成功，随机练习中的初始表现较差。随机练习方法可以被认为是对技能学习的投资，而不是购买。随机练习中初始学习速度可能比较慢，但随后的学习与表现会更稳定。尽管随机练习或许能够更好地保留技能，但随机练习中使用的技能必须熟练到即使以不规则的顺序练习时，它们也不会带来危险（Harre, 1982）。过去的经验表明，在重复一次或几次之后抛开一项技能去练习另一项技能的观念在体操教学中并不流行。

可以通过算术乘法表的常规学习来阐明组块练习法与随机练习法。使用组块练习法学习乘法表会让学生一遍又一遍地重复一个等式，例如，3乘以5等于15、3乘以5等于15，以及3乘以5等于15。如果读者尝试这种练习，你通常会发现，自己或许很快就从任务中脱离了出来，而且你只是盲目地、毫无考虑地重复这个等式。如果一个人尝试随机练习法来学习乘法表，那么学生可以通过说或写来进行练习，如3乘以5等于15、4乘以6等于24、7乘以5等于35、4乘以4等于16，以及3乘以5等于15。随机练习法避免了机械的重复，迫使学习者参与计算乘法的过程，而不仅仅为了求得结果，类似的情况同样出现在技能学习的过程中。当我们鼓励更用心地练习时，学习者的进步会变慢，他或她可能会显得比较沮丧，也可能会犯更多的错误，但学习的吸收和保持力将得到明显改善。教练与运动员应该注意这些信息，在最早的学习阶段使用组块化的方法进行练习，以确保运动员不会被多种技能的形式所迷惑。然而，随着运动员的进步，他或她应该在练习一种技能之后转换至另一种技能的练习。这种学习的时间与顺序取决于教练对何时可以减少模块练习以及何时可以开始随机练习的判断。

近年来，练习在技能训练中的作用受到广泛关注。K.A.Ericsson博士也许是技能训练领域研究刻意练习与专业能力发展方面最具权威的专家。他反复强调，刻意练习最终决定成功的程度以及精英成功者与非精英成功者之间的区别（Ericsson, 1996, 2003, 2008, 2013; Ericsson & Poole, 2016）。Ericsson认为，要达到专业表现水平，需要进行大约10 000小时或10年刻意练习（Ericsson, 1996, 2003; Ericsson, Krampe & Tesch-Römer, 1993）。然而，B.N.Macnamara等人认为，专业能力与成功的因素不止刻意练习这一种，刻意练习可能只占专业能力因素的18%（Macnamara, Hambrick & Moreau, 2016; Macnamara, Moreau & Hambrick, 2016）。在研究刻意练习作用的相关文献中，争论一直存在——双方在刻意练习的必要性方面达成了共识，但并未就其贡献的大小达成一致意见（Ericsson, 2016; Macnamara, Hambrick & Moreau, 2016; Macnamara, Moreau & Hambrick, 2016）。当然，遗传因素似乎在运动员处理训练负荷、从指导中获益，以及避免受伤的能力中发挥着重要作用（Calvo et al., 2002; Montgomery et al., 1998; Puthucheary et al., 2011; Yan et al., 2016）。未来的研究可能有助于理清先天和后天因素在运动训练及表现中的作用，但就目前而言，我们对这方面的理解仍处于初级阶段。因为无法使用基因兴奋剂，因此在提高运动表现与学习能力的实用方法中，唯一的途径就是系统地、科学地应用技能练习。当然，研究人员并没有忽视体操运动中的基因分析与筛查（Koyama et al., 2012; Massidda, Toselli & Calo, 2015; Yeowell & Steinmann, 1993）。

第29章
体操运动学习中的特殊考虑因素

威廉·A.桑兹（William A. Sands）

体操运动也许是研究技能获得与表现的最佳"实验室"之一。空间定向、运动觉及平衡是体操训练的重要组成部分，几乎每天都会涉及。当然，体操不是唯一运用、推广和利用运动技能学习与控制相关内容的体育项目部分，但是体操也许是在一项运动中体现这些因素最丰富的活动。

空间定向是指运动员知道自己在三维空间中位置的能力。空间定向依赖于运动员可用于向中枢神经系统传递身体位置（直立、倒立、倾斜等）、身体运动（静止、向上、向下、向前、向后、侧向、旋转及组合等），以及外部环境位置与运动的几乎所有的感觉系统。研究发现，体操运动员的大脑结构发生了变化，这归因于体操运动员较强的空间定向能力（Huang et al., 2015）。体操运动员依赖于以下3个相互作用的感觉系统（Gillingham & Wolfe, 1985; King Hogue, 1990; Krejcova et al., 1987）：

- 视觉系统；
- 前庭系统；
- 本体感觉系统。

29.1 视觉系统

视觉在所有的空间定向系统中占据了主导地位，人们在黑暗的房间很难找到方向就很好地论证了这一点，但是视觉系统也依赖于来自其他感官信息的一致性（King Hogue, 1990）。例如，在红灯前等候时，旁边的一辆车开始缓慢前进，大多数人都会感觉自己的车在移动。当这种情况发生时，视觉系统就会变得混乱，并且，你向后移动的感觉也会变得明显。许多情况下都会出现这种运动矢量现象（Berthoz, Pavard & Young, 1975）。举个例子，如果你闭着眼睛，将手放在一个缓慢旋转的水平鼓面上，几秒后你会发现你的身体好像在朝着与鼓相反的方向移动。如果你有过在倾斜的房间里行走的经历，例如在游乐园里，你便会体验到感官冲突的情况：你的眼睛告诉你的中枢神经系统一件事，而其他某种程度上依赖于重力方向的感官系统则会传递其他事物。

视觉包括两个子类型——中央型与周边型。中央型视觉用于将注意力集中在视野中的某些东西上，例如阅读，其位于视网膜的中央区域。周边型视觉包括中央型与外周视觉，是空间定向里最重要的视觉类型（King Hogue, 1990; Sands, 1991d）。周边型视觉会被运动矢量所迷惑，而且不需要有意识的知觉。这两种视觉系统均负责决定自我运动、环境运动以及二者之间的关系。视觉系统包括有助于稳定眼睛对外部物体聚焦的视动反射（Shupert, Lindblad & Leibowitz, 1983）。视动反射补充了前庭系统运动侦测（前庭-眼反射）（Shupert, Lindblad & Leibowitz, 1983）。体操运动员的感觉系统必须处理这些视觉及前庭信息，以"理解"体操运动员的运动是如何与明显的环境运动相结合的。前庭-眼反射的协调与流畅操作使眼睛能够在头部运动的情况下保持对物体的聚焦。例如，当头部的转动促成了协调运动时，通过激活适当的眼部肌肉，可以使眼睛朝着与头部运动相反的方向旋转，从而使眼睛将注意力保持在感兴趣的物体上。当你观看一个由不稳定的相机拍摄的视频或电影时，就能直观地体会到运动过程中视觉系统的稳定。视野的运动（即摄像机的视野）会导致视野中物体的突然运动，并且很难聚焦到物体上（Gillingham & Wolfe, 1985）。

眼睛损伤与视力损害会给体操运动员带来严重的后果。例如，一项关于学校操场设施对视网膜损伤的研究发现（如在攀爬架上以膝关节为支点摆动）（Rabinovitch et al., 1978），头部的高速运动及这种运动的离心特性会让眼睛承受极大的力，进而导致视网膜出血。

29.2 前庭系统

前庭系统由两侧成对的半规管及耳石器官组成。它们共同提供与方向及运动相关的信息。半规管负责感知头部的旋转，而耳石器官负责感知直线运动与重力方向运动。3个半规管相互垂直（大致成直角），与我们的三维世界相对应（Schone, 1984）。半规管的定位包含了一个水平管（或外侧管）、一个前管或上管（垂直方向），以及一个后管或下管（也处在垂直方向上）。前、后半规管也称为垂直管。水平半规管提供与旋转运动及水平面相关的方位信息。前（垂直）管负责探测矢状面内的旋转运动，后（垂直）管负责探测前面的旋转。前、后半规管在前面、矢状面之间以约45度定向。

一种被称为壶腹帽的结构由一种被称为壶腹嵴的微小毛细胞组成，壶腹嵴上覆盖着对物理弯曲起反应的毛细胞。这种弯曲是由称为内淋巴的胶状物质的惯性作用造成的。当头部旋转时，毛细胞会因为黏性及惯性而对旋转产生抵抗，同时，毛细胞被拉着穿过内淋巴，从而使毛细胞激活或抑制神经向大脑的传输。此外，一个推拉式系统参与了半规管内神经细胞的激活。这种情况下，当头部左侧的半规管被激活时，头部右侧的半规管将受到抑制（Schone, 1984）。与此类似的是，当你乘坐敞篷车时，你的头部运动是由车辆的外部运动引起的，你的头发会因与车辆行驶方向相反的风而发生偏转。你的头发不会根据方向来区分自身的神经交通，但是你仍然可以感觉到你的头发在移动。此外，你也可以确定运动的方向。

耳石器官保持了利用毛细胞探测运动的思想，使用同样的机制来探测线性运动。两个耳石器官，即椭圆囊与球囊，成对出现在头部的每一侧。两个耳石器官均包含一个富含毛细胞的区域，称为囊斑。囊斑的毛细胞嵌在柔软的薄膜中，末端有一种由蛋白质碳酸钙颗粒构成的晶体结构，称为耳石。耳石通过利用它们的惯性使"纤"毛细胞弯曲，使其远离头部运动方向，从而帮助侦测重力方向、头部倾斜及线性加速度。大脑可以通过比较这些结构与自身和对侧器官的输出来确定方向、倾斜度及加速度（Davlin, Sands & Shultz, 2004；Hubel, 1988）。半规管与耳石器官的神经传递能够到达大脑的许多部位，但各通路的功能尚未明确。

29.3　视觉与前庭系统的联系

体操运动员需要视觉系统与前庭系统之间的灵敏互动。结合视觉与前庭系统，我们发现运动员更喜欢用感知的方法来确定重力方向。一种称为"杆框测试"的评估旨在确定受试者是否依据视野（整个视野与背景）来感知垂直方向（Sands, 1991d；Schone & Lechner-Steinleitner, 1978）。杆框测试的主体视图为一个"框架"，通常由一个可见的、偏离重力垂直方向的方形及一根绕着框架的中心枢轴旋转的"杆"构成（图29.1）。杆的方向与重力垂直方向相偏离，运动员需提供关于旋转杆的方向及距离的信息，以使杆与重力垂直线对齐。我们就器械与房间处于明亮及黑暗的不同条件测试进行了多次试验。在黑暗情况下，杆子与框架会"发光"，这样，运动员只能看到杆子与框架。需要再次强调的是，运动员需调整杆的重力垂直方向，并比较实际垂直方向与运动员的垂直方向概念之间的差异（Asch & Witkin, 1948a, 1948b）。这个测试的结果令人吃惊（Sands, 1991d）。尽管E.Dion注意到跳水运动员似乎并不依赖于视野（Dion, 1985），但另一项研究表明，几名训练有素的奥运会级别的体操运动员对视野有依赖性。视野依赖性意味着运动员在很大程度上依赖于外部环境线索来定位重力垂直方向。失去这些环境及视觉线索可能带来毁灭性影响，也可能加大受伤风险（Sands, 1991c, 1991d, 1993a, 2007）。视觉系统参与空翻的情况之前已经进行了讨论。T. Heinen等人（Heinen, 2011；Heinen et al., 2014）的研究表明，新手体操运动员和高水平体操运动员在蹦床后空翻的过程中会以不同的方式运用视觉。他们另一项通过视频图像进行空翻时视觉的研究发现，新手会在直体后空翻的中间阶段闭上眼睛，而这一段时间大致是眼睛看不见蹦床或地板的时候。跳水运动员一开始训练的时候，就需要进行"定点"（"定点"是指在环境中看到一个特定的"点"），并在环境中选择定位物体，以便找到与空翻姿势及入水时间相关的线索（Hondzinski & Darling, 2001；Sands, 1991c, 2007）。空翻旋转和空间定向的实验室研究使用了旋转椅或旋转平台（图29.2）（Dukalsky & Dukalsky, 1977；Sands, 1991c, 1991d）、微重力（Botkin, 1985）、非稳定平台（Milosis & Siatras, 2012）和视觉遮挡（Davlin, Sands & Shultz, 2001a, 2001b, 2004；Lee, Young & Rewt, 1992；von Lassberg et al., 2012；Vuillerme et al., 2001）的运用。

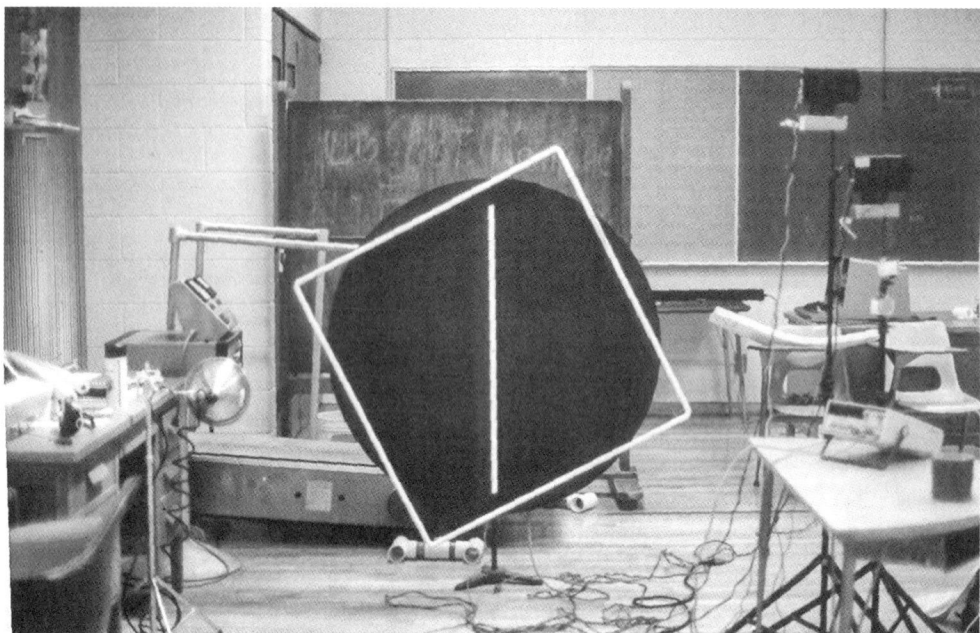

图29.1 由倾斜方形框架和旋转杆组成的杆框装置

29.4 本体感觉系统

本体感觉系统是一种"包罗万象"的系统，负责提供多种类型的感觉信息，为中枢神经系统提供与身体所在位置、方位及运动方式相关的指示。例如，一位体操运动员在完成大回环动作时，可以通过空气的声音了解自己的速度。当一名男子体操运动员穿上比赛长裤时，腿在空中疾驰时发出的沙沙声可以提供与速度及位置相关的触觉信息。在冬季，加热的体操馆内不同设施所处的空气温度层通常有明显的不同。个人经验表明，体操运动员可以在大回环过程中识别出温度的变化。体操运动员（通常是教练）可以通过器械发出的吱吱声、垫子的砰砰声、连续落地冲击的节奏声，以及踩跳马踏板起跳时发出的响亮声音来了解某项技能的速度及有效性。体操运动员也可以通过杠体、平衡木及自由体操地板的振动来感知位置、方向和速度。无论体操运动员是否能感觉到自己的重心落于双脚的内侧或外侧，他们都可以从中获得有关舞蹈转体动作的重要信息以及用于纠正错误表现的平衡校正信息。将本体感觉系统与运动觉结合起来，体操运动员就可以在做水平十字支撑时确定自己的身体何时到达水平位置（图29.3）。

图29.2 附有四点式安全带的直升机跳跃座椅，用来让运动员在矢状面上旋转以模拟空翻动作

29.5 运动觉

运动觉是一种评估身体与四肢位置的感觉系统，该系统并不需要使用5种传统感官里的任何一种。运动觉是指当一个人闭着眼睛时，可以用指尖触到鼻子，或者可以呈现笔直的身体姿势（图29.4）。运动觉作为一种与关节位置相关的感觉，对于避免损伤和损伤恢复至关重要（Aydin et al., 2002; Mulloy Forkin et al., 1996）。空翻包含3种基本的身体姿势：团身、屈体、直体。此外，还有一种被称为puck*的团身空翻变式（开放式团身通常用于带转体的空翻），有的称为"牛仔"或"马戏团"团身（屈膝的同时双腿分开，以减少空翻的转动惯量）。只有很好地区分团身与屈膝式屈体，运动员才能呈现清晰的屈体姿势。至少在美国，运动员还需要区分直体空翻里背弓或过度伸展的身体姿势与所谓的"凹陷"体型里的略微弯曲的躯干姿势之间的区别。运动员在空翻时控制身体姿态的能力对于保证动作有效完成与安全是至关重要的（Bardy & Laurent, 1998; Lee, Young & Rewt, 1992）。

29.6 平衡——静态与动态

平衡是体操运动员拥有非凡技能的特征之一（Asseman & Gahery, 2005; Bressel et al., 2007; Kerwin & Trewartha, 2001）。平衡分为两种基本类别：静态与动态（Bressel et al., 2007; Gautier, Thouvarecq & Larue, 2008; Hrysomallis, 2007）。当我们在一段时间内保持单脚站立并做某些舞蹈姿势时，可以观察到静态平衡。静态平衡动作是体操的重要组成部分，而且是体操规则中规定的平衡技能类型。女子运动员的静态平衡比男子运动员好，这通常归因于她们处于站姿时质心位置较低（Schembri, 1983）。手倒立可能是体操中最典型的平衡姿势的例子

---

*: puck，介于团身（tuck）与屈体（pike）之间的一种身体姿势。——译者

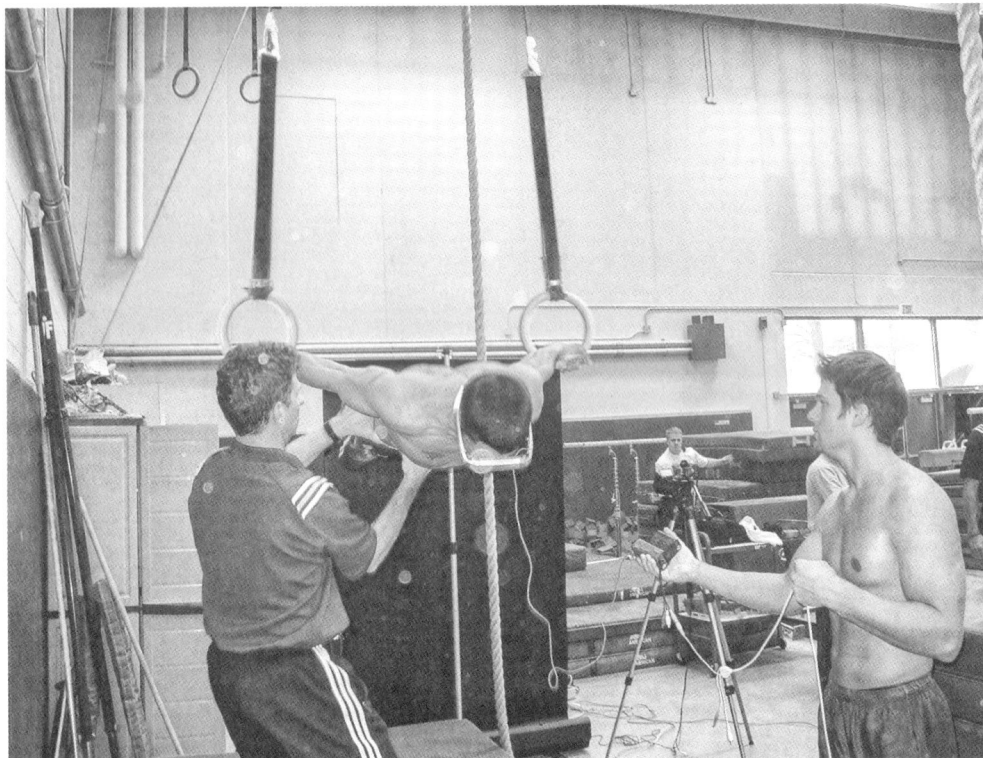

图29.3　水平十字姿势　体操运动员必须能够在不用眼睛看的情况下判断身体是否水平。身体姿势的校正是通过佩戴视频眼镜观看视频来实现的

（Asseman & Gahery, 2005; Gautier, Thouvarecq & Chollet, 2007; Yeadon & Trewartha, 2003）。尽管我们用"静态"术语来描述这些姿势，体操运动员仍然在不断地利用肌肉张力来保持这些姿势。通过体操运动员在保持倒立姿势时手指、手腕、肘部与肩部的情况，可以观察到上述的现象。关节通常会施展不明显但有力的动作，用来保持姿势。无论年龄及能力水平如何，你都可以轻易地单脚站立，同时努力保持平衡，并感受足部与踝关节是如何通过肌肉张力来保持姿势的。运动技能评估与选材测试通常包含静态平衡测试（如"踮脚尖之单足站立"）（Sands, 1993b, 2011b）。

　　动态平衡是指运动时保持姿势及控制姿势的能力。体操运动中的许多项目都非常形象地展现了这些能力，如自由体操与平衡木项目里的保持平衡的团身落地，在鞍马与双杠项目里，运动员会保持控制身体的持续运动，或者阻止腾空期间身体姿势的变化并以静止的姿势落地。男子吊环项目里，许多动作要求身体像摆动系统一样进行大幅度摇摆，而且还需要将摆动动作带到完全停止状态以完成静力性动作。当然，平衡木也许是静态平衡与动态平衡最明显的例子。平衡木支撑面只有10厘米宽，体操运动员的重心必须保持在这个木头上来完成缓慢的、快速的、静止的与腾空的动作。动态平衡的评估通常包含一个简单的错误计数，这些错误会导致严重的不平衡和跌倒或连接动作被打断。为了更全面地理解体

图 29.4　运动员应该能够在不看的情况下非常精确地控制身体姿势

操中动态平衡的概念，你可以用一个装有一半液体的饮料瓶玩一个简单的游戏。这个游戏的任务是计算一个人可以在瓶子底部落地而不会翻倒的前提下翻转瓶子多少次。虽然这更像是一个手眼协调测试，但人们很快就会发现这个任务非常困难。体操运动员在很高的空中完成旋转和转体后必须以类似的方式稳定落地。有学者对体操运动员使用的落地策略进行研究，发现落地高度、身体姿势、训练经验、落地表面的材料特性、视觉及其他因素都会影响体操运动员的技术（Arampatzis et al., 2004; Bruggemann, 1987; Cuk & Marinsek, 2013; Gittoes, Irwin & Kerwin, 2013; McNitt-Gray et al., 2004; McNitt-Gray, Yokio & Millward, 1993; Sands, 1991d）。

　　在平衡、空间定向及运动觉的结合上，体操训练提供了一些值得称赞但有时反直观的结果。一项关于站姿干扰的研究（单腿或双腿站立，有无视觉）显示，体操运动员需要更长的时间才能对突然的失衡威胁做出反应（Debu & Woollacott, 1988）。换句话说，体操运动员倾向于忍受不平衡，且反应比年龄相仿的对照组慢。有人猜测为什么会发生这种情况，其原因也许是体操运动员更习惯于"失去平衡"，并愿意容忍这种状态。另一项研究表明，与非体操运动员相比，体操运动员在姿势晃动与单脚（单腿）站立时对注意力过程的依赖程度有所降低（Vuillerme & Nougier, 2004）。为了论证这些发现，一项针对体操运动员及非体操运动员的研究表明，体操运动员的姿势控制与平衡性更好（Garcia et al., 2011）。然而，一项对篮球运动员、体操运动员及足球运动员的研究发现，足球运动员与体操运动员在动态或静态平衡方面没有差异，但从统计学上讲，篮球运动员在这方面的表现较差（Bressel et al., 2007）。

　　疲劳可能会显著削弱运动员的平衡能力。这一点在一些研究中得到了论证，如使用测力台测试站立姿势摇摆的疲劳试验（van Dieen, Luger & van der Eb, 2012），以及使用碳水化合物（20%麦芽糊精溶液）补液降低疲劳导致的平衡木跌落次数的试验等（Batatinha et al., 2013）。尽管遮挡了视觉，体操运动员在保持平衡方面还是优于对照组（Vuillerme et al., 2001）。

29.7 总结

　　与运动技能学习及运动控制相关的研究仍处于早期阶段。在文献调查的过程中，我惊讶于缺乏全面的定律或原则来提供对运动技能学习与控制的理解。这些文献读起来像是一个由不同观点组成的大杂烩，虽然它们本身很有趣，却很难在一个连贯的知识结构中统一起来。总而言之：

- 技术学习与运动技能学习均取决于一名拥有较好体能的运动员；
- 体操项目非常依赖于高效且有效的技能学习；
- 对运动员及教练来说，学习往往是阶段性的；
- 明智而适时的反馈对成功的学习至关重要；
- 迁移是指导技能学习的核心，通过更小、更容易的技能转换为难度更大的技能或技能序列；
- 练习是技能学习的一部分，技能教学的明智开展、内容、顺序及时机等与技能学习的成功密切相关；
- 体操运动包含许多特殊要求，包括空间定向、运动觉、平衡及其他。

第30章
运动技能控制高级应用实例1：
跳马助跑

伊丽莎白·J. 布拉德肖（Elizabeth J. Bradshaw）

30.1 引言与目标

助跑、上板及撑马等阶段是影响体操跳马项目运动表现非常关键的阶段。本章将对体操中跳马助跑的运动控制进行深入研究。了解本章之后，你将能够：

- 解释跳马项目中速度-精度的权衡；
- 解释视觉在控制助跑动作方面的作用；
- 解释如何通过训练来增强助跑的运动控制。

30.2 速度/精度权衡的作用

在20世纪90年代和21世纪初，体操器械的设计增加了踏板上的"最佳起跳点"的起跳面积和撑马的接触面积。这些设计提高了安全性的同时也改善了体操运动员的运动控制条件。从而使助跑速度得到了提高，这在前手翻与冢原（Tsukahara）跳马动作里尤为明显（Naundorf et al., 2008）。通过增加踏板起跳的"目标"区域及跳马台面的接触面积，减少了权衡速度-精度的限制（Bradshaw & Sparrow, 2000）。与田径中的跳远相似，体操运动员必须在速度要求与精准起跳之间取得平衡。目标越大，接触条件（单脚/双脚/双手相对于目标的位置）限制越小，通过的难度也就越小（Bradshaw & Sparrow, 2001）。因此，体操运动员在面对较大的目标时可以跑得更快。

撑马前动作（第一腾空）的复杂性也会影响助跑的速度，因此尤尔琴科跳马的助跑速度较慢，而前手翻跳马的助跑速度最快。冢原跳马的助跑速度比前手翻跳马稍微慢一点，这是因为第一腾空的力学机制不同，冢原跳马需要以侧身的姿势撑马。在任何形式的跳马中，助跑与起跳之间的过渡均以上板为开端。考虑到这一过渡阶段，体操运动员可能会损失一些速度（0.5 ~ 1.5米/秒），以控制自身的动量（Van der Eb et al., 2012），这在尤尔琴科跳马中尤其明显。如果由于过渡阶段技术欠佳（如双脚没有同时踩板或踺子后手翻后踩板时双脚与踏板和跑道不一致），或者由于运动员没有"瞄准"踏板与跳马台面而导致的助跑技术欠佳，都可能会损失较大的速度。

30.3　视觉控制作用

助跑的视觉控制常常是运动表现中的一个容易被忽视的组成部分。体操运动员在跳马训练及比赛中均被告诫不能突然犹豫（退出）；然而这可能是靶向技能（视觉控制）欠佳的表现。体操运动员的助跑方式突然出现变化也是其中的一种迹象。可能仅仅是由于发育或训练技术导致了冲刺速度的提高，也可能是肌肉酸痛或损伤降低了他们的助跑速度。当跑道的构成发生或大或小的变化时，例如训练和赛台的跑道不一样，也可能出现上述情况。

在田径运动中，人们对跑向目标时的视觉控制已相当了解，如跳远（Lee, Lishman, and Thomson, 1982; Hay, 1988）。但体操项目仅在尤尔琴科跳马中进行过相关研究（Bradshaw, 2004）。结果表明，加速越早越快、越早开始瞄准踏板目标的运动员，能够以最快的速度完成助跑阶段，并且越有能力完成高难度的跳马动作。与那些在上板前一步或上板时才瞄准踏板目标的体操运动员相比，这样的运动员在过渡阶段的速度损失更小。跳远相关研究（如Bradshaw & Aisbett, 2006）表明，在助跑阶段较早开始瞄准目标的运动员能够对他们的步幅进行较小的调整，从而降低速度损失。这不同于在倒数第一二步才进行调整，这时候为了成功过渡到与目标接触而进行调整的幅度通常要大得多。

30.4　训练应用

体操运动员瞄准踏板与跳马台面的具体目标是很难训练的，尤其是在他们刚开始学习跳马时没有了解这种方法的情况下。最快找出运动员靶向技能不足的方法是，在跳马训练中将运动员助跑的起始位置缩短或延长一小部分（20 ~ 50厘米）。对田径训练的观察可以为跳马训练中结合靶向训练提供许多思路。但是应该避免传统上用于跳远的检查标记，因为有了这些标记，运动员便倾向于一种固定的助跑模式，这样一来，运动员便可以更轻易地通过视觉来控制自己的助跑动作（Bradshaw & Aisbett, 2006）。表面、意图（如75%的发力）及助跑节奏（如慢1/4，快1/4，然后保持速度）的改变是强化靶向技能训练的方法。地板或粘贴在跑道上的胶带等附加目标，也可用作一些额外的直观目标。

30.5　总结

在体操运动中，跳马项目的助跑阶段除了需要扎实的起跑技术和冲刺速度外，还涉及复杂的运动技能控制（速度-精度权衡、视觉控制）。对一名力量型跳马运动员来说，如果能通过运动控制来更好地控制助跑，就可能会释放出更多的运动表现潜力。

第31章
运动技能控制高级应用实例2：体操运动中的旋转与转体，是否存在通用的旋转模式？

弗拉维奥·贝西（Flavio Bessi）

31.1 引言与目标

为了培养出最高水平的体操运动员，教练及所有相关人员必须对影响体操运动表现的各个方面进行优化。Bessi（2016a）将影响因素分为体操运动员自身、练习、教练、基础设施、环境及其他因素等（图31.1）。从练习的角度来看，用于技能发展的策略可能起着关键作用。例如，站立和倒立状态下绕身体纵轴旋转时，除了其他因素外，需确定正确且一致的旋转方向。考虑到孩子们很早就自然选定了旋转的方向，那么如何实施这些技能才可以让他们不与某个体系及一致的结构相违背？这个问题或许非常重要。

对2016年里约奥运会体操男子个人全能决赛选手旋转体系进行分析，并根据本章介绍的分类体系进行分类。

31.2 学习成果

学完本章后，您将能够：
- 分析运动员不同类型的转体；
- 根据旋转模式矩阵对体操运动员进行分类；
- 区分一些明确的旋转偏好规则。

31.3 偏侧现象

关于旋转偏好现象（在我们看来是偏侧性的一个重要组成部分），还没有像对惯用手、惯用脚、惯用眼及惯用耳等一样，进行深入研究。但我们认为针对旋转偏好的分析，是竞技体育领域非常重要的问题，同时它也是体操的基础。图31.2给出了影响偏侧性的不同因素，即使我们还不知道它们是如何相互作用的。

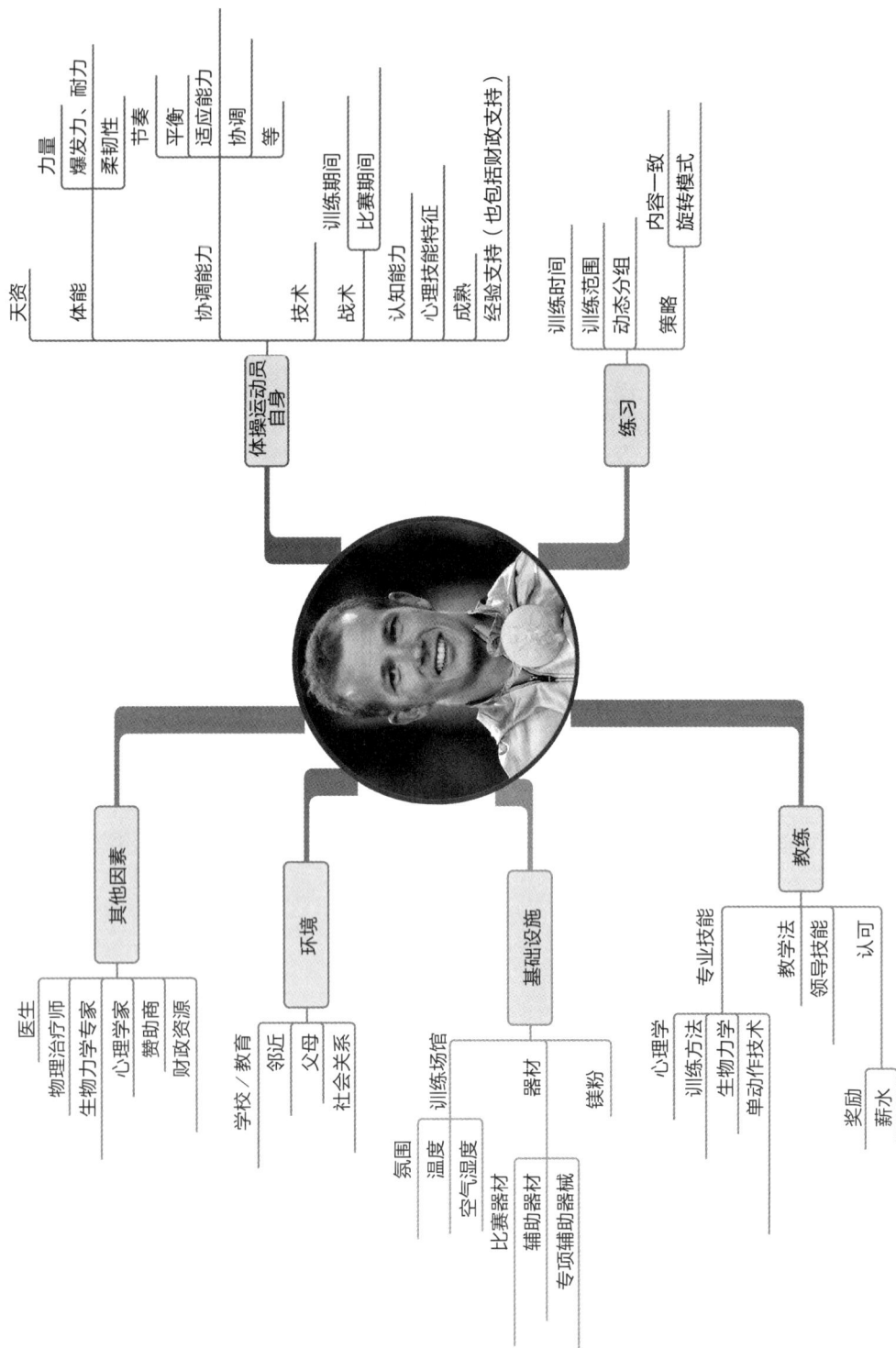

图31.1　决定体操运动员最终运动表现的一些因素

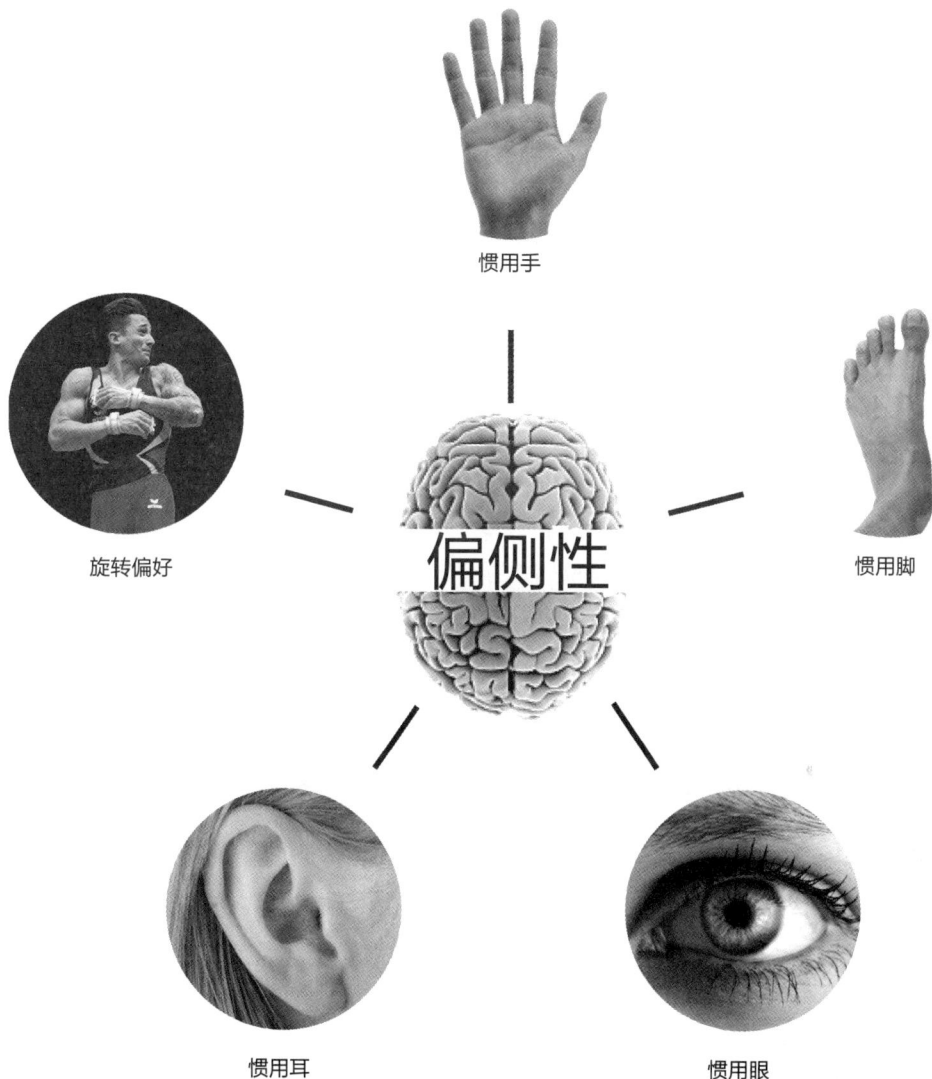

图31.2　偏侧性及其不同方面

31.4　研究现状

许多研究表明，人类倾向于向左侧旋转（Coren, 1993; Dargent-Paré et al., 1992; Iteya and Gabbard, 1996; Mohr et al., 2004）。体操运动员也不例外，大多数人做动作时都是向左旋转（Coren, 1993; Dargent-Paré et al., 1992; Iteya and Gabbard, 1996; Mohr et al., 2004）。

研究人员使用不同的模型来解释为什么人们选择向某个方向旋转而不是另一个方向。Heinen、Bermeitinger和Laßberg（2016）收集整理了许多可能的科学解释。他们给出了3种假设来解释为什么人们倾向于选择某个方向而不是另一个方向：

1. 多巴胺系统在大脑半球不对称假说；
2. 前庭不对称假说；
3. 生物力学或感觉运动不对称假说。

其他一些解释主要关注的是环境方面的影响（图31.3）。

通过对婴儿和年幼儿童的观察，可能可以推测旋转偏好在个体发育早期就形成了，Previc（1991）甚至认为当胎儿在子宫时就已经形成了。

"先天还是后天？"仍然是悬而未决的问题。我们可以想象环境带来了哪些影响因素（图31.3）。例如，体操运动员在学习过程中所看到的——如果教练始终使用同一个方向示范一些转向动作，那么体操运动员很可能会尝试在同一方向上转体。另外，已经选定旋转方向的训练同伴也会影响体操运动员对某个旋转方向的选择（也许不是理想的）。此外，教练习惯偏好的保护位置也会带来影响。一名有能力的教练应该能够从两个方向上对运动员做动作时进行保护，并能根据技术动作的不同经常改变保护侧。然而实际情况并非总是如此，因此体操运动员常常要适应教练所偏好的那一个保护侧。

在过去的几年里，一些研究人员对体操项目中的旋转偏好进行了研究（Crumley, 1998; Sands, 2000d; Bessi, 2006, Wüstemann & Milbradt, 2008, Schweizer, 2008）。但是我们从最近公开发表的研究中发现，人们对该主题愈发感兴趣（Heinen, Vinken & Velentzas, 2010; Heinen et al., 2012a, Bessi & Milbradt, 2015; Bessi, 2016b; Bessi et al., 2016; Bessi & Milbradt, in preparation）。这其实也不奇怪，因为绕纵轴旋转在现代体操中是非常重要的。例如，目前世界上最优秀的体操运动员是来自日本的内村航平，其在自己的6个项目的成套动作中包含40个绕纵轴旋转的动作。

多年来，一些教练一直认为惯用手决定了旋转方向。对此，他们提出了这样的假设：惯用右手的体操运动员应该向左旋转。但是也有研究对此提出不同意见，他们认为用手习惯与旋转方向之间似乎没有关系（Heinen, Vinken & Velentzas, 2010; Bessi, 2016b）。上面这个假设貌似是真实的，因为惯用右手和向左旋转的体操运动员比例几乎相同。此外，在分析投掷动作时，这种假设也有一定的逻辑性：由于交叉协调性的原因，惯用右手的人在投掷时上半身会向左旋转。然而，Heinen、Vinken、Velentzas（2010）与Bessi（2016b）的研究结果认为，惯用脚与旋转偏好之间可能存在一定的弱相关性。

31.5 世界上最好的体操运动员如何旋转？

我们分析了2016年里约奥运会体操男子个人全能决赛选手的所有成套动作。这些选手完成了整个比赛，我们对他们所有转体动作中绕纵轴旋转的方向进行了研究。

我们记录了22名体操运动员绕纵轴旋转的动作及旋转方向。在这些数据的基础上，我们根据在本章中首次提出的新的分类体系，确定了他们所遵循的旋转模式。

示范　　　　　训练同伴　　　　　保护侧

后天

先天

多巴胺系统在大脑半球不对称　　　　前庭不对称　　　　生物力学或感觉运动不对称

图31.3 解释旋转偏好的不同假说及其补充性假说

　　从体操运动员的视角定义了绕纵轴的旋转方向。站立姿势里的左旋与左肩的后旋及右肩的前旋相对应。从上方观察时，体操运动员进行逆时针旋转。我们用同样的方法定义了站立姿势里的右旋（图31.4）。

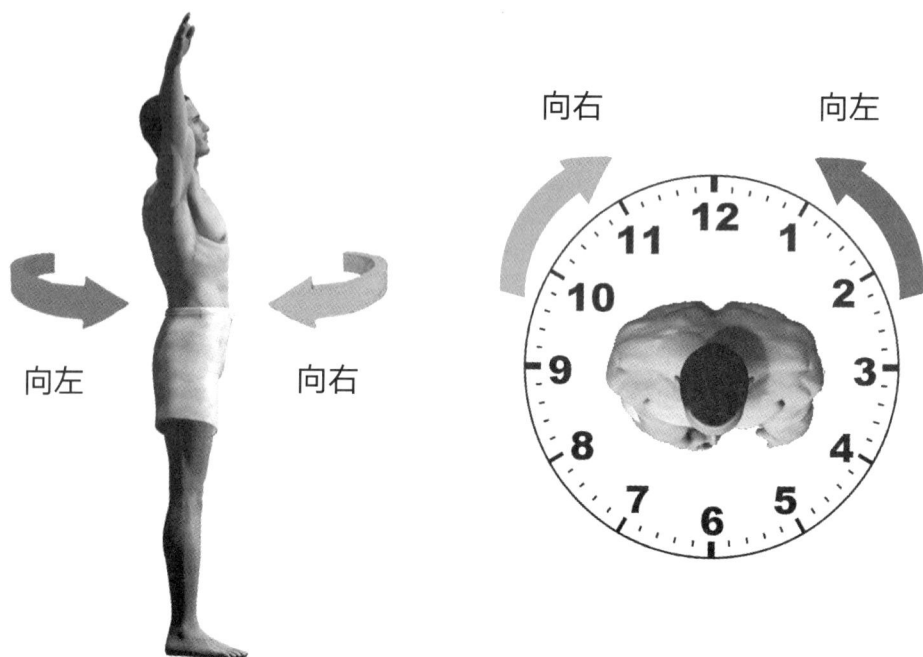

图31.4　绕纵轴旋转方向的定义

31.6　旋转模式的分类体系

　　Laßberg（2008）是首位提出旋转模式分类体系的学者。Bessi（2015）首次对该体系进行了细微修改。在分析了大量体操运动员的数据之后，我们想提出一个新的且更符合实际情况的分类体系（图31.5）。这个新体系包含两个基本的纯粹类别。

　　双侧一致旋转模式（BC）：双侧旋转完全一致的体操运动员在倒立时绕纵轴的旋转方向始终与站立时相反。观察踺子后空翻转体动作是确定此旋转模式的一个理想方法，例如体操运动员完成一个向左的踺子动作（向右旋转，如图31.6所示）并向左旋转。

　　单侧旋转模式（U）：一名纯粹的单侧旋转体操运动员将始终在同一个方向上旋转，这与空间中的动作或身体方位无关。例如，体操运动员完成一个向左的踺子动作（向右旋转，如图31.6所示）然后在后空翻时向右旋转。

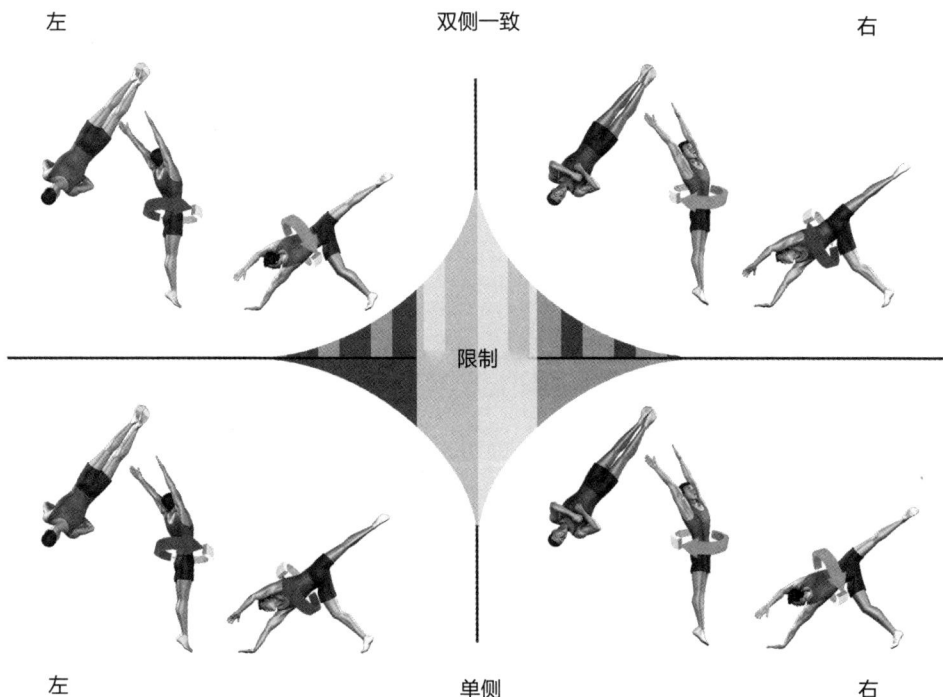

图31.5　旋转模式的分类矩阵

　　当然，基于某些情况的考虑，体操运动员可能会放弃个人偏好的旋转模式。例如，单杠项目中体操运动员必须确保自己在杠体的中间去完成动作，有时候可能就需要他扭转"错误"的手臂来调整位置。这种情况也可能发生在双杠项目里，尤其是当体操运动员处于杆体末端时。为了将这些偶然性纳入考虑范畴，我们统计了这类不符合旋转模式分类的动作——但所有全能项目里只存在两个。在这种情况下，我们弱化了纯粹的基本旋转类型，而用限制性一词来标识。

　　限制性双侧一致旋转模式（BCr）：限制性双侧一致旋转运动员本质上是BC类型。但是在全能赛中，他最多使用两个不符合纯粹双侧一致旋转模式的动作。

　　限制性单侧旋转模式（Ur）：限制性单侧旋转的体操运动员本质上是U类型。但他在全能赛中最多使用两个不符合纯粹单侧旋转类型的动作。

　　纯粹的和限制性的旋转模式这两个术语是以站立姿态下的旋转方向为前提的。之前的研究分析指出，通过向后转体的方向是定义旋转方向前提的最佳方法。因此，分类体系理论上存在8个可能的类别：双侧一致向左旋转（lBC）、限制性双侧一致向左旋转（lBCr）、单侧向左旋转（lU）、限制性单侧向左旋转（lUr）、双侧一致向右旋转（rBC）、限制性双侧一致向右旋转（rBCr）、单侧向右旋转（rU）及限制性单侧向右旋转（rUr）（图31.5）。然而，这仅仅是理论上的，我们将在下文逐一进行探讨。

　　研究人员将所有不符合上述类别的运动员标记为不可区分旋转模式（ND）。从这个角度来讲，ND并非一个可评价的类别。它只是代表在对运动员相应动作进行分析时，上述分类模式的条件都不符合。

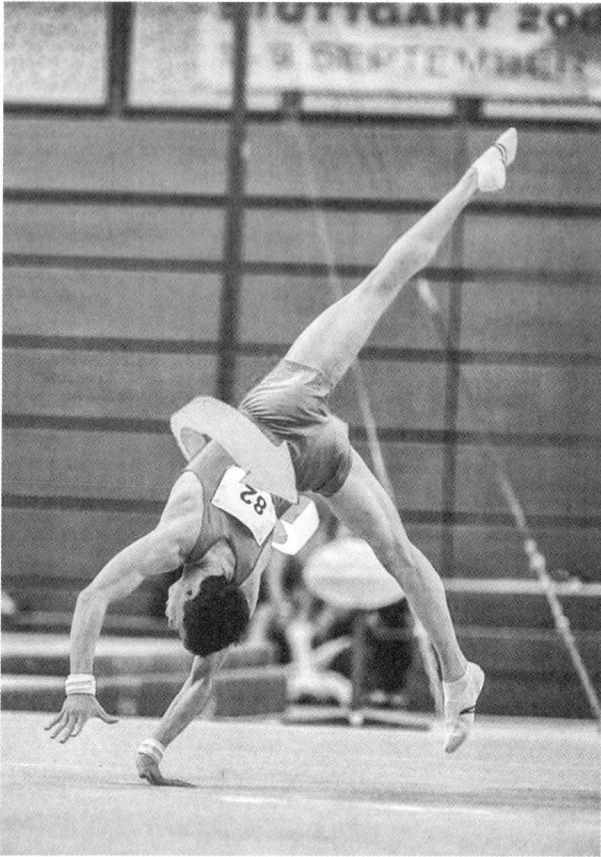

图31.6　向左的踺子动作实际上是绕纵轴向右旋转

　　也就是说，当运动员按照一个旋转模式转体时，有两个动作与预期的方向相反，这名体操运动员将被划分至限制性类别中，另一名以同样的方式但是做了3个预期之外动作的体操运动员将被划分至不可区分旋转模式的类别中。尽管这一限制性条件是以我们对大量体操运动员的分析经验为基础，其定义也是假定的，而且完全是为了将运动员分类。

　　在我们所选取的样本中，大多数体操运动员表现出向左旋转的偏好（表31.1及图31.7）。这与Sands（2000d）、Schweizer（2008）、Koscielny（2009）、Bessi（2016b）和Schindler（2016）等人的研究结果一致，与Bessi（2006）、Wüstemann&Milbradt（2008）和Hofmann（2015）等人的观察结果也一致。我们的结果表明，82%的男子个人全能决赛选手在站立姿势时向左旋转，18%的人向右旋转。这与Bessi（2015）的研究结果完全吻合，后者通过问卷调查的方式对转向进行分析，其样本来自14个国家的不同专业能力水平和不同工作类型的161名教练及前体操运动员（Bessi, 2007a, 2007b）。

表31.1　2016年里约奥运会体操男子个人全能决赛排名及旋转模式

排名	体操运动员	国家	旋转类型
1	内村航平（Kohei Uchimura）	日本	lBC
2	奥列格·维纳耶夫（Oleg Vernaiev）	乌克兰	lBC
3	马克斯·怀特洛克（Max Whitelock）	英国	ND
4	戴维·贝尔亚夫斯基（David Belyavskiy）	俄罗斯	lBC
5	林超攀（Lin Chaopan）	中国	lBCr
6	邓书弟（Deng Schudi）	中国	lBCr
7	塞缪尔·米库拉克（Samuel Mikulak）	美国	lBCr
8	尼莱·威尔逊（Nile Wilson）	英国	lBCr
9	塞尔希奥·佐佐木（Sergio Sasaki）	巴西	ND
10	乔西玛·卡尔沃·莫雷诺（Jossimar Calvo Moreno）	哥伦比亚	lBC
11	加藤良平（Kato Ryohei）	日本	lBC
12	埃迪·尤索夫（Eddy Yusof）	瑞士	lBC
13	尼古拉·库克森科夫（Nikolai Kuksenkov）	俄罗斯	ND
14	克里斯托弗·布鲁克斯（Christopher Brooks）	美国	rBCr
15	巴特尔·德鲁奥（Bart Deurloo）	荷兰	ND
16	巴勃罗·布拉格（Pablo Braegger）	瑞士	lBC
17	阿瑟·马里亚诺（Arthur Mariano）	巴西	lBCr
18	安德烈·利科维茨基（Andrey Likhovitskiy）	白俄罗斯	lBCr
19	马塞尔·阮（Marcel Nguyen）	德国	lBCr
20	安德烈亚斯·布雷特施奈德（Andreas Bretschneider）	德国	lBCr
21	阿克塞尔·奥吉（Axel Augis）	法国	lBCr
22	奥列格·斯特普科（Oleg Stepko）	阿塞拜疆	ND

前10名全能选手中有4名（40%）、总人数中有7名（32%）运动员是双侧一致向左旋转类型。前10名中有8名（80%）、总人数中有15名（68%）运动员是向左旋转类型。我们不禁会问：旋转模式是否对决定谁拿奖牌的运动表现有影响？由于旋转方向的分布在很大程度上与以前的结果相对应，这种情况很可能不会出现，但我们需要更多的数据来回答这个问题。令人惊讶的是，作为世界上最优秀的体操参赛选手，其中有5位选手属于不可区分旋转模式，其中一位选手（Max Whitlock）甚至在2016年里约奥运会上获得了体操男子个人全能的铜牌。单侧向左旋转、限制性单侧向左旋转、单侧向右旋转或限制性单侧向右旋转类型的体操运动员均没有进入决赛。

8个国家（巴西、中国、英国、德国、日本、俄罗斯、瑞士及美国）有两名体操运动员获得决赛资格。如果我们分析这些国家，我们可以自信地说，某些国家似乎有统一的旋转模式偏好。但是根据目前的数据，在没有采访相关国家体操负责人的情况下，我们无法判断这一发现是偶然的还是一种有计划的培养。然而，我们可以确定日本及瑞士的体操运动员均为双侧一致向左旋转类型。来自中国与德国的体操运动员为限制性双侧一致向左旋转类型。中国体操运动员的动作不符合纯粹的双侧一致旋转模式，但两名运动员动作几乎是完全相同的，因此可以推测有可能也是国家策略带来了这一发现。两名德国运动员也是限制性双侧一致向左旋转类型，但他们的动作并不完全一样，因此不能做出与国家策略相关的假设。对巴西、英国、俄罗斯及美国的参加决赛的两名体操运动员来说，他们各自的旋转模式互不相同。

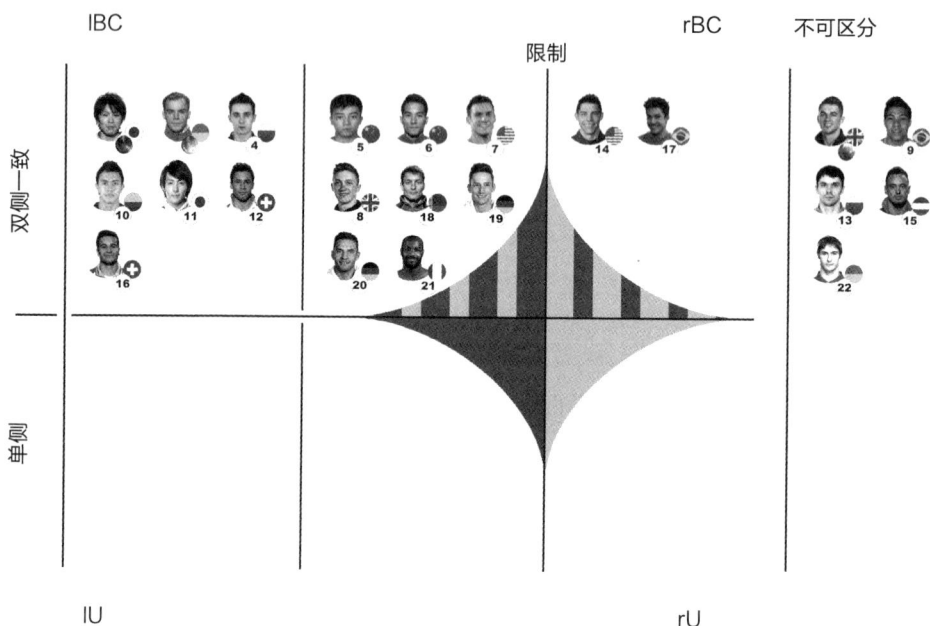

图31.7　2016年里约奥运会体操男子个人全能体操运动员（及其排名）按旋转模式分类

研究人员还总结了一些其他有趣的发现。只有两名体操运动员，内村航平（日本）及Deurloo（荷兰），在鞍马上向顺时针方向旋转。尤其是日本选手做出了一些对向左旋转体操运动员来说非常罕见的动作。有几名体操运动员（50%）以与预期相反的方向完成莫兹尼克（Moznik，直体特卡切夫转体180度成扭混握后摆上成倒立）。由于绕纵轴的旋转是以站立姿态进行的，它应该在标准的转向方向上，以便与相应的旋转模式分类相匹配。Sasaki（巴西）的情况更是非常少见，他不仅做了左右旋转，还做了阿拉伯前空翻两周向右旋转180度接向左旋转180度。也就是说，他在同一个高难度技巧动作里融合了两种旋转方向。一位巴西国家队教练H. Araújo说这种转体组合并不是特别有针对性地去训练的，而是训练中自发产生的（个人沟通，2016年12月13日）。

31.7　现有结论

制定一个"符合逻辑的"旋转模式的目标仍未实现。到目前为止，我们仅仅可以确定的一个规则是，当运动员在不同项目中完成相同动作时，无一例外都朝同一个方向转体

（如在自由体操和双杠中完成的倒立转体180度，在自由体操和跳马中完成的踺子后手翻，在自由体操和鞍马中的全旋，在吊环和单杠中的下法等）。鞍马手倒立下法的旋转始终与全旋的方向一致，即以逆时针方向向右旋转；如果全旋的方向是顺时针向左，那么倒立下法的旋转也是顺时针向左，与全旋的方向一致。

　　此外，我们可以说大多数体操运动员都是向左旋转的。因此，我们也可以说，很明显，体操运动员无法摆脱世界范围性的向左旋转的偏爱。另外，"正常"的旋转模式是双侧一致或限制性双侧一致。

31.8　总结与结束语

　　一致的模式存在着局限性，不能应用于所有动作。例如，一名体操运动员在双杠上做马库茨（Makuts）动作时，无论是用第1个支撑臂还是第2个支撑臂，都必须无视"模式"。

　　相当长的一段时间以来，体操运动员在技巧串中进行双向转体的动作明显增多。因此，我们不得不重新考虑分类的方式。体操运动员如果仅仅因为刻意在意料之外的方向上做了一个转体动作而没有完全遵循一种旋转模式，我们就应该判定他的旋转方式是不一致的吗？不太可能。分类矩阵的进一步发展应该考虑这种先前考虑过的决策。

31.9　致谢

感谢Hardy Fink先生的校对与建议。

第32章
运动控制高级应用实例3：体操中弹性技术的影响——来自巴西的案例研究

马尔科·安东尼奥·科埃略·波托莱托（Marco Antonio Coelho Bortoleto）

32.1 引言与目标

从20世纪下半叶开始，科技发展使人类生活发生了革命性的变化，彻底改变了包括体操在内的体育运动。本章的目的是分析弹性技术（ET）在体操训练中从初级阶段到高级阶段的基本应用，并以来自巴西的一个案例研究、讨论其应用。

在我们的研究结果中，我们注意到教练和研究人员认识到了弹性技术的重要性，但是它并没有被重视，在文献中几乎没有被提及，而且将其系统地应用于体操训练过程中时，常常会遇到一些小小的障碍。

32.2 学习成果

学习本章后，你将能够：

- 认识到体育科技的重要性，尤其是对体操项目，及其对训练与比赛表现的影响；
- 理解弹性技术如何成为体操器材开发中最重要的一部分；
- 探讨弹性技术在提升体操技巧动作难度方面的促进作用；
- 了解巴西是如何将弹性技术应用到体操训练中的。

32.3 体育技术革命：体操受到了怎样的影响？

在过去的20年里，我们见证了多种运动（跳水、跑酷、武术、巴西战舞、单板滑雪等）和表演艺术（马戏团、舞蹈等）中高难度动作的数量呈现"指数级"增长。这一趋势在过去几年变得更为明显，体育运动正在提升到一种前所未有的"壮观且精彩"的高度，就像Bordieu（1973）所预测的那样。正是在这一背景下，我们对体操项目进行分析，这项运动借助科技手段一直在寻求新的极限，在增加冒险程度及提高控制这种风险的能力之间创造了一个矛盾的现实（Le Breton, 1995）。

正如法国历史学家Georges Vigarello（1988）所提到的那样，我们辩证地目睹了这一时期非凡的科技进步以及这种进步给许多体育运动带来的巨大影响。这种影响在以技巧为核心动作特征的项目中尤为明显，其中体操排在这些项目的最前列。在这些专业化的竞技体育项目中，"科技革命"在材料、技术、观念及美学方面产生了深远的影响（Konstantin, Subic & Mehta, 2008）。总之，无论是常规训练，还是体操比赛本身，二者的范式结构均发生了变化。

这些科技进步主要对生理、生物力学、医疗（损伤及创伤）问题产生了重大影响，最重要的是，对于控制训练过程的新器材及方法（统计计算）的发展产生了重大影响（Jemni, 2011a; Bortoleto & Peixoto, 2014; Sands et al., 2016）。

然而，我们特别感兴趣的是由"弹性材料"制成的面料和器材的发展，使动能提升。体操器材的创新，有助于推动体操运动员提高速度，这不仅增强了视觉的观赏性，还有助于满足媒体对这种难美项目的期望。这一现象恰恰解释了是什么促使我们开始探讨弹性技术对体操的影响。

32.4　弹性技术对体操的影响

最近的科学研究强调了弹性技术在体操技术发展及提升方面的重要性，及其作为建立更加安全训练的基本要求，对训练过程的影响（Mills, Pain & Yeadon, 2006）。弹性技术的重要性在于它能够减少身体在技巧动作训练过程中受到的冲击。国际体操联合会器械委员会委员Ludwig Schweizer也建议：

> 通过在器械中使用更多弹性和减震部件，有助于对起跳过程提供支撑、减少落地和冲击情况下的峰值力，使我们可以进行强度更大的高难度技术动作训练。如果体操中没有新的器械技术，运动员所承受的损伤将更严重、影响时间将更久。

事实上，自20世纪80年代以来（Karacsony & Cuk, 2005），体操在器械的材料及工艺方面出现了重大变化——人们用弹性技术器材代替了老式的刚性器材。当我们考虑到对高难度动作及腾空动作的高度重视和训练与竞技常规动作变得尤其复杂且充满动力时，这代表了一种范式的改变，它以某种方式影响了评分规则（CoP）；同时，评分规则的变化也推动了体操技术动作的发展。这种动作难度上升趋势带来的后果之一是落地时受到的冲击更大（Thomas et al., 1997），进而导致更严重的足部与踝关节损伤（Chilvers et al., 2007）。

由于这些器械的变化，体操训练实践和比赛发生了明显的改变，体操运动员的技术及其体能准备也因此发生了显著变化（Bortoleto, 2004）。新一代"弹性器材"（FE）及"弹性面"（ES）已经对技巧动作、完成时间和能量消耗带来了很大的改变（Smoleuskiy & Gaverdouskiy, 1996; Sands et al., 2013）。

考虑到重复是体操训练（男、女体操）的一个基本特征，无论是学习还是掌握专项技能，弹性技术的正确使用在很大程度上有助于减少关节所受的冲击/应力（Arkaev & Suchilin, 2009），提高安全性（Turoff, 1991），减少许多损伤，特别是膝关节、肩关节与踝关节的损伤（Leglise, 1985; Fink, 1985; Sands et al., 2013）。

举例来说，我们观察到，在20世纪的头几十年里，自由体操是在户外、天然草坪、夯实的土地或薄层锯末上进行的。这些材料逐渐被人造地面所替代。最初由"榻榻米"（由帆布覆盖的草盘）制成，然后是用棉花填充的织物垫，再后来是合成海绵垫（复杂的材料、密度、形状及大小）（Karacsony & Cuk, 2005）。20世纪80年代，"弹簧地板"系统问世——由弹簧、木板及一种覆盖着厚地毯的聚氨酯泡沫构成，极大地影响了自由体操技巧串动作（Oliveira & Bortoleto, 2011; Sands et al., 2013）。现行的国际体操联合会器械规范（FIG, 2015, p.14）明确了这一观点。

功能属性——比赛场地区域及边界：

- 地面弹性和减震均等；

- 使用的时候，不能对运动造成任何阻碍；

- 弹性与减震必须以保证运动员动作稳定性和自由度的方式保持平衡。

例如，Nichols Ketchum1998年改进的单杠引进了一种新的钢材料和动态锚固系统，这推动了空中动作（或"飞行动作"）的发展，如雅马瓦基/沃尔斯特龙、马尔凯洛夫、科瓦奇、科尔曼、盖洛德/佩甘等，并且还能让运动员在下法中完成直体后空翻两周转体720度甚至空翻3周的动作（Kerwin, Yeadon & Harwood, 1993）。

在吊环项目中，改进了包含"弹性减震装置"的"绕轴旋转机制"规则后，不同的横断面旋转动作在比赛成套动作中使用得更加频繁，如古佐基/奥尼尔及雅马瓦基/乔纳森等，因为它们对体操运动员的肩关节伤害较小。

在跳马项目中，20世纪80年代跳马踏板的技术改进（Richard REUTHER模型）可以为体操运动员提供更多的外力（Sands, 2011a）。2002年，"马"（刚性表面）被"飞马式"跳马（附有弹性面/弹性器材）替代（Oliveira & Bortoleto, 2011），使得上肢能够产生相当大的推力，从而在跳马的第2阶段（第二腾空）进一步提高体操运动员的质心。因此，运动员可在跳马过程中获得额外的时间来完成更多的旋转。

尤尔琴科（动作组别Ⅲ*）跳马动作的发展（如梅利萨尼迪斯），于1983年纳入了评分规则（CoP），强化了这一发展趋势（Seeley & Bressel, 2005; Nakasone, 2015）。第二腾空中完成多次旋转的前手翻类跳马出现，其中包括罗奇、德拉古莱斯特、齐默尔曼、布拉尼克、李四光，以及乌克兰体操运动员伊戈尔·拉迪维洛夫（Igor Radivilov）最近在2016年里约

---

*：在2022—2024周期国际体操联合会评分规则中，尤尔琴科属于动作组别Ⅳ。——译者

奥运会上完成的拉迪维洛夫（图32.1）。

考虑到双杠的成套动作中，诸如贝尔、莫里苏、李哲洪/佐佐木及苏阿雷兹等飞行动作的使用越来越频繁，这要归功于由木质横杆和玻璃纤维/碳涂层制作的韧性更佳的杠体，推动了体操运动员发展身体质心投射在杠体上的技术。需要强调的是，动作技术标准突出了"杠体必须具备弹性"这一要求（FIG，2016）。

图32.1　拉迪维洛夫（Koichi Endo 绘制）
图片由国际体操联合会提供，未经国际体操联合会书面授权不得重制或复制。

从20世纪60、70年代到现在，体操器材在结构与材料方面存在着明显的差异，这一点在许多专利所揭示的器械部件及弹性参数上可以发现。最新的技术进步反映了人们对拥有更大反作用力的体操器材表面及器械的探索，这意味着器械能够承受外部施加的压力并吸收更大的冲击能量（Pérez, Llana & Alcántara, 2008）。与此同时，训练中使用的其他辅助设备在结构和部件也有重大变化，增强了它们的弹性能力，以产生冲击力与减震。例如，在训练课中，许多技巧训练垫（长弹网、技巧板、空气垫）的使用频率均高于官方器械（自由体操场地）（Bortoleto, 2004）。

在所有体操器械中，就落地垫的新技术而言，除了改善表面稳定性外，还能够更好地吸收冲击能量（减震），这使落地技术产生了显著的改进，运动员也因此能够完成有更多旋转的下法动作（McNitt-Gray, Yokio & Millward, 1993; Mills, Pain & Yeadon, 2006）。不同类型落地垫的使用，以及将不同类型和密度的泡沫材料与其他材料相结合的技术，确实对训练过程起到了促进作用。事实上，最近的调查（表32.1）表明，垫子制造相关技术的进步对于更好地理解落地冲击吸收的动力学及发展新的下法技术等方面非常重要。

表32.2中的专利是从20世纪70年代开始注册的，代表了弹性技术开发实例，该技术从1980年开始产生实际影响（Piard, 1982; Pozzo & Studeny, 1987; Turoff, 1991）。值得注意的是，该过程要求国际体操联合会对所有器械进行测试，并证明其符合评分规则和一般规范（主要为器材规范）（FIG，2015）。

通过分析这些技术设备，我们可以清楚地看到对更高弹性能力的探求，以更好地减弱落地阶段的冲击，并且能够为技巧动作提供更多的能量［一种跳马踏板设计示例，（部分引用）如图32.2所示］。一般来说，专利说明通常突出描述器材的安全性。

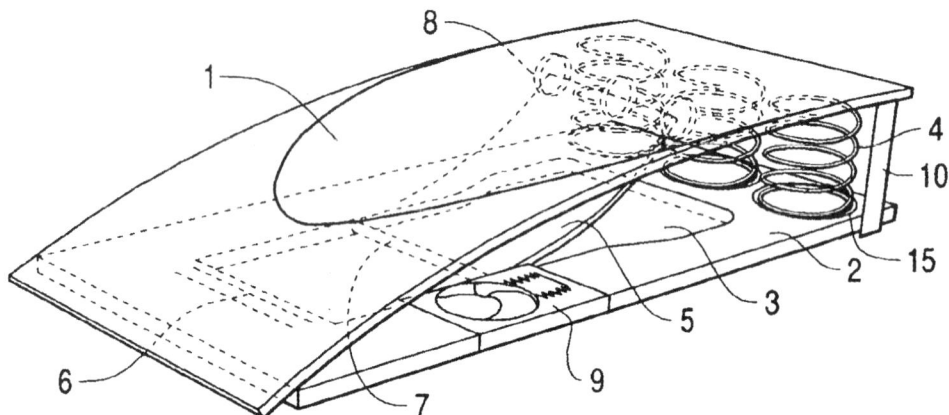

图32.2　于2003年获得专利的跳马踏板（欧洲专利7175567）

这些进步带来的结果是，不久前意想不到的一些技巧动作现在变得很普遍。正确、规范使用弹性技术能够让运动员更精确、更安全地完成复杂的技巧串动作。但矛盾的是，我们观察到风险也逐渐加大了。因此，正如Schweizer博士极力建议的那样，需不断修正评分规则，以强化保护体操运动员安全的必要性。

表32.1　关于体操落地垫的最新研究

年份	论文
2005	Video analysis of the deformation and effective mass (density) of gymnastics landing mats (Pain, Mills & Yeadon, 2005).
2006	Lower extremity biomechanics during the landing of a stop—jump task (Yu, Lin & Garrett, 2006).
2006	Modeling a viscoelastic gymnastic landing mat during impact (Mills, Pain & Yeadon, 2006).
2009	Reducing ground reaction forces in gymnastics landing may increase internal loading (Mills, Pain & Yeadon, 2009).
2010	Effects of mat characteristics on planter pressure patterns and perceived mat properties during landing in gymnastics (Pérez-Soriano et al., 2010).
2010	Modifying landing mat material properties may decrease peak contact forces but increase forefoot forces in gymnastics landing (Mills, Yeadon & Pain, 2010).
2013	Different modes of feedback and peak vertical ground reaction force during jump landing: a systematic review (Ericksen, Gribble, Pfile & Pietrosimone, 2013).
2013	A systematic review of different jump landing variables in relation to injuries (Aerts et al., 2013).

表32.2　以时间顺序排列的与体操相关的弹性技术专利

技术名称	专利	年份
适用于体操及各类运动的滚动式折叠地板垫	美国专利3636576	1972
弹性地板，尤其适用于体操馆	美国专利3828503 A	1973
自由体操／地板系统的布置	美国专利4135755	1977
技巧板	美国专利4316297 A	1980
铝制平衡木	美国专利4272073 A	1981
体操跳马跳板（Tremplin de gymnastique/ Reuther Tum—Und Sportgerate）	欧洲专利0086274 B1	1982
体操垫及地板垫	德国专利3416644 A1	1984
具备垂直弹性的体操地板结构	美国专利4648592	1985
适用于跳马练习的体操器械	欧洲专利0885634A2	1997
为训练及比赛设计的可调式弹性体操跳马跳板	欧洲专利7175567 德国专利21033115 A1	2003
为训练及比赛设计的可调式弹性体操跳马跳板	欧洲及法国专利1314454 B1/德国专利60212789 D1	2006
体操自由体操地板结构	美国专利7849646 B2/US20090139172 A1/日本专利 2007-240445	2007
气垫地板	中国专利201099969 Y	2007
减震体操垫	美国专利20070173379 A1/日本专利2004/009824	2007
附带多层泡沫层的柔性垫	美国专利20130017372 A1	2011
泡沫坑组件	美国专利20150343249 A1	2015

　　10多年的研究已经明确地告诉我们，为了最优化和最大限度提高技巧动作水平，在当今大多数高水平训练中心融入并系统地使用弹性技术已是当务之急。对此，我们将通过一个案例来说明弹性技术是如何在巴西的一个主要高水平体操馆里影响训练过程的。

32.5　弹性技术在巴西的运用情况

　　巴西只有8个高水平体操训练中心处于运营状态。最近，我们对位于圣保罗州的其中一个体操馆进行了一个调查，参与者是国家队的一些成员，他们也是世界大赛及奥运会奖牌获得者。根据巴西国内比赛结果，该体操馆在过去10年中被评为男子体操全国最佳（Bortoleto & Coelho, 2016）。虽然它是巴西最好的体操馆之一，配备了所有官方标准的体操器材（全部是进口的），但这个体操馆只有一个"贴地式"弹床（I-TRA）、1个老式的技巧板（TT）及一些其他的安装在海绵坑上的标准器械。从该场馆中我们可以很明显地看出，与那些知名国际体操馆相比，该体操馆里可用的弹性技术是不充分的。

　　一般来说，弹性技术（弹性面、弹性器材）的使用并不会给训练时间带来明显影响——在同时安排两节训练课程（上午、下午，总共6～7小时）的情况下，每天的使用时间大约为40分钟。这一时间安排可能会因训练周期的不同而有所不同，赛前训练期间这一量值可能会进一步减少。由于高水平的体操运动员更多地在标准器械上练习，因此，与这类运动员相比，弹性技术的使用在前3个年龄组中更为频繁且规律。

正在进行损伤治疗，特别是上肢损伤，或受限制只能在标准器械上进行训练的体操运动员经常使用弹性面来保持自己的状态（如Chase、Magyar和Drake于2005年所建议的那样），以便与团队一起保持训练计划同步。

在技术训练中会经常使用海绵坑，这主要是因为它上面安装了一些器材，海绵坑可以提供更大的安全性，这一点得到了巴西教练的认可。男子体操评分规则中的技巧类动作，如表32.3所示，经常在教学或者发展难度的时候使用弹性技术。

虽然教练认识到在运动员训练过程中使用弹性技术的重要性，但由于这类器械的缺乏和/或质量较差，以及教练没有使用弹性技术的习惯，使得规律利用弹性技术变得比较困难。我们可以从与主教练Marcos Goto先生的谈话中看出这种矛盾的情况：

> 我相信弹性面的使用有助于增加体操运动员的运动寿命，减少损伤的发生率，且能够让运动员在更少付出的情况下增加重复次数。弹性面自然是有益的，但我们使用它们的次数太少了！

教练的观点强调了弹性技术的使用有助于不同技能的学习迁移（Turoff, 1991; Arkaev & Suchilin, 2009），例如在贴地式弹网（I-TRA）上进行的后空翻练习与现代单杠成套动作中常见的科瓦奇（团身后空翻两周越杠）动作及其变体（其中包括科尔曼，团身后空翻两周转体360度越杠）。用Goto先生自己的话说：

表32.3 在弹性面上训练的技巧类动作

动作	项目	弹性面
十字、屈伸上和摆动动作、下法（空翻）	吊环	贴地式弹网
后空翻序列；快速空翻；前空翻序列；侧手翻、踺子，后手翻	自由体操	技巧板
单腿转体（纵轴旋转）；空翻（简单；两周）	全能（鞍马除外）	贴地式弹网、技巧板
前手翻类跳马、踺子、后手翻、尤尔琴科等	跳马	技巧板
苏阿雷兹（Suarez）、季阿米多夫（Diamidov）、卡巴罗（Carballo）、贝尔（Belle）；空翻两周（下法）	双杠	贴地式弹网
雅马瓦基（Yamawaki）、特卡切夫（Tkatchdev）、科瓦奇（Kovacs）、大回环、叶格尔（Jäger）、盖洛德（Gaylord）、安岛（远藤）（反掏）/斯塔尔德（正掏）（Endo/Stalder）（上扬）；空翻两周（下法）	单杠	贴地式弹网

许多练习，如双杠的季阿米多夫，都是通过弹性技术来得到训练的。在贴地式弹网中训练楚卡哈拉（Tsukahara，也称冢原）或科瓦奇（Kovacs）是很常见的。同时，教练也通过在技巧板（TT）或贴地式弹网上的练习来教授单杠上的特卡切夫（Tkatchev）。

运动员几乎每天都用技巧板来训练高难度的技巧类弹跳动作，这样可以大幅度地增加重复次数。与自由体操场地相比，技巧类动作在技巧板上完成时，可以清楚地看到在技巧板上的高度更高，而冲击力更小，其间下肢爆发力的要求也更低，这样更容易取得学习及表现方面的提高。值得强调的是，教练抱怨技巧板质量低劣，这是由一家巴西公司制造的，质量标准低于国际体操联合会认可的质量标准。此外，由于该器械没有安装在地面上，这使得发生意外的风险变大。就像Goto先生所强调的那样，相比于国际上最好的体操馆，巴西只有两个训练中心配备了地面式技巧板。

另外，为了训练技巧类动作，如单杠或双杠下法，贴地式弹网的使用频率更高，这也证实了Turoff的立场（1991，pp.238–239）。双杠苏阿里兹（Suarez）是一个被多次观察到的例子，这个动作最初在贴地式弹网上完成，目的是掌握技术要领，然后运动员在标准器械上重现了这个动作。上文提及的教练认为："可以在贴地式弹网上训练许多双杠动作和几乎所有的单杠飞行动作，然后将这些动作迁移至标准器械上。"

32.6 结论

体操中的技巧动作和飞行动作呈不断增加的趋势，这使得成套动作更具"观赏性"，不断以"竞技体育就是盛大演出"的概念调整运动表现。根据Vigarello（1988）在20世纪80年代提出的体育运动发展逻辑，可以观察到，除了鞍马，体操项目动力性训练越来越多。

科技的发展，特别是弹性技术，可以被视为对这一趋势的响应，并且显著地改变了过去几十年的体操训练体系。如前所述，不同的弹性技术已经成为主要的体操训练表现中日常工作的一部分。尽管如此，这里所分析的体操馆现状表明巴西俱乐部很难遵循这一趋势，这很可能是进口器材困难所导致的——鉴于质量参差不齐，巴西制造的材料目前还没有得到国际体操联合会的认可。这种情况下耽误的时间对巴西俱乐部跟随国际趋势造成了阻碍。

似乎很明显，巴西教练很难在训练中使用弹性技术，也可能是因为巴西没有继续教育项目，这样就很难改变以前观察到的情况。

尽管我们提到了一个具体的案例研究，但其他一些调查也指出难以获得弹性技术是一个全国性的现实情况，因此也缺少使用弹性技术的专业能力（Schiavon, 2009; Oliveira, 2014）。

很明显，专业运动员对弹性技术的使用是至关重要的，尽管这项技术的引入与否取决于一些机构的财务状况——因此，取决于获得这些技术的机会——但同样取决于教练将其纳入训练过程的能力和动机，这在诸如体操这样保守且传统的项目中并非一件易事（Foster, 1973; Barker–Ruchti, 2007; Bortoleto & Schiavon, 2016）。

最后，我们还非常惊讶地发现，关于把弹性技术纳入体操日常训练的科研文献如此之少。

32.7　总结

- 科技已经对竞技体育产生了深远的影响，并推动了训练和竞技表现的革新，尤其是体操运动。
- 体操训练及比赛器械的发展重点一直在寻求更具弹性的材料，并创造了新一代的弹性技术。
- 弹性技术在体操运动员的训练中被广泛运用，并且在降低损伤发生率和提升技巧动作难度（高度及旋转数量）方面有着很好的效果。
- 由于没有国际体操联合会认可的国内供货商，弹性技术的获得途径在巴西仍然受限。

32.8　致谢

感谢巴西国家科学技术发展委员会（CNPQ）及高等人才培养基金委员会（CAPES）、Ludwig Schweizer 先生（德国弗赖堡大学）、Keith Russel 教授（FIG，加拿大萨斯喀彻温大学）及 Marcos Suzart Goto 先生（巴西男子体操国家队主教练）。

32.9　注释

1. Nichols Ketchum，M.体操杠体及制作方法。美国体育国际有限公司（杰斐逊，艾奥瓦州）（美国专利6475118，1988年注册）。
2. 尼森公司1962年通过紧急使用授权（EUA）申请注册的专利（"双杠体操器械" US 3232609 A）及1994年由 Ted Winkel 通过紧急使用授权注册（"双杠" US 5720697 A）均是很好的例子。
3. 如国际体操联合会所报道，"在男子比赛中，两个没有成功完成的动作将被写入男子评分规则中。尽管他们不会以尝试这些动作的体操运动员名字命名，但如果原创者在未来的比赛中完成这些动作，那么这些动作可能会被追加命名"。
4. 我们所采访的巴西国家队主教练，曾带队参加多次国际比赛，获得2枚世界锦标赛奖牌及3枚夏季奥运会奖牌。

第6部分复习题

问题1. 解释"知道是什么"与"知道怎么做"之间的区别。执教的科学性及艺术性是如何协同工作的？

问题2. 学习与练习有什么区别？

问题3. 列出运动技能学习的阶段。

问题4. 列出执教学习的阶段。

问题5. 解释内反馈与外反馈之间的区别。

问题6. 身体及心理的练习被认为是协同工作的，以提高整体的学习效果。二者哪一个是最重要的，为什么？

问题7. 平衡是体操（如倒立）中一项特别令人印象深刻的技能组合。倒立是静态的，但是倒立是否涉及肌肉的所有静态张力？如何保持倒立姿势？

问题8. 跳马训练所用器材的主要科技进展是什么？

问题9. 为什么跳马器材设计的改变能使体操运动员在向前类跳马中助跑速度更快？

问题10.隐性目标与显性目标有什么区别？

问题11.测量你的体操运动员前手翻跳马的助跑速度，该过程从起跑开始，直到他们触到踏板结束。你注意到体操运动员在触板前的最后几米里会降低速度（约1米/秒）。你应该缩短他们的助跑距离吗？

问题12.跳马助跑过程中，视觉控制不佳的迹象是什么？

    a.欠佳的跑步技术

    b.犹豫

    c.在训练馆里跑得很好，但在比赛中不行

    d.b与c都有

问题13.以下哪项训练对你的体操运动员以视觉控制（靶向）助跑是无益的？

    a. 在田径跑道或草地上完成一些跳马跑步训练

    b. 固定的起跑姿势

    c. 在50%、75%及100%不同发力程度下改变训练意图

    d. 不同的起跑姿势

问题14.以下哪个假设可以解释"偏侧性"？

    a. 文化影响假说

    b. 科里奥利效应对南北半球体操运动员行为影响的假说

    c. 多巴胺系统在大脑半球不对称假说

    d. 前庭不对称假说

    e. 生物力学或感觉运动不对称假说

问题15.一位经常左转的体操运动员在倒立时会做右转？

    a. 对

    b. 错

问题16.哪个说法是正确的？

    a. 旋转偏好与惯用手有关

    b. 旋转偏好与惯用手无关

问题17.将两列连线：

	A列	B列
第1行	双侧一致转体的体操运动员	在倒立时绕纵轴旋转的方向始终与站立时相反
第2行	单侧转体的体操运动员	始终在同一方向旋转，无关于动作或身体在空间中的方位
第3行	旋转模式不可区分的体操运动员	在全能比赛中完成两个以上与其他模式不符的动作的体操运动员

问题18.在2016年里约奥运会的体操男子个人全能决赛中，大多数选手表现出（　　）旋转模式。

问题19.世界上最常见的旋转模式为（　　），与体操运动员向左或向右旋转无关。

问题20.请列出两个原因，以确认弹性技术对体操训练的重要性。

问题21.在单杠练习中，哪些飞行动作（空中）是常见的（从以下动作中选择3个）？

　　a. 马尔凯洛夫（Markelov）（　）

　　b. 苏阿雷兹（Suarez）（　）

　　c. 贝尔（Belle）（　）

　　d. 科瓦奇（Kovacs）（　）

　　e. 雅马瓦基/乔纳森（Yamawaki/Jonasso）（　）

　　f. 科尔曼（Kolman）（　）

问题22. 国际体操联合会的所有成员获取弹性技术的途径是否一样？有多少国家拥有国际体操联合会认可的器材？

问题23. 是不是所有教练都知道弹性技术在当代体操中的重要性，并把它融入训练中？为什么？

第7部分
体操运动损伤

第7部分
体操运动损伤

学习成果 莫内姆·杰姆尼(Monèm Jemni)

完成本部分学习后,读者将能够:

- 全面深入地了解体操运动的损伤因素;
- 区别损伤的原因和影响;
- 辨别慢性/急性损伤以找到合适的医学诊疗方法;
- 整合不同情况下的预防策略;
- 确定受伤情况下的应急行动计划(EAP);
- 为特定群体选择对预防和康复有利的主、客观监控方法。

引言与目标 莫内姆·杰姆尼(Monèm Jemni)

本部分能够让体操运动员、家长和教练了解体操运动损伤的影响、危害和机制,并期望教练在青少年运动员训练和比赛中掌握这些信息。最主要的目的就是通过科学知识和医学知识帮助教练预防训练损伤发生。

本部分不仅为读者概述不同年龄组和不同性别运动员在练习体操时可能出现的受伤风险,还提供预防损伤的方法、手段和技术。作者将从以下不同角度来探讨这个话题:

- 从科学理论角度阐述损伤原因;
- 从医学角度看待损伤;
- 从执教角度看待损伤;
- 从监控角度看待损伤。

　　损伤及意外是训练过程中不可避免的一部分。体操运动员及教练应该意识到相关风险，并将其视为可能发生的事件。与每天进行运动的人相比，不运动的人受伤风险确实更小。然而不运动又可能会导致其他健康疾病与风险，例如肥胖与心血管疾病。运动得越多，就越容易发生各种类型的意外事件（急性、慢性等）。本书在这一部分提供此类意外事件的案例，同时强调减少和/或避免意外事件的方法。

第33章
损伤是一个严重问题

威廉·A. 桑兹（William A. Sands）

33.1 目标与学习成果

第33～37章旨在概述损伤在体操运动中的角色，并期望教练在为青少年体操运动员安排训练和比赛时应了解这些信息。这些章的主要目的是通过介绍科学知识和医学知识来帮助教练预防训练损伤的发生。

完成第33～37章学习后，读者应能够：

- 全面深入地了解体操运动的损伤因素；
- 找出损伤成为体操运动面临的最严重问题的原因；
- 将赛事、性别、竞技水平、规则及其他相互作用的因素加以区别，梳理出一个丰富的损伤因果关系网图；
- 确定这些因素间的相互作用及体操运动损伤的潜在原因。

33.2 引言

现代体操起源于古老的杂技，这种杂技以跳跃、空翻、滚动、攀爬、摆动及其他日常活动中纯粹的乐趣为基础（Cousineau, 2003; Gardiner, 1930）。通过运动场上的观察表明，孩子们都是自发地喜欢这些活动，只是他们不能很好地判断哪些动作在自己能力范围内是安全的。作为一个天生具有竞争性的物种，人们开始比较自己与他人的能力，这就形成了一种组织和规则，并沿用至今，包括裁判、规则手册、动作难度分组，以及区分不同表现的评分方法。只要孩子们以玩乐的心态练习，就几乎没有危险，受伤的情况也很少。随着对更具挑战性的竞技练习的需求增加，动作极限被拉高，错误的技术变得更为常见。技术复杂性增加的后果就是损伤风险进一步增加。

体操包括4个女子项目和6个男子项目的训练和比赛。每一种比赛器械都是从历史上用于军事准备、学校课程、民族风格，以及社区体育锻炼的器械演变而来的。这些器械经过了很长时间的演变（Davis, 1974; Joseph, 1949a, 1949b; Smith, 1870）。每种器械都对体操运动员的身体、技术、艺术表现力和勇气等方面提出了不同要求。基于年龄、性别、解剖结构、赛事、经验、比赛形式、环境和许多其他因素，损伤的发生率及比率反映了不同项目的技能需求（Sands, 2000a）。因此，关于体操损伤的论述存在着高度的环境依赖性。无论描述的是发生在男子与女子运动员之间、训练与比赛之间、悬吊动作与支撑动作之间，以及不同竞技水平之间等的损伤，这一点都非常重要。

体操规则每 4 年改变一次，有时甚至是颠覆性的变化（Federation, 2013; Örsel et al., 2011; Sands, 2000a）。体操规则的变化与篮球运动里篮筐高度、球场长度、犯规规则、每队球员数量，以及鼓励或允许的技术类型等变化相类似（Nassar & Sands, 2008）。体操中的器械，如跳马（International Gymnastics Federation, 2000; Irwin & Kerwin, 2009; Sands & McNeal, 2002）、吊环（International Gymnastics Federation, 2009）、自由体操（Arampatzis & Bruggemann, 1999; Janssen, 2007; Paine, 1998; Sands, 2010b; Sands & George, 1988）等，甚至会在毫无征兆的情况下突然发生变化。专项技术的学习和再学习、专项体能特点的增强，以及对新规则带来的新要求进行必要的反复探索，这些往往会使体操运动员和教练在训练与比赛中陷入严峻的选择困境。如此频繁地改变规则，即使是在 4 年的周期内，也会使运动员面临不必要的受伤风险（Nassar & Sands, 2008）。

33.3 损伤的严重性

体操运动损伤在整个体操项目中是非常普遍且非常严重的（Sands, 2000a）。尽管采取了许多措施，如海绵坑、充气装置、厚垫子、保护带、护掌及其他保护手段等，体操仍然是比较危险的运动项目之一（Backx, 1996; Caine, 2002; Caine et al., 1996; Caine & Nassar, 2005; Kerr, 1990; Sands, 2002a; Westermann et al., 2014）。非专业媒体也认为体操与技巧是导致运动损伤的重要原因（Associated Press, 2011; Becker, 1998; Daly et al., 1998; Meyers, 2016; Reinhard, 1998; Scott, 2012）。必须牢记的是，几乎所有的体育活动都需要进行风险评估和风险管理（Bernstein, 1996; Clarke, 1998; Gerstein, 2008; Sands, 2002a）。

作为损伤预防的一部分，安全性依赖于从众多的管理机构开始的风险管理，一直到体操运动员及其家人。规则的发展、体操器械的设计与制造，以及教练的指导和教育都发挥着重要作用（Sands, 2000a; Sands et al., 2011）。体操与其他运动项目一样，会带来很多风险。管理这些风险的责任往往落在教练身上（Sands, 2002a）。损伤不仅仅来自对身体组织的力学破坏，更广泛地说也受到了参与者的文化、态度与思想的影响（Sands, 2002a）。损伤预防在很大程度上取决于对安全性的保障，以及对合理指导方法的谨慎应用和对正确训练方式的鼓励支持。

损伤与损伤预防一样，都很复杂。针对损伤的对策包括器械辅助、训练监督、体能阈值、教学方法及损伤预防训练本身。损伤预防的问题在于越安全的人就越可能做出危险动作，"提高安全性的同时也在鼓励冒险"（Gerstein, 2008, p. 105）。个体与风险的相互作用被称为"报复效应"（Tenner, 1996）。鉴于上述因素及其他相关因素，最关键的损伤预防方法可能必须来自社会及文化冗余体系（Gerstein, 2008; Sands, 2000a; Sands et al., 2011）。这个想法曾被比作为一块瑞士奶酪。每层奶酪都类似于一个损伤对策。如果奶酪上出现一个孔洞，则对策无效，损伤预防将落至下一层奶酪上。如果下一层奶酪出现了一个或多个孔洞，但与上层的孔洞不对齐，则可以预防损伤。我们的目标是避免出现太多对齐的孔洞，使损伤状况或损伤机制无法穿过所有可用的对策（Gerstein, 2008; Sands et al., 2011）。"瑞士奶酪模型"是由Reason提出的，用于描述人为错误（Reason, 2000）。体操技能学习受益于一系列针对损伤的应对措施（就像奶酪片），包括专项体能训练、使用软的落地坑、在保护的情况下使用厚垫子、单独使用厚垫子、单独保护、使用越来越薄的垫子（有或没有保护），同时注意应用最佳的训练环境及疲劳改善的方法。这种"对策系统"有助于确保最安全的技能学习。

训练计划与比赛计划的一致性可以为损伤预防、治疗、沟通、医疗干预等方面提供良好的基础。如果不这样做，往往会造成一些损伤。只要有人愿意动用他们的知识、警觉、想象力和勇气，这些损伤是可以避免的。

第34章
何谓损伤？

威廉·A. 桑兹（William A. Sands）

　　我们似乎可以很容易发现一个人是否存在损伤，但其中的定义会因某些背景因素而显得不一致（Finch, 1997; Meeuwisse & Love, 1997; Sands, Shultz & Newman, 1993; van Mechelen, 1997）。损伤定义的不一致，对科学确定与体操损伤相关的文化及实际环境造成了一定困扰（Bradshaw & Hume, 2012）。损伤的定义涵盖了来自医学创伤的几个常见概念，而体操可能呈现出一个独特的、新颖的运动损伤类别（Caine, Caine & Lindner, 1996）。

　　也许损伤最常见的定义是身体某个部位受到伤害，并导致无法正常训练和比赛（Noyes, Lindenfeld & Marshall, 1988）。第二层定义由医学专业人士经诊断得出，如医生、治疗师或运动防护师（Noyes, Lindenfeld & Marshall, 1988）。第三层定义包括损伤的解剖位置以及等级或严重程度的评分（Noyes, Lindenfeld & Marshall, 1988）。

　　但在体操及其他一些运动项目中，可能需要另一种解释。我们可以将体操损伤定义为任何可能影响训练的身体部位损伤（Noyes, Lindenfeld & Marshall, 1988; Sands, 2000a; Sands, Shultz & Newman, 1993）。之所以另行定义体操的特殊损伤，是因为大多数体操损伤都是针对特定技能而言的。例如，虽然踝关节扭伤通常会使其他项目运动员停训停赛，但体操运动员只需用护具或胶布固定受伤部位，便可进行悬垂类项目的练习，或者以背部着地/坐姿的形式在海绵坑或厚垫子上落地，以避免踝关节受到冲击。

　　损伤通常通过流行病学的方法来研究。流行病学分为两种类型：描述型和分析型。描述型流行病学最感兴趣的是发病率及患病率（Caine et al., 1996）。发病率是新受伤人数的简单计数或某个群体中某一个体在某一特定时期内受伤的概率（Caine et al., 1996）。患病率包括特定人群中新旧受伤的数量，或在特定时期内有人受伤的概率。可以根据运动员总数中受伤运动员人数（例如，运动员比率等于受伤总人数除以运动员总数）来报告，或者根据运动员人数和受伤暴露数来报告。例如，如果一位运动员没有参加训练或比赛，他就不太可能受伤。通过运动员暴露来描述损伤是目前此类研究的"最佳做法"（Caine et al., 1996）。

　　描述型流行病学研究的是受伤个体、损伤类型、受伤部位、受伤时间，以及如何受伤；而分析型流行病学研究的是损伤原因。分析型流行病学使用"风险因素"概念，试图描述损伤原因的本质和这些原因存在的概率及大小（Caine et al., 1996）。风险因素进一步分为内在因素和外在因素。内在因素涉及受伤运动员自身的某些损伤因素。外在因素是指运动员遇到或面对的能导致损伤的因素（Caine et al., 1996）。

　　这些概念对教练来说很重要，因为他们可以利用这些概念建立一个框架或概念结构，帮助运动员确定出现运动损伤的方式和原因。定义这些想法的概念与结构是一个持续的过程，可以基于对流行病学信息提供的细节的关注，绘制出以损伤为中心的路径。

第35章
体操运动损伤特征

威廉·A. 桑兹（William A. Sands）

体操基本可以根据运动项目（除跳马和自由体操，这两个项目男子和女子都包括）自动进行损伤性别方面的分类。然而，涉及男子体操运动员、美国以外国家的运动员和非竞技的艺术体操运动员的相关损伤报告严重匮乏。因此，虽然下面将提供关于体操损伤的信息，但读者需要认识到，体操和与体操损伤相关的整个领域都是未知的（Caine & Maffulli, 2005）。

35.1 体操的参与性

据美国体操协会和美国国家体操管理机构的统计，美国6岁以上的体操运动员有527.3万人。其中，多达90.2万人是每年参加活动时间超过100小时的活跃会员。76%的参与者为女性，且大多数人是4000多所体操学校或俱乐部成员。约80%的参与者年龄不足18岁。

美国体育健身产业协会2014年报告显示，2013年美国体操参与人数为176.3万人。据国际体操联合会估计，全世界各水平的体操参与人数约为5000万人。但在美国学校里，体操项目课程数量似乎正逐步减少。虽然项目仍然存在，但能真正启动的却很少，并且就大多数项目而言，很难在高中生人群中找到合适的运动员。美国国家高中协会联合会的数据表明，由于经常找不到合适的教练，1977—2003年美国高中体操项目课程数量下降了75%。然而，有一些州却发展较好，例如得克萨斯州，该州的男子项目很强且还在持续增长中。前文强调了这样一个事实，即可以通过相关联的问题来阐述世界范围内体操运动的参与特征。我们往往采用最简单但有时候又是必需的方法来研究体操运动损伤问题，即将问题归结到特定的群体、环境或情况。在美国大学生体育协会的体操相关研究中，参加特定比赛、来自特定地域或来自特定项目的运动员很可能成为进一步进行损伤调查的主要对象。考虑到前文描述的各种问题，我们很难从这些不同要素中挑选信息。体操教练在发表与损伤相关的论文时，应该了解研究群体、持续时间及运动员水平，而这些信息往往是不完整的。

35.2 受赛季及其时间长短影响的损伤

损伤出现的时间既有理论意义也有实践价值。体操运动员在训练前还是训练后更容易出现损伤？赛季前期还是赛季后期的受伤风险更高？是一个年龄组比另一个年龄组更易受影吗？损伤是急性发生还是随着时间累计逐渐发生？只有少数研究描述了与比赛或训练相关的受伤时间特征，并表明受伤时间倾向于发生在赛季前期而非后期（Caine et al., 1989; Caine et al., 2003; Lindner & Caine, 1990）。当运动员长时间训练导致疲劳及注意力不集中时，受伤风险大大增加（Lindner & Caine, 1990）。一项关于国家级女子体操运动员失误分布的研究表明，大多数明显的失误出现在前半套动作及下法等阶段（Sands et al., 1992）。之后与裁判的访谈论证了这一发现，他们指出，除下法以外，大多数时候的大幅度扣分现象出现在前半套动作而非后半套动作（个人交流）。一些作者提出了一种非常规训练方法——建议将下法定为成套动作训练的开始，然后增加在器械上的技术动作，而不是从上法到下法。这样，相比于在疲劳状态下训练，运动员可能会将成套动作中大部分动作的练习数量最大化（Caine & Maffulli, 2005; Caine et al., 1996; Sands et al., 1992）。

关于损伤出现与赛季周期性变化的关系，有以下几种特征。首先，在技能还不稳定的赛季初期，受伤的频率往往更高（Caine & Maffulli, 2005; Caine et al., 1996; Sands, 1981b）。其次，在比赛前期、成套动作准备前期、休假后或已有伤病恢复后，以及练习新技术时，受伤人数往往会增加（Kerr, 1990; Kerr & Minden, 1988; Marshall et al., 2007; Sands, 1993a, 2000a）。

损伤可能是由于突然发生的意外引起的，这些意外会导致组织损伤、疼痛和暂时的肢体残障；然而，有些损伤也可能是由于缓慢和潜在的应力及损伤的累积而引起的，这些损伤需要经过一段时间才会有所体现。例如，你可以用锋利的金属剪刀将一个金属衣架剪开；或者你可以来回弯折衣架很多次，使其金属表面出现微小裂缝，等到这些裂缝逐渐扩展到临界尺寸，衣架便会断裂（长期或过度使用）。体操运动员踩在垫子边缘时可能会扭伤踝关节，或者当他们反复起跳或落地会给踝关节施加压力，在疼痛上升到需要关注的程度之前，踝关节韧带将遭受一系列轻微的、可耐受的损伤。无论是急性损伤还是过劳损伤，都会对体操运动员造成非常严重的影响。这两类损伤分布的数据表明，大多数体操损伤都是逐步累积发生的，大约三分之一的损伤是急性损伤（Caine, 2002; Caine & Maffulli, 2005; Caine et al., 1996）。

体操运动员一旦受伤，往往需要一段时间才能恢复。体操运动员经常在受伤的情况下继续训练和比赛（Aldridge, 1991; Aldridge, 1987; Caine & Nassar, 2005; Chan et al., 1991; Hudash Wadley & Albright, 1993; Sands, McNeal & Stone, 2011）。一项为期5年的大学生女子体操研究记录了运动损伤的开始及持续时间，并指出一旦体操运动员受伤，她们将倾向于继续训练和比赛，并在整个赛季中都处于受伤状态（Sands, 1993a）。Caine与Maffulli在一篇体操损伤综述（Caine & Maffulli, 2005）中进一步论证了这一点。作者指出，损伤在未被明显治愈的情况下往往持续1 ~ 3个赛季（Caine & Maffulli, 2005）。

这些行为及其后果或许能够在应力性骨折（De Smet et al., 1994; DiFiori et al., 1997; Flynn, Ughwanogho & Cameron, 2011; Hume, 2010—2014; Sands, 1993a; Vain, 2002）及相关的应激性软组织损伤，如跟腱伤（Leglise & Binder, 2014; Wertz, Galli & Borchers, 2013）得到最清楚明了的体现。桡骨及腕部（Caine et al., 1992; Carek & Fumich, 1992; DiFiori et al., 1997; Roy, Caine & Singer, 1985）、脊柱（Brady & Vincenzino, 2002; Caine & Nassar, 2005; Ciullo & Jackson, 1985; Flynn, Ughwanogho & Cameron, 2011; Hall, 1986; Hume, 2010–2014; Sands, 1993a; Wade et al., 2012）、肘部（Chan et al., 1991; Farana et al., 2015）及锁骨（Fallon & Fricker, 2001; Fujioka et al., 2014）经常出现应力性骨折的问题。

第36章
损伤部位

威廉·A. 桑兹（William A. Sands）

对运动医学专业人士和教练来说，损伤的解剖部位非常重要。例如，在男、女跳马，自由体操或空翻练习中，跟腱断裂损伤一直困扰着运动员（Associated Press, 2011; Bieze Foster, 2007; Wertz, Galli & Borchers, 2013）。跟腱断裂后果非常严重，术后通常需要一年或更长时间来康复。该损伤似乎是在没有任何预警的情况下发生的，且通常出现在起跳而非落地阶段，尽管因落地而造成的组织断裂并不罕见。探究这一损伤问题答案的研究可能已经找到了潜在原因，但并未给出确定的结论（Arndt et al., 1998, 1999a, 1999b; Bruggemann, 1985; Self & Paine, 2001; Wertz, Galli & Borchers, 2013）。与大多数运动一样，体操涉及四肢及躯干的特殊动作模式，这通常会产生相应的急性或过劳损伤。此外，解剖部位与运动项目、技术、水平甚至易感药物之间可能存在相互作用的关系（Hayem & Carbon, 1995; Kaleagasioglu & Olcay, 2012; Melhus, 2005）。例如，氟喹诺酮类药物对感染的治疗似乎与肌腱病变风险增加有关（Melhus, 2005），运动员及其医师应注意药物潜在的副作用。

36.1　头部和颈部损伤

在体操运动中，头部和颈部的损伤较为少见，但我们需多加注意这些潜在的灾难性损伤。在美国消费品安全委员会国家电子伤害监测系统1990—2005年的一项研究中发现，6 ~ 17岁的儿童头部及颈部的损伤率为12.9%。这些数据还显示，脑震荡或闭合性头部损伤发生率为1.7%（Singh et al., 2008）。Caine及Nassar回顾的其他几项研究支持了相对较小的头部及颈部损伤发生率（Caine & Nassar, 2005）。然而，在美国华盛顿州西雅图地区，超过30%的女子体操俱乐部运动员在职业生涯中出现过脑震荡（O'Kane et al., 2011）。

由于体操运动员经常采用倒立的身体姿态，因此他们的颈椎尤其脆弱。不幸的是，体操运动员的脊柱损伤严重时会导致瘫痪。

有研究显示，脊髓损伤的发生率可能正在下降（Caine & Maffulli, 2005）。最近美国俱乐部级别的体操损伤研究并没有此类非常严重的受伤病例报告（Caine & Maffulli, 2005）。然而，相对较新的历史研究数据表明，此类损伤仍然存在（Katoh et al., 1996; Meeusen &

Borms, 1992; Schmitt & Gerner, 2001）。不过由于缺乏关于此类损伤的数据，研究人员给出的结论有限，而且往往是在信息缺乏的基础上做出的判断。

36.2 脊柱和躯干损伤

体操不同于一般的运动，其更加强调脊柱活动度的极限性（McNeal & Sands, 2006; Sands, 2010a; Sands et al., 2015），并有较高的内部和外部负荷（Bruggemann, 2010; Bruggemann, 1999; Kruse & Lemmen, 2009; Sands et al., 2015; Watts, 1985）。无论男女，几乎所有级别的体操运动员都会受到下背部损伤的困扰。与脊柱相关的运动表现要求会随着时间的推移而改变。在过去，我们会经常发现体操运动员的活动度极好，尤其是女子体操运动员，展现出令人难以置信的脊柱柔韧性（Caine & Maffulli, 2005; Kruse & Lemmen, 2009; Purcell & Micheli, 2009; Sands et al., 2015）（图36.1）。近年来，体操主要强调爆发力、力量、高腾空和高难度，而不是非常柔韧的身体姿态（Sands et al., 2015）。然而，许多女子体操运动员仍然不断地展现极高活动度的动作。但这类动作是否会直接造成损伤目前仍不清楚（Sands et al., 2015）。

图36.1 一名女子体操运动员下法落地后呈现的常见脊柱伸展姿势，称为"亮相"

　　下腰及其他过伸动作是否会对青少年体操运动员造成不利影响？我们最近的研究调查并没有强调体操运动员脊柱伸展性动作过于危险（Sands et al., 2015）。脊柱过伸训练通常始于儿童早期阶段，运动员需要练习一种称为下腰的技能。我们对体操运动员脊椎伸展查阅了广泛文献综述，结果表明，在合理范围内，脊柱伸展似乎不会对体操运动员的健康构成严重威胁（Sands et al., 2015）。然而，体操运动员，尤其是少儿体操运动员，在进行脊柱伸展和负荷训练时，应着眼于细致、周密且长期的发展过程。孩子们应该在技能引导过程中得到良好的监督和认真的指导，拥有支撑自己身体姿态的力量，并清楚了解如果感到疼痛必须立即联系教练，以便进行相关评估。

　　体操运动表现需求的变化导致了常见脊柱损伤的变化。极度过伸所造成的脊柱后侧影响已经转移到了脊柱前侧（Caine & Maffulli, 2005），这可能是完成体操动作过程中脊柱屈曲造成的，尤其是落地阶段（Bruggemann, 1999）。如果体操运动员在落地时呈现脊柱向前弯曲的姿势，便已经承受了超过40倍体重的压力（Bruggemann, 1999）。脊柱姿态，尤其是腰椎节段，与体操的落地效率及有效性的关系已经得到了论证（Bruggemann, 2010; Cuk & Marinsek, 2013; Gittoes & Irwin, 2012; Too & Adrian, 1987; Wade et al., 2012）。有趣的是，教练们在标准落地垫上放置额外的垫子可以减少大约20%的脊柱压力。在进行适度跳深时，脊柱所承受的压力可以达到跑步时的2倍（Bruggemann, 1999）。对女子体操运动员前空翻和后空翻的计算中可以得出，L5/S1平均压力分别为11倍和7倍体重（Bruggemann, 1999）。在同一研究中，L5/S1处的最大压力可分别达到20倍及16倍体重（Bruggemann, 1999）。另一项研究发现，30%的体操运动员在下腰椎弯曲的情况下进行后空翻，地面反作用力为体重的6.8 ~ 13.3倍（图36.2）。当运动员从171厘米（不像大多数体操腾空轨迹那么高）的高度落地时，脊柱将承受超过30倍体重的压力（Bruggemann, 1999）。

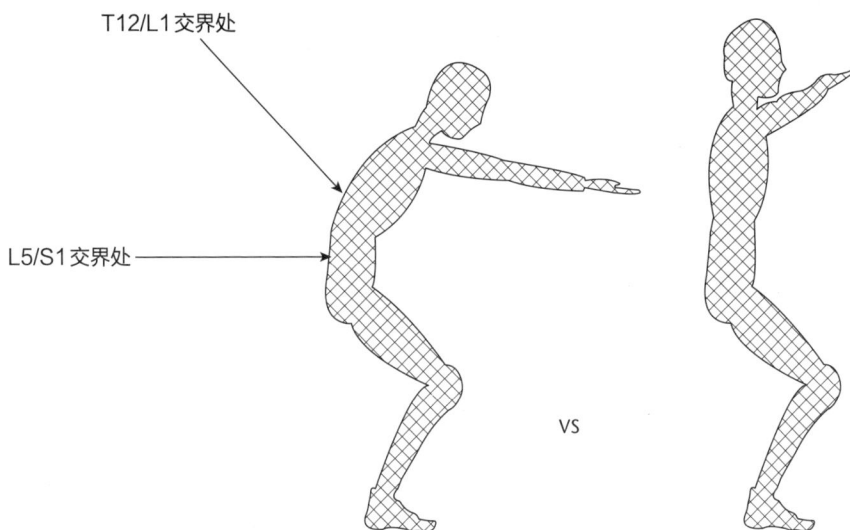

图36.2　图中展示了脊柱易受伤区域（左图）、更直的脊柱（右图）

除压力外,男子、女子运动员均采用依赖于脊柱爆发性过伸及屈曲技术,如特卡切夫(Tkatchev)(Arampatzis & Bruggemann, 2001; Gervais & Tally, 1993; Sands, 1995a)、盖浪技术(Chen & Liu, 2000; Irwin & Kerwin, 2005; von Laßberg et al., 2013)、屈身上(Sands, 1994c; Xin & Li, 2000)、跳马撑马阶段(Ferkolj, 2010; Hall, 1986; Penitente et al., 2010; Penitente, Sands & McNeal, 2011)、推胸动作(Goehler, 1977; Wiemann, 1976a, 1976b, 1979),以及其他技术动作等。在姿态方面,男子体操运动员通常不会展现脊柱的极限活动度,但他们仍然会从高空落地,并在技术动作中体现脊柱强大的过伸及屈曲能力(图36.3)。

图36.3 男子体操运动员在单杠下法时脊柱过伸

36.3 上肢损伤

体操是一项复杂的运动,因为其使用上肢来负重、触及和抓握。尽管基本的力学原理相同,但上肢在冲击动作中的表现还是不同于下肢的(Glasheen & McMahon, 1995; Koch, Riemann & Davies, 2012; Sands, Shultz & Paine, 1993; Suchomel, Sands & McNeal, 2016)。一项关于手和手臂运动学(如步行与跑步)的研究表明,与调动下肢的运动相比,这种运动所需的代谢成本要高出4 ~ 5倍(Glasheen & McMahon, 1995)。体操的独特之处在于,体操运动员与跳水运动员一样,在空中(非承重)完成包括转体和空翻在内的动作时,肩关节会出现脱位现象(Nassar & Sands, 2008; Rubin et al., 1993)。男子体操运动员在吊环及单杠项目、女子体操运动员在高低杠项目均使用特殊的肩部姿势来完成基本技术动作,如吊环的背水平、向前及向后转肩、弹十字，单杠反握（如德式大回环）、扭握（如鹰式及反向大回环）；女子运动员在高低杠上展现与男子运动员在单杠上类似的技术。

因此，上肢损伤现象在体操运动员中很常见。2000—2004年，美国俱乐部和大学水平运动员肩部受伤人数有所增加（Nassar & Sands, 2008）。然而在2000—2004年期间，美国国家队女子体操运动员的受伤人数急剧下降，这被认为是国家队训练强调大幅增加体能训练的结果（Nassar & Sands, 2008）。除了支撑着整个身体的重量以外，上肢还承受了推力及落地过程中源于双手的额外冲击力。此外，上肢还支撑着身体，使其成为悬垂的身体与器械（如单杠、吊环、双杠及高低杠）之间的唯一连接。

对女性来讲，上肢的腕部及肘部通常为最容易受伤的解剖部位之一。男性的损伤则往往集中在肩部。腕关节损伤一直是众多研究的主题（Caine & Maffulli, 2005）。这些研究表明，体操运动员腕部疼痛的发生率在46% ~ 88%（De Smet et al., 1994; DiFiori, Caine & Malina, 2006; DiFiori et al., 1996; Liebling et al., 1995; Mandelbaum & Teurlings, 1991）。X射线研究表明，鉴于体操上肢承重的性质，体操运动员的前臂、腕部与双手开始呈现四足动物前肢的结构——上肢远端的起始部看起来像足部（Caine et al., 1992; Carek & Fumich, 1992; De Smet et al., 1994; DiFiori, Caine & Malina, 2006; DiFiori et al., 1996; Liebling et al., 1995）。根据相关描述，体操运动员的腕部改变被描述为尺骨阳性变异，是生长板的损伤，亦称之为"体操腕"。青少年骨骼生长区域损伤是一个严重的问题，我们有理由担心运动员骨骼长度及厚度的缺陷。体操运动员会因急性摔倒伤到腕部及上肢，由于上肢比下肢更脆弱，因此更容易因过度使用而受伤。研究发现，桡骨远端骨骺应力性损伤的发生率为10% ~ 85%（Caine et al., 1992; Mandelbaum, Grant & Nichols, 1988; Mandelbaum & Teurlings, 1991）。我们不应该忽视体操运动员抱怨其腕部疼痛。

体操中一种独特的损伤被称为"卷腕"。之所以出现这种损伤，是因为体操运动员在进行悬吊项目训练和比赛时，所使用的皮质护掌的近端和远端部分重叠（Samuelson, Reider & Weiss, 1996; Sathyendra & Payatakes, 2013）。在这种情况下，皮质护掌上的受力非常大，可达到体重的2.2倍（Neal et al., 1995）。当体操运动员摆动时，护掌的两个部分重叠，其中一部分会卡在另一部分下面，从而阻止体操运动员的护掌、手、前臂及胳膊的转动，进而出现受伤情况。所受的伤对上述部位而言是毁灭性的，因为在进行大幅度摆动时会产生巨大的力，当身体继续转动时，运动员的双手会被"卷住"。

一项针对457名女子体操运动员的问卷调查表明，22%的受访者遭受过创伤性肩关节损伤（Caplan et al., 2007）。同一研究还表明，韧带松弛与肩关节不稳定依旧十分常见，但不是多方向不稳定（Caplan et al., 2007）。所有体操运动员在测力台上进行前手翻时，力量的不对称性集中体现在肩部（Exell, Robinson & Irwin, 2016）。对手和手臂冲击相关的研究表明，冲击发生时，将先后依次呈现高、低频组分。当双手支撑地面时，将出现高频分量，而当躯干进一步下落并减速时，将出现低频分量（Davidson et al., 2005）。在女子体操运动员中，前手翻测得的冲击负荷达到了8倍体重以上（Penitente & Sands, 2015）。后手翻时，双手承受的地面反作用力为2.37倍体重（Koh, Grabiner & Weiker, 1992）。在旧版跳马上，肘部承受的压力是2.7倍体重（Panzer, Bates & McGinnis, 1987）。在高低杠上做大回环时，手的受力可以达到近2000牛（Sands et al., 2004b）。当男子体操运动员在进行悬吊大回环摆动时，他们的手可以产生大约7倍体重的反作用力（Bruggemann, 1999）。

36.4　下肢损伤

在体操运动中，下肢一直都是最容易受伤的解剖部位之一，特别是踝关节（Kirialanis et al., 2003）。尽管不同研究报告的损伤率存在一些明显差距，但踝关节往往在涉及下肢损伤的报告中占主要位置（Caine & Maffulli, 2005）。踝关节损伤的概率通常是最大的，其次是膝关节损伤（Caine & Maffulli，2005）。对落地时的生物力学及动作方式的兴趣促使人们对以何种方式落地会造成损伤有了更深入的了解（Arampatzis et al., 2004; Cuk & Marinsek, 2013; Janshen, 2000; McNitt-Gray, 1991a; McNitt-Gray et al., 2001; Self & Paine, 2001），有研究也阐述了落地垫如何既能提高安全性，亦能导致运动员受伤（Alp & Bruggemann, 1992; Arampatzis, Morey-Klapsing & Bruggemann, 2005; Gatto, Swannell & Neal, 1992; Gros & Leikov, 1995; McNitt-Gray, Yokio & Millward, 1993; McNitt-Gray, Yokoi & Millward, 1994; Mills, Pain & Yeadon, 2006; Mills, Yeadon & Pain, 2010）。

在完成体操落地动作时，每只脚所承受的地面反作用力峰值为8.8 ~ 14.2倍体重（Panzer et al., 1988），而在实验室进行对照落地实验时，每只脚所承受的最大地面反作用力为15倍体重（McNitt-Gray, Yokio & Millward, 1993）。跟腱所承受的力已经被证实可达到15倍体重（Bruggemann, 1999）。图36.4所示为一名受过高水平训练的女子体操运动员在后空翻起跳时踝关节的最大背屈姿势。根据测量，在胫距关节上，骨与骨之间的作用力大约为23倍体重。落地时只需加入一个旋前或外翻的足部姿势，便可以使足部距舟关节所承受的力加倍。足旋前是落地姿势的一个细微方面，这可能会增加受伤风险（Bruggemann, 1999）。体操空翻过程中的足旋前可以通过足底力/压力传感器（Sands et al., 2013）（图36.5）来呈现，也可以通过运动学手段和高速视频显示的起跳过程中足部接触区域的"凹陷"变化来呈现（图36.6）。软垫的连接、弹簧和地板结构的凹陷和负荷的转移会向足内侧移动，特别是距骨内侧。图36.6还显示了特殊的足部、踝关节及小腿位置。这位运动员起跳后完成了一个直体后空翻转体两周的动作。图36.7给出了用于学习技术动作和落地的各种不同类型垫子。

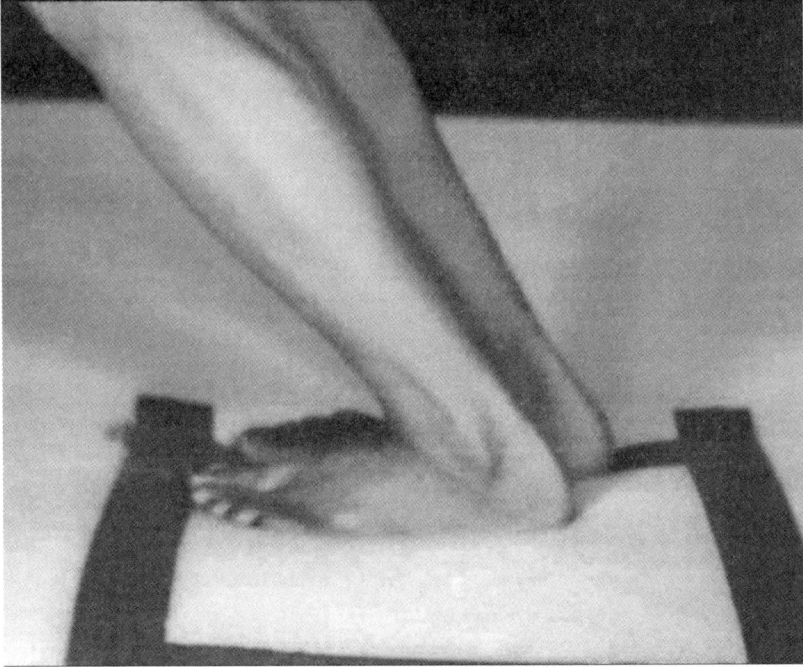

图36.4　足最大背屈时，压力集中在踝关节前侧，同时跟腱被拉长

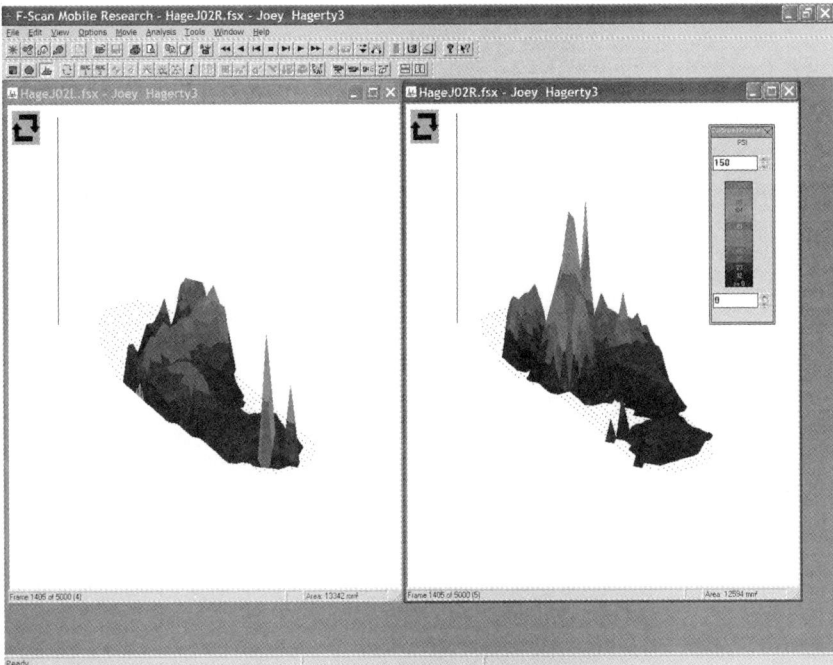

图36.5　注意高压力值出现在足内侧，同时最大压力值出现在右足内侧

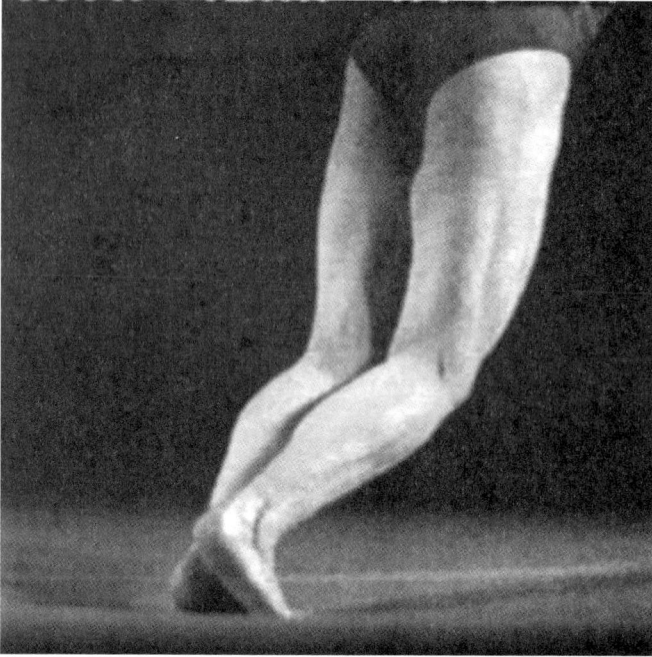

图 36.6 注意体操运动员足部周围地板呈"凹陷形",小腿的足踝关节不对称

图 36.7 不同类型和厚度的垫子

在1996—2000年，美国女子体操运动员前交叉韧带损伤的数量迅速增加（Nassar & Sands, 2008）。落地是导致下肢损伤最常见的动作之一，同时体操运动员的落地方法也是许多研究的对象（Bruggemann, 2010; Cuk & Marinsek, 2013; Gittoes & Irwin, 2012; Gittoes, Irwin & Kerwin, 2013; McNitt-Gray et al., 1997, 2001）。落地距离（McNitt-Gray, 1991b, 1993）、落地表面（McNitt-Gray, 1991a）、身体各环节方向（McNitt-Gray et al., 1997, 2001）、空翻旋转方向（Gittoes, Irwin & Kerwin, 2013）与强大的关节运动能力（Gittoes & Irwin, 2012; McNitt-Gray, 1993）等因素相互作用，使体操运动员能够采取多种方法应对落地冲击（McNitt-Gray, 1993）。

当运动员空翻或器械下法的落地距离过短时，会造成一种常见的踝关节前部损伤。其力学机制包括距骨前方与胫腓-距骨关节前方的剧烈碰撞。此外，距骨穹窿的前方比后方更宽。因此，在做过度背屈动作时，距骨会卡入胫骨与腓骨之间的踝穴内，从而施加将关节分开的力。这些机制会引起撞击损伤，并在短距离落地、踝关节背屈及触诊距骨前端与胫骨远端之间的部位时有疼痛症状。研究人员针对这个问题设计了一种被称为安全T字绑带的方法，有助于防止踝关节过度背屈（Kling & Sands, 1980）。

第37章
损伤对策

威廉·A. 桑兹（William A. Sands）

    首先，体操运动本身就是该项目运动损伤的预防手段。体操运动的初衷就是预防损伤。"医疗体操"是一种通过进行健美操、呼吸练习及治疗性活动来治疗和预防损伤并促进健康的一种形式（Joseph, 1949b, 1949c, 1949d; Weiker, 1985）。Turnvereins*、Sokols** 及其他与体操相关的组织从欧洲来到了美国。当体力劳动仍是家庭职业环境主要内容时，这些组织以社区中心机构的形式取得了成功。工业革命后不久，随着劳动力向久坐不动的生活方式转变，参与者也逐渐转变为旁观者。因此，由于力量下降，尤其是上半身力量减弱，普通人更难进行体操运动，这一点至今仍困扰着许多人（Girginov & Sandanski, 2004; Joseph, 1949b; Smith, 1870）。这种现象放大了体操动作的难度，同时也放大了现代青少年必须有目的地训练几年才能掌握体操基础的观点。

    在没有监督、安全措施及高水平体能的情况下，练习现代体操是很困难且很危险的。尽管几乎没有安全预防措施，跑酷（Wanke et al., 2013）、自由跑或"街头杂技"运动参与者的损伤发生率相对较低——根据研究报告，每个运动生涯每年有1.9次受伤，或每1000小时的训练有5.5次受伤（Wanke et al., 2013）。尽管这些运动能够积极促进身体活动，但它们可能导致严重损伤（Derakhshan & Machejefski, 2015; Grosprêtre & Lepers, 2016; Miller & Demoiny, 2008; Vivanco-Allende et al., 2013）。跑酷的参与者，也被称为"跑酷者"，展示了高水平的力量及跳跃能力，有些人在这方面甚至优于体操运动员（Grosprêtre & Lepers, 2016）。也许，对跑酷运动员的能力来说，自我限制活动是一个关键。此外，与跑酷落地技术（例如，跑酷精准跳及跑酷落地翻滚）和传统体操落地技术相关的研究表明，跑酷技术在减小地面反作用力方面具备一定优势（Puddle & Maulder, 2013）。然而，公平地说，跑酷的精准技术是一种典型的体操落地技术，强调的是缓冲而不是"黏附"。显然，我们需要进行更多与这些活动相关的研究。

---

*：Turnvereins 是 1811 年由德国爱国教师弗里德里希·路德维希·雅恩在柏林创立的体操组织。——译者
**：Sokols 是 1862 年由米罗斯拉夫·泰尔和金德里奇·富格纳于在布拉格创立的体操组织。——译者

37.1 训练负荷

当体操参与者由爱好转变为有组织的训练时，损伤预防的许多基本原则就能在很多方面发挥作用（Coté, Baker & Abernethy, 2003）。一项针对美国国家队女子体操运动员的监测研究表明，每年训练完成的技术动作数量约为25万。获得最多荣誉的女子体操运动员在一年内完成的训练量比该值高2倍（Caine et al., 1996; Sands, Henschen & Shultz, 1989）。身体和心理上的长期坚持可能是体操运动员成功的关键因素。在美国男子体操运动员中，所有高水平国家队的队员都做过肩部手术。美国运动员和教练开玩笑说，手术是进入国家队的必要条件。

只有少量研究探讨了体操运动员训练负荷的监测及调控（Caine & Nassar, 2005; Kolt & Kirkby, 1999; Sands, 1991a,b, 2002b; Sands, Shultz & Newman, 1993; Sartor et al., 2013; Westermann et al., 2014）。很多文章均出自同一作者，而与男子体操相关的论文相对较少。现代分期训练的观念还没有渗透到各个竞技水平的体操运动中。然而，很多例子都能说明这些原则在训练中得到了提倡与运用（Arkaev & Suchilin, 2004; James, 1987; Jemni & Sands, 2011; Sands, 1999a,b; Sands, Irvin & Major, 1995; Ubukata, 1981; Ukran, Cheburaev & Antonov, 1970）。现在的体操指导应该运用分期训练原则，而不是依赖直觉、试错及猜测等"凭借经验"的方法。

37.2 体能

从常识的层面来讲，体能较好的运动员受伤的可能性较小。然而，我们一直很难科学地论证这一点。当然，运动员需要一定水平的体能来展现他们的技能，但如果超过这个限值，不确定性就会增加。同样，除报复效应影响外，更优秀的体操运动员通常是那些体能更佳的运动员，他们也会花更多的时间进行训练，因此更容易受伤（Caine & Maffulli, 2005; Caine et al., 1996）。至少在美国，青春期女子体操运动员的跳跃技能表现跟不上体型的变化及体重的增长（Sands, McNeal & Jemni, 2002）。非专业媒体曾经探讨过，心理因素是决定高水平运动表现的关键因素。然而，针对美国女子国家队的体能测试结果对比表明，2000年奥运会代表队在所有体能测试上都优于非奥运代表队（Sands, McNeal & Jemni, 2001b; Sands, Mikesky & Edwards, 1991）。

由于体操运动员需要在不同的位置以较快的速度抬高身体，所以他们具备很强的绝对力量和相对力量。此外，男子体操运动员应该在自由体操及吊环项目上展现他们的力量（Sands, 2006d）。然而，随着技术水平的提高，训练量、腾空高度、动作的重复次数，以及其他许多与获胜及损伤有关的因素也会增加。例如，韧带与肌腱对负荷的反应变得更强——抗拉强度增加了大约10%（Bruggemann, 1999）。当然，结缔组织的肥大有利于改善表现和预防损伤，但这些组织的负荷增加幅度远远超过了10%。与肌腱愈合及肥大相关的生长因子的信息越来越多，但目前仍未得到完善（Molloy, Wang & Murrell, 2003）。

一般来说，虽然结缔组织的负荷可能是愈合及抗拉强度的唯一最大促进因素，但肌腱或韧带的承受力不应超过组织的适应能力（Bruggemann, 1985; Molloy, Wang & Murrell, 2003; Yang, Rothrauff & Tuan, 2013; Zernicke & Loitz, 1992）。研究人员已经开发了损伤预测模型，但实际上却很少应用（Bale & Goodway, 1990; Beatty, McIntosh & Frechede, 2006; Fellander-Tsai & Wredmark, 1995; Steele & White, 1986; Sward et al., 1991）。最后，虽然大多数运动项目都采用力量训练来增强体能，然而，由于担心会"变胖"，体操运动员迟迟未采取这种方式，不愿意全身心投入练习。然而，至少有一项与国家队高水平女子体操运动员相关的研究表明，参加过负重训练的运动员与那些没有参加过负重训练的运动员相比，在相同的身高且平均年龄较大的情况下，运动员看起来更轻、更瘦（Sands & McNeal, 1997; Sands et al., 2000）（表37.1）。

表37.1 美国国家女队队员进行负重训练与非负重训练的比较（独立t检验）

变量	训练方式	样本含量	平均数	标准差	标准误差	显著性
体重指数	负重	14	20.33	1.87	0.50	0.050
	非负重	19	21.68	1.90	0.44	
体重（千克）	负重	14	47.96	5.36	1.43	0.043
	非负重	19	52.12	5.87	1.35	
年龄（岁）	负重	14	18.07	2.01	0.54	0.017
	非负重	19	16.53	1.02	0.23	
身高（厘米）	负重	14	153.49	4.02	1.08	0.339
	非负重	19	154.90	4.29	0.98	

37.3 预防损伤的器材

垫子变厚之后也会变得更重。与中心区域相比，更大更厚的垫子边缘会因反复磨损而产生减速缓冲不一致的问题。有折痕的厚垫子、产于不同年份或具有其他特征的厚垫子会被处理（Sands et al., 1988; Sands et al., 1991b）。厚垫子及旧垫子的边缘较软，更容易被穿透或压缩。靠近折叠垫子接缝区域的情况往往与靠近截面中心的区域不同（Sands et al., 1988, 1991b）。当体操运动员从高低杠的高杠以背部落在不同厚度的有孔泡沫垫上时，其加速度峰值为9.7 ~ 15.6重力加速度，冲量持续时间为0.088 ~ 0.137秒（Cunningham, 1988; Sands et al., 1988, 1991b）。就这类垫子而言，背部落地是最安全的落地姿势之一。当身体落地冲击的表面积减小时，该身体部位的相对受力将有所增加。教练应意识到垫子的不同区域有不同的属性，放置垫子时应考虑体操运动员在预期及意外情况坠落时的落地位置（图37.1）。

图37.1 这是一名体操运动员在大约60厘米厚的有孔泡沫垫上落地的高速视频中冲击点最深的一帧画面。注意，冲击力导致垫子呈锥状"圆盘形"

落地"坑"几乎彻底改变了体操训练，现如今还用于跑酷训练、极限运动、空中滑雪、雪上技巧滑雪、单板滑雪、马戏团甚至摩托车飞跃等运动项目中（Henderschott & Sigerseth, 1953; Normile, 1989; Sands et al., 1991a）。建造这种场地时，需在训练室的地面上挖出一个大洞，设置一个较大的开放区域，或者有时只需将泡沫块简单地堆放起来（Klaus, 1985; Normile, 1989; Sands et al., 1991a）。泡沫坑可由数千个均匀切割或随机撕开的泡沫块组成（图37.2）。我们可以将这些泡沫块放进一个布罩里，也可以不放。块状泡沫池的减速峰值在4.45 ~ 6.45重力加速度之间，明显比体操垫子的值要小。然而，伤亡事件亦可能发生在泡沫坑内。

设计泡沫坑可以采用多种方式，例如使用一个大的固定泡沫块，泡沫块里有开放式凹槽。这些固定泡沫块在美国通常被称为"树脂坑"，是一家提供大型泡沫块的公司研制的。泡沫块通常几乎都被透气的紧密网状编织材料或乙烯基外壳包裹着（Isabelle & Jones, 1990; Klaus, 1985）（图37.1）。由单个小泡沫块制成的泡沫坑通常更适合下法落地，因为这些泡沫可以在体操运动员停止运动之前提供几英尺的缓冲。固定泡沫坑具备极好的减速特性，能让体操运动员更快地进出。

第3种类型的泡沫坑则由小型泡沫块或大型固定泡沫块构成，该泡沫块放置于蹦床的尽头，被固定在墙上且内部有凹槽结构。设计蹦床坑的根本目的是减小对松散泡沫的不断拍打且冲击力更柔和。遗憾的是，科学文献中似乎没有提供与这些想法相关的信息。

图37.2 高低杠下方散放着均匀切割的泡沫

遗憾的是，所有类型的泡沫坑都出现过灾难性损伤和伤亡事件。此外，当紧急医疗救援人员从坑内救出受伤的体操运动员时，泡沫坑将成为一个棘手的问题——小块泡沫的设计使得救援更加困难。泡沫坑很软且很容易被压缩，如此一来，体操运动员的冲击力就被吸收了，但与此同时，他们几乎不可能在泡沫坑上行走。鉴于这些特点，对救援人员来说，将体操运动员从泡沫坑中营救出来是一项非常困难的任务（图37.3）。急救医疗人员需要接受训练，以便在不加重伤势的情况下接触、照顾并转移受伤的体操运动员。当受伤的体操运动员停止呼吸、疑似颈椎损伤或意识不清时，医疗救助将变得更加困难。专业人士已经制订了培训计划及方法，以协助教练并为急救人员提供如何在泡沫坑中营救体操运动员的指导（Committee, 1995; Finkel, 2001; George, 1987; Gymnastics, 2009）。

第4种落地坑相对较新，并没有采用有孔泡沫。这种类型的落地坑使用一个很大的充气气囊。一个大功率鼓风机负责给气囊充气，并通过保持气囊内气压来防止坠落损伤。气囊有排气阀，当体操运动员降落在气囊上时，贯穿鼓风机的反向气流将排出一些空气，这样，坠落时就得到了缓冲。汽车上的气囊、好莱坞的特技表演及其他活动已经采用了这项技术，然而除了制造商提供的信息外，几乎没有其他信息。科学及医学的文献报道显然远远跟不上这种类型设备的开发——只发表了少数文献（Olsen, 1988; Roegner, 2006）。田径撑竿跳的落地曾在被称为"云9"的安全气囊着陆区发生过一场灾难。笔者曾在高中的撑竿跳比赛中使用过其中一种，发现在这种类型的撑竿跳"坑"的边缘落地时，受伤几乎是不可避免的。处在边缘位置的空气压力不能与中心附近区域维持同样足够高的水平（Boden et al., 2001）。

图37.3 注意，体操运动员的身体已经颠倒。救援人员爬过泡沫块并接触运动员时，泡沫块及运动员身体的位置将发生改变。试图接近体操运动员，则会加重他或她的损伤

体操教练需要了解落地坑的特点、局限性及用途。落地坑既不是"万能药"，也不能取代合理的发展。遗憾的是，让一名体操运动员简单地"奋力"跳进落地坑是很有诱惑力的，因为这样可以减少受伤的可能性。虽然教练经常可以在不伤害体操运动员的情况下使用这种战术，但这种方法往往会带来令人沮丧的失败。

37.4 保护

教练作为保护者时所发挥的作用是体操运动项目的另一个独特之处（Dunn，1980）。虽然许多体育教练可能会通过摆布运动员的身体来协助他们学习姿态或动作，但体操的情况较为特殊，教练会通过这种保护来防止体操运动员跌落受伤。教练做保护时要掌握相当多的技巧，同时，教练与运动员之间要有清晰的沟通（George，1988a,b）。

以下列出几种能够进行有效保护的宝贵方法：

- 用肢体来演示正确的身体及躯干姿势；
- 用肢体来演示重要身体姿态的过渡及时机；
- 训练时向运动员提供身体接触的提示或提醒；
- 用肢体来协助完整或部分技术的执行；
- 动机——减少恐惧，增加信心；
- 安全——防止危险和有害的坠落（Whitlock，1989,1992）。

保护的方法通常分为3种：

- 一名或多名教练接住坠落的体操运动员，从而预防损伤——徒手保护或安全保护；

- 使用额外器材，如由两名教练拿着保护带，或者使用一种可以在练习技巧时将体操运动员挂住并在坠落期间将他/她接住的绳索装置，如此一来，便可以预防损伤——悬吊带保护；
- 教练及运动员共同参与事先设计好的技术动作，也就是运动员执行想要完成的技能，教练则在其做动作期间接触运动员，并用双手有技巧地推动他们，以为运动员提供协助——安全或不安全方面的徒手保护。

无论是哪种类型的保护，最主要的目的都是防止运动员摔倒时伤及头部与颈部。人们达成了一种共识，即如果一项技术在运动中出现严重失误，保护者应该清楚地意识到要让运动员优先保护头部。这种认识是基于这样一种观点：受伤的下肢或上肢通常会愈合而不会产生长期后果。然而，头部或颈部受伤会导致永久性损伤、瘫痪甚至死亡。如果得到巧妙的应用，保护将非常有效，但存在固有的局限性，徒手保护更是如此（Price, 1937; Sands, 1996, 2000a）。此外，当保护者试图接住一个很重且移动很快的坠落人员时自己也会受伤（Boone, 1979; Price, 1937; Tilley, 2013）。

保护并非"万能药"。任何一个教练在作为一名保护者时，都需要面对严重的、经常被忽视的制约因素（Sands, 1996）。例如，当一名体操运动员从高低杠的高杠跌落时，他或她将在大约0.70秒的时间内落地。在0.50秒时，体操运动员往往处于一个"良好的接住位置"，此时，运动员的下落速度约为5米/秒。步行速度为1.4 ~ 2.5米/秒。国家队体操运动员的跳马最高速度通常在7.0米/秒至8.5米/秒（Penitente et al., 2008; Sands, 2000b; Sands & Cheetham, 1986）。在这种情况下，教练很难接住体操运动员并阻止其向下，这需要他们具有精确的站位并具备极佳的力量。

除了速度及力量外，保护者必须能够即刻做出反应，在发生意外坠落时更是如此。为了对情况做出快速反应，保护者必须坚持反应及运动时间的运动控制原则（Schmidt, 1988, 1994; Schmidt & Stull, 1970）。接住坠落的体操运动员时，保护者的反应需要经过以下阶段：

- 刺激识别阶段（体操运动员是否处于危险中，是否需要帮助）；
- 反应选择阶段（所有可能的身体反应，包括应该不做出任何反应，应该做出什么反应）；
- 反应计划阶段（保护者选择了一种反应，即关于动作"计划"的神经信息被传递给影响重要肌肉的神经元）。

刺激识别阶段涉及对体操运动员位置的察觉。这个阶段的持续时间受各种刺激的清晰度及大小影响。已经有研究表明，更大的噪声及更亮的灯光会影响该阶段的持续时间（Sands, 1996; Schmidt, 1988, 1994; Schmidt & Stull, 1970）。保护技巧的练习，对问题的预测及良好的视力也是很重要的。保护者必须站得离运动员足够近，才能接住一个沉重且快速移动的身体。我们很难伸出手臂去接住重物。

在刺激识别阶段之后，开始进入反应选择阶段，然而，我们还不清楚这两个阶段中的某些阶段是否会同时发生。反应选择阶段包括处理感知到的信息及将其与"目录"知识相联系，这些知识包括如何做出或如何形成一个反应（Schmidt, 1988, 1994; Schmidt & Stull, 1970）。人们已经就反应选择进行了广泛研究，他们提出了一种很有价值的规律，被称为Hick-Hyman定律。这一定律表明，潜在的反应选择每增加1倍，其反应时间就会增加至一个固定的持续时长（Sands, 1996; Schmidt, 1988, 1994; Schmidt & Stull, 1970）。每次反应加倍的时间大约增加150毫秒，但是这个数值可能发生很大变化。有诸多例子能够说明典型的简单反应时间，如当我们看到光刺激并按下按钮时大约需要0.18秒或180毫秒。Hick-Hyman定律指出，以2为底选择次数的对数乘150毫秒（大约）加上简单反应时间等于为应对更多反应选择而积累的时间。例如，如果我们假设观察者需要面对8个可能的反应选择（这个数字可能要高得多），那么$\log_2 8=3$（即$2 \times 2 \times 2$）。因此，计算在这种情况下选择反应所需的近似时间为$0.180+（3 \times 0.150）=0.63$秒或630毫秒，在这段时间里，保护者还没有移动，可以简单地进行选择。

信息处理的最后一个阶段为反应计划阶段。不幸的是，对体操运动员来说，反应计划越复杂，该阶段所需的时间就越长。我们只需要0.095秒或9.5毫秒就可以完成诸如按下按钮这样非常简单的任务。但是在复杂任务中，接住一个沉重的坠落物体，所用时间可长达0.465秒或465毫秒。如果我们取一个保守的中间值280毫秒，再加上反应的总持续时间，我们所用的总时间将达到0.91秒或910毫秒（Sands, 1996; Schmidt, 1988, 1994; Schmidt & Stull, 1970）。我们应该了解，在大约0.70秒或700毫秒的时间里，体操运动员已经撞到了地板。在运动员意外坠落之前，保护者往往还没有开始移动。作为一种损伤对策，保护是很宝贵的，但时间、技术、力量、感知、知识及对错误的预测等方面并不是由任务所决定的。

保护带，尤其是空中保护带，在安全及损伤预防方面发挥着重要作用（Hiley, Apostolidis & Yeadon, 2011; Kimball, 1990; Milem, 1990; Sands, 1990c）。遗憾的是，研究人员对美国体操学校的体操教练进行的一项调查显示，只有一小部分体操馆安装了保护带，接受过使用及定期使用的训练人员则更少（Sands, Crain & Lee, 1990）。落地坑已成为接住坠落体操运动员的主要手段。空中保护带也并非"万能药"。已知的保护带故障如下：扭转式保护带可能被卡住，保护绳可能与体操运动员纠缠在一起，保护绳可能断裂，装置的附件也出现过故障（图37.4）。尽管存在这些局限性，但当正确使用保护带时，其误差范围还是远远小于落地坑或徒手保护。如果动作熟练，坠落的体操运动员将永远不会撞到地板或器械。

综上所述，体操损伤对策构成了前面介绍的"瑞士奶酪模型"的技术、知识及实践。教练与管理人员应了解这些对策的优点及局限性（Daly, Bass & Finch, 2001; Gittoes & Irwin, 2012; Schneier, 2006）。教练还应该了解损伤是如何发生的，为什么会发生，并采取预防措施。受伤的体操运动员将变得不具备竞争性，教练应该警醒、专注且坚定，不要因为运动员受伤而浪费任何运动员的能力。

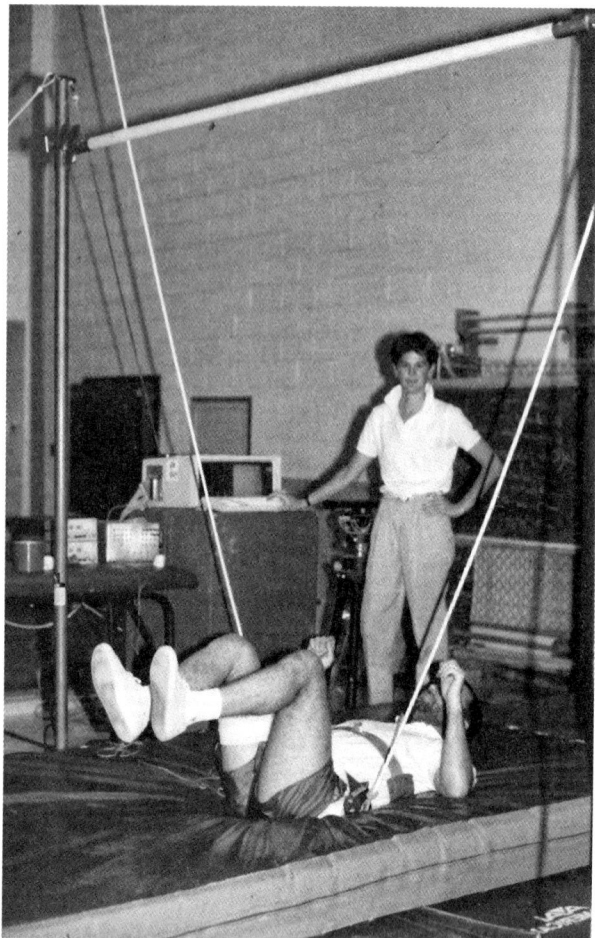

图37.4　运动员摔落至垫子上，图中展示了保护带的绳索及腰带

37.5　总结

　　体操损伤是现代体操面临的最重要的问题之一。遗憾的是，对体操流行病学及对策的认识虽然取得了一些进展，但还远远不够。随着体操运动的迅速发展，损伤的性质也在发生变化，这就要求体操运动的诸多方面都要不断更新及重组。2016年里约奥运会，电视转播了一位法国男子体操运动员在跳马时摔伤了腿，医护人员在将他抬上救护车时，他却从急救担架上摔了下来。该事件表明，如果对损伤处理不当，可能会造成多么可怕的后果。试想一下，我们为这名运动员准备好所有预防损伤的措施。教练、运动员、家长及管理者都需要做好损伤预防工作。随着体操水平正向着"太空时代"迈进，也许我们应该开始像塑造宇航员一样进行训练及准备。

第38章
体操运动中的临床损伤大、小案例

布鲁克·莱门（Brooke Lemmen）

38.1 目标

概述体操运动损伤的常见机制及合理的预防方法，让体操运动员及其父母、教练熟悉体操运动员的临床损伤，以便让不同水平的体操运动员健康、积极地参与这项运动。

38.2 学习成果

- 辨别潜在的急/慢性损伤；
- 整合预防策略以改善运动员的表现并减少损伤；
- 确定并整合体操场所的应急行动计划。

38.3 医学术语的定义及缩写

以下是一些常见的医学术语。

前=受影响身体部位的"正面"。

后=受影响身体部位的"背部"。

背=受影响身体部位的"顶部"。

外=受影响身体部位的"外侧"。

内=受影响身体部位的"内侧"。

伸=伸直关节，如伸直肘部便是"肘伸"。有一种情况比较容易混淆——医学术语中的"肩关节伸"是指双手在腰部，双臂向身体后面移动；而体操中的"伸展肩关节"则相反，它指的是运动员的双臂伸过头顶并置于耳后。这个"双臂在耳后"的姿势在医学术语中被称为"肩关节屈"。

屈 = 弯曲关节。

离心 = 在应力下肌肉拉长。

向心 = 在应力下肌肉缩短。

内翻 = 脚趾向内转动踝关节，足部及踝关节呈"镰状"。

外翻 = 脚趾向外转动踝关节。

背屈 = 足部与踝关节"勾脚"。

跖屈 = 足部及踝关节"绷脚"。

NSAID = 非甾体抗炎药。治疗疼痛及炎症的非处方药，如布洛芬或萘普生。

OCD = 骨软骨缺损或分离性骨软骨炎。

38.4　引言

受伤在体操中很常见。在美国，体操是最受欢迎但最容易受伤的运动之一（Overlin, Chima & Erickson, 2011）。受伤风险因评估人群、年龄、竞技水平及训练时间而异。对于任何损伤，明确的诊断与治疗都是一项挑战。熟悉体操并精通"运动医学"或"骨科"的医疗服务人员，能够更快地确定诊断与治疗计划。

运动员、家长及教练在体操损伤的认识、处理及康复中起着重要作用。本章并非对损伤进行全面总结，而是损伤认识指南。体操运动员、家长及教练可以与训练有素的医学专业人士（运动防护师、物理治疗师或理疗师，或者医师）一起积极参与医疗护理。

大多数损伤不会完全限制运动员的所有活动，一个经合理设计的训练计划可以帮助运动员在康复期间保持体能。熟悉体操的医学专业人士需配合这项计划的进行。

尽管体操是一项损伤率较高的运动，但近期的研究证据表明其损伤率正在下降。Kerr等人（2015）的研究表明，与以往数据相比，大学生体操损伤率有所下降。Coates等人（2010）关于业余体操运动员的研究表明，对 5 ～ 10 岁的业余体操运动员来说，体操的参与性所带来的损伤风险为每小时 0.17 次疼痛事件。相比之下，日托机构儿童每玩耍 3 小时会发生 1 次意外事件（Coates et al., 2010）。因此，业余体操可能不会比儿童玩耍更危险。由于指导方式的优化、规则的改变、设备及其他安全措施的改进（如保护带及垫子），受伤风险可能会降低（Kerr et al., 2015）。

尽管人们做出了一些改革，但数小时的重复练习意味着几乎每名体操运动员在自己的职业生涯中都经历过过度训练造成的损伤。此类损伤通常也比较难以发现。为了改进成套训练和集中练习不同的技术及项目，运动员经常会在受伤的情况下继续练习。早期识别慢性损伤，并给予适当的护理，可以使其职业生涯更加充实且富有成效。

除慢性损伤外，也会发生急性损伤。一个经过周密设计且实用的应急行动计划可以尽量减少对受伤体操运动员及其队友的长期影响。应急行动计划应包括初步识别及固定受伤的运动员，激活应急响应系统，并通知家长/监护人。应将应急行动计划记录在案，新员工入职后应接受应急行动计划培训。由于紧急联系人及教练可能会发生变化，因此需要定期更新审查。体操联合会人员可能还需要进行基本的救生培训，例如心肺复苏术（CPR）。

泡沫坑是一种造成潜在损伤的特殊环境。虽然泡沫坑的使用是为了安全，但在坑的周围及内部仍会发生急性损伤。对急救人员评估及治疗受伤运动员来说，泡沫坑本身就是一个不稳定环境。教练在处理潜在脊髓损伤或其他损伤的体操运动员时应注意其中的细微差别，以便为急救人员提供协助。如果与当地急救医疗服务提供者一起就这种情况进行回顾及实践，将带来积极的影响。

体操运动员通常在小时候就很擅长这项运动。因此，他们的职业生涯大多始于生长期，尤其是青春期。生长期会出现特殊的损伤。身体内骨骼的"生长板"可能会出现骨折或发炎。成长中的体操运动员也面临着肌肉和肌腱损伤的风险。体操需要极大的柔韧性，然而由于柔韧性在成长过程中会下降，运动员也面临着肌肉与肌腱受伤的风险。

生长中女性身体所需的营养需求会影响风险。营养不良会减缓愈合，使运动员面临进一步受伤的风险。由于体操的审美成分，体操运动员面临饮食失调的风险，随后带来闭经及骨密度降低的后果，这3种现象被称为女性运动员三联征。营养教育，尤其是钙、维生素D及铁摄入，对运动员终生健康都非常重要。

以下为常见慢性与急性损伤的简要总结。这份列表并非详尽无遗。其重点探讨体操运动员、成长期运动员出现的损伤，以及对这项运动不熟悉的医疗机构给出的非常规诊断。

即使有了这份总结，仍需向医疗服务提供者咨询相关事宜。

任何无法解决的损伤或疼痛都需要医疗专业人员进一步评估。

38.5 体操中常见的医学损伤

一般损伤

见表38.1。

表38.1 一般损伤

常见症状及体征	疼痛的潜在原因	治疗方案
急性损伤，急性疼痛		
• 疼痛、立即肿胀，可能出现骨挫伤 • 受影响部位无法负重 • 周围肌肉痉挛 • 潜在损伤可能导致皮肤破损	骨折	• 由医学专业人士立即评估 • 可能需要激活应急行动计划
• 受影响部位发生明显形变 • 潜在损伤可能导致皮肤破损 • 受影响部位无法移动	脱位	• 由医学专业人士立即评估 • 可能需要激活应急行动计划

续表

常见症状及体征	疼痛的潜在原因	治疗方案
• 头部、颈部或面部着地 • 主诉颈部或头部疼痛 • 出现这种损伤时，运动员不一定主诉手臂或身体其他部位出现症状	颈椎损伤	• 由医学专业人士立即评估 • 可能需要激活应急行动计划
• 头部或面部受伤 • 可能为直接损伤或力的传递方向改变（如挥鞭样损伤） • 有脑震荡或脑损伤症状 • 运动员可能失去知觉	脑震荡或其他脑部损伤	• 由医学专业人士立即评估 • 可能需要启动应急行动计划
慢性损伤，慢性疼痛 • 疼痛强度和持续时间随着时间的推移而增加 • 最初只在每天练习结束时出现疼痛 • 随着训练计划或训练水平的变化而变化 • 受影响的骨骼出现疼痛	应力性骨折	• 转诊给医学专业人士做进一步评估 • 需要对这项诊断保持高度怀疑态度

足踝损伤

下肢是女子体操最常见的受伤部位之一，其中踝关节最易受伤。与训练相比，大多数急性损伤发生在比赛当中（Overlin, Chima & Erickson, 2011）。无论是急性损伤还是过度使用导致受伤，在自由体操和跳马项目中更容易出现（Overlin, Chima & Erickson, 2011）。慢性损伤源于代偿，或是运动员在轻微急性损伤后希望能"继续坚持"的想法。见表38.2。

表38.2　足踝损伤

常见症状及体征	疼痛的潜在原因	治疗方案
足跟——慢性疼痛或损伤 • 十分常见 • 足跟后侧间歇性疼痛 • 出现在生长阶段 • 自行缓解或复发 • 仅发生在处于生长期的运动员身上 • 跳跃、跑步，甚至行走时出现疼痛	塞弗病（跟骨骨骺炎）	• 通过膝关节屈伸来牵拉跟腱 • 训练中及训练后使用足跟垫或X-brace©型足跟护具 • 冰敷控制症状
足跟——急性疼痛或损伤 • 运动员无法踮脚，可能无法行走 • 肌腱缺损往往很明显 • 刚开始出现症状时不会"感到疼痛" • 受伤时运动员经常感觉自己被"踢"了一脚或者腿后侧被"射中"了一样	跟腱断裂	• 转诊给医学专业人士
• 行走时出现疼痛 • 足跟下方出现疼痛 • 在坚硬地面上落地时可表现为急性疼痛，或者长期硬着陆时可表现为慢性疼痛（如平衡木上）	脂肪垫挫伤	• 冰敷或用非甾体抗炎药控制症状 • 训练中及训练后使用足跟垫 • 限制硬着陆 • 如未改善，考虑跟骨应力性骨折
足部——慢性疼痛或损伤 • 足外侧疼痛及肿胀 • 足外翻时出现疼痛 • 出现在生长阶段 • 自行缓解或复发 • 仅发生在处于生长期的运动员身上 • 跳跃、跑步时出现疼痛	伊塞林病（第五跖骨基底部骨骺炎）	• 拉伸 • 冰敷控制症状 • 限制引起疼痛的动作 • 如果开始疼痛时有爆裂声，则需谨慎评估骨折情况 • 拉伸及强化踝关节本体感觉和力量，尤其是在生长阶段
• 足底部"球"形位置疼痛 • 跖屈时疼痛 • 跑跳时疼痛	草皮趾/籽骨损伤	• 拉伸 • 冰敷 • 训练后为扁平足提供足弓支撑 • 如未改善，考虑籽骨应力性骨折

续表

常见症状及体征	疼痛的潜在原因	治疗方案
足部——急性疼痛或损伤 • 足中部疼痛，半只脚踩在平衡木上或落地时脚向下滚动 • 运动员可能主诉第1、2脚趾跖骨间隙疼痛（Pourcho,Liu & Milshteyn,2013） • 中足背部出现肿胀及淤血 • 难以完成弹跳或半脚尖动作	跖跗关节损伤	• 转诊给医学专业人士 • 需要对这项诊断保持高度怀疑态度 • 诊断时需要负重进行X线及MRI检查 • 损伤可能导致运动员职业生涯结束
踝关节——慢性疼痛或损伤 • 踝关节周围呈弥漫性疼痛 • 可能出现间歇性肿胀 • 踝关节"锁住"或"卡住" • 没有具体的损伤原因 • 跑步、空翻时出现疼痛	分离性骨软骨炎 距骨顶是常见的损伤部位	• 转诊给医学专业人士 • 需要对这项诊断保持高度怀疑态度 • X线可能会观察到，诊断时需要MRI检查
• 在反复无准备落地时发生 • 踝关节前方疼痛 • 也可能急性发作	踝关节前方撞击	• 冰敷控制急性症状 • 更软的落地方式 • 技术优化 • 跟腱或踝关节贴扎
• 可能在踝关节损伤或其他损伤后发生 • 运动员可能会主诉踝关节"无力"或"不稳" • 一般性踝关节疼痛 • 可能出现慢性肿胀	慢性关节松弛	• 转诊给医学专业人士 • 力量及本体感觉练习可能有所帮助 • 踝关节护具或贴扎 • 如果保守方法治疗无效，需进行手术
肌腱病：肌腱病是一个广义术语，涉及因过度使用而发生在肌腱内及周围的疼痛状况（Andres & Murrell, 2008）。 以下描述主要针对3种肌腱损伤。所列出的治疗注意事项适用于下面全部3种肌腱病损伤		• 拉伸 • 冰敷或用非甾体抗炎药缓解急性症状 • 物理治疗可能有所帮助 • 减少落地次数及采用更软的落地方式
• 跑步、跳跃及落地时踝关节/小腿疼痛 • 可能出现肿胀	跟腱病变	• 强化离心训练（Andres & Murrell, 2008） • 跟腱贴扎
• 跳跃、落地时踝关节内侧疼痛 • 通常发生在向后动作（如进行后空翻两周）的无准备落地后	胫骨后肌肌腱病变	• 踝关节及小腿力量练习
• 跑步、跳跃时踝关节外侧疼痛 • 发生在踝关节内翻扭伤后	腓骨肌肌腱病	• 足部及踝关节进行力量及本体感觉练习

续表

常见症状及体征	疼痛的潜在原因	治疗方案
踝关节——急性疼痛或损伤 • 踝关节内翻是损伤机制 • 踝关节外侧疼痛、肿胀、淤血 • 运动员可能无法负重	踝关节外侧扭伤	• 转诊给医学专业人士 • 重要的是将其与"高位踝关节扭伤"区分 • 冰敷及加压控制症状 • 往往在几周内得到改善 • 导致慢性踝关节松弛及疼痛
• 既可在跖屈内翻时发生，也可在背屈外翻时发生 • 踝关节外侧及前侧疼痛、肿胀及淤血 • 运动员可能无法负重	"高位"踝关节扭伤	• 转诊给医学专业人士 • 重要的是将其与"一般"踝关节扭伤区分 • 冰敷及加压控制症状 • 往往需要6～8周的恢复时间 • 可能需要固定才能获得最佳愈合效果 • 将导致慢性踝关节松弛及疼痛

小腿损伤

见表38.3。

膝部损伤

最严重的膝部损伤发生于落地阶段（Overlin, Chima & Erickson, 2011）。这类损伤很明显，医学专业人士需进一步评估。慢性膝关节损伤将导致体操运动员无法参加训练和比赛。表38.4列出了生长期体操运动员慢性膝关节疼痛的原因。

大腿损伤

见表38.5。

表38.3　小腿损伤

常见症状及体征	疼痛的潜在原因	治疗方案
慢性疼痛或损伤 • 膝关节疼痛或麻木和/或刺痛，主要出现在耐力训练时 • 小腿有"紧绷"感 • 严重时皮肤变凉或者颜色变浅	筋膜间隙综合征	• 转诊给医学专业人士 • 评估包括小腿压力测试 • 可能需要进行手术治疗

表38.4 膝部损伤

常见症状及体征	疼痛的潜在原因	治疗方案
慢性疼痛或损伤		
• 跑步、跳跃时踝关节周围呈弥漫性疼痛 • 无原因的间歇性肿胀 • 膝关节"锁住"或"卡住" • 无特定损伤原因	分离性骨软骨炎 股骨髁为好发部位	• 转诊给医学专业人士 • 需要对这项诊断保持高度怀疑态度 • X线可能会观察到，诊断需要MRI检查
• 进行膝关节伸直、空翻等动作时膝盖骨（髌骨）下侧疼痛	髌骨下极牵拉型骨突炎	• 麻花式伸拉股四头肌和髋屈肌群 • 冰敷或用非甾体抗炎药缓解症状 • 疼痛消失之前限制活动 • 如果感觉到"爆裂声"，很有可能为生长板骨折
• 可能出现肿胀 • 可能感觉到"爆裂声" • 发生于生长期 • 发生在仍处于生长阶段的运动员身上	髌骨下极骨突炎	
• 跑步、跳跃时膝盖下方的"隆起"部位出现疼痛	胫骨结节骨软骨炎	• 麻花式拉伸股四头肌和髋屈肌群
• 可能出现肿胀 • 发生于生长期 • 发生在仍处于生长阶段的运动员身上	胫骨结节骨骺炎	• 冰敷或用非甾体抗炎药缓解症状 • 在可承受的情况下活动 • 髌腱带可能有用
• 无原因或诱因的膝关节疼痛 • 膝关节内侧疼痛 • 发生在处于生长阶段的运动员身上 • 运动员可能出现跛行症状	髋关节内部病变	• 转诊给医学专业人士 • 需要对这项诊断保持高度怀疑态度 • 髋关节内旋测试及影像学检查

表38.5 大腿损伤

常见症状及体征	疼痛的潜在原因	治疗方案
急性疼痛或损伤		
• 屈髋时出现"爆裂声"（通常在劈叉拉伸或跨跳时出现） • 腘绳肌在骨盆止点（坐骨结节）处疼痛 • 步行、劈叉、跳跃时疼痛 • 可能出现淤血或肿胀 • 发生在仍处于生长阶段的运动员身上	腘绳肌源性坐骨结节撕脱骨折	• 转诊给医学专业人士 • X线检查可能不明显，需进行MRI检查 • 运动员需要休养数月

续表

常见症状及体征	疼痛的潜在原因	治疗方案
• 当运动员从平衡木上坠落且坠落时双腿"滑"下平衡木 • 往往出现挫伤	挫伤或"平衡木咬伤" 也可能为更严重的闭合性软组织脱套伤	• 冰敷及加压控制症状 • 护理破损皮肤以减少感染风险 • 如果"平衡木咬伤"在深层皮下发展成"液体状"或"水气球状",考虑闭合性软组织脱套伤,请寻求医学专业人士的评估

脊柱、下背部、髋部及骨盆损伤

下背部疼痛在体操中很常见但却常常被低估。体操运动员下背部疼痛的患病率从 20% ~ 65% 不等,这取决于他们的竞技水平(Vanti et al., 2010)。对于普通青少年,下背部疼痛的患病率在18% ~ 70%(Kruse & Lemman, 2009)。下背部损伤通常是随着运动员的成长而发生的,或者是在发展新的竞技水平的过程中发生的。保持与技术相匹配的腘绳肌及肩部柔韧性,并锻炼出强大的核心肌群,是减少各级别体操运动员下背部疼痛的关键因素(表38.6)。

表38.6 脊柱、下背部、髋部及骨盆损伤

常见症状及体征	疼痛的潜在原因	治疗方案
慢性疼痛或损伤		
• 随着训练水平的变化而发生 • 发生在生长过程中,由于腘绳肌及肩部柔韧性降低导致背部出现代偿 • 伸展时疼痛,发展至跳跃或落地,甚至坐姿或站立时也有疼痛 • 很少有肿胀或淤血	脊椎峡部裂和/或滑脱	• 转诊给医学专业人士 • 可能无法通过X线诊断,需进行MRI或SPECT骨扫描 • 运动员需要休养数月
• 发生在仍处于生长阶段的运动员 • 中背部或下背部屈曲或受撞击时疼痛 • 在生长期出现	舒尔曼病	• 转诊给医学专业人士
• 可能随着某些特定损伤或慢性损伤而发生 • 下肢往往出现麻木或刺痛,尤其在弯腰或落地时	椎间盘病变	• 转诊给医学专业人士
• 运动员核心柔性与力量失衡导致 • 生长期将随着柔韧性的降低而发生	一般性肌肉骨骼疼痛	• 通常需排除其他问题的诊断 • 转诊给医学专业人士

续表

常见症状及体征	疼痛的潜在原因	治疗方案
• 与同龄人相比，运动员腘绳肌和肩部柔韧性及核心力量往往较弱 • 下背部屈曲或伸展时疼痛	骨盆交叉综合征	• 转诊给物理治疗专业人士 • 除强化腹部力量外，整合常规核心力量也是有帮助的（Overlin, Chima & Erickson, 2011）

肘及前臂损伤

上臂反复负重将导致肘部损伤。虽然肘部不是上肢常见的受伤部位，但肘部损伤后通常需要进行手术，并且需经过长时间的康复才能恢复到之前的竞技水平。对体操运动员和教练来说，对肘部损伤的早期症状及体征的识别非常重要。一些专家建议对持续2周以上的肘部疼痛进行评估（Dexel et al., 2014）。

急性肘关节损伤主要为脱臼及骨折，在体操常见急性运动损伤中占第三位。除启动应急行动计划外，评估运动员的一般健康状况以限制在这些情况下出现的休克风险也很重要（表38.7）。

表38.7 肘及前臂损伤

常见症状及体征	疼痛的潜在原因	治疗方案
慢性疼痛或损伤		
• 肘部呈弥漫性疼痛，负重时更为明显 • 肘部"锁住"或"卡住"，可能需要减少运动 • 在体操项目中这种损伤通常没有具体原因	分离性骨软骨炎 肱骨小头为好发部位 潘那症也属于这一范畴（肱骨小头无菌性坏死）	• 转诊给医学专业人士 • 需要对这项诊断保持高度怀疑态度 • X线可能会观察到，诊断需要MRI检查
• 起初与"网球肘"很像		
• 发生在仍处于生长阶段的运动员 • 伸肘及进行上半身练习时肘部后侧疼痛	尺骨鹰嘴（三头肌止点）骨骺炎	• 拉伸 • 限制引起疼痛的活动
• 活动（如双杠等）时肘部下方出现疼痛或麻木和/或刺痛 • 前臂有"紧绷"感 • 严重时皮肤变凉或者颜色变浅	筋膜间隙综合征	• 转诊给医学专业人士 • 需要对这项诊断保持高度怀疑态度 • 评估时对前臂进行压力测试 • 可能需要进行手术治疗

手及腕部损伤

在女子体操运动员中，腕部是上肢最常见的受伤部位之一（Caine & Nassar, 2005）。腕部需要承载的负荷高达运动员体重的16倍（Overlin, Chima & Erickson, 2011）。随着运动员的成长、竞技水平的不断提高，以及新的或更多的技能训练，受伤风险也会增加。可能由于生长发育导致生长板负重，10 ~ 14岁的体操运动员腕部疼痛发生率较高（Chawla& Wiesler, 2015）（表38.8）。

表38.8 手及腕部损伤

常见症状及体征	疼痛的潜在原因	治疗方案
慢性疼痛或损伤		
• 发生在仍处于生长阶段的运动员 • 随负重技能的练习及腕部旋转的增加而发生 • 拇指一侧的手腕可能出现明显的肿胀	"体操腕" 桡骨远端骨骺炎	• 转诊给医学专业人士 • 与健侧相比，X线检查是最有效的 • 可视作生长板骨折
• 负重技能练习及旋转时小指一侧的手腕出现疼痛 • 旋转腕部时可能出现"爆破声"或"噼啪声" • 常见于青春期后的运动员	三角纤维软骨复合体损伤	• 转诊给医学专业人士 • 保守治疗有效 • 通常需要通过MRI关节造影来确定诊断
• 负重时手腕背部疼痛 • 随着生长及身体的变化而发生 • 随着新技能或水平的改变而发生	一般性腕部疼痛	• 转诊给医学专业人士 • 难以具体说明诊断 • 限制引起疼痛的活动 • 腕部护具或贴扎可能有所帮助 • 腕部力量练习

38.6　损伤预防

进行体能及柔韧性训练对运动员有益，并有利于降低受伤风险。稳健的做法是，在进行更有难度的训练之前，建立一种循序渐进的、一致且正确的基本技术。

体操运动员在成长过程中面临着急性与慢性损伤的风险。骨骼将从骺板或生长板中长出。生长板是软骨，不像周围骨骼那么坚固。生长板容易受伤，例如骨折。随着骨骼的延长，肌肉需要延伸以适应骨骼长度的变化。体操运动员及教练可能认识到随着运动员的成长，其柔韧性将有所降低。这会使她们的肌肉处于拉伤或撕裂的危险之中，特别是对柔韧性有极高要求的女子体操项目。

骨骼的肌肉附着处也有生长板。这些骨骼–肌腱连接点将随着运动员的成长而增大。体操运动中的内在动力可能会使这些隆起的生长板因附着肌肉的拉扯而受伤。如前文所示，体操运动员会出现骨骺"刺激性"损伤（塞弗病，胫骨结节骨软骨炎等）。在生长期保持柔韧性能够带来最佳的预防效果。重点关注腘绳肌、股四头肌、髋屈肌（髂腰肌），以及包括腓肠肌和比目鱼肌在内的小腿肌肉。

生长过程中保持警惕性在预防下背部损伤方面尤为重要。高达65%的女子体操运动员在职业生涯中的某个时候会抱怨下背痛，故避免或减少下背痛的预防策略是有利的（Vanti et al., 2010; Kruse & Lemmen, 2009）。体操运动员下背痛是多因素的，因此，预防策略也变得复杂。在青春期，体型的变化导致肌肉紧绷，打乱了正常肌肉功能所必需的肌肉放电模式。

正如Jull及Janda（1987）所描述的，"骨盆交叉综合征"描述了臀肌和腹部肌肉受到抑制，伴有紧绷或过度活跃的髋屈肌及竖脊肌。"修复"这种骨盆交叉综合征的关键在于认识到腹部与臀部肌肉受到抑制。抑制不同于无力。如果只专注于强化这些肌肉力量，而不考虑激活，结果将得不到改善。通过拉伸髋屈肌和连续于腘绳肌的腰椎后筋膜，我们可以激活这些肌肉。当获得必要的柔韧性之后，再强化肌肉力量是有益的。

这并不意味着专注于核心力量强化训练对任何运动员都没有好处，诸如普拉提这样的练习很容易被纳入训练计划。这些措施结合了力量练习与灵活性练习，有利于预防损伤。有必要重视正确的技术与肌肉的激活，以避免欠佳的技术、妨碍运动员表现，以及减少预防的效益。

体操包含大量练习动作，如过度伸展（弓形）的背部姿势。由于肩关节柔韧性有限，下背部进行代偿会使运动员容易受伤并出现下背痛。相较于背部，正确的下腰技术更注重肩部的柔韧性。此外，我们也不鼓励用下腰拉伸的方法来加强肩部柔韧性。

38.7 总结

女子体操是一种在世界范围内都很流行的体育运动。尽管存在固有风险，但损伤的发生率正在下降。对慢性损伤的认识可能会减少运动员、教练及家长产生的痛苦与挫败。进行柔韧性及体能训练计划，特别是当运动员处于生长期，将有助于减少损伤。与熟悉这项运动和了解损伤发生的医疗专业人士合作，有助于建立信任并帮助运动员康复。急性损伤往往比较可怕，实施应急行动计划可以大大减少急性损伤发生时的压力与焦虑。随着对急性与慢性损伤的认识，并实施减少损伤发生率的策略，无论年龄与竞技水平如何，所有运动员都能享受体操这项运动。

第39章
体操运动员损伤预防监控

伊丽莎白·J. 布拉德肖（Elizabeth J. Bradshaw）

39.1　目标与学习成果

本章将概述可用于体操中对运动员进行监控的工具及体系。完成本章后，您将能够：

- 解释监控体操运动员的目的；
- 探讨监控体操运动员的优点与缺点；
- 区别主观和客观的监控方法；
- 选定并运用合适的工具来监控特定群体的运动员；
- 为体操运动员建立一个损伤预防及康复体系。

39.2　引言

高水平体操要求体操运动员在很小的时候就投入高负荷的训练中，通常是在体操运动员的学龄前或学龄期。他们面临着生长发育的挑战，同时还要追求自己训练及比赛的目标，并保证他们在学校的教育。体操运动员可能会对成长后不确定的结果以及该结果对他们的体操生涯的影响感到恐惧。在快速成长的过程中，他们可能会缺失一些柔韧性与爆发力，这会直接影响他们的体操运动。体操运动员家庭的个人及经济牺牲也可能增加孩子的压力（Tofler et al., 1996）。为了能够帮助每位体操运动员寻找理想训练刺激的"最佳点"，我们需要进行仔细的监控，在青春期前及青春期更是如此（Gabbett, 2016）。对避免过度训练造成的过度使用（高负荷相关）损伤，以及避免急性损伤（低负荷相关或技能发展过程中的准备不足）和训练不足导致的表现缺陷来说，这种训练刺激十分必要。训练不足及训练过度均会阻碍体操运动员充分发挥潜能，以及在最佳时间（如奥运会）达到最佳表现。

对体操运动员的监控可以是主观的（调查，问卷）和/或客观的（身体检查）。监控体操运动员的优点包括以下方面。

- 良好的沟通。
    - 改善体操运动员、教练及为运动员提供服务的人员（保障团队）之间的沟通。
- 生长（如果适用）。
    - 他们是否表现出或最近有过快速生长的迹象？
    - 他们的生理年龄为多少（如果处在青春期）？
    - 他们是否经历了自己的生长发育高峰？
- 健康与心理状态。
    - 他们是否经常在处理其他需求（如学校学习）的基础上应对训练负荷？
- 损伤。
    - 是否预防了与负荷相关（训练不足或过度）的损伤？
    - 计划中是否存在可以预防急性损伤的方案？
- 运动表现。
    - 体操运动员的强项和弱项是什么？
    - 他们是否在不断进步并达到训练目标？如果没有，为什么没有？
    - 你能预测他们的表现潜力吗？
- 教育。

一个精心设计且便捷的监控系统（或测试计划）可以使教练与体操运动员更好地了解运动需求（一般性及各个级别，例如初级）并有利于取得更大成功。这也有助于完善运动员发展计划的系统性规划（Pyke, 2000, p.12）。

总的来说，对体操运动员的监控使教练组能够更好地了解他们的体操运动员，以便最大限度地发挥体操运动员的表现潜力。教练团队可以利用这些信息来设定（计划）和/或定期安排适当的训练负荷，最大限度地改善运动表现（身体准备、技能发展、比赛准备、比赛表现），同时限制训练的负面影响（如过度训练、损伤、疾病、疲劳）（Sands et al., 2016）。

对体操运动员进行监控，会有时间和成本两方面缺点：为一组体操运动员和/或为整个体操计划的一部分人开发实施一个合适的系统，以及实现所有教练、辅助人员和体操运动员协作。在开发运动员监控系统时，通过让关键人员（如教练、医生、体育科研人员、项目经理、家长代表）参与决策过程，可以实现更深入的合作，并为体操运动员及其家人提供相关信息，以提高对监控系统价值的认识。与体操运动员定期举行个人或小组会议，在公开讨论的情况下提供反馈意见，也有助于改善合作，因为体操运动员可以从中了解到这些信息正在为他们的训练计划带来有利影响。这一点非常重要，因为监控系统需要体操运动员在训练期（如发育监测）和非训练期（如每日健康调查）投入一定时间。

传统上，大多数对体操运动员（及一般运动员）的监控都涉及生长、生理、生物力学和医学测试。然而，通过定期调查与问卷调查进行的主观测量越来越普遍（Sands et al.,2016）。可以通过安全的在线运动员管理系统来实现对体操运动员的监控，该系统配置计算机及移动接口，便于访问一些专有数据平台。功能全面的集中式运动员监控系统的优势在于它创建了一个以体操运动员为中心的体系，如图39.1所示，它同样能够通过限制特定用户对特定部分（如医疗信息）的访问来保护敏感信息。下面将介绍一些监控体操运动员时常用的方法。

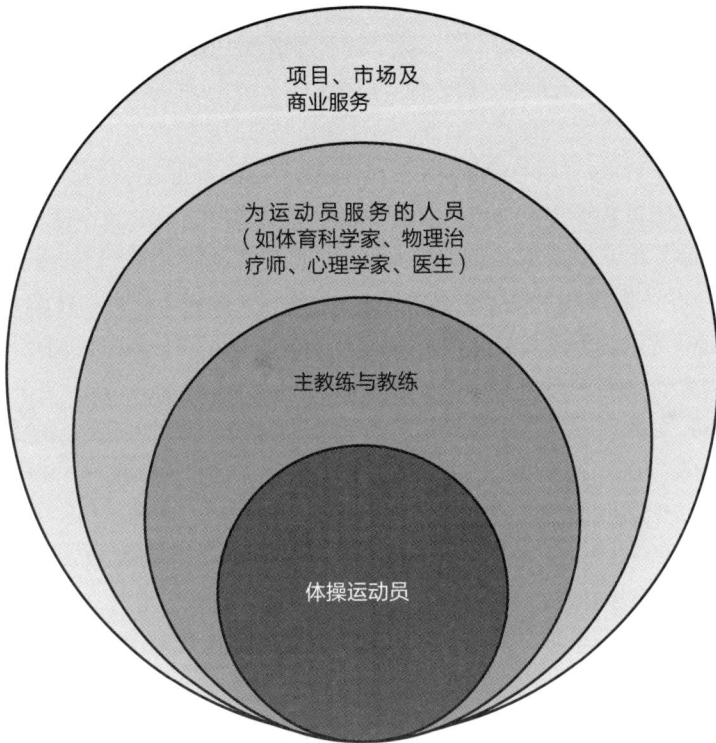

图39.1 以体操运动员为中心的体系的组织结构示例
（源自Pyke，2006，p.26。）

39.3 体操运动员的自我报告测量

自我报告测量是一种简单而相对有效的运动员监控方法，在高水平运动员中越来越受欢迎（Neumaier, Main & Gastin, 2013）。运动员自我报告测量的优点在于它赋予了体操运动员发言权，这样人们便可以了解他们对自己健康状况和训练的感受及观点（Weissensteiner,2015）。因此有助于确保训练计划是以体操运动员中心的。此外，这些报告还有其他益处，它使教练能够监控体操运动员的健康状况，有效地解释、理解及回应体操运动员个体间及个体内的技能差异，并培养体操运动员向精英级高竞技水平迈进的自我管理技能（Weissensteiner, 2015）。Saw、Main及Gastin（2016）最近的研究认为，在监控运动员训练后的健康状况变化时，这些主观测量值往往优于客观测量值（如肌酸激酶）。

过去，问卷调查通常包含身体及心理健康指标，如情绪状态量表（POMS）、运动员应激-恢复问卷（RESTQ-S）及运动员每日生活需求分析问卷（DALDA）（Saw, Main & Gastin, 2016）。然而，这些已经发表的调查问卷往往太长，缺乏针对体育运动的特异性且关注范围太窄（Saw, Main & Gastin, 2015）。出于这个原因，许多体育项目已经开始制定各自项目运动员的自我报告测量表。例如，Foster及Lehmann（1997）为跑步者开发了一份自我报告问卷以评估训练负荷的影响。它采用7项主诉指数（例如0=非常轻松，5=状态尚可，10=精疲力尽），以评估运动员的一般心理生理状态。其中，该问卷尝试采用了便于运动员理解的简洁语言（Sartor et al., 2013）。同样，游泳运动员亦需要提供关于一般健康、能量水平、动力、压力、恢复、疼痛及身心健康的每日自我报告（Crowcroft et al., 2017）。

体操领域关于自我报告调查问卷的研究相对较少。在TeamGym中运动员使用的是自觉疲劳程度量表（RPE），这是一种有效的内在训练负荷评估方法（Minganti et al., 2010）。他们使用两种方法来评估主观疲劳感觉：CR-10博格（Borg）量表和视觉模拟量表，然后将这两种评分乘以训练时间（分钟），以得出最终结果。在自我报告调查体系中，博格量表的运用及解释要容易得多。它的评分范围是0～10，例如，1表示完全没有，2表示非常非常容易，5表示困难，10表示最困难（Minganti et al., 2010）。总的来说，研究发现体操运动员在空翻训练中的主观疲劳感觉高于弹网训练。Simons（2014）为少年体操运动员创立了一个自我报告监控系统，其中包括一般健康、精神负担、通过RPE监控的训练负荷及损伤等问题，并通过智能手机应用程序（App）进行管理（图39.2）。在为期3个月的研究中，当体操运动员按损伤状态（低、中、高）分组时，发现损伤程度较高的组别年龄明显偏大，中度损伤的组别最乐观，愤怒程度最低。Simons（2014）得出结论，综合监控系统可能不够灵敏，无法检测出可能在受伤前发生的训练负荷及心理健康方面的微小变化。我们可能需要对系统进行更多纵向的评估。Bradshaw及其同事（2014a）利用每月从运动员那里收集的训练日记，对澳大利亚青少年体操运动员进行了为期1年的监控。自我报告测量问卷包括与体操运动员的健康状况（如睡眠质量）及体操训练相关的问题。研究表明，在监控的一半以上的训练期间，体操运动员均感到"状态良好且健康"（图39.3）。体操运动员"状态良好且健康"的天数在2、3月达到高峰（均为20.5天），7月最低（7.6天），8月（18.3天）及9月（17.5天）有所回升，11月（12.3天）又开始下降。体操运动员健康状况的波峰和波谷与他们是否能完成日常训练计划（如3月16.6天、7月7.9天）及患病天数（如3月0.1天、7月3.2天）相对应。体操运动员的顶级比赛（全国锦标赛）在同年7月举行，接着在11月进行次顶级比赛（全国俱乐部锦标赛）。Bradshaw等人（2014a）的研究表明，多方面的自我报告测量可以识别体操运动员的健康问题模式，为改变训练策略或干预措施提供帮助。被调查的体操运动员年龄在9～13岁，主要处于青春期前或已进入青春期。在处于青春期及已经历过青春期的女子体操运动员中，与初潮及月经有关的其他问题或许有利于研究人员发现月经紊乱等问题，如原发性及继发性闭经（Groupas & Georgopoulos, 2011）。

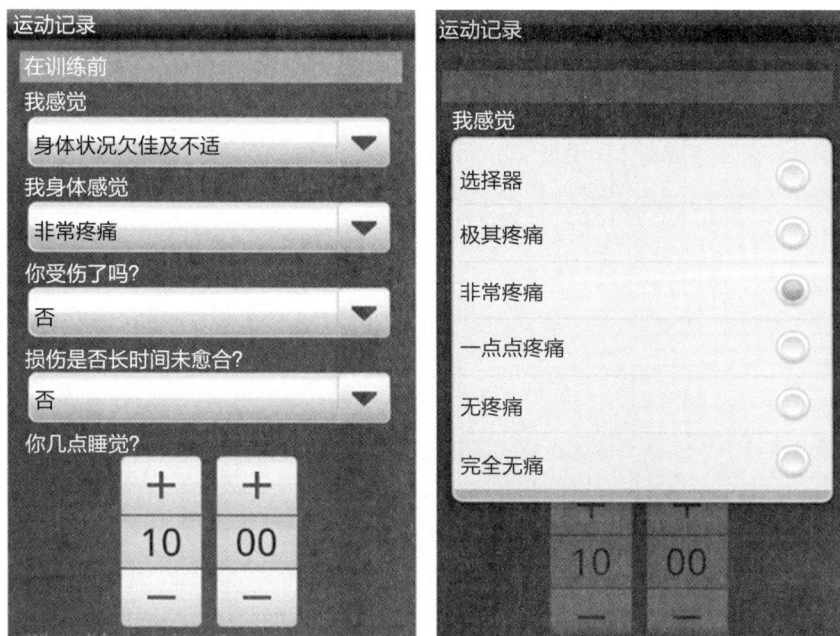

图39.2　Simons（2014）用于监控健康状况及训练负荷的调查问卷应用程序用户界面

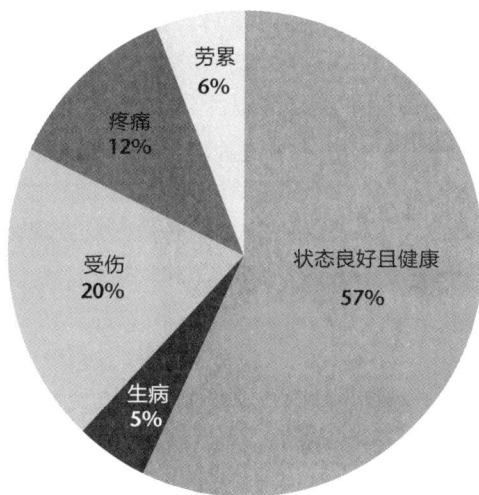

图39.3　澳大利亚女子少年体操运动员一整年的健康状况监控结果示例

39.4 生长与成熟

在训练中，经常会根据年龄及表现水平对体操运动员进行分组。生理成熟性（也称为生理年龄）可能存在相当大的差异，它能够表明体操运动员的成熟状态（青春期前、青春期、青春期后），如果处于青春期，则表示其正处于成熟阶段（Tanner分期2 ~ 4，Tanner,1962）。成熟过程的开始时间（早、中、晚）和持续时间（慢、中、快）也会影响男孩及女孩的身体与社会心理的发展（Cumming et al., in press），这可能会对运动处方及损伤风险产生影响。基于这些原因，对生长及成熟进行追踪是很重要的。

体重、身高及坐高是体操中最常用的测量生长的方法，使用的器材包括测高仪、电子秤及平座椅（图39.4）。建议至少每3 ~ 6个月完成1次测量，以便确定生长较快的时期。在体操中，坐高/站高比率（%）经常被计算为腿长的一个指标，因此也视作一个基础比率。Malina等人（2013）对这一测量方法进行了综述研究，并为不同年龄段女子体操运动员提供了参考数据。这些数据表明，如果该比例在青春期后期有所增加，则表明她们腿的比例变短。此外，他们还报告称，与较早成熟的运动员相比，较晚成熟的体操运动员的腿往往更长。

骨龄评估是十分准确的成熟指标，适用于从出生到成熟的整个生长期，但其成本高昂，需要专业的服务并且会遭受辐射（Mirwald et al., 2002）。身高增长速度高峰出现的年龄是确定成熟期开始的常用指标。因此，身高也应该通过除以年龄来转换为身高增长速度。关于体操运动员实际年龄的生长高峰和成熟性的偏移量（+或–年）可以使用Mirwald等人（2002）提供的预测方程来估测身高、坐高和体重。当身高增长减缓至每年1.0厘米以下，或者每6个月增长减缓至0.5厘米以下，且这种情况持续两年时，我们便可以确定最终的成年身高（Malina et al., 2013）。

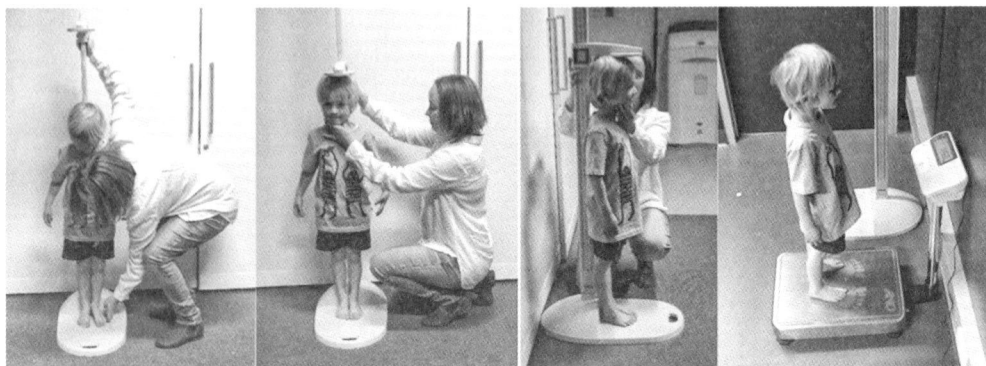

图39.4　使用测高仪和电子秤测量站高及体重

在发育期（青春期）期间，可以用Tanner发育阶段来确定成熟的开始及持续时间（Marshall & Tanner, 1969, 1970）。Tanner发育阶段已经被转换成性别特异性线条图，并应用于自我评估问卷。Tanner发育阶段包括一系列女性及男性生殖器官图片，描绘了从青春期前的孩子（阶段1）到青春期后的成人（阶段5）在性成熟的5个阶段中的每一个阶段的发展。一般来说，对体操运动员而言，虽然这些阶段的自我评估比医生评估更舒适，但并不可靠（Taylor et al., 2001）。女性倾向于低估青春期发育，因此，建议在体操运动员11岁或年纪更小时由母亲完成评估以获得更高的准确性（Terry et al., 2016）。最后，如果女性月经初潮开始的时间具有前瞻性而不是通过回忆来得以了解，则它将成为一个可靠的成熟度衡量指标（Dorn et al., 2013）。

总而言之，对体操运动员来说，这些基于生长与成熟的生物测量方法相对于竞赛组别（而不是单纯基于年龄）、力量及体能和技术发展等方面可能发挥着一定作用（Cumming et al., 2017）。

39.5 血液检测

体操运动员的血液检测通常旨在检查身体健康状况、疲劳及恢复情况。虽然血液检测是有创的，且一些体操运动员害怕抽血，但很多检测指标均直接与运动表现及受伤风险相关。因此，该项检测对体操运动员是有益的。血液检测应由具备相应资格的人员（如执业医生、护士、病理学家、采血师）来操作。

建议运动员至少每半年对血液中的微量元素及维生素进行监测，尤其是在使用维生素及矿物质补剂之前（Moran et al., 2013; Zaitseva et al., 2015）。微量元素及维生素会影响运动员的运动表现及总体健康状况（Pouramir, Haghshenas & Sorkhi, 2004）。铁是构成血红蛋白的基本元素，血红蛋白则是负责将氧气从呼吸器官输送到外周组织的蛋白质（Deli et al., 2013）。此外，铁也是肌红蛋白形成的重要成分。缺铁后，骨骼肌中肌红蛋白的浓度会大大降低（40% ~ 60%），影响肌肉的氧化能力。因此，补铁可以改善缺铁但不贫血的运动员的运动表现（Deli et al., 2013）。如图39.5所示，缺铁后会经历3个阶段。第1阶段临床表现为血清铁蛋白浓度降低，这表明铁储量很低。第2阶段为转铁蛋白饱和度降低，即铁储存减少开始影响红细胞生成。第3阶段为血红蛋白浓度降低，处于该阶段的运动员将被视为贫血。在大众群体中，贫血通常与铁摄入量低有关，特别是源自食物的铁摄入量，并且常见于妇女及儿童群体中（Sureira, Amancio and Braga, 2012）。在体操运动员方面，Sureira、Amancio及Braga（2012）发现，训练不会导致缺铁或贫血。然而，它可以从一定程度上改变体操运动员的一般血液（血液微量元素及维生素）指标。

第1阶段	
储存于骨髓、肝脏、脾脏的铁元素大量减少	血清铁蛋白浓度小于12 µg/L（正常：12 ~ 300 µg/L）

第2阶段	
红骨髓的铁元素供应减少导致红细胞的产量减少（红细胞生成）	转铁蛋白饱和度小于16%（正常：男性20% ~ 50%，女性16% ~ 50%）

第3阶段	
血红蛋白合成急剧下降导致贫血	血红蛋白浓度小于12 g/L

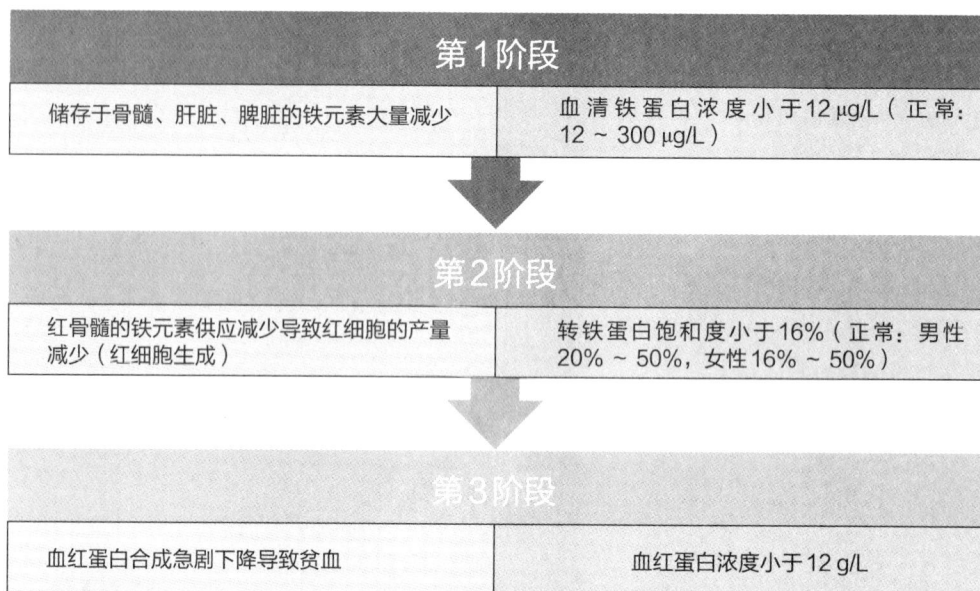

图39.5 缺铁的3个阶段

由于体操运动员在室内训练，维生素D缺乏的风险较大，冬训期间更是如此（Peeling et al., 2013）。因此，体操运动员维生素D缺乏症的患病率很高（Bradshaw et al., 2014b; Farrokhyar et al., 2015; Jemni, 2011a; Lovell, 2008; Moran et al., 2013; Peeling et al., 2013）。在体操运动员中，维生素D水平与骨骼健康之间不存在关联，这是体操训练时施加在骨骼肌肉系统上的高负荷（张力）所带来的好处（Bradshaw et al., 2014b）。然而，维生素D能够为心血管系统、免疫系统及骨骼肌肉系统提供支持（Moran et al., 2013）。维生素D的缺乏会影响肌肉的力量与爆发力，在优秀的芭蕾舞演员中，维生素D缺乏与包括肌肉痉挛、拉伤及撕裂在内的损伤相关（Wyon et al., 2014）。维生素D能够增强细胞免疫，因此维生素D缺乏也与普通感冒、流感及胃肠炎的发病率增加有关（Moran et al., 2013）。除维生素D外，与运动员感染风险相关的血液微量元素如表39.1所示。

血液中乳酸和肌酸激酶的测量值也经常被用作评估运动员恢复及肌肉损伤的指标（Bermon, Gleeson and Walsh, 2013; Jemni et al., 2003）。血乳酸测定已被应用于体操运动，以检验恢复策略及其对运动表现的影响。在法国优秀男子体操运动员中，Jemni等人（2003）发现，在比赛期间如果被动休息和主动恢复在不同项目之间相结合，乳酸清除率将更高，并能获得更高的比赛分数（见1.5节及5.7节）。血乳酸测定可用于确定个别体操运动员的恢复情况，也可用作疲劳指标，这是与受伤风险相关的一个重要考虑因素。此外，当肌酸激酶水平极高（>500单位/升）时，可解释为肌肉尚未从训练中得到正常恢复，因此应减少训练负荷及强度，比赛前更是如此（Bermon et al., 2013）。

表39.1　与运动员免疫系统状态相关的血液分析，不包括对铁元素及维生素D的研究

血液检测	为什么？
血清维生素B_{12}浓度 血清叶酸浓度	合成DNA所需水溶性维生素B。对免疫细胞的快速分裂非常重要
白细胞计数	白细胞总数，当白细胞总数升高时表示训练或比赛后休息不充分，或目前存在感染
中性粒细胞计数	数量最多的一种白细胞，被视为抵御致病微生物的第一道防线
淋巴细胞计数	另一种在免疫系统中具备多种功能的白细胞。在感染期间和感染后会升高，但低值可能与免疫力受损和感染风险增加有关
单核细胞计数	一种体积较大的白细胞，对体内炎症信号做出反应，有助于伤口愈合。它对应激与感染也有反应

（源自Bermon, Gleeson, Walsh, 2013。）

39.6　心率监测

心率监测在体操中并不常见，可能是由于胸带（对小运动员来说，胸带往往太大）及手表的佩戴不便。然而，它提供了一种无创监测训练强度及次日恢复情况的方法。在体操中，它们被用来确定训练及比赛对每个项目提出的生理需求（如Jemni et al.,2000）。心率变异性（HRV）是心率监测的进一步应用。它提供了关于自主神经系统反应性的信息，在过度训练的运动员中，这种反应或许变得不平衡（Sartor et al., 2013）。因此，心率变异性是一种潜在疲劳测量方法。Sartor等人（2013）测量了优秀成年男子体操运动员在早晨醒来后俯卧及坐姿时的心率变异性。他们的目的是在前一天训练后评估短期心率变异性，他们发现心率变异性（如平均心跳间隔）对训练负荷的变化很敏感。

39.7　选择预防、治疗和/或监控受伤的测试标准

开发监控系统时，重要的是要考虑每个选定的测试方法与体操及接受评估的特定体操运动员的相关性；表现特征在体操分支（如体操、艺术体操）中的特异性；测试的效度（测量应该测量的内容）、测试的准确性是否符合可接受标准，能够在年轻及年长的体操运动员（或目标年龄段）中得到可靠测量；测试的实用性应考虑对体操运动员进行测试时的难易程度（场地可用性、体操运动员可用性、测试时间、成本），为教练及运动员提供反馈的时间（如何应用），以及如何将测试结果转变为指导方针（成果）。

　　为了预防损伤，我们建议采用多种监控方法，其中包括主观（自我报告调查问卷）及客观（血液检测）方法来监控体操运动员的健康状况。我们可以从一个典型反应中了解训练后恢复不充分的迹象，如有必要，可通过血液肌酸激酶或白细胞计数来进一步确认。接着，我们可以用这些信息来调整个别体操运动员的恢复策略，直到确定最有效的策略为止。对处在青春期前期或青春期早期的体操运动员来说，这些测量方法还应与生长和成熟测试以及身体特质测试［如柔韧性与骨骼肌肉力量（跳跃）］相结合。在快速生长期，体操运动员的骨骼比韧带和肌腱生长得更快。这意味着韧带和肌腱相对于骨骼较短，因此，这是一个损伤风险较高的时期（Steinberg et al., 2011）。由于我们很难直接测量韧带和肌腱的生长，柔韧性（见6.3节）及跳跃（见第7章）测试提供了衡量快速生长对体操运动员生物力学影响的指标。例如，Bradshaw等人（2014c）观察到女子体操运动员的跳跃模式在身高快速增长过程中"巨大"的生物力学变化。这表明，可以将连续的跳跃及单腿跳测试纳入监控系统，以协助体操运动员在发展阶段更好地预防损伤。

　　同样，在损伤康复过程中，包括自我报告调查问卷在内的监控系统提供了运动员心理及身体恢复情况的指征。Brewer（2010）回顾了心理因素与损伤康复之间的因果关系，并指出多种模式治疗是有效的，对膝关节损伤来说更是如此（更多细节见第38章）。损伤前的客观数据来自身体测试，如柔韧性和跳跃测试。这些数据提供了一些指标，表明了体操运动员如何在身体能够执行一些基本技能及训练后基于生物力学的自我恢复。无线惯性测量装置（IMUs）的使用也提供了一种测量体操运动员在特定技能和/或训练期间负荷的新方法。当医生认为体操运动员能够恢复到正常训练负荷的50%时，这种方法可以消除猜测，并可以监控负荷模式（如在高风险器械上）以尽量避免受伤。例如，图39.6呈现了鞍马训练中使用的无线惯性测量装置。这名体操运动员手腕间的平均不对称指数为54%，这表明他通过增加右手腕的负荷来减轻左手腕的负荷。他随后透露，他左手腕有疼痛但还没有向教练报告该情况。无线惯性测量装置在鞍马训练中的使用还表明蘑菇形鞍马训练器将使手腕承受更高的负荷，这种器材是年轻的、发展中的体操运动员经常使用的。这是值得关注的，鉴于不成熟的骨骼肌肉系统和正在成长的身体，年轻的男子体操运动员更容易受伤。

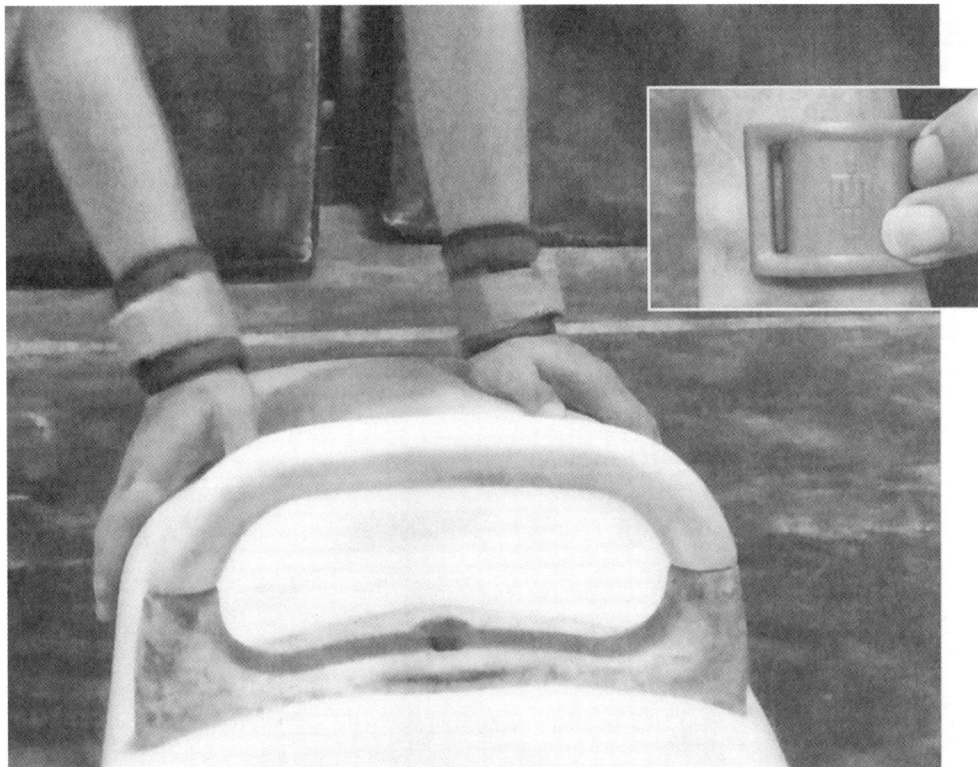

图 39.6 运动员在鞍马训练时手腕上无线惯性测量装置的放置

39.8 总结

高水平体操较大的挑战在于培养健康的、有能力及有韧性的体操运动员的同时，还需使每名体操运动员都能发挥最大的表现潜力（Bergeron et al., 2015; Mountjoy and Bergeron, 2015）。能全面有效地监控体操运动员（或任何运动员）的系统往往是工作人员（如体育科学家）及教练之间持续互动的产物，他们促进了测试方案的共享性（Hahn, 2012, p.13）。在构建监控系统的早期阶段，鉴于良好的科学实践原则，通常需要仔细评估及修改方案，不应漠视后续更改方案的决定，因为重新制定测试标准（规范性数据）和检测纵向趋势的难度或许更高（Hahn, 2012, p.13）。体操运动员监控系统的构建促进了科学探索和循证实践，提供了一个高水平表现环境，为每个有奥运梦想的体操运动员提供了强有力的保证（Mountjoy & Bergeron, 2015）。

第7部分复习题

问题1. 国际体育管理机构如何影响其管辖范围内运动员损伤的类型及程度?

问题2. 列出5个损伤对策的要点。

问题3. 男、女体操运动员身上哪两个关节最常受伤?

问题4. 为教练列出并解释5条有助于预防损伤的指导原则。

问题5. 解释"卷腕"现象以及如何解决这个问题。

问题6. 如何通过体能训练预防损伤?

问题7. 描述"报复效应"以及增加安全性为何是增大而不是减小损伤风险?

问题8. 解释为什么保护并非"万能药"。

问题9. 解释最优秀的体操运动员在何种情况下可能遭受最严重的损伤。

问题10. 泡沫坑及软垫如何减少与冲击性损伤相关的问题?

问题11. 一名8岁的女子体操运动员练习结束后在馆里跛行。你注意到了这一现象并询问她原因。她回答说她走路时足跟疼痛。你还注意到,她最近处于快速生长阶段,并且她并不能在地板上完成一个完整的踺子后空翻的蹬地反弹。她承认空翻及跳马助跑动作也会引起足跟疼痛。她不记得做过什么动作让自己受伤。你注意到,在训练开始的热身中,她可以很好地跑动,但随着练习的继续,疼痛会加重。

- 你的第一反应是什么?
- 你认为什么原因导致了她的足跟疼痛?
- 对这名运动员及其父母来说,最好需要做什么?

问题12. 一名12岁的选修体操运动员在练习平衡木上的分腿跳跃动作时摔倒了,并主诉大腿后侧疼痛。你没有看到任何明显的损伤,走到她身边看看发生了什么。

- 你的第一反应是什么？你将询问什么问题？

- 你认为什么原因导致了她的腿部疼痛？

- 对这名运动员及其父母来说，接下来最好做什么？

问题13. 一名13岁的业余体操运动员希望学习一些技能以参加学校啦啦队选拔赛，她在排队等候时不停地转动手腕，并表示手腕目前更疼了。在过去的2 ~ 3个月里，她一直戴着队员们佩戴的特殊护腕，但她说在过去的4个星期里，疼痛一直在加剧。她很沮丧，并问你她能做些什么。

- 你的第一反应是什么？

- 对这名运动员及其父母来说，接下来最好做什么？

问题14. 一名14岁的专业体操运动员告诉你，在过去几周里，她的肘关节一直被"锁住"，伸直或弯曲时肘部有时会"卡住"。你问她有没有疼痛，她告诉你在过去的一个月左右一直很痛，但她一直在努力克服。

- 你的第一反应是什么？

- 你认为是什么原因导致了她的肘部问题？

- 对这名运动员及其父母来说，接下来最好做什么？

问题15. 监控体操运动员的目的是什么？

问题16. 监控体操运动员最常见的缺点是什么？

问题17. 体操运动员自我报告测量的主要优点是什么？

问题18. 以下哪项是主观测量？

    a. RPE

    b. 坐高/站高比

    c. 肌酸激酶

    d. 测力台上连续单腿跳跃试验

问题19. 体操运动员达到成年身材的标准是什么？

问题20. 为什么补铁能改善缺铁但不贫血的体操运动员的身体表现？

问题21. 哪些血液指标通常被用来作为恢复及肌肉损伤的指标？

    a. 维生素D

    b. 乳酸

    c. 淋巴细胞计数

   d. 肌酸激酶

   e. a和b

   f. b和d

问题22.随着运动员的快速生长，其受伤风险将在一段时期内增加。为什么？

问题23.使用放置在手腕上的无线惯性测量装置测量的手腕负荷（7 ~ 16倍体重）远高于之前测量的鞍马反作用力（<2倍体重）。为什么结果会有这么大的差异？［拓展问题］

问题24.损伤报告系统与预防损伤监控系统有什么区别？请进行探讨。［拓展问题］

附录

体操动作名称对应表

动作名称	对应动作	对应项目
马乔尔	任意马头打滚360度最多两个全旋	鞍马
古佐基	悬垂前摆团身后空翻两周成悬垂	吊环
奥尼尔	悬垂前摆直体后空翻两周成悬垂	吊环
雅马瓦基	悬垂后摆团身前空翻两周成悬垂	吊环
乔纳森	后摆屈体或直体前空翻两周至悬垂	吊环
尤尔琴科	踺子后手翻接团身后空翻	跳马
梅利萨尼迪斯	尤尔琴科接团身后空翻	跳马
罗奇	前手翻团身前空翻两周	跳马
楚卡哈拉	侧手翻转体90度接团身后空翻	跳马
德拉古莱斯特	罗奇转体180度	跳马
李四光	侧手翻转体90度接团身后空翻两周转体360度	跳马
齐默尔曼	前手翻团身前空翻转体180度接团身后空翻	跳马
布拉尼克	前手翻屈体前空翻两周	跳马
马库茨	季阿米多夫成横杠倒立接3/4希里成背撑	双杠
苏阿雷兹	支撑前摆团身后空翻一周半转体180度成挂臂	双杠
莫里苏	支撑前摆团身后空翻两周成挂臂	双杠
李哲洪/佐佐木	支撑后摆分腿前空翻5/4经支撑成悬垂或直接成悬垂	双杠
季阿米多夫	支撑前摆单臂转体360度成倒立	双杠
卡巴罗	支撑前摆经倒立向后跳翻成俯撑	双杠
贝尔	向后大回环团身后空翻两周成挂臂	双杠
马尔凯洛夫	后摆上转体180度分腿后切越杠成悬垂	单杠
雅马瓦基	直体马尔凯洛夫	单杠
沃尔斯特龙	并腿马尔凯洛夫转体540度成悬垂	单杠
科瓦奇	团身后空翻两周越杠	单杠
科尔曼	科瓦克斯转体360度	单杠
盖洛德	后摆团身或分腿前空翻越杠成悬垂	单杠
佩甘	盖洛德转体180度	单杠
叶格尔	后摆团身、屈体或分腿前空翻成悬垂	单杠
贝尔	团身后空翻三周转体360度下	单杠
苏阿雷兹	直体皮亚蒂转体360度	单杠
安岛（远藤）（反掏）	分腿屈体前回环经倒立	单杠
斯塔尔德（正掏）	分腿屈体后回环经倒立	单杠
莫兹尼克	直体特卡切夫转体180度成扭混握后摆上成倒立	单杠

参考文献

Abernethy, B., Wann, J., & Parks, S. (1998). Training perceptual-motor skills for sport. In B. Elliott (ed.), *Training in Sport* (pp. 1–68). New York, NY: John Wiley & Sons.

Adams, J. A. (1987). Historical review and appraisal of research on learning, retention, and transfer of human motor skills. *Psychological Bulletin*, 101(1), 41–74.

Aerts, I., Crumps, E., Verhagen, E., Verschueren, J., & Meeusen, R. (2013). A systematic review of different jump landing variables in relation to injuries. *J Sports Med Phys Fitness*, 53(5), 509–519.

Agostini, T., Righi, G., Galmonte, A., & Bruno, P. (2004). The relevance of auditory information in optimizing hammer throwers performance. In P. B. Pascolo (ed.), *Biomechanics and Sports* (pp. 67–74). Vienna, Austria: Springer.

Aldridge, J. (1991). Overuse injuries affecting the developing skeleton: with reference especially to the upper limb. *FIG Scientific/Medical Symposium Proceedings*, 1(1), 39–41.

Aldridge, M. J. (1987). Overuse injuries of the distal radial growth epiphysis. In T. B. Hoshizaki, J. H. Salmela, & B. Petiot (eds), *Diagnostics, Treatment and Analysis of Gymnastic Talent* (pp. 25–30). Montreal, Canada: Sport Psyche Editions.

Alp, A., & Bruggemann, G.-P. (1992). Biomechanical analysis of landing mats in gymnastics. In G.-P. Bruggemann & J. K. Ruhl (eds), *Biomechanics in Gymnastics* (pp. 259–269). Cologne, Germany: Bundesinstitut fur sportwissenschaft.

Alter, M. J. (2004). *Science of Flexibility*. Champaign, IL: Human Kinetics.

Andres, B. M., & Murrell, G. A. C. (2008). Treatment of tendinopathy what works, what does not, and what is on the horizon. *Clinical Orthopaedics and Related Research*, 466, 1539–1554.

Anshel, M. H. (1990). *Sport Psychology: From Theory to Practice*. Scottsdale, AZ: Gorsuch Scarisbrick.

Anshel, M. H., & Payne, J. M. (2006). Application of sport psychology for optimal performance in the martial arts. In J. Dosil (ed.), *The Sport Psychologist's Handbook* (pp. 353–374). Chichester, UK: Wiley.

Arampatzis, A., & Bruggemann, G. P. (1998). A mathematical high bar–human body model for analysing and interpreting mechanical-energetic processes on the high bar. *Journal of Biomechanics*, 31, 1083–1092.

Arampatzis, A., & Bruggemann, G.-P. (1999). Energy and performance – storage and return of elastic energy by gymnastic apparatus. In M. Leglise (ed.), *Symposium Medico-Technique* (pp. 29–37). Lyss, Switzerland: International Gymnastics Federation.

Arampatzis, A., & Bruggemann, G.-P. (2001). Mechanical energetic processes during the giant swing before the Tkatchev exercise. *Journal of Biomechanics*, 34, 505–512.

Arampatzis, A., Bruggemann, G. P., & Klapsing, G. M. (2001). Leg stiffness and mechanical energetic processes during jumping on a sprung surface. *Med Sci Sports Exerc*, 33(6), 923–931.

Arampatzis, A., Morey-Klapsing, G., & Bruggemann, G.-P. (2005). Orthotic effect of a stabilising mechanism in the surface of gymnastic mats on foot motion during landing. *Journal of Electromyography and Kinesiology*, 15(5), 507–515.

Arampatzis, A., Stafilidis, S., Morey-Klapsing, G., & Bruggemann, G. P. (2004). Interaction of the human body and surfaces of different stiffness during drop jumps. *Med Sci Sports Exerc*, 36(3), 451–459.

Araujo, C. (2002). *Manual de adjudas em ginastica*. Porto, Portugal: Porto Editora, SA.

Arce, J., Haupt, H. A., Irwin, K. D., Ohle, J., Palmieri, J., & Siff, M. (1990). Training variation. *National Strength and Conditioning Association Journal*, 12(4), 14–24.

Arkaev, L. I., & Suchilin, N. G. (2004). *Gymnastics. How to Create Champions*. Oxford, UK: Meyer & Meyer.

Arkaev, L. & Suchilin, N. G. (2009). *Gymnastics: How to Create Champions; The Theory and Methodology of Training Top-Class Gymnasts*. Oxford: Meyer & Meyer.

Arndt, A., Bruggemann, G. P., Koebke, J., & Segesser, B. (1999a). Asymmetrical loading of the human triceps surae: I. Mediolateral force differences in the Achilles tendon. *Foot and Ankle International*, 20(7), 444–449.

Arndt, A., Bruggemann, G. P., Koebke, J., & Segesser, B. (1999b). Asymmetrical loading of the human triceps surae: II. Differences in calcaneal moments. *Foot and Ankle International*, 20(7), 450–455.

Arndt, A. N., Komi, P.V., Brüggemann, G. P., & Lukkariniemi, J. (1998). Individual muscle contributions to the in vivo achilles tendon force. *Clinical Biomechanics*, 13(7), 532–541.

Asch, S. E., & Witkin, H. A. (1948a). Studies in space orientation: I. Perception of the upright with displaced visual field. *Journal of Experimental Psychology*, 38, 325–337.

Asch, S. E., & Witkin, H. A. (1948b). Studies in space orientation: II. Perception of the upright with displaced visual fields and with body tilted. *Journal of Experimental Psychology*, 38, 455–477.

Asmussen, E., & Bonde-Petersen, F. (1974). Storage of elastic energy in skeletal muscles in man. *Acta Physiol Scand*, 91(3), 385–392.

Asseman, F., & Gahery, Y. (2005). Effect of head position and visual condition on balance control in inverted stance. *Neuroscience Letters*, 375(2), 134–137.

Associated Press (2011). Alicia Sacramone has torn Achilles. *ESPN Olympic Sports*.

Aydin, T., Yildiz, Y., Yildiz, C., Atesalp, S., & Kalyon, T. A. (2002). Proprioception of the ankle: a comparison between female teenaged gymnasts and controls. *Foot and Ankle International*, 23(2), 123–129.

Backx, F. J. G. (1996). Epidemiology of paediatric sports-related injuries. In O. Bar-Or (ed.), *The Child and Adolescent Athlete* (pp. 163–172). Oxford, England: Blackwell Science, Ltd.

Badets, A., & Blandin, Y. (2010). Feedback schedules for motor-skill learning: the similarities and differences between physical and observational practice. *J Mot Behav*, 42(4), 257–268.

Baker, B., Kleven, S., Turnbull, S., & Dickinson, J. (1988). Transfer of training and task compatibility. *Journal of Human Movement Studies*, 14, 133–143.

Bale, P., & Goodway, J. (1987). The anthropometric and performance variables of elite and recreational female gymnasts. *N Zealand J Sports Med*, 15(3), 63–66.

Bale, P., & Goodway, J. (1990). Performance variables associated with the competitive gymnast. *Sports Medicine*, 10(3), 139–145.

Banister, E.W. (1991). Modeling elite athletic performance. In H. A. W. J. Duncan MacDougall, & H. J. Green (eds), *Physiological Testing of the High-Performance Athlete* (pp. 403–424). Champaign, IL: Human Kinetics.

Barantsev, S. A. (1985). Do gymnasts need to develop aerobic capacity? *Soviet Sports Review*, 25(1), 20–22.

Bardy, B. G., & Laurent, M. (1998). How is body orientation controlled during somersaulting. *Journal of Experimental Psychology*, 24(3), 963–977.

Barker-Ruchti, N. (2007). Women's artistic gymnastics: an (auto)ethnographic journey (Unpublished doctoral thesis). School of Human Movement Studies, University of Queensland, St Lucia.

Barlett, H. L., Mance, M. J., & Buskirk, E. R. (1984). Body composition and expiratory reserve volume in female gymnasts and runners. *Med Sci Sports Exerc*, 16(3), 311–315.

Bar-Or, O. (1984). The growth and development of children's physiologic and perceptional responses to exercise. In I. Ilmarinen & I.V-lim-ki (eds), *Children and Sport* (pp. 3–17). Berlin: Heidelbergh De.

Bar-Or, O. (1987). The Wingate anaerobic test: an update on methodology, reliability, and validity. *Sports Medicine*, 4, 381–394.

Batatinha, H. A., da Costa, C. E., de Franca, E., Dias, I. R., Ladeira, A. P., Rodrigues, B., . . . Caperuto, E. C. (2013). Carbohydrate use and reduction in number of balance beam falls: implications for mental and physical fatigue. *Journal of the International Society of Sports Nutrition*, 10, 32.

Baudry, L., Leroy, D., & Chollet, D. (2005). The circle performed on a pommel horse in gymnastics: the critical role of double support phase. *Gait & Posture*, 21(Suppl 1), S34.

Baudry, L., Leroy, D., Thouvarecq, R., & Chollet, D. (2006). Auditory concurrent feedback benefits the circle performed in gymnastics. *Journal of Sports Sciences*, 24(2), 149–156.

Beatty, K. T., McIntosh, A. S., & Frechede, B. O. (2006, 14–18 July). Method for analysing the risk of overuse injury in gymnastics. Paper presented at the 24 International Symposium on Biomechanics in Sports (2006), Salzburg, Austria.

Beaudin, P. A. (1978). Prédictions de la performance en gymnastique au moyen de l'analyse d'une sélection de variable physiques, physiologiques et anthropométriques. McGill University, Montréal.

Becker, D. (1998). Gymnast's fall on routine move not sports first. *USA Today*, 10C.

Bedu, M., Fellmann, N., Spielvogel, H., Falgairette, G., van Praagh, E., & Coudert, J. (1991). Force-velocity and 30s Wingate tests in boys at high and low altitudes. *J Appl Physiol*, 70, 1031–1037.

Begon, M., Wieber, P.-B., & Yeadon, M. R. (2008). Kinematics estimation of straddled movements on high bar from a limited number of skin markers using a chain model. *Journal of Biomechanics*, 41, 581–586.

Behm, D. G. (1995). Neuromuscular implications and applications of resistance training. *Journal of Strength and Conditioning Research*, 9(4), 264–274.

Beilock, S. L., & Gonso, S. (2008). Putting in the mind versus putting on the green: expertise, performance time and the linking of imagery and action. *Journal of Experimental Psychology*, 61(6), 920–932.

Benardot, D. (1999). Nutrition for gymnasts. In N. T. Marshall (ed.), *The Athlete Wellness Book* (pp. 1–28). Indianapolis, IN: USA Gymnastics.

Benardot, D., & Czerwinski, C. (1991). Selected body composition and growth measures of junior elite gymnasts. *J Am Diet Assoc*, 91(1), 29–33.

Benardot, D., Schwarz, M., & Weitzenfeld, D. (1989). Nutrient intake in young highly competitive gymnasts. *Journal of the American Dietetic Association*, 89(3), 401–403.

Benefice, E., & Malina, R. (1996). Body size, body composition and motor performances of mild-to-moderately undernourished Senegalese children. [Research Support, Non-U.S. Gov't]. *Annals of Human Biology*, 23(4), 307–321.

Bergeron, M. F., Mountjoy, M., Armstrong, N., Chia, M., Cote, J., Malina, R. M., Pensgaard, A. M., Sanchez, A., Soligard, T., Sundgot-Borgen, J., van Mechelen, W., Weissensteiner, J. R., & Engebretsen, L. (2015). International Olympic committee consensus statement on youth athletic development. *British Journal of Sports Medicine*, 49, 843–851.

Bergh, U. (1980). Entraînement de la puissance aérobie. In P. O. Astrand & K. Rodahl (eds), *Précis de Physiologie de L'exercice Musculaire* (2 ed., pp. 303–308). Paris: Masson.

Bermon, S., Gleeson, M., & Walsh, N. P. (2013). Practical guidelines on minimizing infection risk in athletes. In M. Gleeson, N. Bishop, & N. Walsh (eds), *Exercise Immunology* (pp. 239–266). New York: Routledge.

Bernasconi, S., Tordi, N., Parratte, B., Rouillon, J.-D., & Monnier, G. (2004). Surface electromyography of nine shoulder muscles in two iron cross conditions in gymnastics. *Journal of Sports Medicine and Physical Fitness*, 44, 240–245.

Bernasconi, S. M., Tordi, N. R., Parratte, B. M., & Rouillon, J. D. (2009). Can shoulder muscle coordination during the support scale at ring height be replicated during training exercises in gymnastics? *Journal of Strength and Conditioning Research*, 23(8), 2381–2388.

Bernier, M., & Fournier, J. (2007). Mental skill evaluations of French elite athletes. In Y. Theodorakis, M. Gourdas, & A. Papaionnou (eds), *Sport and Exercise Psychology: Bridges Between Disciplines and Cultures* (pp. 89–91). Thesaloniki: University of Thesaly.

Berthoz, A., Pavard, B., & Young, L. R. (1975). Perception of linear horizontal self-motion induced by peripheral vision (linearvection): basic characteristics and visual-vestibular interactions. *Experimental Brain Research*, 23, 471–489.

Bessi, F. (2006). Trainingsprotokolle der Jahrgänge 1989, 1990, 1991 [Training records of gymnasts from the age groups 1989, 1990, 1991]. Herbolzheim.

Bessi, F. (2007a). Cuestionario sobre lateralidad en la Gimnasia: Documento inédito [Questionnaire about the laterality in Gymnastics. Unpublished manuscript]. Freiburg.

Bessi, F. (2007b). Fragebogen zur Lateralität für Trainer: Unveröff. Unterlage [Laterality questionnaire for coaches. Unpublished manuscript]. Freiburg.

Bessi, F. (2015). Laterality in artistic gymnastics. Poster presentation during the IV International Seminar of competitive Gymnastics. Sao Paulo.

Bessi, F. (2016a). El mundo de la Gimnasia artística: en teoría y práctica [The world of artistic gymnastics in theory and practice] (1ra Edición). Buenos Aires: Editorial Dunken.

Bessi, F. (2016b). Laterality in artistic gymnastics. *Brazilian Journal of Physical Education and Sport*, 30(1).

Bessi, F., Hofmann, D., Laßberg, C. v., & Heinen, T. (2016). Directional tendencies in artistic gymnastics. In T. Heinen (ed.), *Sports and Athletics Preparation, Performance, and Psychology. Gymnastics Performance and Motor Learning* (pp. 119–138). Hauppauge: Nova Science Publishers Inc.

Bessi, F., & Milbradt, J. (2015). Fragebogen zur Lateralität für Kadertrainer Gerätturnen Männer: Unveröff. Unterlage. Freiburg, Berlin.

Bessi, F., & Milbradt, J. (in preparation). Analyse der Drehpräferenzen deutscher Bundeskaderturner [Analysis of the rotational preferences of the German Juniors squad]. Freiburg, Berlin.

Bieze Foster, J. (2007). Efforts to reduce gymnastics injuries focus on spring floors. *Biomechanics*, 14(1), 11–12.

Bloom, B. S. (1985). *Developing Talent in Young People*. New York: Ballantyne.

Bobbert, M. F. (1990). Drop jumping as a training method for jumping ability. *Sports Med*, 9(1), 7–22.

Bobbert, M. F., Huijing, P. A., & van Ingen Schenau, G. J. (1987). Drop jumping. I. The influence of jumping technique on the biomechanics of jumping. *Med Sci Sports Exerc*, 19(4), 332–338.

Bobbert, M. F., & Van Ingen Schenau, G. J. (1988). Coordination in vertical jumping. *J Biomech*, 21(3), 249–262.

Boden, B. P., Pasquina, P., Johnson, J., & Mueller, F. O. (2001). Catastrophic injuries in pole-vaulters. *American Journal of Sports Medicine*, 29(1), 50–54.

Boisseau, N., Persaud, C., Jackson, A. A., & Poortmans, J. R. (2005). Training does not affect protein turnover in pre- and early pubertal female gymnasts. *Eur J Appl Physiol Occup Physiol*, 94(3), 262–267.

Bompa, T. O. (1990). *Theory and Methodology of Training*. Dubuque, IA: Kendall/Hunt.

Bompa, T. O., & Haff, G. G. (2009). *Periodization*. Champaign, IL: Human Kinetics.

Bondarchuk, A. P. (2007). *Transfer of Training in Sports*. Michigan, USA: Ultimate Athlete Concepts.

Boone, W. T. (1979). *Better Gymnastics – How to Spot the Performer*. Mountain View, CA: World Publications.

Borgen, J. S., & Corbin, C. B. (1987). Eating disorders among female athletes. *Physician Sportsmed*, 15(2), 89–95.

Bortoleto, M. A. C., & Peixoto, C. (2014). Qualitative video analysis as a pedagogical tool in artistic gymnastics. In L. Schiavon, T. Heinen, M. A. C. Bortoleto, M. Nunomura, E. Toledo (Org.), *High Performance Gymnastics* (pp. 99–116). Hildesheim: Arete Verlag.

Bortoleto, M. A. C., & Schiavon, L. M. (2016). Artistic gymnastics – why do coaches resist change? *Sports Coaching Review*, 5(2), 198–201.

Bosco, C. (1985). *Elasticità Muscolare e Forza Esplosiva Nelle Attività Físico-Esportive*. Roma: Società Stampa Sportiva.

Bosco, C. (1992). *La Valutazione Della Forza con el Test di Bosco*. Roma: Società Stampa Sportiva.

Bosco, C., Iacovelli, M., Tsarpela, O., Cardinale, M., Bonifazi, M., Tihanyi, J., . . . Viru, A. (2000). Hormonal responses to whole-body vibration in men. *European Journal of Applied Physiology*, 81(6), 449–454.

Bosco, C., & Komi, P. V. (1979). Potentiation of the mechanical behavior of the human skeletal muscle through prestretching. *Acta Physiol Scand*, 106(4), 467–472.

Bosco, C., Komi, P. V., & Ito, A. (1981). Prestretch potentiation of human skeletal muscle during ballistic movement. *Acta Physiol Scand*, 111(2), 135–140.

Bosco, C., Luhtanen, P., & Komi, P. V. (1983). A simple method for measurement of mechanical power in jumping. *Eur J Appl Physiol Occup Physiol*, 50(2), 273–282.

Bosco, C., Viitasalo, J. T., Komi, P. V., & Luhtanen, P. (1982). Combined effect of elastic energy and myoelectrical potentiation during stretch-shortening cycle exercise. [Research Support, Non-U.S. Gov't]. *Acta Physiologica Scandinavica*, 114(4), 557–565.

Botkin, M. (1985). Gymnasts aid NASA in research of space-age problem. *USA Gymnastics, July/August*, 15–19.

Bortoleto, M. A. C., & Cohelho, T. F. (2016). Men's artistic gymnastics: is the use of elastic surfaces systematic in the training process? *Revista Brasileira de Educação Física e Esporte*, 30(1), São Paulo Jan./Mar. Print version ISSN 1807-5509. On-line version ISSN 1981-4690.

Bouchard, C., Dionne, F. T., Simoneau, J. A., & Boulay, M. R. (1992). Genetics of aerobic and anaerobic performances. *Exer Sport Sci Rev*, 20, 27–58.

Bourdieu, P. (1973). *Cultural Reproduction and Social Reproduction in Knowledge, Education and Cultural Change*. London: Tavistock.

Boutcher, S. H. (1993). Attention and athletic performance: an integrated approach. In T. S. Horn (ed.), *Advances in Sport Psychology* (pp. 251–265). Champaign, IL: Human Kinetics.

Bradshaw, E. (2004). Target-directed running in gymnastics: a preliminary exploration of vaulting. *Sports Biomechanics*, 3(1), 125–144.

Bradshaw, E. J., & Aisbett, B. (2006). Visual guidance during competition performance and run-through training in long jumping. *Sports Biomechanics*, 5(1), 1–14.

Bradshaw, E. J., & Hume, P. A. (2012). Biomechanical approaches to identify and quantify injury mechanisms and risk factors in women's artistic gymnastics. *Sports Biomech*, 11(3), 324–341.

Bradshaw, E. J., & Sparrow, W. A. (2000). The speed-accuracy trade-off in human gait control when running towards targets. *Journal of Applied Biomechanics*, 16, 331–341.

Bradshaw, E. J., & Sparrow, W. A. (2001). Effects of approach velocity and foot-target characteristics on the visual regulation of step length. *Human Movement Science*, 20, 401–426.

Bradshaw, E., Thomas, K., Moresi, M., Greene, D., Braybon, W., McGillvray, K., & Andrew, K. (2014a). A longitudinal, multifactorial risk analysis of elite female gymnasts (research report). Canberra: Australian Institute of Sport.

Bradshaw, E., Thomas, K., Moresi, M., Greene, D., Braybon, W., McGillvray, K., & Andrew, K. (2014b). Is a gymnast's performance and health affected by vitamin D deficiency? In K. Sato, W. A. Sands, & S. Mizuguchi (eds), *eProceedings of the 32nd Conference of the International Society of Biomechanics in Sports, Volume* 1: Oral 19.

Bradshaw, E. J., Thomas, K., Moresi, M., Greene, D., Braybon, W., McGillivray, K., & Andrew, K. (2014c). Biomechanical field test observations of gymnasts entering puberty. In K. Sato, W. A. Sands, & S. Mizuguchi (eds), *eProceedings of the 32nd Conference of the International Society of Biomechanics in Sports, Volume* 1: Oral 19.

Brady, C., & Vincenzino, B. (2002). An investigation of the relationship between the posture of gymnastic bridge and low back pain in gymnasts. *Sports Link*, 10–12.

Bressel, E., Yonker, J. C., Kras, J., & Heath, E. M. (2007). Comparison of static and dynamic balance in female collegiate soccer, basketball, and gymnastics athletes. *Journal of Athletic Training*, 42(1), 42–46.

Brewer, B. (2010). The role of psychological factors in sport injury rehabilitation outcomes. *International Review of Sport and Exercise Psychology*, 3(1), 40–61.

Bridgeman, G., Hendry, D., & Start, L. (1975). Failure to detect displacement of visual world during saccadic eye movements. *Vision Research*, 15, 719–722.

Brooks, T. (2003). Women's collegiate gymnastics: a multifactorial approach to training and conditioning. *Strength and Cond J*, 25(2), 23–37.

Brotherhood, J. R. (1984). Nutrition and sports performance. *Sports Med*, 1, 350–389.

Brown, E. W., Witten, W. A., Weise, M. J., Espinoza, D., Wisner, D. M., Learman, J., & Wilson, D. J. (1996). Attenuation of ground reaction forces in salto dismounts from the balance beam. J. M. C. S. Abrantes Proceedings XIV International Symposium on Biomechanics in Sports (pp. 336–338). Lisbon, Portugal: Edicoes FMH Universidade Tecnica de Lisbon.

Bruggemann, G. P. (1985). Mechanical load on the achilles tendon during rapid dynamic sport movements. In S. M. Perren & E. Schneider (eds), *Biomechanics: Current Interdisciplinary Research* (pp. 669–674). Dordrecht, Netherlands: Martinus Nijhoff.

Bruggemann, G. P. (1987). Biomechanics in gymnastics. *Medicine and Sport Science*, 25, 142–176.

Bruggemann, G. P. (1994). Biomechanics of gymnastic techniques. *Sport Science Review*, 3(2), 79–120.

Bruggemann, G. P. (1999). Mechanical load in artistic gymnastics and its relation to apparatus and performance. In M. Leglise (ed.), *Symposium Medico-Technique* (pp. 17–27). Lyss, Switzerland: International Gymnastics Federation.

Bruggemann, G. P. (2010). Neuromechanical load of the biological tissue and injury in gymnastics. Paper presented at the Proceedings of the 28th Conference of the International Society of Biomechanics in Sports, Northern Michigan University, Marquette, Michigan, USA.

Bunc, V., & Petrizilkova, Z. (1994). Energy cost of selected exercise in elite femnale gymnasts. *Acat Univ Carol Kinanthrop*, 30, 11–18.

Burton, D. (1988). Do anxious swimmers swim slower? Reexamining the elusive anxiety–performance relationship. *Journal of Sport and Exercise*, 10, 45–61.

Burton, D. (1993). Goal setting in sport. In R. N. Singer, M. Murphey, & L. K. Tennant (eds), *Handbook of Research on Sport Psychology* (pp. 467–491). New York, NY: Macmillan.

Caine, C. G., Caine, D. J., & Lindner, K. J. (1996). The epidemiologic approach to sports injuries. In D. J. Caine, C. G. Caine, & K. J. Lindner (eds), *Epidemiology of Sports Injuries* (pp. 1–13). Champaign, IL: Human Kinetics.

Caine, D. J. (2002). Injury epidemiology. In W. A. Sands, D. J. Caine, & J. Borms (eds), *Scientific Aspects of Women's Gymnastics* (pp. 72–109). Basel, Switzerland: Karger.

Caine, D., Cochrane, B., Caine, C., & Zemper, E. (1989). An epidemiologic investigation of injuries affecting young competitive female gymnasts. *American Journal of Sports Medicine*, 17(6), 811–820.

Caine, D., Knutzen, K., Howe, W., Keeler, L., Sheppard, L., Henrichs, D., & Fast, J. (2003). A three-year epidmiological study of injuries affecting young female gymnasts. *Physical Therapy in Sport*, 4, 10–23.

Caine, D. J., Lindner, K. J., Mandelbaum, B. R., & Sands, W. A. (1996). Gymnastics. In D. J. Caine, C. G. Caine, & K. J. Lindner (eds), *Epidemiology of Sports Injuries* (pp. 213–246). Champaign, IL: Human Kinetics.

Caine, D. J., & Maffulli, N. (2005). Gymnastics injuries. In D. J. Caine & N. Maffulli (eds), *Epidemiology of Pediatric Sports Injuries* (Vol. 48, pp. 18–58). Basel, Switzerland: Karger.

Caine, D. J., & Nassar, L. (2005). Gymnastics injuries. *Medicine and Sport Science*, 48, 18–58.

Caine, D., Roy, S., Singer, K. M., & Broekhoff, J. (1992). Stress changes of the distal radial growth plate. *American Journal of Sports Medicine*, 20(3), 290–298.

Calmels, C., & Fournier, J. F. (2001). Duration of physical and mental execution of gymnastic routines. *The Sport Psychologist*, 15(2), 142–150.

Calmels, C., Pichon, S., & Grezes, J. (2014). Can we simulate an action that we temporarily cannot perform? *Neurophysiologie Clinique*, 44(5), 433–445.

Calvert, G., Spence, C., & Stein, B. E. (2004). *Handbook of Multisensory Processing*. Cambridge, MA: MIT Press.

Calvo, M., Rodas, G., Vallejo, M., Estruch, A., Arcas, A., Javierre, C., . . . Ventura, J. L. (2002). Heritability of explosive power and anaerobic capacity in humans. *European Journal of Applied Physiology*, 86(3), 218–225.

Caplan, J., Julien, T. P., Michelson, J., & Neviaser, R. J. (2007). Multidirectional instability of the shoulder in elite female gymnasts. *American Journal of Orthopedics*, 36(12), 660–665.

Carek, P. J., & Fumich, R. M. (1992). Stress fracture of the distal radius: not just a risk for elite gymnasts. *The Physician and Sportsmedicine*, 20(5), 115–118.

Carl, J., & Gellmann, R. (1987). Human smooth pursuit: stimulus-dependent responses. *Journal of Neurophysiology*, 57, 1446–1463.

Carlock, J. M., Smith, S. L., Hartman, M. J., Morris, R. T., Ciroslan, D. A., Pierce, K. C., et al. (2004). The relationship between vertical jump power estimates and weightlifting ability: a field-test approach. *J Strength Cond Res*, 18(3), 534–539.

Carnahan, H., & Lee, T. D. (1989). Training for transfer of a movement timing skill. *J Mot Behav*, 21(1), 48–59.

Carpenter, R. H S. (1988). *Movements of the Eyes*. London: Plion.

Cassell, C., Benedict, M., & Specker, B. (1996). Bone mineral density in elite 7- to 9-yr-old female gymnasts and swimmers. *Medicine & Science in Sports & Exercise*, 28(10), 1243–1246.

Chamari, K., Hachana, Y., Ahmed, Y. B., Galy, O., Sghaier, F., Chatard, J. C., . . . Wisloff, U. (2004). Field and laboratory testing in young elite soccer players. *Br J Sports Med*, 38(2), 191–196.

Chan, D., Aldridge, M. J., Maffulli, N., & Davies, A. M. (1991). Chronic stress injuries of the elbow in young gymnasts. *The British Journal of Radiology*, 64, 1113–1118.

Chase, M. A., Magyar, M. T., & Drake, B. M. (2005). Fear of injury in gymnastics: self-efficacy and psychological strategies to keep on tumbling. *J. Sport Sci*, 23(5), 465–475.

Chawla, A., & Wiesler, E. R. (2015) Nonspecific wrist pain in gymnasts and cheerleaders. *Clinics in Sports Medicine*, 34, 143–149.

Chen, J. D., Wang, J. F., Li, K. J., Zhao, Y. W., Wang, S. W., Jiao, Y., et al. (1989). Nutritional problems and measures in elite and amateur athletes. *Am J Clin Nutr*, 49(5 Suppl), 1084–1089.

Chilvers, M., Donahue, M., Nassar, L., & Manoli, A. (2007). Foot and ankle injuries in elite female gymnasts. *Foot & Ankle International*, 28(2), 214–218.

Chiviacowsky, S., Wulf, G., & Lewthwaite, R. (2012). Self-controlled learning: the importance of protecting perceptions of competence. *Frontiers in Psychology*, 3, 458.

Christina, R. W., & Davis, G. (1990). Diving skill progressions, Part 1 Principles of teaching skill progressions. In J. L. Gabriel & G. S. George (eds), *U.S. Diving Safety Manual* (pp. 89–103). Indianapolis, IN: U.S. Diving Publications.

Christou, M., Smilios, I., Sotiropoulos, K., Volaklis, K., Pilianidis, T., & Tokmakidis, S. P. (2006). Effects of resistance training on the physical capacities of adolescent soccer players. *J Strength Cond Res*, 20(4), 783–791.

Ciullo, J. V., & Jackson, D. W. (1985). Pars interarticularis stress reaction, spondylolysis, and spondylolisthesis in gymnasts. *Clinics in Sports Medicine*, 4(1), 95–110.

Claessens, A. L., Lefevre, J., Beunen, G., & Malina, R. M. (1999). The contribution of anthropometric characteristics to performance scores in elite female gymnasts. *Journal of Sports Medicine and Physical Fitness*, 39(4), 355–360.

Claessens, A. L., Malina, R. M., Lefevre, J., Beunen, G., Stijnen, V., Maes, H., et al. (1992). Growth and menarcheal status of elite female gymnasts. / Croissance et menstruation des gymnastes d'elite feminines. *Medicine & Science in Sports & Exercise*, 24(7), 755–763.

Clarke, K. S. (1998). On issues and strategies. In H. Appenzeller (ed.), *Risk Management in Sport* (pp. 11–22). Durham, NC: Carolina Academic Press.

Coates, C., McMurtry, C. M., Lingley-Pottie, P., & McGrath, P. J. (2010). The prevalence of painful incidents among young recreational gymnasts. *Pain Research & Management*, 15(3), 179–184.

Cogan, K. D. (2006). Sport psychology in gymnastics. In J. Dosil (ed.), *The Sport Psychologist's Handbook* (pp. 641–661). Chichester, UK: Wiley.

Cogan, K. D., & Vidmar, P. (2000). *Sport Psychology Library: Gymnastics*. Morgantown, WV: Fitness Information Technology.

Committee, U. S. O. (1995). Gymnastics pit removal for cervical injuries – Video Tape. *U.S. Olympic Committee Publications, Colorado Springs, CO, 7:17, DUB 10/19/00*, 1.

Corbin, C. (1972). Mental practice. In W. Morgan (ed.), *Ergogenic Aids and Muscular Performance* (pp. 688–784). New York: Academic Press.

Coren, S. (1993). The lateral preference inventory for measurement of handedness, footedness, eyedness, and earedness: norms for your adults. *Bulletin of the Psychonomic Society*, 31(1), 1–3.

Cormie, P., Sands, W. A., & Smith, S. L. (2004). A comparative case study of Roche vaults performed by elite male gymnasts. *Technique*, 24(8), 6–9.

Côté, J. (1999). The influence of the family in the development of talent in sports. *The Sport Psychologist*, 13, 395–417.

Côté, J., Baker, J., & Abernethy, B. (2003). From play to practice: a developmental framework for the acquisition of expertise in team sports. In J. S. Starkes & K. A. Ericsson (eds), *Expert Performance in Sports: Advances in Research on Sport Expertise* (pp. 89–113). Champaign, IL: Human Kinetics.

Côté, J., & Hay, J. (2002). Children's involvement in sport: a developmental perspective. In J. M. Silva & D. Stevens (eds), *Psychological Foundations in Sport* (2 ed., pp. 484–502.). Boston: Merrill.

Courteix, D., Lespessailles, E., Obert, P., & Benhamou, C. L. (1999). Skull bone mass deficit in prepubertal highly-trained gymnast girls. *Int J Sports Med*, 20(5), 328–333.

Courteix, D., Rieth, N., Thomas, T., Van Praagh, E., Benhamou, C., Collomp, K., et al. (2007). Preserved bone health in adolescent elite rhythmic gymnasts despite hypoleptinemia. *Hormone Research*, 68, 20–27.

Cousineau, P. (2003). *The Olympic Odyssey*. Wheaton, IL: Quest Books.

Coventry, E., Sands, W. A., & Smith, S. L. (2006). Hitting the vault board: implications for vaulting take-off – a preliminary investigation. *Sports Biomechanics*, 5(1), 63–75.

Crielaard, J. M., & Pirnay, F. (1981). Anaerobic and aerobic power of top athletes. *Eur J Appl Physiol*, 47, 295–300.

Crowcroft, S., McCleave, E., Slattery, K., & Coutts, A. J. (2017). Assessing the measurement sensitivity and diagnostic characteristics of athlete monitoring tools in national swimmers. *International Journal of Sports Physiology and Performance*, 12, S2-95–S2-100.

Crumley, K. (1998). Optimal skill continuity. *Technique*, 18(6).

Csikszentmihali, M. (1975). *Beyond Boredom and Anxiety*. San Francisco, CA: Jossey-Bass.

Csikszentmihalyi, M., Rathunde, K., & Whalen, S. (1993). *Talented Teenagers: The Roots of Success and Failure*. Cambridge: Cambridge University Press.

Cuk, I., & Marinsek, M. (2013). Landing quality in artistic gymnastics is related to landing symmetry. *Biology of Sport*, 30(1), 29–33.

Cumming, S. P., Lloyd, R. S., Oliver, J. L., Eisenmann, J. C., & Malina, R. M. (2017). Bio-banding in sport: applications to competition, talent identification, and strength and conditioning of youth athletes. *Strength and Conditioning Journal*, 39(2), 34–47.

Cunningham, S. J. (1988). *A Model of Gymnastic Landing Mats and Pits and Human Subject Response*. University of Utah.

Cureton, T. K. (1941). Flexibility as an aspect of physical fitness. *The Research Quarterly*, 12, 381–390.

Dallas, G., & Kirialanis, P. (2010). Judges' evaluation of routines in men's artistic gymnastics. *Sci Gymnastics J*, 2(2), 49–58.

Daly, R., Bass, S., Finch, C., & Corral, A.-M. (1998). Balancing gymnastics and injury risk. Retrieved from Victoria, Canada: Deakin University School of Movement.

Daly, R. M., Bass, S. L., & Finch, C. F. (2001). Balancing the risk of injury to gymnasts: how effective are the counter measures? *British Journal of Sports Medicine*, 35, 8–20.

Dargent-Paré, C., Agostini, M. de, Mesbah, M., & Dellatolas, G. (1992). Foot and eye preferences in adults: relationship with handedness, sex and age. *Cortex*, 28(3), 343–351.

Davidson, P. L., Mahar, B., Chalmers, D. J., & Wilson, B. D. (2005). Impact modeling of gymnastic back-handsprings and dive-rolls in children. *Journal of Applied Biomechanics*, 21, 115–128.

Davis, L. M. (1974). *The History of Gymnastics on and with Apparatus since World War II*. Los Angeles, CA: UCLA.

Davlin, C. D., Sands, W. A., & Shultz, B. B. (2001a). Peripheal vision and back tuck somersaults. *Perceptual and Motor Skills*, 93, 465–471.

Davlin, C. D., Sands, W. A., & Shultz, B. B. (2001b). The role of vision in control of orientation in a back tuck somersault. *Motor Control*, 3, 337–346.

Davlin, C. D., Sands, W. A., & Shultz, B. B. (2002). Influence of vision on kinesthetic awareness while somersaulting. *International Sports Journal*, 6(2), 172–177.

Davlin, C. D., Sands, W. A., & Shultz, B. B. (2004). Do gymnasts "spot" during a back tuck somersault. *International Sports Journal*, 8(2), 72–79.

De Smet, L., Claessens, A., Lefevre, J., & Beunen, G. (1994). Gymnast wrist: an epidemiologic survey of ulnar variance and stress changes of the radial physis in elite female gymnasts. *American Journal of Sports Medicine*, 22(6), 846–850.

Debu, B., & Woollacott, M. (1988). Effects of gymnastics training on postural responses to stance perturbations. *J Mot Behav*, 20(3), 273–300.

Deli, C. K., Fatouros, I. G., Koutedakis, Y., & Jamurtas, A. Z. (2013). Iron supplementation and physical performance. In M. Hamlin, S. Draper, & Y. Kathiravel (eds), *Current Issues in Exercise and Sports Medicine*. Rijeka: Intech.

Denadai, B. S., Figuera, T. R., Favaro, O. R., & M., Gonçalves (2004). Effect of the aerobic capacity on the validity of the anaerobic threshold for determination of the maximal lactate steady state in cycling. *Braz J Med Biol Res*, 37(10), 1551–1556.

Dexel, J., Marschner, K., Beck, H., Platzek, I., Wasnik, S., Schuler, M., Nasreddin, A., & Kasten, P. (2014). Comparative study of elbow disorders in young high-performance gymnasts. *International Journal of Sports Medicine*, 35, 960–965.

DiFiori, J. P., Caine, D. J., & Malina, R. M. (2006). Wrist pain, distal radial physial injury and ulnar variance in the young gymnast. *American Journal of Sports Medicine*, 10(10), 1–10.

DiFiori, J. P., Puffer, J. C., Mandelbaum, B. R., & Dorey, F. (1997). Distal radial growth plate injury and positive ulnar variance in nonelite gymnasts. *American Journal of Sports Medicine*, 25(6), 763–768.

DiFiori, J. P., Puffer, J. C., Mandelbaum, B. R., & Mar, S. (1996). Factors associated with wrist pain in the young gymnast. *American Journal of Sports Medicine*, 24(1), 9–14.

Dion, D. E. (1985). Prediction de la performance de l'athlete d'elite en plongeon par l'entremise de parametres anthropometriques et biomecaniques. University of Laval.

Dodd, S., Powers, S., Callender, T., & Brooks, E. (1984). Blood lactate disappearance at various intensities of recovery exercise. *J. Appl. Physiol. Resp. Environ. Exercise Physiol*, 57(5), 1462–1465.

Dorn, L. D., Sontag-Padilla, L. M., Pabst, S., Tissot, A., & Susman, E. J. (2013). Longitudinal reliability of self-reported age at menarche in adolescent girls: variability across time and setting. *Developmental Psychology*, 49(6), 1187–1193.

Douda, H., & Toktnakidis, S. P. (1997). Muscle strength and flexibility of the lower limbs between rhythmic sports and artistic female gymnasts. Paper presented at the Second Annual Congress of the European College of Sport Science.

Douda, H., Avloniti, A., Kasabalis, A., Smilitis, H., & Toktnakidis, S. P. (2006). Application of ratings of perceived exertion and physiological responses to maximal effort in rhythmic gymnasts. *Int J Appl Sports Sciences*, 18(2), 78–88.

Dowthwaite, J. N., & Scerpella, T. A. (2009). Skeletal geometry and indices of bone strength in artistic gymnasts. *J Musceuronal Interact*, 9(4), 198–214.

Drabik, J. (1996). *Children & Sports Training*. Island Pond, VT: Stadion Publishing Co.

Drinkwater, B., Nison, K., Chesnut, C. H., Bremmer, W. J., Shainholtz, S., & Southworth, M. B. (1984). Bone mineral content of amenorrheic and eumenorrheic athletes. *N Engl J Med*, 311(5), 277–281.

Driss, T., Vandewalle, H., & Monod, H. (1998). Maximal power and force–velocity relationships during cycling and cranking exercises in volleyball players. Correlation with the vertical jump test. *J Sports Med Phys Fitness*, 38(4), 286–293.

Ducher, G., Hill, B. L., Angeli, T., Bass, S. L., & Eser, P. (2009). Comparison of pQCT parameters between ulna and radius in retired elite gymnasts: the skeletal benefits associated with long-term gymnastics are bone- and site-specific. *J Musculoskelet Neuronal Interact*, 9(4), 247–255.

Dukalsky, V. V., & Dukalsky, A. V. (1977). Use of a phonogoniometer and tilting device to teach diving. *Yessis Review of Soviet Physical Education and Sports*, 12(4), 94–97.

Dunlavy, J. K., Sands, W. A., McNeal, J. R., Stone, M. H., Smith, S. L., Jemni, M., & Haff, G. G. (2007). Strength performance assessment in a simulated men's gymnastics still rings cross. *Journal of Sports Science and Medicine*, 6, 93–97.

Dunn, K. (1980). Spotters, thicker mats may prevent injury. *The Physician and Sportsmedicine*, 8(9), 20.

Durand-Bush, N. (1995). Validity and reliability of the Ottawa Mental Skills Assessment Tool (OMSAT-3) (Unpublished masters thesis). School of Human Kinetics, University of Ottawa.

Durand-Bush, N., & Salmela, J. H. (2002). The development and maintenance of expert athletic performance: perceptions of world and Olympic champions. *Journal of Applied Sport Psychology*, 14, 154–171.

Durand-Bush, N., Salmela, J. H., & Green-Demers, I. (2001). The Ottawa Mental Skills Assessment Tool (OMSAT-3*). *The Sport Psychologist*, 15, 1–19.

Easterbrook, J. A. (1959). The effect of emotion on cue utilization and the organization of behavior. *Psychological Review*, 66, 183–201.

Effenberg, A. O., Fehse, U., Schmitz, G., Krueger, B., & Mechling, H. (2016). Movement sonification: effects on motor learning beyond rhythmic adjustments. *Frontiers in Neuroscience*, 10, 219.

Effenberg, A. O., & Mechling, H. (2005). Movement sonification: a new approach in motor control and learning. *Journal of Sports and Exercise Psychology*, 27, 58–68.

Elbæk, L., & Froberg, K. (1992). Specific physical training parameters in relation to Danish team gymnastics. Biomechanics in gymnastics. Conference Proceedings. First International Conference, 8–10 September, Cologne, 431–441.

Eloranta, V. (1997). Programming leg muscle activity in vertical jumps. *Coaching and Sport Science Journal*, 2(3), 17–28.

Ericksen, H. M., Gribble, P. A., Pfile, K. R., & Pietrosimone, B. G. (2013). Different modes of feedback and peak vertical ground reaction force during jump landing: a systematic review. *J Athl Train*, 48(5), 685–695.

Ericsson, K. A. (1996). The road to excellence: the acquisition of expert performance in the arts and sciences, sports, and games. In K. A. Ericsson (ed.), *The Acquisition of Expert Performance: An Introduction to Some of the Issues* (pp. 1–50). Mahwah, NJ: Erlbaum.

Ericsson, K. A. (2003). Development of elite performance and deliberate practice: an update from the perspective of the expert performance approach. In J. L. Starkes & K. A. Ericsson (eds), *Expert Performance in Sport* (pp. 49–84). Champaign, IL: Human Kinetics.

Ericsson, K. A. (2007). Deliberate practice and the modifiability of body and mind: toward a science of the structure and acquisition of expert and elite performance. *International Journal of Sport Psychology*, 38(1), 4–34.

Ericsson, K. A. (2008). Deliberate practice and acquisition of expert performance: a general overview. *Academic Emergency Medicine*, 15(11), 988–994.

Ericsson, K. A. (2013). Training history, deliberate practice and elite sports performance: an analysis in response to Tucker and Collins review—what makes champions? *British Journal of Sports Medicine*, 47(9), 533–535.

Ericsson, K. A. (2016). Summing up hours of any type of practice versus identifying optimal practice activities: commentary on Macnamara, Moreau, & Hambrick. *Perspectives on Psychological Science*, 11(3), 351–354.

Ericsson, K. A., Krampe, R. T., & Tesch-Römer, C. (1993). The role of deliberate practice in the acquisition of expert performance. *Psychological Review*, 100, 363–406.

Ericsson, K. A., & Poole, R. (2016). *Peak: Secrets from the New Science of Expertise*. New York, NY: Houghton Mifflin Harcourt Publishing.

Estape, E., Lopez, M., & Grande, I. (1999). *Las Habilidades Gimnasticas Y Acrobatcas En El Ambito Educativo*. Barcelona, Spain: Inde Publicaciones.

Estape Tous, E. (2002). *La Acrobacia En Gimnasia Artistica*. Barcelona, Spain: Inde Publicaciones.

Exell, T. A., Robinson, G., & Irwin, G. (2016). Asymmetry analysis of the arm segments during forward handspring on floor. *European Journal of Sport Science*, 16(5), 545–552.

Falgairette, G., Bedu, M., Fellmann, N., Van praagh, E., & Coudert, J. (1991). Bio-energetic profile in 144 boys aged from 6 to 15 years with special reference to sexual maturation. *Eur J Appl Physiol*, 62, 151–156.

Fallon, K. E., & Fricker, P. A. (2001). Stress fracture of the clavicle in a young female gymnast. *British Journal of Sports Medicine*, 35(6), 448–449.

Farana, R., Janezckova, P., Uchytil, J., & Irwin, G. (2015). Effect of different hand positions on elbow loading during the round off in male gymnastics: a case study. *Gymnastics Science Journal*, 7(2), 5–13.

Faria, I. E., & Faria, E. W. (1989). Relationship of the anthropometric and physical characteristics of male junior gymnasts to performance. *J Sports Med Phys Fitness*, 29(4), 369–378.

Faria, I. E., & Pillips, A. (1970). A study of telemetered cardiac response of young boys and girls during gymnastic participation. *J Sports Med*, 10, 145–160.

Farrokhyar, F., Tabasinejad, R., Dao, D., Peterson, D., Ayeni, O.R., Hadioonzadeh, R., & Bhandari, M. (2015). Prevalence of vitamin D inadequacy in athletes: a systematic review and meta-analysis. *Sports Medicine*, 45, 365–378.

Federation, C. G. (1986). Coaching certification manual, Introductory gymnastics, 1. Vanier City, Ontario, Canada: Canadian Gymnastics Federation.

Federation, I. G. (2013). *2013 Code of Points Women's Artistic Gymnastics*. Lausanne, Switzerland: Federation International de Gymnastique.

Federation_Internationale_de_Gymnastique. (2009). *FIG Apparatus Norms*. Lausanne, Switzerland: International Gymnastics Federation.

Feigley, D. A. (1987). Coping with fear in high level gymnastics. In J. H. Salmela, B. Petiot, & T. B. Hoshizaki (eds), *Psychological Nurturing and Guidance of Gymnastic Talent* (pp. 13–27). Montreal: Sport Psyche.

Fellander-Tsai, L., & Wredmark, T. (1995). Injury incidence and cause in elite gymnasts. *Archives of Orthopedic Trauma Surgery*, 114, 344–346.

Ferkolj, M. (2010). A kinematic analysis of the handspring double salto forward tucked on a new style of vaulting table. *Science of Gymnastics*, 2(1), 35–48.

Feynman, R. (1965). *The Character of Physical Law*. Cambridge, MA: MIT Press.

F.I.G. (2009). Code of Points For men's artistic gymnastics competitions (3rd). Lausanne: Fédération Internationale de Gymnastique (FIG).

F.I.G. (2013). Code of Points For men's artistic gymnastics competitions (4th). Lausanne: Fédération Internationale de Gymnastique (FIG).

FIG (International Gymnastics Federation) (2015). Apparatus Norms. Lausanne: FIG Press.

FIG (International Gymnastics Federation) (2016). Bulletin n. 237. Lausanne: FIG Press, Sept.

Filaire, E., & Lac, C. (2002). Nutritional status and body composition of juvenile elite female gymnasts. *J Sports Med Phys Fitness*, 42(1), 65–70.

Finch, C. F. (1997). An overview of some definitional issues for sports injury surveillance. *Sports Medicine*, 24(3), 157–163.

Fink, H. (1985). Some considerations for gymnastics conditioning. Budapeste: World Gymnastics, FIG and AIPS Press, n° 25, p. 48.

Finkel, C. B. (2001). Removal of a gymnast with suspected cervical injuries from a soft foam pit. *Technique*, 21(9), 5–7, 11–15, 39.

Fischer, B. (1987). The preparation of visually guided saccades. *Reviews of Physiology, Biochemistry, and Pharmacology*, 106, 2–35.

Fitzpatrick, R. C., Marsden, J., Lord, S. R., & Day, B. L. (2002). Galvanic vestibular stimulation evokes sensations of body rotation. *NeuroReport*, (13), 2379–2383.

Flynn, J. M., Ughwanogho, E., & Cameron, D. B. (2011). The growing spine and sports. In B. A. Akbarnia, M. Yazici, & G. H. Thompson (eds), *The Growing Spine* (pp. 151–162). Heidelberg, Germany: Springer-Verlag.

Fogarty, G. J. (1995). Some comments on the use of psychological tests in sport settings. *International Journal of Sport Psychology*, 26, 161–170.

Fogelholm, G. M., Kukkonen-Harjula, T. K., Taipale, S. A., Sievänen, H. T., Oja, P., & Vuori, I. (1995). Resting metabolic rate and energy intake in female gymnasts, figure-skaters and soccer players. *Int J Sports Med*, 16(8), 551–556.

Foster, C., & Lehmann, M. (1997). Overtraining syndrome. In G. Guten (ed.), *Running Injuries* (pp. 173–188). Orlando: W.B. Saunders Co.

Foster, G. M. (1973). *Traditional Cultures and the Impact of Technological Change*. New York: Harper & Row.

Fournier, J., Calmels, C., Durand-Bush, N., & Salmela, J. H. (2005). Effects of a season-long PST program on gymnastic performance and on psychological skill development. *ISJEP*, 1, 7–25.

French, D. N., Gómez, A. L., Volek, J. S., Rubin, M. R., Ratamess, N. A., Sharman, M. J., et al. (2004). Longitudinal tracking of muscular power changes of NCAA division I collegiate women gymnasts. *J Strength Cond Res*, 18(1), 101–107.

Fry, A. C., Ciroslan, D., Fry, M. D., LeRoux, C. D., Schilling, B. K., & Chiu, L. Z. (2006). Anthropometric and performance variables discriminating elite American junior men weightlifters. *J Strength Cond Res*, 20(4), 861–866.

Fujihara, T., & Gervais, P. (2012). Circles with a suspended aid: reducing pommel reaction forces. *Sports Biomech*, 11(1), 34–47.

Fujioka, H., Nishikawa, T., Koyama, S., Yamashita, M., Takagi, Y., Oi, T., . . . Yoshiya, S. (2014). Stress fractures of bilateral clavicles in an adolescent gymnast. *Journal of Shoulder and Elbow Surgery*, 23(4), e88–90.

Gabbett, T. J. (2006). Performance changes following a field conditioning program in junior and senior rugby league players. *J Strength Cond Res*, 20(1), 215–221.

Gabbett, T. J. (2016). The training-injury prevention paradox: should athletes be training smarter and harder? *British Journal of Sports Medicine*, 50, 273–280.

Garcia, C., Barela, J. A., Viana, A. R., & Barela, A. M. (2011). Influence of gymnastics training on the development of postural control. *Neuroscience Letters*, 492(1), 29–32.

Gardiner, E. N. (ed.) (1930). *Athletics of the Ancient World*. Chicago, IL: Ares Publishers, Inc.

Garnier, P., Mercier, B., Mercier, J., Anselme, F., & Préfaut, C. (1995). Aerobic and anaerobic contribution to Wingate test performance in sprint and middle-distance runners. *Eur J Appl Physiol*, 70, 58–65.

Gatto, F., Swannell, P., & Neal, R. (1992). A force-indentation relationship for gymnastic mats. *Journal of Biomechanical Engineering*, 114, 338–345.

Gautier, G., Thouvarecq, R., & Chollet, D. (2007). Visual and postural control of an arbitrary posture: the handstand. *Journal of Sports Sciences*, 25(11), 1271–1278.

Gautier, G., Thouvarecq, R., & Larue, J. (2008). Influence of experience on postural control: effect of expertise in gymnastics. *J Mot Behav*, 40(5), 400–408.

George, G. S. (1987). Remediation procedures applicable to victims of suspected catastrophic injury in landing pits. *Gymnastics Safety Update*, 2(2), 1–2.

George, G. S. (1988a). Reflections on spotting. *Gymnastics Safety Update*, 3(3), 2.

George, G. S. (1988b). Spotting – a sacred trust. *Gymnastics Safety Update*, 3(1), 1–2.

Georgopoulos, N. A., Theodoropoulou, A., Leglise, M., Vagenakis, A. G., & Markou, K. B. (2004). Growth and skeletal maturation in male and female artistic gymnasts. *J Clin Endocrinol Metab.*, 89(9), 4377–4382.

Gervais, P., & Tally, F. (1993). The beat swing and mechanical descriptors of three horizontal bar release-regrasp skills. *Journal of Applied Biomechanics*, 9(1), 66–83.

Gillingham, K. K., & Wolfe, J. W. (1985). Spatial orientation in flight. In R. L. Deltart (ed.), *Fundamentals of Aerospace Medicine* (pp. 299–381). Philadelphia, PA: Lea & Febiger.

Girginov, V., & Sandanski, L. (2004). From participants to competitors: the transformation of British gymnastics and the role of the Eastern European model of sport. *International Journal of the History of Sport*, 21(5), 815–832.

Gittoes, M., Jr., & Irwin, G. (2012). Biomechanical approaches to understanding the potentially injurious demands of gymnastic-style impact landings. *Sports Medicine, Arthroscopy, Rehabilitation, Therapy & Technology*, 4(1), 4.

Gittoes, M. J., Irwin, G., & Kerwin, D. G. (2013). Kinematic landing strategy transference in backward rotating gymnastic dismounts. *Journal of Applied Biomechanics*, 29(3), 253–260.

Glasheen, J. W., & McMahon, T. A. (1995). Arms are different from legs: mechanics and energetics of human hand running. *Journal of Applied Physiology*, 78(4), 1280–1297.

Goehler, J. (1977). The mechanical effect of the forward "leg snap". *International Gymnast*, 19(10), 56–59.

Goswami, A., & Gupta, S. (1998). Cardiovascular stress and lactate formation during gymnastic routines. *J Sports Med Physical Fitness*, 38, 317–322.

Gould (1998). Goal-setting for peak performance. In J. Williams (ed.), *Personal Growth to Peak Performance* (2 ed., pp. 182–196) Mountain View, CA: Mayfield.

Gould, D., Guinan, D., Greenleaf, C., Medbery, R., Strickland , M., Lauer, L., et al. (1998). Positive and negative factors influencing U.S. Olympic athletes and coaches: Atlanta Games assessment. Colorado Springs, CO: U.S. Olympic Committee.

Gould, D., & Krane, V. (1993). The arousal-athletic relationship: current status and future directions. In T. S. Horn (ed.), *Advances in Sport Psychology* (pp. 119–141). Champaign, IL: Human Kinetics.

Grabiner, M. D., & McKelvain, R. (1987). Implementation of a profiling/prediction test battery in the screening of elite men gymnasts. In B. Petiot, J. Salmela, & T. Hoshizak (eds), *World Identification Systems for Gymnastics Talent* (pp. 121–125). Montreal: Sport Psyche Editions. ISSN: 1577-0354 71.

Gros, H. J., & Leikov, H. (1995). Safety considerations for gymnastics landing mats. In A. Barabas & G. Fabian (eds), *Biomechanics in Sports XII* (pp. 194–197). Budapest, Hungary: International Society of Biomechanics in Sports, ITC Plantin.

Grosprêtre, S., & Lepers, R. (2016). Performance characteristics of Parkour practitioners: who are the traceurs? *European Journal of Sport Science*, 16(5), 526–535.

Grossfeld, A. (2014). Changes during the 110 years of the world artistic gymnastics championships. *Sci Gymnastics J*, 6(2), 5–27.

Groussard, C. Y., & Delamarche, P. (2000). Physiological profile of young male gymnasts of national and international level. In B. G. Bardy, T. Pozzo, P. Nouillot, N. Tordi, P. Delemarche, C. Ferrand et al. (eds), *2nd International Study Days of AFRAGA* (pp. 48–51). Rennes: France.

Guillot, A., & Collet, C. (2005). Duration of mentally simulated movement: a review. *J Mot Behav*, 37(1), 10–20.

Gymnastics, U. (2009). *Gymnastics Risk Management*. Indianapolis, IN: USA Gymnastics.

Hacker, P., Malmberg, E., & Nance, J. (1996). *Gymnastics Fun & Games*. Champaign, IL: Human Kinetics.

Haguenauer, M., Legreneur, P., & Monteil, K. M. (2005). Vertical jumping reorganization with aging: a kinematic comparison between young and elderly men. *J Appl Biomech*, 21(3), 236–246.

Hahn, A. (2012). Introduction. In R. Tanner (ed.), *Physiological Tests for Elite Athletes* (2 ed.). Champaign, IL: Human Kinetics.

Hakkinen, K., Mero, A., & Kauhanen, H. (1989). Specificity of endurance, sprint and strength training on physical performance capacity in young athletes. *J Sports Med Phys Fitness*, 29(1), 27–35.

Hall, C., Varley, I., Kay, R., & Crundall, D. (2014). Keeping your eye on the rail: gaze behavior of horse riders approaching a jump. *PLoS ONE*, 9(5), e97345.

Hall, S. J. (1986). Mechanical contribution to lumbar stress injuries in female gymnasts. *Medicine & Science in*

Sports & Exercise, 18(6), 599–602.

Halsband, U., Ito, N., Tanji, J., & Freund, H.-J. (1993). The role of premotor cortex and the supplementary motor area in the temporal control of movement in man. *Brain*, 116(1), 243–266.

Halsband, U., & Lange, R. K. (2006). Motor learning in man: a review of functional and clinical studies. *Journal of Physiology, Paris*, 99(4–6), 414–424.

Hanin, Y., & Hanina, M. (2009). Optimization of performance in top-level athletes: an action-focused coping approach. *International Journal of Sports Science & Coaching*, 4(1), 47–55.

Hardy, L. (1990). A catastrophe model of performance in sport. In J. G. Jones & L. Hardy (eds), *Stress and Performance in Sport* (pp. 81–106). Chichester, UK: John Wiley & Sons.

Harris, D. V., & Williams, J. M. (1993). Relaxation and energizing techniques for regulation of arousal. In J. M. Williams (ed.), *Applied Sport Psychology: Personal Growth to Peak Performance* (2 ed., pp. 185–199). Mountain View, CA: Mayfield.

Hars, M., Holvoet, P., Barbier, F., Gillet, C., & Lepoutre, F. X. (2008). Study of impulses during a walkover backward on the balance beam in women gymnasts. Paper presented at the 1st Scientific Symposium of the Asian Gymnastics Union.

Hatze, H. (1998). Validity and reliability of methods for testing vertical jumping performance. *Journal of Applied Biomechanics*, 14, 127–140.

Hay, J. G. (1973). *The Biomechanics of Sports Techniques*. Englewood Cliffs, NJ: Prentice Hall.

Hay, J. G. (1988). Approach strategies in the long jump. *International Journal of Sport Biomechanics*, 4, 114–129.

Hayem, G., & Carbon, C. (1995). A reappraisal of quinolone tolerability. The experience of their musculoskeletal adverse effects. *Drug Safety*, 13(6), 338–342.

Heinen, T., Vinken, P., & Fink, H. (2011). The effects of directing the learner's gaze on skill acquisition in gymnastics. *Athletic Insight Journal*, 3(2), 165–181.

Heinen, T. (2011). Evidence for the spotting hypothesis in gymnasts. *Motor Control*, 15(2), 267–284.

Heinen, T., Bermeitinger, C., & Laßberg, C. v. (2016). Laterality in individualized sports. In F. Loffing, N. Hagemann, & B. Strauss (eds), *Laterality in Sports. Theories and Applications*. Academic Press.

Heinen, T., Jeraj, D., Thoeren, M., & Vinken, P. M. (2011). Target-directed running in gymnastics: the role of the springboard position as an additional source to regulate handsprings on vault. *Biology of Sport*, 28, 215–221.

Heinen, T., Jeraj, D., Vinken, P. M., & Velentzas, K. (2012a). Rotational preference in gymnastics. *Journal of Human Kinetics*, 33, 33–43.

Heinen, T., Jeraj, D., Vinken, P. M., & Velentzas, K. (2012b). Land where you look? – Functional relationships between gaze and movement behaviour in a backward salto. *Biology of Sport*, 29, 177–183.

Heinen, T., Koschnick, J., Schmidt-Maass, D., & Vinken, P. M. (2014). Gymnasts utilize visual and auditory information for behavioural synchronization in trampolining. *Biology of Sport*, 31(3), 223–226.

Heinen, T., Vinken, P. M., & Velentzas, K. (2010). Does laterality predict twist direction in gymnastics? *Science of Gymnastics Journal*, 2(1), 5–14.

Hellebrandt, F. A., Parrish, A. M., & Houtz, S. J. (1947). Cross education. *Archives of Physical Medicine and Rehabilitation*, 28, 76–85.

Heller, J., Tuma, Z., Dlouha, R., Bunc, V., & Novakova, H. (1998). Anaerobic capacity in elite male and female gymnasts. *Acta Universitatis Carolinae. Kinanthropologica*, 34, 75–81.

Henderschott, R., & Sigerseth, P. O. (1953). Landing force in a portable collapsible jumping pit compared with that in conventional jumping pits. *The Research Quarterly*, 24(4), 410–413.

Henry, F. M., & Rogers, D. E. (1960). Increased response latency for complicated movements and a "Memory Drum" theory of neuromotor reaction. *The Research Quarterly*, 31(3), 448–458.

Hernández, T. T., Balón, G. N., & Galarraga, A. L. (2009). Relationship between lactate, heart rate and duration in selections modes of men's artistic gymnastics. *Rev Cubana Med Deporte Cultura Fis*, 4(3), 36–47.

Hickson, R. C., Dvorack, B. A., Gorostiaga, E. M., Kurowski, T. T., & Foster, C. (1988). Potential for strength and endurance training to amplify endurance performance. *J Appl Physiol*, 65, 2285–2290.

Hiley, M. J., Apostolidis, A., & Yeadon, M. R. (2011). Loads on a gymnastics safety support system during maximal use. *Journal of Sports Engineering and Technology*, 225(1), 1–7.

Hiley, M. J., & Yeadon, M. R. (2008). Optimisation of high bar circling technique for consistent performance of a triple piked somersault dismount. *Journal of Biomechanics*, 41, 1730–1735.

Hodgkins, J. (1963). Reaction time and speed of movement in males and females of various ages. *The Research Quarterly*, 34(3), 335–343.

Hoeger, W. W. K., & Fisher, G. A. (1981). Energy costs for men's gymnastic routines. *International Gymnast*, 23(1), TS1–TS3.

Hofmann, D. (2015). Interview by F. Bessi. Freiburg.

Holt, J., Holt, L. E., & Pelham, T. W. (1995). Flexibility redefined. Paper presented at the XIII International Symposium on Biomechanics in Sports. International Society of Biomechanics in Sports.

Holvoet, P., Lacouture, P., & Duboy, J. (2002). Practical use of airborne simulation in a release-regrasp skill on the high bar. *J Appl Biomech*, 18, 332–344.

Holvoet, P., Lacouture, P., Duboy, J., Junqua A., & Bessonnet G. (2002). Joint forces and moments involved in giant swings on the high bar. *Science & Sports*, 17, 26–30.

Hondzinski, J. M., & Darling, W. G. (2001). Aerial somersault performance under three visual conditions. *Motor Control*, 5(3), 281–300.

Hooke, R. (1678). Lectures de potentia restitutive. Or of Spring: Explaining the power of springing bodies. Reprinted in Early Science in Oxford, R. T. Gunther, Ed., Vol. 8, pp. 331–356. Oxford: Oxford University Press 1931.

Horak, J. (1969). The performance of top sportsmen. *Teor. Praxe. Teel. Vych.*, 16, 18–20.

Horswill, C. A., Miller, J. E., Scott, J. R., Smith, C. M., Welk, G., & Van Handel, P. (1992). Anaerobic and aerobic power in arms and legs of elite senior wrestlers. *Int J Sports Med*, 13, 558–561.

Hrysomallis, C. (2007). Relationship between balance ability, training and sports injury risk. *Sports Medicine*, 37(6), 547–556.

Huang, R., Lu, M., Song, Z., & Wang, J. (2015). Long-term intensive training induced brain structural changes in world class gymnasts. *Brain Struct Funct*, 220(2), 625–644.

Hubel, D. H. (ed.) (1988). *Eye, Brain, and Vision*. New York, NY: Scientific American Library.

Hudash Wadley, G., & Albright, J. P. (1993). Women's intercollegiate gymnastics injury patterns and "permanent" medical disability. *American Journal of Sports Medicine*, 21(2), 314–320.

Hume, P. (2010–2014). *Minimizing Injuries in Gymnastics Activities*.

Inbar, O., & Bar-Or, O. (1977). Relationships of anaerobic and aerobic arm and leg capacities to swimming performance of 8–12 years old children. In R. J. Shephard & H. Lavallée (eds), *Frontiers of Physical Activities and Child Health* (pp. 238–292). Québec: Du Pélican.

International Gymnastics Federation, F. I. G. (ed.) (2000). Norms for men's and women's vaulting table. Moutier, Switzerland: International Gymnastics Federation.

Irwin, D. (1993). *Behind the Bench: Coaches Talk About Life in the NHL*. Toronto: McClelland & Stewart.

Irwin, D., & Brockmole, J. R. (2004). Suppressing where but not what. The effects of saccades on dorsal and ventral stream visual processing. *Psychological Science*, 15(7), 467–473.

Irwin, G., & Kerwin, D. G. (2005). Biomechanical similarities of progressions for the longswing on high bar. *Sports Biomechanics*, 4(2), 163–178.

Irwin, G., & Kerwin, D. G. (2009). The influence of the vaulting table on the handspring front somersault. *Sports Biomechanics*, 8(2), 114–128.

Irwin, G., Williams, G. K. R., & Kerwin, D. G. (2014). Gymnastics coaching and science: biomechanics perspectives. In L. M. Schiavon, T. Heinen, M. A. C. Bortoleto, M. Nunomura, & E. Toledo (eds), *High Performance Gymnastics* (pp. 163–176). Hildesheim, Germany: Arete-Verlag.

Isabelle, E., & Jones, T. (1990). Solid-foam training pits. In G. S. George (ed.), *USGF Gymnastics Safety Manual* (pp. 52–56). Indianapolis, IN: U.S. Gymnastics Federation.

Iteya, M., & Gabbard, C. (1996). Laterality patterns and visual-motor coordination of children. *Perceptual and Motor Skills*, 83(1), 31–34.

Jackson, A. S., Beard, E. F., Wier, L. T., Ross, R. M., Stuteville, J. E., & Blair, S. N. (1995). Changes in aerobic power of men, ages 25–70 yr. *Med Sci Sports Exerc*, 27(1), 113–120.

Jackson, A. S., Wier, L. T., Ayers, G. W., Beard, E. F., Stuteville, J. E., & Blair, S. N. (1996). Changes in aerobic power of women, ages 20–64 yr. *Med Sci Sports Exerc*, 28(7), 884–891.

Jackson, S. A., & Cziksentmihalyi, M. (1999). *Flow in Sports: The Keys to Optimal Experiences and Performances*. Champaign, IL: Human Kinetics.

Jacobson, E. (1938). *Progressive Relaxation*. Chicago, IL: University of Chicago Press.

James, S. (1987). Periodization of weight training for women's gymnastics. *National Strength and Conditioning Association Journal*, 9(1), 28–31.

Jankarik, A., & Salmela, J. H., (1987). Longitudinal changes in physical, organic and perceptual factors in Canadian male gymnasts. In B. Petiot, J. H. Salmela, & T. B. Hoshizaki (eds), *Rev. int. med. cienc. act. fis. deporte* (vol. 13 – número 49) World Identification Systems for Gymnastics Talent. Montreal, Canada: Sport Psyche Editions.

Jankauskiene, R., & Kardelis, K. (2005). Body image and weight reduction attempts among adolescent girls involved in physical activity. *Medicina (Kaunas)*, 41(9), 796–801.

Janssen, J. M. (2007). Netherlands Patent No. Bulletin 2007/02: E. P. Office.

Jansson, E., Sjodin, B., & Tesch, P. (1978). Changes in muscle fiber type distribution in man after physical training. A sign of fiber type transformation? *Acta Physiol Scand*, 104, 235–237.

Jemni, M. (2001). Etude du profil bioénergétique et de la récupération chez des gymnastes. Université Rennes 2 Haute Bretagne, Rennes – France.

Jemni, M. (2010). Recovery modalities: effects on hormones' balance and performance. 5th International Scientific Congress "Sport, Stress, Adaptation". National Sport Academy Vasil Levski, Sofia, Bulgaria. 23–25 April 2010.

Jemni, M. (2011a). Physiology for gymnastics. In M. Jemni (ed.), *The Science of Gymnastics* (p. 202). London, New York, Delhi: Routledge, Taylor & Francis.

Jemni, M. (ed.) (2011b). *The Science of Gymnastics*. London: Routledge.

Jemni, M., Friemel, F., Le Chevalier, J. M., & Origas, M. (1998). Bioénergétique de la gymnastique de haut niveau. *Education Physique et Sportive*, 39, 29–34.

Jemni, M., Friemel, F., Le Chevalier, J. M., & Origas, M. (2000). Heart rate and blood lactate concentration analysis during a high level men's gymnastics competition. *J Strength Cond Res*, 14(4), 389–394.

Jemni, M., Friemel, F., & Sands, W. (2002). Etude de la récupération entre les agrès lors de quatre séances d'entraînement de gymnastique masculine. *Education Physique et Sportive*, 57, 57–61.

Jemni, M., Friemel, F., Sands, W. A., & Mikesky, A. (2001). Evolution of the physiological profile of gymnasts over the past 40 years. (Review). *Can J Appl Physiol*, 26(5), 442–456.

Jemni, M., Keiller, D., & Sands, W. A. (2008). Are there any health risks associated to high training loads in highly trained gymnasts? Paper presented at the 13th Annual Congress of the European College of Sport Science (ECSS).

Jemni, M., & Robin, J. F. (2005). Proceeding of the 5th International Conference of the AFRAGA (Association Française de Recherche en Activités Gymniques et Acrobatiques), Hammamet, Tunisia, 11–13 April.

Jemni, M., & Sands, W. (2000). La planification de l'entraînement en gymnastique. Exemple: la dernière semaine avant la compétition. *Gym technic*, 31, 17–20.

Jemni, M., & Sands, W. A. (2011). Training principles in gymnastics. In M. Jemni (ed.), *The Science of Gymnastics* (pp. 26–31). London, UK: Routledge.

Jemni, M., Sands, W. A., Friemel, F., Cooke, C., & Stone, M. (2006). Effect of gymnastics training on aerobic and anaerobic components in elite and sub elite men gymnasts. *J Strength Cond Res*, 20(4), 899–907.

Jemni, M., Sands, W., Friemel, F., & Delamarche, P. (2003). Effect of active and passive recovery on blood lactate and performance during simulated competition in high level gymnasts. *Can. J. Appl. Physiol.*, 28(2), 240–256.

Jerome, W., Weese, R., Plyley, M., Klavora, P., & Howley, T. (1987). The Seneca gymnastics experience. In J. H. Salmela, B. Petiot, & T. B. Hoshizaki (eds), *Psychological Nurturing and Guidance of Gymnastic Talent* (pp. 90–119). Montreal: Sport Psyche.

Joch, W. (1990). Dimensions of motor speed. *Modern Athlete and Coach*, 28(2), 25–29.

Jones, G. P. L. (1988). *Expert Systems: Knowledge, Uncertainty and Decision*. Chapman and Hall.

Joseph, L. H. (1949a). Gymnastics during the renaissance as a part of the human educational program. *CIBA Symposia*, 10(5), 1034–1040.

Joseph, L. H. (1949b). Gymnastics in the pre-revolutionary eighteenth century. *CIBA Symposia*, 10(5), 1054–1060.

Joseph, L. H. (1949c). Medical gymnastics in the sixteenth and seventeenth centuries. *CIBA Symposia*, 10(5), 1041–1053.

Joseph, L. H. (1949d). Physical education in the early middle ages. *CIBA Symposia, 10*(5), 1030–1033.

Jull, G., & Janda, V. (1987). Muscles and motor control in low back pain. In L. T. Twomey & J. R. Taylor (eds), *Physical Therapy for the Low Back: Clinics in Physical Therapy* (pp. 253–278). New York: Churchill Livingstone.

Jurimae, J., & Abernethy, P. J. (1997). The use of isoinertial, isometric and isokinetic dynamometry to discriminate between resistance and endurance athletes. *Biology of Sport*, 14(2), 163–171.

Kaleagasioglu, F., & Olcay, E. (2012). Fluoroquinolone-induced tendinopathy: etiology and preventive measures. *Tohoku Journal of Experimental Medicine*, 226(4), 251–258.

Karacsony, I., & Cuk, I. (2005). *Floor Exercises: Methods, Ideas, Curiosities, History*. Ljubljana: University of Ljubljana Press.

Katoh, S., Shingu, H., Ikata, T., & Iwatsubo, E. (1996). Sports-related spinal cord injury in Japan (from the nationwide spinal cord injury registry between 1990 and 1992). *Spinal Cord*, 34(7), 416–421.

Kawamori, N., & Haff, G. G. (2004). The optimal training load for the development of muscular power. *J Strength Cond Res*, 18(3), 675–684.

Kennel, C., Hohmann, T., & Raab, M. (2014). Action perception via auditory information: agent identification and discrimination with complex movement sounds. *Journal of Cognitive Psychology*, 26(2), 157–165.

Kennel, C., Streese, L., Pizzera, A., Justen, C., Hohmann, T., & Raab, M. (2015). Auditory reafferences: the influence of real-time feedback on movement control. *Frontiers in Psychology*, 6(69).

Kerr, G. (1990). Preventing gymnastic injuries. *Canadian Journal of Sport Sciences*, 15(4), 227.

Kerr, G., & Minden, H. (1988). Psychological factors related to the occurrence of athletic injuries. *Journal of Sport & Exercise Psychology*, 10, 167–173.

Kerr, J. H. (1997). *Motivation and Emotion in Sport: Reversal Theory*. East Sussex, UK: Psychology Press.

Kerr, Z. Y., Hayden, R., Barr, M., Klossner, D. A., & Dompier, T. P. (2015). Epidemiology of National Collegiate Athletic Association Women's Gymnastics Injuries, 2009–2010 through 2013–2014. *Journal of Athletic Training*, 50(8), 870–878.

Kerwin, D. G., & Trewartha, G. (2001). Strategies for maintaining a handstand in the anterior-posterior direction. *Medicine & Science in Sports & Exercise*, 33(7), 1182–1188.

Kerwin, D. G., Yeadon, M. R., & Harwood, M. J. (1993). High bar release in triple somersault dismounts. *Journal of Applied Biomechanics*, 9(4), 279–286.

Kimball, D. (1990). Spotting safety. In J. L. Gabriel (ed.), *U.S. Diving Safety Manual* (pp. 141–148). Indianapolis, IN: U.S. Diving, Inc.

King, M. A., & Yeadon, M. R. (2004). Maximizing somersault rotation in tumbling. *Journal of Biomechanics*, 37, 471–477.

King, M. A., & Yeadon, M. R. (2005). Factors influencing performance in the hecht vault and implications for modelling. *Journal of Biomechanics*, 38, 145–151.

King Hogue, M. (1990). Body awareness and spatial orientation. In J. L. Gabriel (ed.), *U.S. Diving Safety Manual* (pp. 97–103). Indianapolis, IN: U.S. Diving Publications.

Kirby, R. L., Simms, F. C., Symington, V. J., & Garner, G. B. (1981). Flexibility and muskulo-skeletal symptomatology in female gymnasts and age-matched controls. *Am J Sports Med*, 9, 160–164.

Kirialanis, P., Malliou, P., Beneka, A., & Giannakopoulos, K. (2003). Occurrence of acute lower limb injuries in artistic gymnasts in relation to event and exercise phase. *British Journal of Sports Medicine*, 37(2), 137–139.

Kirkendall, D. T. (1985). Physiologic aspects of gymnastics. *Clinics in Sports Medicine*, 4(1), 17–22.

Klaus, B. (1985). In-ground training pits. In G. George (ed.), *USGF Gymnastics Safety Manual* (pp. 56–58). Indianapolis, IN: U.S. Gymnastics Federation.

Kling, S. C., & Sands, W. A. (1980). Safety wrapper and strap: Google Patents.

Klostermann, A., & Küng, P. (2016). Gaze strategies in skateboard trick jumps: spatiotemporal constraints in complex locomotion. *Research Quarterly for Exercise and Sport*. Published online on October 12, 2016.

Know, Y. H., Fortney, V. L., & Shin, I. S. (1990). Analysis of Yurchenko vaults performed by female gymnasts during the 1988 Seoul Olympic Games. *Int J Sport Biomech*, 2(6), 157–177.

Knuttgen, H. G., & Komi, P.V. (1992). Basic definitions for exercise. In P.V. Komi (ed.), *Strength and Power in Sport* (pp. 3–6). Oxford, UK: Blackwell Scientific Publications.

Koch, J., Riemann, B. L., & Davies, G. J. (2012). Ground reaction force patterns in plyometric push-ups. *Journal of Strength and Conditioning Research*, 26(8), 2220–2227.

Koh, M., & Jennings, L. (2007). Strategies in preflight for an optimal Yurchenko Layout Vault. *Journal of Biomechanics*, 40, 471–477.

Koh, T. J., Grabiner, M. D., & Weiker, G. G. (1992). Technique and ground reaction forces in the back handspring. *American Journal of Sports Medicine*, 20(1), 61–66.

Kolt, G. S., & Kirkby, R. J. (1999). Epidemiology of injury in elite and subelite female gymnasts: a comparison of retrospective and prospective findings. *British Journal of Sports Medicine*, 33(4), 312–318.

Konstantin, F. F., Subic, A., & Mehta, R. (2008). The impact of technology on sport — new frontiers. *Sports Technology*, 1(1), 1–2.

Koscielny, B. (2009). Analyse der Mehrkampffinalistinnen und Mehrkampffinalisten bei der FIG Turn WM 2007 hinsichtlich eines Drehschemas (Zulassungsarbeit). Albert-Ludwigs-Universität Freiburg, Freiburg.

Komi, P. V. (1986). Training of muscle strength and power: interaction of neuromotoric, hypertrophic, and mechanical factors. *Int J Sports Med*, 7(1), 10–15.

Komi, P.V., & Bosco, C. (1978). Utilization of stored elastic energy in leg extensor muscles by men and women. *Med Sci Sports*, 10(4), 261–265.

Koyama, K., Nakazato, K., Min, S., Gushiken, K., Hatakeda, Y., Seo, K., & Hiranuma, K. (2012). COL11A1 gene is associated with limbus vertebra in gymnasts. *International Journal of Sports Medicine*, 33(7), 586–590.

Krejcova, H., Jer bek, J., Bojar, M., Tutzk , E., Cerny, R., & Polechov, P. (1987). Influence of sports load on the vestibular apparatus. In M. D. Graham & J. L. Kemink (eds), *The Vestibular System: Neurophysiologic and Clinical Research* (pp. 133–139). New York, NY: Raven Press.

Krestovnikov, A. N. (1951). Ocerki po fisiologii fiziceskich upraznenij. Moskova: FIS.

Kruse, D., & Lemmen, B. (2009). Spine injuries in the sport of gymnastics. *Current Sports Medicine Reports*, 8(1), 20–28.

Laßberg, C. v. (2008). Aspekte der mentalen Raumrepräsentation im Kunstturnen [Mental representation of spatial orientation in artistic gymnastics]. Unveröff: Unterlage.

Lange, B., Halkin, A. S., & Bury, T. (2005). Exigences physiologiques necessaires a la pratique de la gymnastique de haut niveau. *RMLG. Revue médicale de Liège*, 60(12), 939–945.

Latash, M. L. (2012). *Fundamentals of Motor Control*. Boston, MA: Elsevier.

Lazarus, R. S., & Folkman, S. (1984). *Stress, Appraisal, and Coping*. New York: Springer.

Le Breton, D. (1995). *La Sociologie du Risque*. Paris: PUF.

Lechevalier, J. M., Origas, M., Stein, J. F., Fraisse, F., Barbierie, L., Mermet, P., et al. (1999). Comparaison de 3 séances d'entraînement-type chez des gymnastes espoirs: Confrontation avec les valeurs du métabolisme enregistrées en laboratoire. *Gym Technic*, 27, 24–31.

Lee, D. N. (1980). Visuomotor coordination in space-time. In G. E. Stelmach & J. Requin (eds), *Tutorials in Motor Behavior* (pp. 281–295). Amsterdam: North-Holland.

Lee, D. N., Young, D. S., Reddish, P. E., Lough, S., & Clayton, T. M. H. (1983). Visual timing in hitting an acceleration ball. *Quarterly Journal of Experimental Psychology*, 35A, 333–346.

Lee, D. N., Young, D. S., & Rewt, D. (1992). How do somersaulters land on their feet? *Journal of Experimental Psychology: Human Perception and Performance*, 18(4), 1195–1202.

Lee, T. D., Swanson, L. R., & Hall, A. L. (1991). What is repeated in a repetition? Effects of practice conditions on motor skill acquisition. *Physical Therapy*, 71(2), 150–156.

Leglise, M. (1985). Some medical observations on the development of high-level gymnastics. Budapes: World Gymnastics, FIG and AIPS Press, n° 23, p. 27.

Leglise, M., & Binder, M. (2014). *Gymnastics Injuries*. Retrieved from FIG publications, Lausanne, Switzerland.

León-Prados, J. A. (2006) Estudio del uso de tests físicos, psicológicos y fisiológicos para estimar el estado de rendimiento de la selección nacional de Gimnasia Artística Masculina (Doctoral thesis). Dpto Deporte e Informática (Universidad Pablo de Olavide), Sevilla.

Lescura, N. S., & Bagesteiro, L. B. (2011). Study and project of 2D system design for simplified kinematics gait

[Estudo e Projeto de Sistema 2D para Avaliação Cinemàtica Simplificada da Marcha]. XX Encontro de Iniciação Científica, ENCERRADO, Sao Paolo, Brazil, p. 122.

Lewthwaite, R., & Wulf, G. (2012). Motor learning through a motivational lens. In N. J. Hodges & A. M. Williams (eds), *Skill Acquisition in Sport* (pp. 173–191). London, UK: Routledge.

Lidor, R., Hershko, Y., Bilkevitz, A., Arnon, M., & Falk, B. (2007). Measurement of talent in volleyball: 15-month follow-up of elite adolescent players. *J Sports Med Phys Fitness*, 47(2), 159–168.

Liebling, M. S., Berdon, W. E., Ruzal-Shapiro, C., Levin, T. L., Roye, D., & Wilkinson, R. (1995). Gymnast's wrist (pseudorickets growth plate abnormality) in adolescent athletes: findings on plain films and MR imaging. *American Journal of Radiology*, 164, 157–159.

Lindholm, C., Hagenfeldt, K., & Hagman, U. (1995). A nutrition study in juvenile elite gymnasts. *Acta Paediatr*, 84(3), 273–277.

Lindner, K. J., & Caine, D. J. (1990). Injury patterns of female competitive club gymnasts. *Canadian Journal of Sport Sciences*, 15(4), 254–261.

Lindner, K. J., Caine, D. J., & Johns, D. P. (1991). Withdrawal predictors among physical and performance characteristics of female competitive gymnasts. *J Sports Sci.*, 9(3), 259–272.

Linge, S., Halllingstad, O., & Solberg, F. (2006). Modeling the parallel bars in men's artistic gymnastics. *Human Movement Science*, 25, 221–237.

Loehr, J. E. (1983). The ideal performance state. *Science Periodical on Research and Technology in Sport*, 1–8.

Lohse, K. R., Wulf, G., & Lewthwaite, R. (2012). Attentional focus affects movement efficiency. In N. J. Hodges & A. M. Willams (eds), *Skill Acquisition in Sport* (2 ed.). London, UK: Routledge.

Loko, J., Aule, R., Sikkut, T., Ereline, J., & Viru, A. (2000). Motor performance status in 10 to 17-year-old Estonian girls. *Scand J Med Sci Sports*, 10(2), 109–113.

Loucks, A. B., & Redman, L. M. (2004). The effect of stress on menstrual function. *Trends Endocrinol Metab*, 15, 466–471.

Lovell, G. (2008). Vitamin D status of females in an elite gymnastics program. *Clinical Journal of Sports Medicine*, 18(2), 159–161.

Luhtanen, P., & Komi, R. V. (1978). Segmental contribution to forces in vertical jump. *Eur J Appl Physiol Occup Physiol.*, 38(3), 181–188.

Luis, M., & Tremblay, L. (2008). Visual feedback use during a back tuck somersault: evidence for optimal visual feedback utilization. *Motor Control*, 12, 210–218.

McArdle, W., Katch, F., & Katch, V. (2005). *Essentials of Exercise Physiology* (3 ed.). Philadelphia, PA: Lippincott Williams & Wilkins.

McClements, J. D., & Sanderson, L. K. (1998). What do athletes learn when they learn a motor skill? *New Studies in Athletics*, 13(1), 31–40.

Macnamara, B. N., Hambrick, D. Z., & Moreau, D. (2016). How important is deliberate practice? Reply to Ericsson. *Perspectives on Psychological Science*, 11(3), 355–358.

Macnamara, B. N., Moreau, D., & Hambrick, D. Z. (2016). The relationship between deliberate practice and performance in sports: a meta-analysis. *Perspectives on Psychological Science*, 11(3), 333–350.

McNeal, J. R., & Sands, W. A. (2006). Stretching for performance enhancement. *Current Sports Medicine Reports*, 5, 141–146.

McNitt-Gray, J. L. (1991a). The influence of joint flexion, impact velocity, rotation, and surface characteristics on the forces and torques experienced during gymnastics landings. *FIG Scientific/ Medical Symposium Proceedings*, 1(1), 17–18.

McNitt-Gray, J. L. (1991b). Kinematics and impulse characteristics of drop landings from three heights. *International Journal of Sport Biomechanics*, 7(2), 201–224.

McNitt-Gray, J. L. (1993). Kinetics of the lower extremities during drop landings from three heights. *Journal of Biomechanics*, 26(9), 1037–1046.

McNitt-Gray, J. L., Hester, D. M. E., Mathiyakom, W., & Munkasy, B. A. (2001). Mechanical demand and multijoint control during landing depend on orientation of the body segments relative to the reaction force. *Journal of Biomechanics*, 34, 1471–1482.

McNitt-Gray, J. L., Irvine, D. M. E., Munkasy, A., Eagly, J., Smith, T., & Chen, Y. T. (1997). Mechanics and motor control of gymnastics take-offs and landings. Report to USOC Sport Science Division.

McNitt-Gray, J. L., Requejo, P. S., Flashner, H., & Held, L. (2004). Modeling the musculoskeletal behavior of gymnasts during landings on gymnastics mats. In M. Hubbard, R. D. Metha, & J. M. Pallis (eds), *The Engineering of Sport 5* (pp. 402–408). Sheffield, UK: International Sports Engineering Association.

McNitt-Gray, J. L., Yokio, T., & Millward, C. (1993). Landing strategy adjustments made by female gymnasts in response to drop height and mat composition. *Journal of Applied Biomechanics*, 9(3), 173–190.

McNitt-Gray, J. L., Yokoi, T., & Millward, C. (1994). Landing strategies used by gymnasts on different surfaces. *Journal of Applied Biomechanics*, 10(3), 237–252.

MacPherson, A. C., Collins, D., & Obhi, S. S. (2009). The importance of temporal structure and rhythm for the optimum performance of motor skills: a new focus for practitioners of sport psychology. *Journal of Applied Sport Psychology*, 21, 48–61.

Magakian, A. (1978). *La Gymnastique*. Paris, France: Chiron-Sports.

Mahoney, J. L., Vandell, D. L., Simpkins, S., & Zarrett, N. (2009). Adolescent out-of-school activities. Contextual influences on adolescent development. In R. M. Lerner & L. Steinberg (eds), *Handbook of Adolescent Psychology*. Hoboken, NJ: John Wiley & Sons, Inc.

Mahoney, M. J. (1989). Psychological predictors of elite and non-elite performance in Olympic weightlifting. *Int J Sport Psy*, 20, 1–12.

Mahoney, M. J., & Avener, M. (1977). Psychology of the elite athlete: an exploratory study. *Cognitive Therapy and Research*, 3, 361–366.

Mahoney, M. J., Gabriel, T. J., & Perkins, T. S. (1987). Psychological skills and exceptional athletic performance. *The Sport Psychologist*, 1, 189–199.

Malina, R. M. (1994). Physical activity and training: effects on stature and the adolescent growth spurt. *Medicine & Science in Sports & Exercise*, 26(6), 759–766.

Malina, R. M. (1996). Growth and maturation of female gymnasts. *Spotlight on Youth Sports*, 19(3), 1–3.

Malina, R. M., Baxter-Jones, A. D. G., Armstrong, N., Beunen, G. P., Caine, D., Daly, R. M., Lewis, R. D., Rogol, A. D., & Russell, K. (2013). Role of intensive training in the growth and maturation of artistic gymnasts. *Sports Medicine*, 43, 783–802.

Malmberg, E. (1978). Science, innovation, and gymnastics in the USSR. *International Gymnast*, 20(2), 63.

Mandelbaum, B. R., Grant, T. T., & Nichols, A. W. (1988). Wrist pain in a gymnast. *The Physician and Sportsmedicine*, 16(1), 80–84.

Mandelbaum, B. R., & Teurlings, L. (1991). The gymnast's wrist pain syndrome. *FIG Scientific/Medical Symposium Proceedings*, 1(1), 34–36.

Marcinik, E. J., Potts, J., Scholabach, G., Will, S., Dawson, P., & Hurley, B. F. (1991). Effects of strength training on lactate threshold and endurance performance. *Med Sci Sports Exerc*, 23(6), 739–743.

Marina, M., & Jemni, M. (2014). Plyometric training performance in elite-oriented prepubertal female gymnasts. *Journal of strength and conditioning research/National Strength & Conditioning Association*, 28(4), 1015–1025.

Marina, M., Jemni, M., & Rodríguez, F. A. (2012). Plyometric jumping performances of elite male and female gymnasts. *J Strength Cond Res.*, 26(7), 1879–1886.

Marina, M., Jemni, M., & Rodriguez, F. (2013). Jumping performance profile of male and female gymnasts. *The Journal of Sports Medicine and Physical Fitness*, 53(4), 378–386.

Marina, M., Jemni, M., & Rodriguez, F. A. (2014). A two-season longitudinal comparative study of jumps with added weights and counter movement jumps in well-trained pre-pubertal female gymnasts. *The Journal of Sport Medicine and Physical Fitness*, 54(6), 730–741.

Marina, M., Jemni, M., Rodriguez, F. A., & Jimenez, A. (2012). Plyometric jumping performances of male and female gymnasts from different heights. *Journal of strength and conditioning research/ National Strength & Conditioning Association*, 26(7), 1879–1886.

Marina, M., & Rodríguez, F. A. (2013). Usefulness and metabolic implications of a 60-second repeated jumps test as a predictor of acrobatic jumping performance in gymnasts. *Biology of Sport*, 30(1), 9–15.

Marina, M., & Rodríguez, F. A. (2014). Physiological demands of young women's competitive gymnastic routines. *Biol Sport*, 31(3), 217–222.

Marina, M., & Torrado, P. (2013). Does gymnastics practice improve vertical jump reliability from the age of 8 to

10 years? *Journal of Sports Sciences*, 31(11), 1177–1186.

Markou, K. B., Mylonas, P., Theodoropoulou, A., Kontogiannis, A., Leglise, M., Vagenakis, A. G., et al. (2004). The influence of intensive physical exercise on bone acquisition in adolescent elite female and male artistic gymnasts. *J Clin Endocrinol Metab*, 89(9), 4383–4387.

Markovic, G., Dizdar, D., Jukic, I., & Cardinale, M. (2004). Reliability and factorial validity of squat and countermovement jump tests. *J Strength Cond Res*, 18(3), 551–555.

Markovic, G., & Jaric, S. (2005). Scaling of muscle power to body size: the effect of stretch-shortening cycle. *Eur J Appl Physiol*, 95(1), 11–19.

Marshall, S. W., Covassin, T., Dick, R., Nassar, L. G., & Agel, J. (2007). Descriptive epidemiology of collegiate women's gymnastics injuries: National Collegiate Athletic Association Injury Surveillance System, 1988–1989 through 2003–2004. *Journal of Athletic Training*, 42(2), 234–240.

Marshall, W. A., & Tanner, J. M. (1969). Variations in pattern of pubertal changes in girls. *Archives of Disease in Childhood*, 44(235), 291–303.

Marshall, W. A., & Tanner, J. M. (1970). Variations in the pattern of pubertal changes in boys. *Archives of Disease in Childhood*, 45(239), 13–23.

Martens, R. (1977). *Sport Competition Anxiety Test*. Champaign, IL: Human Kinetics Publishers.

Martens, R., Christina, R. W., Harvey, J. S., & Sharkey, B. J. (1981). *Coaching Young Athletes*. Champaign, IL: Human Kinetics.

Martin, K. A. (2002). Development and validation of the coaching staff cohesion scale. *Measurement in Physical Education and Exercise Science*, 6(1), 23–42.

Massidda, M., Toselli, S., & Calo, C. M. (2015). Genetics and artistic gymnastics: 2014 update. *Austin Biomarkers Diagnostic*, 2(1), 1–8.

Matejek, N., Weimann, E., Witzel, C., Mölenkamp, S., Schwidergall, S., & Böhles, H. (1999). Hypoleptinemia in patients with anorexia nervosa and in elite gymnasts with anorexia athletica. *Int J Sports Med*, 20, 451–456.

Matveyev, L. (1977). *Fundamentals of Sports Training*. Moscow, USSR: Progress Publishers.

Mayhew, J. L., & Salm, P. C. (1990). Gender differences in anaerobic power tests. *European Journal of Applied Physiology and Occupational Physiology*, 60, 133–138.

Meeusen, R., & Borms, J. (1992). Gymnastic injuries. *Sports Medicine*, 13(5), 337–356.

Meeuwisse, W. H., & Love, E. J. (1997). Athletic injury reporting. *Sports Medicine*, 24(3), 184–204.

Melhus, A. (2005). Fluoroquinolones and tendon disorders. *Expert Opinion on Drug Safety*, 4(2), 299–309.

Melrose, D. R., Spaniol, F. J., Bohling, M. E., & Bonnette, R. A. (2007). Physiological and per-formance characteristics of adolescent club volleyball players. *J Strength Cond Res*, 21(2), 481–486.

Mero, A. (1998). Power and speed training during childhood. In V. P. E. (ed.), *Pediatric Anaerobic Performance* (pp. 241–267). Champaign, IL: Human Kinetics.

Meyers, D. (2016). *The End of the Perfect 10*. New York, NY: Touchstone.

Mikulas, S. (1994). Evolution du niveau de l'état fonctionnel de l'analyseur vestibulaire en gymnastique sportive (garçons). In M. Ganzin (ed.), *Gymnastique Artistique et GRS. Communications Scientifiques et Techniques d'Experts Étrangers*. Paris, France: INSEP.

Milem, D. J. (1990). Spotting belts. In G. S. George (ed.), *USGF Gymnastics Safety Manual* (pp. 47–49). Indianapolis, IN: U.S. Gymnastics Federation.

Milev, N. (1994). Analyse cinématique comparative du double salto arrière tendu avec et sans vrille (360°) à la barre fixe. In M. Ganzin (ed.), *Gymnastique Artistique et GRS. Communications Scientifiques et Techniques d'Experts Étrangers* (pp. 115–124). Paris, France: INSEP.

Miller, J. R., & Demoiny, S. G. (2008). Parkour: a new extreme sport and a case study. *Journal of Foot and Ankle Surgery*, 47(1), 63–65.

Mills, C., Yeadon, M. R., & Pain, M. T. (2010). Modifying landing mat material properties may decrease peak contact forces but increase forefoot forces in gymnastics landings. *Sports Biomech*, 9(3), 153–164.

Mills, M. T. G., Pain, R., & Yeadon, F. (2006). Modelling a viscoelastic gymnastics landing mat during impact. *Journal Applied Biomechanics*, 22, 103–111.

Mills, M. T. G., Pain, R., & Yeadon, F. (2009). Reducing ground reaction forces in gymnastics' landing may increase internal loading. *J Biomech*, 42(6), 671–678.

Milosis, D. C., & Siatras, T. A. (2012). Sex differences in young gymnasts' postural steadiness. *Perceptual and Motor Skills*, 114(1), 319–328.

Minganti, C., Capranica, L., Meeusen, R., Amici, S., & Piacentini, M. F. (2010). The validity of session rating of perceived exertion method for quantifying training load in teamgym. *The Journal of Strength and Conditioning Research*, 24, 3063–3068.

Mirwald, R. L., Baxter-Jones, A. D. G., Bailey, D. A., & Beunen, G. P. (2002). An assessment of maturity from anthropometric measurements. *Medicine and Science in Sport and Exercise*, 34(4), 689–694.

Mkaouer, B., Jemni, M., Amara, S. M., Abahnini, K., Agrebi, B., Tabka, Z., et al. (2005). Analyse des paramètres déterminants de la performance lors du grand jeté lancer-rattraper en GR. Paper presented at the 5th International Conference of the Association Française pour la Recherche en Activités Gymniques et Acrobatiques (AFRAGA).

Mkaouer, B., Jemni, M., Amara, S., Chaabène, H., & Tabka, Z. (2013). Kinematic and kinetic analysis of two gymnastics acrobatic series to performing the backward stretched somersault. *Journal of Human Kinetics*, 37(1), 17–26.

Mkaouer, B., Jemni, M., Amara, S., & Tabka, Z. (2008). Kinematics study of jump in backward rotation. Paper presented at the 1st Scientific Symposium of the Asian Gymnastics Union.

Mkaouer, B., Jemni, M., Chaabene, H., Amara, S., Njah, A., & Chtara, M. (2017). Effect of two Olympic rotation orders on cardiovascular and metabolic variables in men's artistic gymnastics. *Journal of Human Kinetics*, in press.

Moffroid, M., & Whipple, R. H. (1970). Specificity of speed of exercise. *Physical Therapy*, 50, 1693–1699.

Mohr, C., Brugger, P., Bracha, H. S., Landis, T., & Viaud-Delmon, I. (2004). Human side preferences in three different whole-body movement tasks. *Behavioral Brain Research*, 151, 321–326.

Molloy, T., Wang, Y., & Murrell, G. (2003). The roles of growth factors in tendon and ligament healing. *Sports Medicine*, 33(5), 381–394.

Montgomery, D. L., & Beaudin, P. A. (1982). Blood lactate and heart rate response of young females during gymnastic routines. *J Sports Medicine*, 22, 358–364.

Montgomery, H. E., Marshall, R., Hemingway, H., Myerson, S., Clarkson, P., Dollery, C., . . . Humphries, S. E. (1998). Human gene for physical performance. *Nature*, 393, 221.

Montpetit, R. (1976). Physiology of gymnastics. In J. Salmela (ed.), *The Advanced Study of Gymnastics*. Springfield, IL: C. Thomas Publisher.

Montpetit, R., & Matte, G. (1969). Réponses cardiaques durant l'exercice de gymnastique. *Kinanthropologie*, 1, 211–222.

Moraes, L. C., Salmela, J. H., Rabelo, A. S., & Vianna, Jr., N. S. (2004). Le dévloppement des jeunes joueurs braziliens au football et au tennis: Le role des parents. *STAPS*, 64, 108–126.

Moran, D. S., McClung, J. P., Kohen, T., & Lieberman, H. R. (2013). Vitamin D and physical performance. *Sports Medicine*, 43, 601–611.

Moritani, T., & DeVries, H. A. (1979). Neural factors versus hypertrophy in the time course of muscle strength gain. *American Journal of Physical Medicine & Rehabilitation*, 58(3), 115–130.

Moschos, S., Chen, J. L., & Mantzoros, C. S. (2002). Leptin and reproduction; a review. *Fertil Steril*, 77, 433–444.

Mountjoy, M., & Bergeron, M. F. (2015). Youth athletic development: aiming high while keeping it healthy, balanced and fun. *British Journal of Sports Medicine*, 49(13), 841–842.

Müller, E., Raschner, C., & Schwameder, H. (1999). The demand profile of modern high-performance training. In F. L. E. Müller & G. Zallinger (eds), *Science in Elite Sport* (pp. 1–31). London, UK: E & FN Spon.

Mulloy Forkin, D., Koczur, C., Battle, R., & Newton, R. A. (1996). Evaluation of kinesthetic deficits indicative of balance control in gymnasts with unilateral chronic ankle sprains. *The Journal of Orthopaedic and Sports Physical Therapy*, 23(4), 245–250.

Muñoz, M. T., de la Piedra, C., Barrios, V., Garrido, G., & Argente, J. (2004). Changes in bone density and bone markers in rhythmic gymnasts and ballet dancers: implications for puberty and leptin levels. *Eur J Endocrinol*, 151(4), 491–496.

Munzert, J., Zentgraf, K., Stark, R., & Vaitl, D. (2008). Neural activation in cognitive motor processes: comparing motor imagery and observation of gymnastic movements. *Experimental Brain Research*, 188(3), 437–444.

Murphy, S. M., & Jowdy, D. P. (1993). Imagery and mental practice. In T. S. Horn (ed.), *Advances in Sport Psychology* (pp. 221–250). Champaign, IL: Human Kinetics.

Murphy, S. M., Woolfolk, R. L., & Budney, A. J. (1988). The effects of emotive imagery on strength performance. *Journal of Sport and Exercise Psychology*, 10, 334–345.

Murray, J. (1989). An investigation of competitive anxiety versus positive affect (Unpublished master's thesis). University of Virginia, Charlottesville, VA.

Myers, D. G. (1998). *Psychology* (5 ed.). New York, NY: Worth Publishers.

Nakasone, M. (2015). *Research Regarding the Occurrence of New Elements for Vaulting Table in Women's Artistic Gymnastics from Japanese Literatures*. Berlin: Lambert Academic Publishing.

Nassar, L., & Sands, W. A. (2008). The artistic gymnast's shoulder. In K. E. Wilk, J. R. Reinold, & M. D. Andews (eds), *The Athlete's Shoulder* (2 ed., pp. 491–506). Burlington, MA: Elsevier.

Naundorf, F., Brehmer, S., Knoll, K., Bronst, A., & Wagner, R. (2008). Development of the velocity for vault runs in artistic gymnastics for the last decade. Paper presented at the XXVI International Conference on Biomechanics in Sports, Seoul, Korea (14–18 July 2008), 481–484.

Neal, R. J., Kippers, V., Plooy, D., & Forwood, M. R. (1995). The influence of hand guards on forces and muscle activity during giant swings on the high bar. *Medicine and Science in Sports and Exercise*, 27(11), 1550–1556.

Neumaier, A., Main, L., & Gastin, P. (2013). Factors influencing the implementation of self-report measures for athlete monitoring. *Journal of Science and Medicine in Sport*, 165, e65.

Nideffer, R. M. (1987). Issues in the use of psychological tests in applied settings. *The Sport Psychologist*, 1, 18–28.

Niemi, M. B. (2009). Cure in the mind. *Scientific American Mind*, (February/March), 42–49.

Noble, L. (1975). Heart rate and predicted VO2 during women's competitive gymnastic routines. *Journal of Sports Medicine & Physical Fitness*, 15(2), 151–157.

Normile, D. (1989). Inside the USSR. *International Gymnast*, 31(1), 16–25.

Noyes, F. R., Lindenfeld, T. N., & Marshall, M. T. (1988). What determines an athletic injury (definition)? Who determines an injury (occurrence)? *American Journal of Sports Medicine*, 16(1), S65–68.

Obert, P., Stecken, F., Courteix, D., Germain, P., Lecoq, A. M., & Guenon, P. (1997). Adaptations myocardiques chez l'enfant prépubère soumis à un entraînement intensif. Etude comparative entre une population de gymnastes et de nageurs. *Science et Sports*, 12, 223–231.

Oda, S., & Moritani, T. (1994). Maximal isometric force and neural activity during bilateral and unilateral elbow flexion in humans. *European Journal of Applied Physiology and Occupational Physiology*, 69, 240–243.

Ogawa, S., Asakawa, Y., Akutsu, K., & Watanabe, T. (1956). On the energy metabolism in gymnastics events. *Japanese J. Physical Fitness*, 5, 243.

Ogilvie, B. C., & Tutko, T. A. (1966). *Problem Athletes and How to Handle Them*. London: Pelham Books.

O'Kane, J. W., Levy, M. R., Pietila, K. E., Caine, D. J., & Schiff, M. A. (2011). Survey of injuries in Seattle area levels 4 to 10 female club gymnasts. *Clinical Journal of Sport Medicine*, 21(6), 486–492.

Olbrecht, J. (2000). *The Science of Winning*. Luton, UK: Swimshop.

Oliveira, M. S. (2014). The training gym microculture of women's artistic gymnastics at a high level sport (Unpublished doctoral thesis). São Paulo University, São Paulo, Brazil.

Oliveira, M. S., & Bortoleto, M. A. C. (2011). Notes on historical, material and morphological evolution of men's artistic gymnastics apparatus. *UEM: Journal of Physical Education*, 22, 10–20.

Olsen, P. A. (1988). Injuries in children associated with trampolinelike air cushions. *Journal of Pediatric Orthopaedics*, 8, 458–460.

Orlick, T. (2008). *In Pursuit of Excellence* (4 ed.). Champaign, IL: Human Kinetics.

Orlick, T., & Partington, J. (1986). *Psyched: Inner Views of Winning*. Ottawa, ON, Canada: The Coaching Association of Canada.

Orlick, T., & Partington, J. (1988). Mental links to excellence. *The Sport Psychologist*, 2, 105–130.

Örsel, A., Vieru, N., Weber, J., Schweizer, L., Titov, V., Ashmore, J., . . . Bänfer, J. (2011). *Apparatus Norms*. Lausanne, Switzerland: Federation Internationale de Gymnastique.

Oudejans, R. R. D. (2008). Reality-based practice improves handgun shooting performance of police officers. *Ergonomics*, 81(3), 261–273.

Overlin, A. J. F., Chima, B., & Erickson, S. (2011) Update on artistic gymnastics. *Current Sports Medicine Reports*,

10(5), 304–309.

Pain, M. T., Mills, C. L., & Yeadon, M. R. (2005). Video analysis of the deformation and effective mass (density) of gymnastics landing mats. *Med Sci Sports Exerc*, 37(10), 1754–1760.

Paine, D. D. (1998). *Spring Floor Resilience and Compliance Modeling* (PhD), University of Utah, Salt Lake City, UT.

Panzer, V. P., Bates, B. T., & McGinnis, P. M. (1987). A biomechanical analysis of elbow joint forces and technique differences in the Tsukahara vault. In T. B. Hoshizaki, J. H. Salmela, & B. Petiot (eds), *Diagnostics, Treatment and Analysis of Gymnastic Talent* (pp. 37–46). Montreal, Canada: Sport Psyche Editions.

Panzer, V. P., Wood, G. A., Bates, B. T., & Mason, B. R. (1988). Lower extremity loads in landings of elite gymnasts. In G. de Groot, A. P. Hollander, P. A. Huijing, & G. J. van Ingen Schenau (eds), *Biomechanics XI-B* (pp. 727–735). Amsterdam, Netherlands: Free University Press.

Papadopoulos, G., Kaimakamis, V., Kaimakamis, D., & Proios, M. (2014). Main characteristics of rules and competition systems in gymnastics from 1896 to 1912. *Sci Gymnastics J*, 6(2), 29–40.

Patla, A. E., & Vickers, J. N. (2003). How far ahead do we look when required to step on specific locations in the travel path during locomotion? *Experimental Brain Research*, 148, 133–138.

Peeling, P., Fulton, S. K., Binnie, M., & Goodman, C. (2013). Training environment and vitamin D status in athletes. *International Journal of Sports Medicine*, 34, 248–252.

Penitente, G., & Sands, W. A. (2015). Exploratory investigation of impact loads during the forward handspring vault. *J Hum Kinet*, 46, 59–68.

Penitente, G., Sands, W. A., McNeal, J., Smith, S. L., & Kimmel, W. (2010). Investigation of hand contact forces of female gymnasts performing a handspring vault. *International Journal of Sports Science and Engineering*, 4(1), 015–024.

Penitente, G., Sands, W. A., & McNeal, J. R. (2011). Vertical impact force and loading rate on the gymnastics table vault. *Portuguese Journal of Sport Sciences*, 11(Suppl. 2), 668–670.

Penitente, G., Sands, W. A., Smith, S. L., Kimmel, W. L., & Wurtz, B. R. (2008). Vault and sprint run-ups: male junior national team gymnasts. *Technique*, 28(1), 6–8, 42.

Perel, E., & Killinger, D. W. (1979). The interconversion and aromatization of androgens by human adipose tissue. *J Steroid Biochem*, 10, 623–627.

Pérez, P., Llana, S., & Alcántara, E. (2008). Standard tests ability to measure impact forces reduction on mats. *International Journal of Sports Science and Engineering*, 2(3), 162–168.

Pérez-Soriano, P., Llana-Belloch, S., Morey-Klapsing, G., Perez-Turpin, J. A., Cortell-Tormo, J. M., & van den Tillaar, R. (2010). Effects of mat characteristics on plantar pressure patterns and perceived mat properties during landing in gymnastics. *Sports Biomech*, 9(4), 245–257.

Peterson, M. D., Alvar, B. A., & Rhea, M. R. (2006). The contribution of maximal force pro-duction to explosive movement among young collegiate athletes. *J Strength Cond Res*, 20(4), 867–873.

Petrov, V. (1994a). Modèle expérimental d'exécution du double salto avant groupe avec reprise de barre à la barre fixe. In M. Ganzin (ed.), *Gymnastique Artistique et GRS. Communications Scientifiques et Techniques d'Experts Étrangers* (pp. 135–142). Paris, France: INSEP.

Petrov, V. (1994b). Technique et méthode d'exécution d'un salto avant jambes écartées à partir d'un grand tour jusqu'à la reprise de la barre en suspension arrière. In M. Ganzin (ed.), *Gymnastique Artistique et GRS. Communications Scientifiques et Techniques d'Experts Étrangers* (pp. 169–175). Paris, France: INSEP.

Piard, C. (1982). *Fondements de la Gymnastique: Technologie et Pedagogie*. Paris: Vigot.

Pool, J., Binkhorst, R. A., & Vos, J. A. (1969). Some anthropometric and physiological data in relation to performance of top female gymnasts. *Internationale Zeitschrift Feur Angewante Physiologie*, 27, 329–338.

Porac, C. (2016). *Laterality: Exploring the Enigma of Left-Handedness*. London: Academic Press.

Potiron-Josse, M., & Bourdon, A. (1989). Le gros cœur du sportif. *Science & Sports*, 4(4), 305–316.

Pouramir, M., Haghshenas, & O., Sorkhi, H. (2004). Effects of gymnastic exercise on the body iron status and hematologic profile. *Iranian Journal of Medicine and Science*, 29(3), 140–141.

Pourcho, A. M., Liu, Y. H., & Milshteyn, M. A. (2013). Electrodiagnostically confirmed posttraumatic neuropathy and associated clinical exam findings with lisfranc injury. *Foot & Ankle International*, 34(8), 1068–1073.

Pozzo, T., & Studeny, C. (1987). *Théorie et Pratique des Sports Acrobatiques*. Paris: Vigot.

Prados, J. A. L. (2005). Analysis of gymnasts lactate concentration: guidelines for action in reference to interexercises rest and post-workout intake. *Apunts: Educ Fis Deporte*, 79(1), 86–93.

Prassas, S. G. (1988). Biomechanical model of the press handstand in gymnastics. *International Journal of Sport Biomechanics*, 4(4), 326–341.

Previc, F. H. (1991). A general theory concerning the prenatal origins of cerebral lateralization in humans. *Physiological Reviews*, (98), 299–334.

Price, H. D. O. (1937). The art of guarding or "spotting". *The Journal of Health and Physical Education*, 8(3), 151–199.

Puddle, D. L., & Maulder, P. S. (2013). Ground reaction forces and loading rates associated with parkour and traditional drop landing techniques. *Journal of Sports Science & Medicine*, 12(1), 122–129.

Purcell, L., & Micheli, L. (2009). Low back pain in young athletes. *Sports Health*, 1(3), 212–222.

Puthucheary, Z., Skipworth, J. R., Rawal, J., Loosemore, M., Van Someren, K., & Montgomery, H. E. (2011). Genetic influences in sport and physical performance. *Sports Medicine*, 41(10), 845–859.

Pyke, F. (2000). Strength assessment by isokinetic dynamometry. In C. J. Gore (ed.), *Physiological Tests for Elite Athletes*. Lower Mitcham: Australian Sports Commission.

Pyke, F. (2006). *Champions in Sport and Life.* Artarmon: ETN Communications.

Rabelo, A. S. (2001). The role of families in the development of aspiring expert soccer players (Unpublished masters thesis) Federal University of Minas Gerais, Brazil.

Rabinovitch, P., McLean, E. B., Beck, G. R., & Brown, A. C. (1978). Recurrent pre-retinal hemorrhages following a negative "g" maneuver on school playground equipment. *The Journal of Pediatrics*, 92, 846–853.

Radcliffe, J. C., & Osternig, L. R. (1995). Effects on performance of variable eccentric loads during depth jumps. *J Sports Rehabil.*, 4(1), 31–41.

Ravizza, K. H. (2002). A philosophical construct: a framework for performance enhancement. *International Journal of Sport Psychology*, 33, 4–18.

Ravizza, K., & Rotella, R. (1982). Cognitive somatic behavioral interventions in gymnastics. In L. Zaichkowsky & W. E. Sime (eds), *Stress Management for Sport* (pp. 25–35). Reston, VA: AAHPERD.

Reason, J. (2000). Human error: models and management. *BMJ: British Medical Journal*, 320(7237), 768–770.

Régnier, G., & Salmela, J. H. (1987). Predictors of success in Canadian male gymnasts. In J. H. S. B. Petiot & H. B. Hoshizaki (eds), *World Identification Systems for Gymnastic Talent* (pp. 141–150). Montreal: Sport Psyche.

Rézette, D., & Ablard, B. (1985). Orientation versus motion visual cues to control sensorimotor skills in some acrobatic leaps. *Human Movement Science*, 4, 297–306.

Richards, J. E., Ackland, T. R., & Elliott, B. C. (1999). The effect of training volume and growth on gymnastic performance in young women. *Pediatric Exercise Science*, 11(4), 349–363.

Rodríguez, F. A., Marina, M., & Boucharin, E. (1999). Physiological demands of women's competitive gymnastic routines. Paper presented at the 4th Annual Congress of the European College of Sport Science. 430. Rome.

Roegner, R. (2006). Inflatable amusement rides. *Consumer Product Safety Review*, 10(3), 6.

Rosalie, S. M., & Müller, S. (2012). A model for the transfer of perceptual-motor skill learning in human behaviors. *Research Quarterly for Exercise and Sport*, 83(3), 413–421.

Rosen, L. W., & Hough, D. O. (1988). Pathogenic weight-control behaviors of female college gymnasts. *Physician & Sportsmedicine*, 16(9), 140–143, 146.

Roskamm, H. (1980). Le système de transport de l'oxygène. In P. O. Astrand & K. Rodahl (eds), Précis de Physiologie de l'Exercice Musculaire (2 ed., pp. 316–317). Paris: Masson.

Rotella, R. J., & Lerner, J. D. (1993). Responding to competitive pressure. In R. N. Singer, M. Murphey, & L. K. Tennant (eds), *Handbook of Research on Sport Psychology* (pp. 528–541). New York, NY: Macmillan.

Roupas, N. D., & Georgopoulos, N. A. (2011). Menstrual function in sports. *Hormones*, 10(2), 104–116.

Roy, S., Caine, D., & Singer, K. M. (1985). Stress changes of the distal radial epiphysis in young gymnasts. *American Journal of Sports Medicine*, 13(5), 301–308.

Rubin, B. D., Anderson, S. J., Chandler, J., & Kibler, W. B. (1993). A physiological and shoulder injury profile of elite divers. In R. Malina & J. L. Gabriel (eds), *U.S. Diving Sport Science Seminar 1993 Proceedings* (pp. 158–164). Indianapolis, IN: U.S. Diving Publications.

Sadowski, J., Mastalerz, A., & Niznikowski, T. (2013). Benefits of bandwidth feedback in learning a complex gymnastic skill. *J Hum Kinet*, 37, 183–193.

Sale, D. G. (1986). Neural adaptation in strength and power training. In N. M. N. L. Jones & A. J. McComas (eds), *Human Muscle Power* (pp. 289–308). Champaign, IL: Human Kinetics.

Sale, D. G. (1989). Strength training in children. In C. V. Gisolfi & D. R. Lamb (eds), *Perspectives in Exercise Science and Sports Medicine* (Vol. 2, pp. 165–216). Traverse City, MI: Cooper Publishing Group.

Sale, D. G. (1992). Neural adaptation to strength training. In P. V. Komi (ed.), *Strength and Power in Sport* (pp. 249–265). Oxford, UK: Blackwell Scientific Publications.

Sale, D., & MacDougall, D. (1981). Specificity in strength training: a review for the coach and athlete. *Canadian Journal of Applied Sport Sciences*, 6(2), 87–92.

Sale, D. G., & Norman, R. W. (1982). Testing strength and power. In J. D. MacDougall, H. A. Wenger, & G. H. J. (eds), *Physiological Testing of the Elite Athlete* (pp. 7–38). Ithaca, NY: Mouvement Publications.

Salmela, J. H. (1976). Psychomotor task demands of gymnastics. In J. H. Salmela (ed.), *The Advanced Study of Gymnastics* (pp. 5–19). Springfield, IL: C. C. Thomas.

Salmela, J. H. (1989). Long term intervention with the Canadian Men's gymnastics team. *The Sport Psychologist*, 3, 340–349,

Salmela, J. H. (1996). *Great Job Coach!* Ottawa: Potentium.

Salmela, J. H., Marques, M. P., & Machado, R. (2004). The informal structure of football in Brazil. *Insight*, 7(1), 17–19

Salmela, J. H., Monfared, S. F., Mosayebi, S. S., & Durand-Bush, N. (2009). Mental skill profiles and expertise levels of elite Iranian athletes. *Int J Sport Psy*, 40(2), 229–248.

Salmela, J. H., & Moraes, L. C. (2003). Development of expertise: the role of coaching, families, and cultural contexts. In J. L. Starkes & K. A. Ericsson (eds), *Expert Performance in Sports* (pp. 275–294). Champaign, IL: Human Kinetics.

Salmela, J. H., Mosayebi, F., & Monfared, S. S. (2007). Perceptions of Iranian athletes and coaches of the effectiveness of mental training interventions at the Asian Games. In Y. Theodorakis, M. Goudas, & A. Papaionnou (eds), *Sport and Exercise Psychology: Bridges Between Disciplines and Cultures* (pp. 92–96). Thesaloniki: University of Thesaly.

Salmela, J. H., Petiot, B., Hallé, M., & Régnier, G. (1980). *Competitive Behaviors of Olympic Gymnasts*. Springfield, IL. C. C. Thomas.

Saltin, B., & Astrand, P. O. (1967). Maximal oxygen uptake in athletes. *J. Appl. Physiol.*, 23, 353–358.

Samuelson, M., Reider, B., & Weiss, D. (1996). Grip lock injuries to the forearm in male gymnasts. *American Journal of Sports Medicine*, 24(1), 15–18.

Sands, W. A. (1981a). *Beginning Gymnastics*. Chicago, IL: Contemporary Books.

Sands, W. A. (1981b). Competition injury study: a preliminary report. *USGF Technical Journal*, 1(3), 7–9.

Sands, W. A. (1984). *Coaching Women's Gymnastics*. Champaign, IL: Human Kinetics.

Sands, W. A. (1985). Conditioning for gymnastics: a dilemma. *Technique*, 5(3), 4–7.

Sands, W. A. (1987). The edge of the envelope. *Gymnastics Safety Update*, 2(3), 2–3.

Sands, W. A. (1990a). Determining skill readiness. *Technique*, 10(3), 24–27.

Sands, W. A. (1990b). National women's tracking program. *Technique*, 10, 23–27.

Sands, W. A. (1990c). Spotting belts. In G. S. George (ed.), *USGF Gymnastics Safety Manual* (2 ed., pp. 47–50). Indianapolis, IN: U.S. Gymnastics Federation.

Sands, W. A. (1991a). Monitoring elite gymnastics athletes via rule based computer systems. In *Masters of Innovation III* (p. 92). Northbrook, IL: Zenith Data Systems.

Sands, W. A. (1991b). Monitoring the elite female gymnast. *National Strength and Conditioning Association Journal*, 13(4), 66–71.

Sands, W. A. (1991c). Science puts the spin on somersaulting. *RIP*, 2(2), 18–20.

Sands, W. A. (1991d). Spatial orientation while somersaulting. *Technique*, 11(1), 16–19.

Sands, W. A. (1993a). The role of science in sport. *Technique*, 13(10), 17–18.

Sands, W. A. (1993b). *Talent Opportunity Program*. Indianapolis, USA: United States Gymnastics Federation.

Sands, W. A. (1994a). Physical abilities profiles – 1993 National TOPs testing. *Technique*, 14(8), 15–20.

Sands, W. A. (1994b). The role of difficulty in the development of the young gymnast. *Technique*, 14(3), 12–14.

Sands, W. A. (1994c). The German giant. *Technique*, 14(8), 22–23.

Sands, W. A. (1995a). Tkatchev Drill. *Technique*, 16(1), 9.

Sands, W. A. (1995b). How can coaches use sport science? *Track Coach*, 134(winter), 4280–4283.

Sands, W. A. (1996). How effective is rescue spotting? *Technique*, 16(9), 14–17.

Sands, W. A. (1998). A look at training models. *Technique*, 19, 6–8.

Sands, W. A. (1999a). Communicating with coaches: envisioning data. In S. Prassas (ed.), *International Smposium on Biomechanics in Sports* (pp. 11–20). Perth, Australia: Edith Cowan University, School of Biomedical and Sports Sciences.

Sands, W. A. (1999b). A look at training models. *Technique*, 19(9), 6–8.

Sands, W. A. (2000a). Injury prevention in women's gymnastics. *Sports Medicine*, 30(5), 359–373.

Sands, W. A. (2000b). Olympic preparation camps 2000 physical abilities testing. *Technique*, 20, 6–19.

Sands, W. A. (2000c). Physiological aspects of gymnastics. Paper presented at the 2emes Journees Internationales d'Etude de L'Association Française de Recherche en Activités Gymniques et Acrobatiques (A.F.R.A.G.A.).

Sands, W. A. (2000d). Vault run speeds. *Technique*, 20(4), 5–8.

Sands, W. A. (2002a). *Gymnastics Risk Management: Safety Handbook 2002 Edition*. Indianapolis, IN: USA Gymnastics.

Sands, W. A. (2002b). Monitoring gymnastics training. Paper presented at the 3èmes Journées Internationales d'Etude de l'AFRAGA, 7–9 November 2002, Lille, France.

Sands, W. A. (2003). Physiology. In W. A. Sands, D. J. Caine, & J. Borms (eds), *Scientific Aspects of Women's Gymnastics* (pp. 128–161). Basel, Switzerland: Karger.

Sands, W. A. (2007). Skill learning and performance – physiological aspects. In R. M. Malina & J. L. Gabriel (eds), *USA Diving Coach Development Reference Manual* (pp. 105–114). Indianapolis, IN: USA Diving.

Sands, W. A. (2010a). Flexibility. In M. Cardinale, R. Newton, & K. Nosaka (eds), *Strength and Conditioning Biological Principles and Practical Applications* (pp. 391–400). Hoboken, NJ: John Wiley & Sons, Ltd.

Sands, W. A. (2010b). Puzzles and paradoxes–gymnastics. Paper presented at the Anais do II Seminario Internacional de Ginastica Artistica e Rithmica de Competicao, 29–30 June 2010, Campinas, Brazil.

Sands, W. A. (2011a). Linear kinetics applied to gymnastics. In M. Jemni (ed.), *The Science of Gymnastics*. London: Routledge.

Sands, W. A. (2011b). Talent identification in women's artistic gymnastics, the talent opportunity program. In J. Baker, S. Cobley, & J. Schorer (eds), *Talent Identification and Development in Sport* (pp. 83–94). New York, NY: Routledge.

Sands, W. A., Abramowitz, R., Hauge Barber, L., Irvin, R., & Major, J. A. (1992). A comparison of routine error distributions. *Technique*, 12(6), 7–10.

Sands, W. A., Caine, D. J., & Borms, J. (2003). Scientific aspects of women's gymnastics. *Med Sport Sci. Basel, Karger*, 45, 128–161.

Sands, W. A., & Cheetham, P. J. (1986). Velocity of the vault run: junior elite female gymnasts. *Technique*, 6(3), 10–14.

Sands, W. A., Crain, R. S., & Lee, K. M. (1990). Gymnastics coaching survey – 1989. *Technique*, 10(1), 22–27.

Sands, W., Cunningham, S. J., Johnson, S. C., Meek, S. G., & George, G. S. (1988). Levels of protection gymnastics safety equipment: a summary for coaches. *Technique*, 8(3–4), 22–25.

Sands, W. A., Cunningham, S. J., Johnson, S. C., Meek, S. G., & George, G. S. (1991a). Deceleration characteristics of foam pit landing areas in gymnastics. *FIG Scientific/Medical Symposium Proceedings*, 1(1), 19–23.

Sands, W. A., Cunningham, S. J., Johnson, S. C., Meek, S. G., & George, G. S. (1991b). Deceleration characteristics of gymnastics landing mats. *FIG Scientific/Medical Symposium Proceedings*, 1(1), 24–27.

Sands, W. A., Dunlavy, J. K., Smith. S. L., Stone, M. H., & McNeal, J. R. (2006a). Understanding and training the Maltese. *Technique*, 26(5), 6–9.

Sands, W. A., Eisenman, P., Johnson, S., Paulos, L., Abbot, P., Zerkel, S., et al. (1987). Getting ready for '88. *Technique*, 7, 12–18.

Sands, W. A., & George, G. S. (1988). Somersault trajectory differences: foam block versus coil spring floor. *Technique*, 8(1), 8–9.

Sands, W. A., Henschen, K. P., & Shultz, B. B. (1989). National women's tracking program. *Technique*, 9(4), 14–19.

Sands, W. A., Hofman, M. G., & Nattiv, A. (2002). Menstruation, disordered eating behavior, and stature: a comparison of female gymnasts and their mothers. *International Sports Journal*, 6(1), 1–13.

Sands, W. A., Irvin, R. C., & Major, J. A. (1995). Women's gymnastics: the time course of fitness acquisition. A 1-year study. *Journal of Strength and Conditioning Research*, 9(2), 110–115.

Sands, W. A., Jemni, M., Stone, M., McNeal, J., Smith, S. L., & Piacentini, T. (2005). Kinematics of vault board behaviours – a preliminay comparison. Paper presented at the 5th International Conference of the Association Française pour la Recherche en Activités Gymniques et Acrobatiques (AFRAGA).

Sands W. A., Kavanaugh, A., Murray, S., McNeal, Jr., & Jemni, M. (2016). Modern techniques and technologies applied to training and performance monitoring. *Inter J of Sports Physiol and Perf,* (Dec 5), 1–29. Epub ahead of print.

Sands, W. A., Kimmel, L. W., Mcneal, R. J., Smith, S. L., Penitente, G., Murray, S. R., Sato, K., Mizuguchi, S., & Stone, M. H. (2013). Kinematic and kinetic tumbling take-off comparisons of a spring-floor and an air floor: a pilot study. *Science of Gymnastics Journal*, 5(3), 31–46.

Sands, W. A., & McNeal, J. R. (1995a). *Drills for Skills (V1.0)*. Carmichael, CA: U.S. Elite Coaches Association for Women's Gymnastics.

Sands, W. A., & McNeal, J. R. (1995b). The relationship of vault run speeds and flight duration to score. *Technique*, 15(5), 8–10.

Sands, W. A., & McNeal, J. R. (1997). A minimalist approach to conditioning for women's gymnastics. In S. Whitlock (ed.), *1997 USA Gymnastics Congress Proceedings Book* (pp. 78–80). Indianapolis, IN: USA Gymnastics.

Sands, W. A., & McNeal, J. R. (1999a). Consequences of the round-off twist direction. *Technique*, 19(2), 26–28.

Sands, W. A., & McNeal, J. R. (1999b). Judging gymnastics with biomechanics. *SportScience*, 3(1).

Sands, W. A., & McNeal, J. R. (1999c). Body size and sprinting characteristics of 1998 National TOP's athletes. *Technique*, 19(5), 34–35.

Sands, W. A., & McNeal, J. R. (2002). Some guidelines on the transition from the old horse to the new table. *Technique*, 22(1), 22–23.

Sands, W. A., McNeal, J., & Jemni, M. (2001a). Anaerobic power profile: talent-selected female gymnasts age 9–12 years. *Technique*, 21, 5–9.

Sands, W. A., McNeal, J., & Jemni, M. (2001b). Fitness profile comparisons: USA women's junior, senior, and Olympic gymnastics teams. *Journal of Strength and Conditioning Research*, 15(3), 398.

Sands, W. A., McNeal, J. R., & Jemni, M. (2002). Does average jumping power keep pace with increasing age and size in U.S. National Team female gymnasts. *Medicine and Science in Sports and Exercise*, 34(5), S143.

Sands, W. A., McNeal, J. R., Jemni, M. (2005). A look at the sprint test. Talent opportunity program. *Technique*, January, 6–7.

Sands, W. A., McNeal, J. R., Jemni, M., & Delong, T. H. (2000). Should female gymnasts lift weights? *SportScience*, 4(3).

Sands, W. A., McNeal, J. R., Jemni, M., & Penitente, G. (2011). Thinking sensibly about injury prevention and safety. *Science of Gymnastics Journal*, 3(3), 43–58.

Sands, W. A., McNeal, J. R., Ochi, M. T., Urbanek, T. L., Jemni, M., & Stone, M. H. (2004a). Comparison of the Wingate and Bosco anaerobic tests. *J Strength Cond Res*, 18(4), 810–815.

Sands, W. A., McNeal, J. R., Penitente, G., Murray, S. R., Nassar, L., Jemni, M., . . . Stone, M. H. (2015). Stretching the spines of gymnasts: a review. *Sports Medicine*, 46(3), 315–327.

Sands, W. A., McNeal, J. R., & Stone, M. H. (2011). Thermal imaging and gymnastics injuries: a means of screening and injury identification. *Science of Gymnastics Journal*, 3(2), 5–12.

Sands, W. A., McNeal, J., Stone, M., Russell, E., & Jemni, M. (2006b). Flexibility enhancement with vibration: acute and long-term. *Med Sc Sports Exer*, 38(4), 720–725.

Sands, W. A., McNeal, J. R., Stone, M. H., Smith, S. L., Dunlavy, J. K., Jemni, M., et al. (2006c). Exploratory relationship of drop jump performance with gymnastics vaulting and floor exercise scores. Paper presented at the 11th Annual Congress of the ECSS.

Sands, W. A., McNeal, J. R., & Urbanek, T. (2003). On the role of "Functional Training" in gymnastics and sports. *Technique*, 23(4), 12–13.

Sands, W. A., Mikesky, A. E., & Edwards, J. E. (1991). Physical abilities field tests U.S. Gymnastics Federation

Women's National Teams. *USGF Sport Science Congress Proceedings*, 1(1), 39–47.

Sands, W. A., Shultz, B. B., & Newman, A. P. (1993). Women's gymnastics injuries. A 5-year study. *American Journal of Sports Medicine*, 21(2), 271–276.

Sands, W. A., Shultz, B. B., & Paine, D. D. (1993). Gymnastics performance characterization by piezoelectric sensors and neural networks. *Technique*, 13(2), 33–38.

Sands, W. A., Smith, S. L., Westenburg, T. M., McNeal, J. R., & Salo, H. (2004b). Kinematic and kinetic case comparison of a dangerous and superior flyaway dismount–women's uneven bars. In M. Hubbard, R. D. Metha, & J. M. Pallis (eds), *The Engineering of Sport 5* (pp. 414–420). Sheffield, UK: International Sports Engineering Association.

Sands, W. A., & Stone, M. H. (2006). Monitoring the elite athlete. *Olympic Coach*, 17(3), 4–12.

Sands, W. A., Stone, M. H., McNeal, J. R., Smith, S. L., Jemni, M., Dunlavy, J. K., . . . Haff, G. G. (2006d). A pilot study to measure force development during a simulated maltese cross for gymnastics still rings. Paper presented at the XXIV International Symposium on Biomechanics in Sports, 14–18 July 2006, Salzburg, Austria.

Sano, S., Ikegami, Y., Nunome, H., Apriantono, T., & Sakurai, S. (2007). The continuous measurement of the springboard reaction force in gymnastic vaulting. *Journal of Sports Sciences*, 25(4), 381–391.

Sartor, F., Vailati, E., Valsecchi, V., Vailati, F., & La Torre, A. (2013). Heart rate variability reflects training load and psychophysiological status in young elite gymnasts. *The Journal of Strength and Conditioning Research*, 27(10), 2782–2790.

Sathyendra, V., & Payatakes, A. (2013). Grip lock injury resulting in extensor tendon pseudorupture: case report. *Journal of Hand Surgery*, 38(12), 2335–2338.

Savchin, S., & Biskup, L. (2003) Aerobic and anaerobic capacities of young gymnasts as a factor of training loads. Kharkov State Academy of Design and Arts (KSADA) (HHPI). Ukraine, 6 - S. 14–20.

Savelsbergh, G., van der Kamp, J., Williams, A. M., & Ward, P. (2005). *Ergonomics*, 48, 1686–1697.

Savelsbergh, G., Williams, A. M., van der Kamp, J., & Ward, P. (2002). Visual search, anticipation and expertise in soccer goalkeepers. *Journal of Sports Sciences*, 20, 279–287.

Saw, A. E., Main, L. C., & Gastin, P. B. (2015). Monitoring athletes through self-report: factors influencing implementation. *Journal of Sports Medicine*, 14, 137–146.

Saw, A. E., Main, L. C., & Gastin, P. B. (2016). Monitoring the athlete training response: subjective self-reported measures trump commonly used objective measures: a systematic review. *British Journal of Sports Medicine*, 50, 281–291.

Schack, T., Essig, K., Frank, C., & Koester, D. (2014). Mental representation and motor imagery training. *Frontiers in Human Neuroscience*, 8, 328.

Schaffert, N., Mattes, K., & Effenberg, A. O. (2011). An investigation of online acoustic infor- mation for elite rowers in on-water training conditions. *Journal of Human Sport and Exercise*, 6, 392–405.

Schembri, G. (1983). *Introductory Gymnastics*. Sydney, Australia: Australian Gymnastics Federation, Inc.

Schiavon, L. M. (2009). Women's artistic gymnastics and oral history: the sport formation of Brazilian gymnasts taking part in Olympic games (1980–2004) (Unpublished doctoral thesis). University of Campinas, Campinas, Brazil.

Schindler, A. E., Ebert, A., & Friedrich, E. (1972). Conversion of androstenedione to estrone by human fat tissue. *J Clin Endocrinol Metab*, 35, 627.

Schindler, S. (2016). Analyse der Mehrkampffinalisten bei der FIG Turn WM 2014 in Nanning hinsichtlich eines Drehschemas (Zulassungsarbeit). Albert-Ludwigs-Universität Freiburg, Freiburg.

Schmidt, R. A. (1988). *Motor Control and Learning*. Champaign, IL: Human Kinetics.

Schmidt, R. A. (1994). Movement time, movement distance, and movement accuracy: a reply to Newell, Carlton, and Kim. *Human Performance*, 7(1), 23–28.

Schmidt, R. A., & Lee, T. D. (2008). *Motor Control and Learning*. Champaign, IL: Human Kinetics.

Schmidt, R. A., & Stull, G. A. (1970). Premotor and motor reaction time as a function of preliminary muscular tension. *J Mot Behav*, 11(2), 96–110.

Schmidt, R. A., & Wulf, G. (1997). Continuous concurrent feedback degrades skill learning: implications for training and simulation. *Human Factors*, 39(4), 509–525.

Schmidt, R. A., & Young, D. E. (1991). Methodology for motor learning: a paradigm for kinematic feedback. *Journal of Motor Behavior*, 23(1), 13–24.

Schmidtbleicher, D. (1992). Training for power events. In P. V. Komi (ed.), *Strength and Power for Sports* (pp. 381–395). Oxford: Blackwell Scientific.

Schmitt, H., & Gerner, H. J. (2001). Paralysis from sport and diving accidents. *Clinical Journal of Sport Medicine*, 11(1), 17–22.

Schneier, B. (2006). *Beyond Fear*. New York, NY: Springer Science+Business.

Schone, H. (ed.) (1984). *Spatial Orientation*. Princeton, NJ: Princeton University Press.

Schone, H., & Lechner-Steinleitner, S. (1978). The effect of preceding tilt on the perceived vertical. *Acta Otolaryngologica*, 85, 68–73.

Schweizer, L. (2008). Biomechanische Grundlagen von Schraubenbewegungen beim Bodenturnen: Vortrag während der Freiburger Gerätturntage, Freiburg.

Scott, R. (2012). Shawn Johnson says sport can be 'brutal,' but it's good. *USA Today, Sports Section, 3C*.

Seck, D., Vandewalle, H., Decrops, N., & Monod, H. (1995). Maximal power and torque-velocity relationship on a cycle ergometer during the acceleration phase of a single all-out exercise. *Eur J Appl Physiol.*, 70, 161–168.

Seeley, M. K., & Bressel, E. A. (2005). Comparison of upper-extremity reaction forces between the Yurchenko vault and floor exercise. *Journal of Sports Science & Medicine*, 4(2), 85–94.

Self, B. P., & Paine, D. (2001). Ankle biomechanics during four landing techniques. *Medicine & Science in Sports & Exercise*, 33(8), 1338–1344.

Seliger, V., Budka, I., Buchberger, J., Dosoudil, F., Krupova, J., Libra, M., et al. (1970). Métabolisme énergétique au cours des exercices de gymnastique. *Kinanthropologie*, 2, 159–169.

Selye, H. (1974). *Stress Without Distress*. New York, NY: New American Library.

Shaghlil, N. (1978). La gymnastique et son action sur l'appareil circulatoire et respiratoire. Paper presented at the 1er Colloque médical international de gymnastique.

Sheets, A. L. (2008). Evaluation of a subject-specific female gymnast model and simulation of an uneven parallel bar swing. *Journal of Biomechanics*, 4, 326–341.

Sherald, M. (1989). Neural nets versus expert systems. *PC AI*, 3(4), 10–15.

Shiffrin R. M. (1976). Capacity limitations in information in information processing, attention and memory. In W. K. Estes (ed.) *Handbook of Learning and Cognitive Processes* (Vol. 4, Attention and Memory, pp. 177–236). Hillsdale, NJ: Erlbaum.

Shupert, C. L., Lindblad, I. M., & Leibowitz, H. W. (1983). Visual testing for competitive diving: a two visual systems approach. In D. Golden (ed.), *Proceedings of the 1983 U.S. Diving Sports Science Seminar* (pp. 100–115). Indianapolis, IN: U.S. Diving.

Siff, M. C. (2000). *Supertraining*. Denver, CO: Supertraining Institute.

Simons, C. (2014). Monitoring training load and health in sub-junior and junior female gymnasts–a pilot study (Unpublished master's thesis). Vrije University, Amsterdam, The Netherlands.

Singer, R. N. (1988). Psychological testing: what value to coaches and athletes? *International Journal of Sport Psychology*, 19, 87–106.

Singh, S., Smith, G. A., Fields, S. K., & McKenzie, L. B. (2008). Gymnastics-related injuries to children treated in emergency departments in the United States, 1990–2005. *Pediatrics*, 121(4), e954–960.

Sipila, S., Koskinen, S. O., Taaffe, D. R., Takala, T. E., Cheng, S., Rantanen, T., et al. (2004). Determinants of lower-body muscle power in early postmenopausal women. *J Am Geriatr Soc*, 52(6), 939–944.

Smith, D. J. (2003). A framework for understanding the training process leading to elite performance. *Sports Medicine*, 33(15), 1103–1126.

Smith, J. (1870). United States Patent No. 108401. U. S. P. Office.

Smith, J. A. (1983). The back somersault take-off – a biomechanics study. *Carnegie Research Paper*, 1, 31–39.

Smoleuskiy, V., & Gaverdouskiy, I. (1996). *Tratado General de Gimnasia Artística Deportiva*. Barcelona: Paidotribo.

Soberlak, P. A., & Côté, J. (2003). The developmental activities of elite ice hockey players. *Journal of Applied Sport Psychology*, 15, 41–49.

Soric, M., Misigoj-Durakovic, M., & Pedisic, Z. (2008). Dietary intake and body composition of prepubescent female aesthetic athletes. *Int J Sport Nutr Exerc Metab*, 18(3), 343–354.

Spielberger, C. D. (1966). *Anxiety and Behavior.* New York, NY: Academic Press.

Sprynarova, S., & Parizkova, J. (1969). Comparison of the circulatory and respiratory functional capacity in girl gymnasts and swimmers. *J. Sports Med.*, 9, 165–172.

Stamford, B. A., Weltman, A., Moffat, R., & Sady, S. (1981). Exercise recovery above and below the anaerobic threshold following maximal work. *J Appl Physiol*, 51, 840–844.

Steele, V. A., & White, J. A. (1986). Injury prediction in female gymnasts. *British Journal of Sports Medicine*, 20(1), 31–33.

Stein, N. (1998). Speed training in sport. In B. Elliott (ed.), *Training in Sport* (pp. 288–349). New York, NY: John Wiley & Sons.

Steinberg, N., Siev-Ner, I., Peleg, S., Dar, G., Masharawi, Y., Zeev, A., & Hershkovitz, I. (2011). Injury patterns in young, pre-professional dancers. *Journal of Sports Sciences*, 29(1), 47–54.

Stone, M. H., Stone, M. E., & Sands, W. A. (2007). *Principles and Practice of Resistance Training.* Champaign, IL: Human Kinetics.

Stone, M. H., Wilson, D., Rozenek, R., & Newton, H. (1984). Anaerobic capacity. *National Strength and Conditioning Association Journal*, 5(6), 63–65.

Stroescu, V., Dragan, J., Simionescu, L., & Stroescu, O. V. (2001). Hormonal and metabolic response in elite female gymnasts undergoing strenuous training and supplementation with SUPRO Brand Isolated Soy Protein. *J Sports Med Phys Fitness*, 41(1), 89–94.

Suchomel, T. J., Sands, W. A., & McNeal, J. R. (2016). Comparison of static, countermovement, and drop jumps of the upper and lower extremities in U.S. Junior National Team male gymnasts. *Science of Gymnastics Journal*, 8(1), 15–30.

Suinn, R. M. (1993). Imagery. In R. N. Singer, M. Murphey, & K. Tennant (eds), *Handbook of Research on Sport Psychology* (pp. 492–510). New York, NY: Macmillan.

Sureira, T. M., Amancio, O. S., & Braga, J. A. P. (2012). Influence of artistic gymnastics on iron nutritional status and exercise-induced hemolysis in female athletes. *International Journal of Sport Nutrition and Exercise Metabolism*, 22, 243–250.

Sward, L., Hellstrom, M., Jacobsson, B., Nyman, R., & Peterson, L. (1991). Disc degeneration and associated abnormalities of the spine in elite gymnasts. *Spine*, 16(4), 437–443.

Sward, S. B. (1985). Energy cost of competitive gymnastic events. In *Human Performance: Efficiency and Improvements in Sports, Exercise and Fitness* (pp. 48–51). Reston, VA: American Alliance for Health, Physical Education, Recreation, and Dance.

Szogy, A., & Cherebetiu, G. (1971). Capacité aérobie maximum chez les sportifs de performance. *Médecine du Sport*, 45, 224–234.

Takei, Y. (1998). Three-dimensional analysis of handspring with full turn vault: deterministic model, coaches' beliefs, and judges' scores. *Journal of Applied Biomechanics*, 14, 190–210.

Tanaka, S. (1987). The Japanese gymnastic golden era between the 1960s and 1970s. In B. Petiot, J. H. Salmela, & T. B. Hoshizaki (eds), *World Identification Systems for Gymnastic Talent* (pp. 45–57). Montreal: Sport Psyche.

Tanner, J. M. (1962). *Growth at Adolescence: With a General Consideration of the Effects of Hereditary and Environmental Factors Upon Growth and Maturation from Birth to Maturity* (2 ed.). Oxford: Blackwell.

Taylor, J. C., Whindcup, P. H., Hindmarsh, P. C., Lampe, F., Odoki, K., & Cook, D. G. (2001). Performance of a new pubertal self-assessment questionnaire: a preliminary study. *Paediatric and Perinetal Epidemiology*, 15, 88–94.

Tenner, E. (1996). *Why Things Bite Back.* New York, NY: Random House.

Terry, M. B., Goldberg, M., Schechter, S., Houghton, L. C., White, M. L., O'Toole, K., Chung, W. K., Daly, M. B., Keegan, T. H. M., Andrulis, I. L., Bradbury, A. R., Schwartz, L., Knight, J. A., John, E. M., & Buys, S. S. (2016). Comparison of clinical, maternal, and self pubertal assessments: implications for health studies. *Pediatrics*, 138(1), e20154571.

Tesch, P. A. (1980). Fatigue pattern in subtypes of human skeletal muscle fibers. *International Journal of Sports Medicine*, 1(2), 79–81.

Theodoropoulou, A., Markou, K. B., Vagenakis, G. A., Bernardot, D., Leglise, M., Kourounis, G., et al. (2005). Delayed but normally progressed puberty is more pronounced in artistic compared with rhythmic elite gymnasts due to the intensity of training. *J Clin Endocrinol Metab*, 90(11), 6022–6027.

Thomas, L., Fiard, J., Soulard, C., & Chautemps, G. (1997). *Gimnasia Deportiva: De la escuela … a las asociaciones deportivas*. Lérida: Agonos.

Tilley, D. (2013). Is the way you spot setting you up for a shoulder injury? (Part I).

Tofler, I. R., Stryer, B. K., Micheli, L. J., & Herman, L. R. (1996). Physical and emotional problems of elite female gymnasts. *The New England Journal of Medicine*, 335(4), 281–283.

Too, D., & Adrian, M. J. (1987). Relationship of lumbar curvature and landing surface to ground reaction forces during gymnastic landing. In J. Terauds, B. A. Gowitzke, & L. E. Holt (eds), *Biomechanics in Sports III & IV* (pp. 96–102). Del Mar, CA: Academic Publishers.

Trappe, S. W., Costill, D. L., Vukovich, M. D., Jones, J., & Melham, T. (1996). Aging among elite distance runners: a 22-yr longitudinal study. *J Appl Physiol*, 80(1), 285–290.

Turoff, F. (1991). *Artistic Gymnastics: A Comprehensive Guide to Performance and Teaching Skills for Beginners and Advanced Beginners*. Dubuque: Brown Publishers.

Ubukata, O. (1981). Objective load measurement in gymnastic training. In A. Morecki, K. Fidelus, K. Kedzior, & A. Wit (eds), *Biomechanics VII-B* (3-B ed., pp. 392–397). Baltimore, MD: University Park Press.

Ukran, M. L., Cheburaev, V. S., & Antonov, L. K. (1970). Scientific work in the U.S.S.R. gymnastics team. *Yessis Review of Soviet Physical Education and Sports*, 5(1), 1–6.

Uneståhl, L-E. (1975). *Hypnosis in the Seventies*. Orebro: Veja.

Vain, A. (2002). Criteria for preventing overtraining of the musculoskeletal system of gymnasts. *Biology of Sport*, 19(4), 329–345.

Van der Eb, J. Filius, M., Rougoor, G., Van Niel, C., de Water, J., Coolen, B., & de Koning, H. (2012). Optimal velocity profiles for vault. In E. J. Bradshaw, A. Burnett, P. A. Hume (eds), *Proceedings of the 30th Conference of the International Society of Biomechanics in Sports*, Australian Catholic University, Melbourne, 2–6 July, 71–75.

van Dieen, J. H., Luger, T., & van der Eb, J. (2012). Effects of fatigue on trunk stability in elite gymnasts. *European Journal of Applied Physiology*, 112(4), 1307–1313.

van Mechelen, W. (1997). Sports injury surveillance systems. *Sports Medicine*, 24(3), 164–168.

Van Praagh, E., & Dore, E. (2002). Short-term muscle power during growth and maturation. *Sports Med*, 32(11), 701–728.

Vandewalle, H., Peres, G., Heller, J., Panel, J., & Monod, H. (1987). Force-velocity relationship and maximal power on a cycle ergometer. Correlation with the height of a vertical jump. *Eur J Appl Physiol*, 56, 650–656.

Vandewalle, H., Peres, G., Sourabié, O., Stouvenel, O, & Monod, H. (1989). Force-velocity relationship and maximal anaerobic power during cranking exercise in young swimmers. *Int J Sports Med*, 13, 439–445.

Vanti, C., Gasperini, M., Morsillo, F., & Pillastrini, P. (2010) Low back pain in adolescent gymnasts. Prevalence and risk factors. *Scienza Riabilitativa*, 12(2), 45–50.

Verkhoshansky, Y. V. (1981). Special strength training. *Soviet Sports Review*, 16(1), 6–10.

Verkhoshansky, Y. V. (1985). *Programming and Organization of Training*. Moscow, U.S.S.R: Fizkultura i Spovt.

Verkhoshansky, Y. V. (1996). Speed training for high level athletes. *New Studies in Athletics*, 11(2–3), 39–49.

Verkhoshansky, Y. V. (1998). Organization of the training process. *New Studies in Athletics*, 13(3), 21–31.

Verkhoshansky, Y. V. (2006). *Special Strength Training: A Practical Manual for Coaches*. Moscow, Russia: Ultimate Athlete Concepts.

Viana, J., & Lebre, E. (2005). Heart rate analysis during men and women artistic gymnastics. In *5th International Conference of the AFRAGA*. Edited by M. Jemni and J. F. Robin Hammamet, Tunisia, pp. 81–83.z

Vianna, N. S., Jr (2002). The role of families and coaches in the development of aspiring expert tennis players (Unpublished master's thesis). Federal University of Minas Gerais, Brazil.

Vickers, J. (2007). *Perception, Cognition, and Decision Training. The Quiet Eye in Action*. Champaign, IL: Human Kinetics.

Vigarello, G. (1988). *Une Histoire Culturelle du Sport. Techniques d'Hier … et d'Aujourd'Hui*. Paris: R. Laffont. Revue EPS.

Vine, S. J., & Klostermann, A. (2017). Success is in the eye of the beholder: a special issue on the quiet eye. *European Journal of Sport Science*, 17(1), 70–73.

Viitasalo, J. T. (1985a). Effect of training on force-velocity characteristics. *Biomechanics IX-A. International Series on*

Biomechanics, 91–95.

Viitasalo, J. T. (1985b). Measurement of the force-velocity characteristics for sportsmen in field conditions. *Biomechanics IX-A. International Series on Biomechanics*, 96–101.

Viitasalo, J. T. (1988). Evaluation of explosive strength for young and adult athletes. *Research Quarterly for Exercise and Sport*, 59(1), 9–13.

Vivanco-Allende, A., Concha-Torre, A., Menéndez-Cuervo, S., & Rey-Galán, C. (2013). Parkour: una nueva causa de lesiones internas graves [Parkour: a new cause of serious internal injury]. *An Pediatr*, 79(6), 396–397.

Vroomen, J., & de Gelder, B. (2000). Sound enhances visual perception: cross-modal effects of auditory organization on vision. *Journal of Experimental Psychology: Human Perception and Performance*, 26, 1583–1590.

von Lassberg, C., Beykirch, K., Campos, J. L., & Krug, J. (2012). Smooth pursuit eye movement adaptation in high level gymnasts. *Motor Control*, 16(2), 176–194.

von Laßberg, C., Rapp, W., Mohler, B., & Krug, J. (2013) Neuromuscular onset succession of high level gymnasts during dynamic leg acceleration phases on high bar. *J Electromyogr Kinesiol.*, 23(5), 1124–1130.

Vuillerme, N., Danion, F., Marin, L., Boyadjian, A., Prieur, J. M., Weise, I., & Nougier, V. (2001). The effect of expertise in gymnastics on postural control. *Neuroscience Letters*, 303(2), 83–86.

Vuillerme, N., & Nougier, V. (2004). Attentional demand for regulating postural sway: the effect of expertise in gymnastics. *Brain Research Bulletin*, 63(2), 161–165.

Wade, M., Campbell, A., Smith, A., Norcott, J., & O'Sullivan, P. (2012). Investigation of spinal posture signatures and ground reaction forces during landing in elite female gymnasts. *Journal of Applied Biomechanics*, 28(6), 677–686.

Wanke, E. M., Thiel, N., Groneberg, D. A., & Fischer, A. (2013). [Parkour—"art of movement" and its injury risk]. *Sportverletzung Sportschaden*, 27(3), 169–176.

Warda, K. A., Robertsb, S. A., Adamsa, J. E., Lanham-Newc, S., & Mughald, M. Z. (2007). Calcium supplementation and weight bearing physical activity – do they have a combined effect on the bone density of pre-pubertal children? *Bone*, 41(4), 496–504.

Watts, J. D. (1985). Does gymnastics damage the spine? *British Medical Journal*, 290(6486), 1990.

Weiker, G. G. (1985). Introduction and history of gymnastics. *Clinics in Sports Medicine*, 4(1), 3–6.

Weimann, E. (2002). Gender-related differences in elite gymnasts: the female athlete triad. *J Appl Psysiol*, 92(5), 2146–2152.

Weimann, E., Blum, W. F., Witzel, C., Schwidergall, S., & Bohels, H. J. (1999). Hypoleptinemia in female and male elite gymnasts. *European Journal of Clinical Investigation*, 29(10), 853–860.

Weimann, E., Witzel, C., Schwidergall, S., & Bohels, H. J. (2000). Peripubertal perturbations in elite gymnasts caused by sport specific training regimes and inadequate nutritional intake. *Int J Sports Med*, 21.

Weinberg, R. S., & Gould, D. (1999) *Foundations of Sport and Exercise Psychology*. Champaign, IL: Human Kinetics.

Weissensteiner, J. R. (2015). The importance of listening: engaging and incorporating the athlete's voice in theory and practice. *British Journal of Sports Medicine*, 49, 839–840.

Werner, P. H. (1994). *Teaching Children Gymnastics*. Champaign, IL: Human Kinetics.

Wertz, J., Galli, M., & Borchers, J. R. (2013). Achilles tendon rupture: risk assessment for aerial and ground athletes. *Sports Health*, 5(5), 407–409.

Westermann, R. W., Giblin, M., Vaske, A., Grosso, K., & Wolf, B. R. (2014). Evaluation of men's and women's gymnastics injuries: a 10-year observational study. *Sports Health: A Multidisciplinary Approach*.

Whitlock, S. (1989). When is spotting appropriate? *Gymnastics Safety Update*, 4(2), 5–6.

Whitlock, S. (1992). Hand spotting. *Gymnastics Safety Update*, 7(3), 3–4.

Wiedemann, R. (2016, 30 May). A full revolution. In the run-up to the Olympics, Simone Biles is transforming gymnastics. In *The New Yorker*, The sporting scene (Condè Nast).

Wiemann, K. (1976a). Biomechanics of a dismount from the uneven bars. *Gymnast*, 18(1), 58–59.

Wiemann, K. (1976b). Mechanical effect of the forward leg snap. *International Gymnast*, 18(3), 50–51.

Wiemann, K. (1979). Theoretical reflections on exercise with "leg snap". *International Gymnast*, 21(2), 56–57.

Wilk, K. (1990). Dynamic muscle strength testing. In A. L. R. (ed.), *Muscle Strength Testing* (pp. 123–150). New York, NY: Churchill Livingstone.

Williams, A. M., Davids, K., & Williams, J. G. (1999). *Visual Perception and Action in Sport*. London: E & FN SPON.

Williams, J. M. (1986). Psychological characteristics of peak performance. In J. M. Williams (ed.), *Applied Sport Psychology: Personal Growth to Peak Performance* (pp. 123–132). Palo Alto, CA: Mayfield.

Willmore, J., & Costill, D. (1999). *Physiology of Sport and Exercise* (2 ed.). Champaign, IL: Human Kinetics.

Wilmore, J. H., & Costill, D. L. (2005). *Physiology of Sport and Exercise* (3 ed.). Champaign, IL: Human Kinetics.

Wilson, J. M., & Flanagan, E. P. (2008). The role of elastic energy in activities with high force and power requirements: a brief review. *J Strength Cond Res*, 22(5), 1705–1715.

Wine, J. D. (1971). Test anxiety and direction of attention. *Psychological Bulletin*, 76, 92–104.

Winter, E. M. (2005). Jumping: power or impulse. *Medicine and Science in Sports and Exercise*, 37, 523.

Winter, E. M., & Fowler, N. (2009). Exercise defined and quantified according to the Systeme International d'Unites. *J Sports Sci*, 27(5), 447–460.

Woodson, W. E., Tillman, B., & Tillman, P. (1992). *Human Factors Design Handbook*. New York, NY: McGraw-Hill.

Wulf, G., Chiviacowsky, S., & Drews, R. (2015). External focus and autonomy support: two important factors in motor learning have additive benefits. *Hum Mov Sci*, 40, 176–184.

Wulf, G., Chiviacowsky, S., & Lewthwaite, R. (2010). Normative feedback effects on the learning of a timing task. *Research Quarterly for Exercise and Sport*, 81, 425–431.

Wulf, G., Horger, M., & Shea, C. H. (1999). Benefits of blocked over serial feedback on complex motor skill learning. *J Mot Behav*, 31(1), 95–103.

Wulf, G., & Lewthwaite, R. (2009). Conceptions of ability affect motor learning. *J Mot Behav*, 41(5), 461–467.

Wulf, G., McConnel, N., Gartner, M., & Schwarz, A. (2002). Enhancing the learning of sport skills through external-focus feedback. *J Mot Behav*, 34(2), 171–182.

Wulf, G., & Shea, C. H. (2002). Principles derived from the study of simple skills do not generalize to complex skill learning. *Psychon Bull Rev*, 9(2), 185–211.

Wulf, G., Shea, C., & Lewthwaite, R. (2010). Motor skill learning and performance: a review of influential factors. *Medical Education*, 44(1), 75–84.

Wulf, G., Shea, C. H., & Matschiner, S. (1998). Frequent feedback enhances complex motor skill learning. *J Mot Behav*, 30(2), 180–192.

Wulf, G., & Toole, T. (1999). Physical assistance devices in complex motor skill learning: benefits of a self-controlled practice schedule. *Research Quarterly for Exercise and Sport*, 70(3), 265–272.

Wüstemann, S., & Milbradt, J. (2008). Seitigkeit von Längsachsendrehungen. Vorstellung beim Kadertrainerseminar. Berlin.

Wyon, M. A., Koutedakis, Y., Wolman, R., Nevill, A. M., & Allen, N. (2014). The influence of winter vitamin D supplementation on muscle function and injury occurrence in elite ballet dancers: a controlled study. *Journal of Science and Medicine in Sport*, 17, 8–12.

Yan, X., Papadimitriou, I., Lidor, R., & Eynon, N. (2016). Nature versus nurture in determining athletic ability. *Medicine and Sport Science*, 61, 15–28.

Yang, G., Rothrauff, B. B., & Tuan, R. S. (2013). Tendon and ligament regeneration and repair: clinical relevance and developmental paradigm. *Birth Defects Research. Part C, Embryo Today: Reviews*, 99(3), 203–222.

Yeadon, M. R., & Trewartha, G. (2003). Control strategy for a hand balance. *Motor Control*, 7, 411–430.

Yeadon, M. R. (1993a). The biomechanics of twisting somersaults part I: rigid body motions. *Journal of Sports Sciences*, 11, 187–198.

Yeadon, M. R. (1993b). The biomechanics of twisting somersaults part II: contact twist. *Journal of Sports Sciences*, 11, 199–208.

Yeadon, M. R. (1993c). The biomechanics of twisting somersaults part III: aerial twist. *Journal of Sports Sciences*, 11, 209–218.

Yeadon, M. R. (1993d). The biomechanics of twisting somersaults part IV: partitioning performances using the tilt angle. *Journal of Sports Sciences*, 11, 219–225.

Yeadon, M. R., & Brewin, M. A. (2003). Optimised performance of the backward longswing on rings. *Journal of Biomechanics*, 36, 545–552.

Yeadon, M. R., King, M. A., & Hiley, M. J. (2005). Computer simulation of gymnastics skills. Paper presented at the 5th International Conference of the Association Française pour la Recherche en Activités Gymniques et Acrobatiques (AFRAGA).

Yeadon, M. R., & Knight, J. P. (2012). A virtual environment for learning to view during aerial movements. *Comput Methods Biomech Biomed Engin*, 15(9), 919–924.

Yeadon, M. R., & Mikulcik, E. C. (1996). The control of non twisting somersaults using configuration changes. *Journal of Biomechanics*, 29, 1341–1348.

Yeowell, H. N., & Steinmann, B. (1993). Ehlers-Danlos Syndrome, Kyphoscoliotic Form. In R. A. Pagon, M. P. Adam, H. H. Ardinger, T. D. Bird, C. R. Dolan, C. T. Fong, R. J. H. Smith, & K. Stephens (eds), *GeneReviews(R)*. Seattle, WA: University of Washington, Seattle.

Yerkes, R. M., & Dodson, J. D. (1908). The relation of strength of stimulus to rapidity of habit formation. *Journal of Comparative Neurology of Psychology*, 18, 459–482.

Yoshida, T., Udo, M., Chida, M., Ichioka, M., Makiguchi, K., & Yamaguchi, T. (1990). Specificity of physiological adaptation to endurance training in distance runners and competitive walkers. *European Journal of Applied Physiology and Occupational Physiology*, 61(3–4), 197–201.

Young, B. W., & Salmela, J. H. (2002). Perceptions of training and deliberate practice of middle distance runners. *International Journal of Sport Psychology*, 33(2), 167–181.

Young, W. B., Prior, J. F., & Wilson, G. J. (1995). Effects of instructions on characteristics on countermovement and drop jump performance. *Journal of Strength and Conditionning Research*, 9(4), 232–236.

Young, W., Wilson, G., & Byrne, C. (1999a). Relationship between strength qualities and performance in standing and run-up vertical jumps. *J Sports Med Phys Fitness*, 39(4), 285–293.

Young, W. B., Wilson, G. J., & Byrne, C. (1999b). A comparison of drop jump training methods: effects on leg extensor strength qualities and jumping performance. *Int J Sports Med*, 20(5), 295–303.

Yu, B., Lin, C. F., & Garrett, W. E. (2006). Lower extremity biomechanics during the landing of a stop-jump task. *Clin Biomech*, 21(3), 297–305.

Zaggelidis, S., Martinidis, K., Zaggelidis, G., & Mitropoulou, T. (2005). Nutritional supplements use in elite gymnasts. *Physical Training. Electronic Journals of Martial Arts and Sciences*.

Zaichkowsky, L., & Takenaka, K. (1993). Optimizing arousal levels. In R. N. Singer, M. Murphey, & L. K. Tennant (eds), *Handbook of Research on Sport Psychology* (pp. 511–527). New York, NY: Macmillan.

Zaitseva, I. P., Skalny, A. A., Tinkov, A. A., Berezkina, E. S., Grabeklis, A. R., Nikonorov, A. A., & Skalny, A. V. (2015). Blood essential trace elements and vitamins in students with different physical activity. *Pakistan Journal of Nutrition*, 14(10), 721–726.

Zar, J. H. (1984). The Latin square experimental design-ultiway factorial analysis of variance. In *Biostatistical Analysis* (2 ed., p. 248). Englewoods Cliff: Prentice Hall.

Zernicke, R. F., & Loitz, B. J. (1992). Exercise-related adaptations in connective tissue. In P. V. Komi (ed.), *Strength and Power in Sport* (pp. 77–95). Oxford, UK: Blackwell Scientific Publications.

译者简介

何卫，清华大学生物医学工程博士，美国佐治亚州立大学公派访问学者，国家体育总局体育科学研究所副研究员，运动训练研究中心副主任，中国国家体操队科研团队负责人；研究方向为运动人体建模与仿真、运动训练监控、运动表现评价与提升；在体操、跳水、田径、举重、速度滑冰、越野滑雪等多支国家队开展科研攻关和科技保障工作；在综合运用运动生物力学、训练监控、计算机视觉、可穿戴设备及大数据分析等技术手段方面开展了丰富的研究和实践；承担和参与多项国家级、省部级科研课题；在SCI收录期刊、核心期刊发表高水平科研论文20余篇；2021年获中国体育科学学会科学技术三等奖。

顾耀东，教授，博士生导师，博士毕业于英国利物浦约翰摩尔斯大学；现任宁波大学体育学院执行院长，兼任中国—中东欧大学体育教育与研究联盟秘书长，中国残疾人体育发展专业委员会副主任委员，中国体育科学学会运动生物力学分会常委，英国皇家医学会会士 (FRSM)。在《体育科学》Journal of Sports Sciences 等高水平期刊公开发表学术论文280余篇，总被引达2200余次；2018年获中国体育科学学会科学技术二等奖。

李雪，临床医学学士，美国佐治亚州立大学公派访问学者，国家体育总局训练局体能康复中心医师、运动防护师；专业领域包括运动损伤的诊断与评估、运动损伤的物理治疗与康复训练、运动损伤的预防与监控等；多年来一直为国家高水平运动队提供诊疗和康复服务，曾担任2016年里约奥运周期国家队身体功能训练团队物理治疗组主要负责人，2020年东京奥运周期国家体操队队医；曾服务的中国国家队包括国家体操队、国家跳水队、国家羽毛球队、国家乒乓球队、国家柔道队和国家花样游泳队等。